L'ALMANACH DE L'ALSACE

L'ALMANACH DE L'ALSACE

Bernard Vogler

LAROUSSE

21, RUE DU MONTPARNASSE 75283 PARIS CEDEX 06

Directeur de collection
Jacques Marseille

Édition
Michel Legrain, Dulce Gamonal

Rédaction
Julie Meyers
Esmeralda Pouchous
Grégory Berthier

Iconographie
Esmeralda Pouchous
Julia Temin

Réalisation
Atelier Lauriot Prévost
Conception graphique
Denis Bernard
Mise en page
Hervé Lauriot Prévost

Couverture
Denis Bernard

Distributeur exclusif au Canada : Messageries ADP, 1751 Richardson, Montréal (Québec).

ISBN : 2-03-575102-0

Préface

Le 1er janvier, jour du Nouvel An, filleuls et filleules se rendent chez leurs parrains et marraines pour y recevoir leur cadeau de Nouvel An tandis que dans les campagnes, un dicton édicte :

Un beau soleil au Nouvel An,
Beaucoup de poissons, fruits et vin au cours de la nuit.

Le 31 décembre, jour de la saint Sylvestre, on boit du vin chaud en famille, on mange des Bredele, un Neujohrswecke ou Neijohrstolle, tandis qu'un dicton énonce :

Vent dans la nuit de la saint Sylvestre,
peu d'espoir pour une bonne année.

Ainsi s'égrènent au fil des jours coutumes et traditions qui rythmaient la vie des Alsaciens d'autrefois et s'ancrent toujours, plus ou moins exprimées, dans l'imaginaire des Alsaciens d'aujourd'hui.

Connaisseur intime de l'« âme » alsacienne, Bernard Vogler nous livre ici, dans un ouvrage aussi érudit que modeste, le « tout » de l'être alsacien. Veiller ainsi aux traditions, c'est en réalité mieux comprendre l'homme d'aujourd'hui pour le préparer aux défis de demain.

Dans un monde « globalisé » où triomphent en apparence les us et coutumes aussi « universels » que désincarnés, cet *Almanach de l'Alsace* n'est pas seulement – il l'est bien évidemment – un bel objet souvenir, il est surtout une carte d'identité que tout citoyen de cette terre à nulle autre pareille devrait se faire délivrer pour retrouver le plaisir de vivre ensemble.

Jacques Marseille

Introduction

L'Alsace est une région à forte identité qui a constitué au cours des siècles un important patrimoine ethnologique, de coutumes, de traditions et de fêtes, dont les racines sont proches du milieu alémanique du Pays de Bade et de la Suisse du Nord, soit l'espace du Rhin supérieur.

L'almanach présenté ici se veut une sélection des divers aspects de ce riche patrimoine. Il comporte des éléments variés qu'on peut regrouper sous huit rubriques.

D'abord l'histoire, où j'ai eu le souci de veiller à un équilibre relatif entre les diverses périodes. Les dates retenues concernent des dates de rupture, mais aussi des événements politiques, culturels, des inaugurations et fêtes. Le choix des biographies se veut aussi très diversifié : des acteurs à la fois politiques, économiques, culturels et religieux qui ont laissé une forte empreinte et ont porté au loin le rayonnement de l'Alsace.

L'Alsace, qui a bénéficié d'une forte empreinte chrétienne durant une quinzaine de siècles, a produit un certain nombre de saints et attiré des personnes de grande piété. Aussi les saints ont été à l'origine de nombreuses œuvres d'art et suscité moult prières et dictons météorologiques qui font partie du patrimoine.

Leur hagiographie a généré bien des légendes, tandis que d'autres se sont élaborées à partir de faits divers et fixées à travers les générations de conteurs lors des veillées d'hiver qui ont permis la genèse d'une mémoire orale. Actuellement environ 1600 légendes ont été publiées et sont en train de connaître un net renouveau d'intérêt.

Mais l'Alsace est aussi terre de fête : fêtes religieuses avec leurs coutumes, fêtes patronales devenues les messti ou kilbe, fêtes plus récentes, dont la plus grande partie est concentrée sur les mois d'été. Dès le XVIe siècle, elles sont associées à la gastronomie, élément fort de l'identité alsacienne. Toutefois les sources n'évoquent que les plats des milieux aisés. Par contre, en milieu populaire l'alimentation est souvent assez fruste et déséquilibrée, de sorte que jusqu'au XIXe siècle, beaucoup de conscrits présentent une constitution physique chétive. Ce n'est qu'avec le relèvement général du niveau de vie, après 1870, et la disparition des dernières poches de pauvreté en Alsace que l'alimentation s'améliore et que se précisent les multiples recettes de cuisine qui constituent aujourd'hui le patrimoine culinaire si réputé de l'Alsace.

Les comptines constituent un autre trait de mentalité lié à une civilisation orale qui privilégie la mémoire, une mémoire facilitée par les rimes. En allemand ou en alsacien le plus souvent, des berceuses aux moqueries, en passant par les saisons, leur registre est assez large.

Enfin, dans les almanachs traditionnels, les dictons liés aux calendriers météorologiques et aux saints protecteurs tenaient toujours une grande place sous forme rimée. J'y ai ajouté, pour chaque mois, les travaux potagers et agricoles et dans les champs, enfin les grands froids, canicules, inondations, tremblements de terre, autant de catastrophes naturelles qui marquent la conscience collective.

Remerciement

Enfin, je voudrais remercier plusieurs personnes pour leur aide. Pour les recettes de cuisine, Georges Klein m'a autorisé à reprendre quelques-unes de ses recettes. Jeanne Lœsch, une grande spécialiste des recettes traditionnelles, m'a aidé pour la sélection et la collecte des recettes, et elle a relu les divers textes. Enfin Anna Hess et Sophie Brendlé m'ont communiqué plusieurs recettes.

Pour la météorologie, les catastrophes et les comptines, Robert Zimmermann, qui collectionne depuis près de 50 ans toutes les coupures de presse et de nombreux almanachs, m'a prêté ses classeurs qui ont été un véritable trésor d'informations.

Schillersdorf, Pentecôte 2001

1er janvier

LES COUTUMES DU NOUVEL AN

Le jour de l'An, les filleul(e)s se rendent chez leurs parrains et marraines pour y recevoir leur cadeau de Nouvel An, après leur avoir souhaité la bonne année. C'est ce qu'on appelle le *Neijohrhole* (chercher le Nouvel An). Il consiste souvent en un bretzel aussi grand qu'une porte de grange et une saucisse de foie aussi grosse qu'un tuyau de poêle ou un pain d'épice.

En général, les filleul(e)s reçoivent comme contre-dons des cadeaux en nature : pain brioché, bretzel, pain d'épices, noix, pommes, fruits secs et parfois quelques piécettes d'argent.

Les souhaits de Nouvel An sont très variés selon les villages, les groupes d'âge et les métiers, dont voici un échantillon assez représentatif de Waldhambach.

Isch wensch eich e glückliches neies Johr
Fraad un Gsundheit, so lang ihr lewe
un alles, was eich lieb isch
soviel Sterne am Himmel stehn
soviel Tropp in der See
soviel Glück un soviel Saaje
wensch ich eich zum neie Jahr
wollte Gott, es werde wahr.

Je vous souhaite une heureuse nouvelle année
Joie et santé aussi longtemps que vous vivrez
Et tout ce qui vous est cher
Autant qu'il y a d'étoiles au ciel
et de gouttes dans la mer
Autant je vous souhaite
de bonheur et de bénédiction
Pour la nouvelle année,
que Dieu veuille que ce soit vrai.

Dictons météorologiques

Deux éléments météorologiques sont au centre des dictions du Nouvel An : une aurore rouge est néfaste alors que le soleil est signe d'une année féconde.

Neijohrs-Morgerot Bringt viel Not.

L'aurore rouge au Nouvel An annonce la disette.

Morgerot am Neijohrstag Bringt Unwitter un grossi Plag.

Aurore rouge au Nouvel An apporte misère et mauvais temps.

2 janvier

Les paysans souhaitent un mois froid, sec et neigeux, et redoutent un temps pluvieux et doux et le brouillard.

Januar muss vor Kälte knacken
wenn die Ernte gut soll sacken.

Janvier doit craquer de froid pour remplir les sacs à la moisson.

Januar kalt, Freude für jung und alt.

Si janvier est froid, c'est une joie pour tous.

Ist der Januar nicht nass,
Füllet er des Winzers Fass.

Si janvier est sec, il remplit le tonneau du vigneron.

DICTONS DU MOIS DE JANVIER

L'absence de neige est considérée comme néfaste.

Januar kalt und ohne Schnee
Tut Bäumen und Reben weh

Janvier froid et sans neige nuit aux arbres fruitiers et aux vignes.

Nebel im Januar Bringen ein nasses Frühjahr

Brouillards en janvier, printemps humide.

Wenn im Jänner d'r Winter mit kumme will,
Kummt'r im März oder im April.

Si l'hiver ne vient pas en janvier, il viendra en mars ou en avril.

JEAN GEOFFROY SCHWEIGHAEUSER (1776-1844)

Le 2 janvier 1776, naît à Strasbourg Jean Geoffroy Schweighaeuser, fils du grand helléniste Jean Schweighaeuser. Professeur de grec à la faculté de Lettres, il entreprend un important travail de recensement et d'inventaire dans toute l'Alsace. En 1828, il publie, avec Marie-Philippe-Aimé Golbéry, les Antiquités de l'Alsace, une description du patrimoine architectural alsacien, châteaux, églises, etc. Il rédige de nombreux mémoires solidement étayés à l'Académie royale des Inscriptions et Belles Lettres dont il est correspondant.

&

3 janvier

STRASBOURG MENACÉE (1945)

Le 3 janvier 1945 est entré dans la mémoire collective strasbourgeoise. En effet, la ville est sous la menace d'un retour des Allemands parvenus au nord jusqu'à Kilstett et au sud jusqu'à Krafft près d'Erstein. Face à l'offensive allemande, les Américains engagent leur retrait de la plaine d'Alsace. Devant ce danger et le risque sérieux de représailles allemandes, le maire, Charles Frey intervient avec succès auprès du général de Gaulle et de Churchill pour obtenir du général Eisenhower, commandant en chef, l'annulation de cette décision. Durant plusieurs jours, seule la Ire Armée française assure, en liaison avec les FFI, la protection de la ville. Cette menace, qui a suscité une véritable angoisse dans l'opinion, est rappelée chaque année par une commémoration: le rituel consiste en une prise d'armes, le dépôt d'une gerbe au monument aux morts et un office religieux à la cathédrale en présence des autorités constituées et de nombreux hommes politiques.

JULES SENGENWALD (1809-1891) ET CHARLES HAUSS (1871-1925)

Jules Sengenwald, né le 3 janvier 1809, est l'un des grands acteurs économiques strasbourgeois du début du XIXe siècle. Sous sa direction, l'entreprise familiale devient l'une des grandes firmes de Strasbourg, spécialisée dans le commerce de la garance, de la moutarde, de l'huile, du vin, du tabac et des grains. De 1848 à sa mort, il préside la Chambre de Commerce et joue un rôle majeur dans le domaine économique, notamment au début de la période allemande. Également homme d'une large culture, il exerce une action féconde dans le domaine des arts et des lettres, en particulier comme président de la Société des amis des arts. Il est enfin un protestant engagé comme membre du Consistoire Supérieur et l'un des ténors du protestantisme libéral strasbourgeois.

Charles Hauss, né le 3 janvier 1871, est l'un des hommes politiques majeurs du parti catholique de 1895 à 1914. Remarquable orateur populaire et journaliste de talent, il est député au Reichstag de 1898 à 1903 et de 1907 à 1918, et l'un des ténors de la diète d'Alsace-Lorraine où il devient le président de la fraction du Centre. Il joue également un rôle actif au Théâtre alsacien en adaptant des pièces d'Erckmann-Chatrian et en composant plusieurs pièces. En 1919, il se retire de la vie politique.

4 janvier

Travaux agricoles

On coupe l'osier et on nettoie les branches pour les fabrications des paniers (une activité demeurée longtemps importante dans les campagnes) ; c'est le moment de faire le bois pour ceux qui possèdent une petite forêt. On coupe les acacias qui sont assez grands pour en faire des ceps de vigne et on les écorce, on fume les champs et les prés. Dans le jardin, on peut semer dans les couches les premiers radis et carottes. L'agriculteur surveille ses réserves de foin, de trèfle et de paille pour tenir jusqu'au printemps. En les coupant, on en consomme moins et le bétail est mieux nourri.

NAISSANCE DE JAKOB BALDE (1604-1668)

Le 4 janvier 1604, naît à Ensisheim Jakob Balde. Entré dans l'ordre jésuite, il quitte l'Alsace en 1622 pour se fixer en Bavière où il exerce les fonctions de professeur de rhétorique, puis de prédicateur de la cour des électeurs de Bavière et d'historiographe. À partir de 1648, il se consacre entièrement à la littérature. Brillant dramaturge, surnommé le Horace allemand, auteur satirique au tempérament lyrique exceptionnel, Balde est l'un des tout premiers poètes de l'Allemagne du XVIIe siècle. Son œuvre marque l'apogée germanique de la littérature néo-latine inspirée de l'Antiquité par sa haute valeur spirituelle. Balde célèbre l'idéal jésuite du militantisme confessionnel et du culte marial. Il consacre plusieurs odes à sa terre natale, d'inspiration à la fois patriotique, morale et mystique. Son ode sur la chute de Brisach, prise en 1639 par Bernard de Saxe-Weimar, est digne d'une lamentation biblique.

5 janvier

LA BATAILLE DE TURCKHEIM (1675)

La bataille de Turckheim fait partie des grands affrontements militaires de la guerre de Hollande (1672-1679) opposant la France à une coalition de pays européens. Elle est également la campagne la plus audacieuse de Turenne. En décembre 1674, tandis que les troupes impériales installées en Alsace prennent leurs quartiers d'hiver, Turenne contourne, au prix de grosses difficultés, les Vosges par l'ouest pour déboucher par le Seuil de Belfort en Alsace. Après avoir culbuté la cavalerie impériale près de Mulhouse, il fonce vers le nord pour écraser l'infanterie brandebourgeoise.

Il livre bataille le 5 janvier 1675. L'armée allemande s'étend sur 7 km derrière le Logelbach entre Colmar et Turckheim, occupé seulement par 300 dragons. Tandis que les deux tiers de l'armée française se fixent dans la plaine, Turenne longe le vignoble par une manœuvre habile et prend Turckheim par surprise. Du côté impérial, malgré la vaillance des troupes, l'absence d'unité dans le commandement rend les manœuvres difficiles. La bataille s'engage vers 16 heures. L'artillerie des régiments impériaux tue et blesse de nombreux Français car le combat a connu un « fort grand feu ». Les pertes sont sévères des deux côtés : plus de 300 morts dans chaque camp. Durant la nuit, les Français s'installent dans Turckheim où de nombreux civils sont victimes de rapines de la part des soldats.

Alors que l'issue de la bataille est indécise, les Impériaux décident de se replier sur Sélestat et évacuent Colmar. La retraite se fait dans le plus grand désordre tandis que le froid et la disette épuisent les troupes. De Sélestat, l'armée impériale rejoint Strasbourg pour traverser le pont de Kehl les 12 et 13 janvier. L'Alsace est de nouveau totalement aux mains des Français.

NAISSANCE DE JEAN-GEORGES REBER (1731-1816)

Né le 5 janvier 1731 à Mulhouse, Jean-Georges Reber est un esprit entreprenant. Se heurtant à des difficultés dans sa ville natale, il s'installe à Sainte-Marie-aux-Mines, où il fonde une entreprise de bonneterie et de teinturerie. Vers 1774, celle-ci occupe près de 250 métiers à tisser. Elle continuera à fonctionner pendant trois générations.

6 janvier

✻✻✻ L'ÉPIPHANIE ✻✻✻

La fête de l'Épiphanie marque la fin du cycle des 12 jours de Noël. C'est alors qu'on enlève le sapin et la crèche des maisons. Les initiales des noms des rois mages (CMB, Caspar, Melchior et Balthasar) ont longtemps été tracées sur les linteaux des portes. Parfois réalisées à partir de mèches imbibées de cire fixées sur la partie intérieure de la porte d'entrée, elles sont considérées comme d'efficaces protectrices.

Dans beaucoup de villages, trois jeunes déguisés en rois mages allaient de maison en maison, chantaient quelques comptines et recueillaient des friandises en contrepartie. Les textes varient selon les localités.

Weil wir neues Leben suchen,
darum folgen wir dem Stern,
sammeln Gaben, singen Lieder
für die Menschen, für den
Herrn.

Parce que nous cherchons
une nouvelle vie,
Nous suivons cette étoile,
Nous ramassons des dons,
Nous chantons pour les hommes,
Pour le Seigneur.

Es kommen drei Kœnig aus
dem Morgenland
Gott hat uns die Gnade
gegeben
dass wir das Johr mit Freude
erleben
jetzt und zu allen Zeiten,
der Stern, der Stern muss
weiter reisen.

Trois rois viennent d'Orient
Dieu nous a donné la grâce
Que nous vivions l'année
dans la joie
Maintenant et en tous temps,
L'étoile doit continuer son voyage.

Avant 1789, les corporations se réunissaient la veille de l'Épiphanie pour élire un roi éphémère, chargé de payer les frais du banquet. C'était la fève ou le petit pois contenu dans le gâteau préparé à cet effet qui désignait ce roi d'un jour. Ces fêtes portaient le nom de *Königreiche* ou « royaumes » et se terminaient par des beuveries.

La galette des rois est issue de cette coutume. Au XVIIIe et au début du XIXe siècle, les boulangers offraient des galettes des rois à leurs clients, une pratique supprimée dans les années 1820. Par la suite, les gens ont pris l'habitude d'acheter ce jour un gâteau avec fève pour tirer les rois, une coutume qui s'étend sur tout le mois de janvier.

✻ ✻ ✻

GUSTAVE DORÉ (1832-1883) ET GEORGES GROMER (1879-1954)

Gustave Doré (ci-dessous) naît le 6 janvier 1832 à Strasbourg où il vit jusqu'à l'âge de dix ans. Ce grand peintre, graveur et illustrateur, fortement marqué par le romantisme, réalise une œuvre immense et illustre plus de 120 ouvrages.

M. G. DORÉ, peintre.

Georges Gromer naît le 6 janvier 1879. Il est archiviste-bibliothécaire de Haguenau de 1909 à 1950, conseiller général et membre actif de l'UPR de 1919 à 1940. Enfin, il est également l'auteur de nombreux ouvrages et articles sur l'histoire de Haguenau.

7 janvier

DISPARITION DE CHARLES-LÉON UNGEMACH (1844-1928)

Le 7 janvier 1928 disparaît Charles-Léon Ungemach, un grand acteur économique de Strasbourg qui a transformé une petite épicerie familiale en société par actions et créé une usine de conserves à Schiltigheim. Très préoccupé par les questions sociales, il a institué la participation des salariés aux bénéfices et créé la Cité-Jardin Ungemach à Strasbourg-Wacken, composée de 140 maisons et financée par les bénéfices de l'entreprise. Il a participé activement aux organismes économiques de Strasbourg. C'est à juste titre que le préfet Barromée a pu dire à ses obsèques : « Avec lui disparaît l'un de ces grands bourgeois qui ont marqué leur place dans l'histoire politique et économique de Strasbourg. »

FRÉDÉRIC KIRSCHLEGER (1804-1869)

Le 7 janvier 1804 naît à Munster Frédéric Kirschleger. Professeur de botanique à partir de 1835 à la faculté de Médecine de Strasbourg, il s'impose comme le plus grand herboriste régional. Fondateur de l'Association philomatique vogéso-rhénane, devenue en 1893 l'Association philomatique d'Alsace-Lorraine, il réalise avec de nombreux collaborateurs un remarquable travail de collecte, passant lui-même chaque été de nombreuses journées à « herboriser » dans les Vosges. Il en résulte l'ouvrage demeuré fondamental jusqu'à aujourd'hui, *Flore d'Alsace et des contrées limitrophes*, parue en trois tomes de 1852 à 1862.

COMPTINE

Mueder gemm'r Brod!
D'r Bäck isch dodt,
Er leit in d'r Lache
Un kann nimmi bache.

Maman, donne moi du pain !
Le boulanger est mort
Il est étendu dans le cercueil
Et ne peut plus faire du pain.

8 janvier

LA FÊTE DE LA RÉPUBLIQUE

Depuis le XIIIe siècle, la ville de Strasbourg organise une fête civique le deuxième mardi de janvier. Toutes les vingt corporations se rassemblent devant la cathédrale avec beaucoup de décorum pour prêter serment de fidélité au nouvel *ammeister* et aux quatre nouveaux *stettmeister*.

On déploie la grande bannière de la Ville avec l'image de la Vierge, patronne de la ville depuis 1480, et de l'enfant Jésus.

Saint Erhard

Cet évêque de Ratisbonne d'origine irlandaise aurait guéri sainte Odile. Il est le patron de l'ancienne église Saint-Erhard à Riquewihr.

An Erhard dickes Eis,
Im Mai üppig Reis.

À Saint-Erhard, épaisse glace,
En mai luxuriant feuillage.

St. Erhard mit der Hack,
steckt die Feiertag in den Sack.

Saint-Erhard avec la houe
met les fêtes dans le sac.

Recette de la soupe aux lentilles

Ingrédients: 250 g de lentilles, 1 poireau, persil, 2-3 carottes, 2 pommes de terre, 2 l d'eau, 1 feuille de laurier, 2 clous de girofle, 1 oignon moyen, 200 g de lard fumé, 1 saucisse de Strasbourg par personne, 1 petit pot de crème et 1 tasse de lait, sel, poivre.

Tremper les lentilles triées, lavées, pendant 2 h ou la veille. Les recouvrir de 2 l d'eau, saler, poivrer. Incorporer les légumes détaillés en petits cubes, le persil haché, le lard, la feuille de laurier et l'oignon piqué de clous de girofle. Cuire le tout à petit feu durant 2 h. Quelques minutes avant de servir, ajouter les saucisses de Strasbourg. Rectifier l'assaisonnement et ajouter la crème et le lait. Pour rendre la soupe encore plus nourrissante, la lier avec un roux léger et la passer au moulin à légumes.

Variante: des soupes analogues peuvent se faire à partir de petits pois ou de haricots secs.

9 janvier

LE BLOCUS DE STRASBOURG (1814)

Après le retrait des troupes françaises de l'Allemagne fin 1813, Strasbourg subit à partir du 5 janvier 1814 un blocus de trois mois. La population supporte mal les sacrifices, d'autant plus qu'une épidémie de typhus fait rage. Le blocus a vu la mort de 3 000 soldats et de 550 civils sur les 5 000 atteints par la maladie.

LE SPECTRE DU PETIT BALLON

À la ferme du Petit Ballon, un spectre importune les adolescents par un formidable vacarme nocturne. Un soir, un jeune garçon se présente à la ferme pour solliciter une embauche. Le fermier consent à le garder, mais une seule nuit.

Fatigué, le garçon se couche dans le foin. Il est réveillé par un bruit. Il se lève et ouvre la porte. Il se trouve en face d'un spectre blanc de la poitrine à la tête, mais noir pour le bas du corps. Il le fait entrer. Celui-ci lui fait un signe vers la pelle. Puis le garçon se laisse conduire dans la cave de la ferme où le spectre l'invite à creuser. Bientôt apparaît le couvercle d'une caisse. L'ayant fait sauter, il constate que la caisse est remplie de beaux écus d'argent. Il la renverse et compte les pièces qu'il répartit en trois parts, une pour l'Église, une pour les pauvres et une pour lui. Or, chaque fois qu'il regarde le spectre, celui-ci sourit et la partie noire de son corps ne cesse de diminuer, si bien qu'à la fin, il apparaît blanc comme neige de la tête aux pieds. Après quoi, il se met à rire en disant que saint Pierre ne lui refusera plus l'entrée.

10 janvier

NAISSANCE DE LUCIEN PFLEGER (1876-1944)

Le 10 janvier 1876 naît à Dachstein Lucien Pfleger, prêtre et historien. Professeur au collège Saint-Étienne de Strasbourg de 1907 à 1939, il est l'auteur le plus fécond dans le domaine de l'histoire du catholicisme alsacien avec plus de 900 titres et deux travaux fondamentaux, une *Kirchengeschichte der Stadt Strassburg im Mittelalter* (1943) et *Die elsässische Pfarrei. Ihre Entstehung und Entwicklung*. Il explore les fonds de nombreuses bibliothèques et archives à travers l'Europe. Il publie de très nombreux articles biographiques et collabore à plusieurs périodiques.

LA LÉGENDE DE L'ESPRIT QUI FRAPPE

Au château de Dachstein, qui est au XVIIe siècle l'une des résidences d'été des évêques de Strasbourg, on entend chaque année le Vendredi saint à 15 heures un bruit de marteau, comme si quelqu'un enfonçait de gros clous dans les murs. Le bruit des coups ne s'arrête que dans la nuit du jour de Pâques.

L'année suivante, le vacarme recommence et l'on ne trouve personne. Le bruit est tel que les planchers en sont soulevés et que les vitres en tremblent.

À la fin du XVIIIe siècle, pour faire cesser ce scandale, on organise une procession qui parcoure toutes les pièces du château, y compris les caves et le grenier. Depuis, on n'entend plus l'esprit frappeur de Dachstein.

Les esprits frappeurs sont assez rares en Alsace. Pour les conjurer, il faut organiser une procession qui traverse toutes les pièces d'une maison.

CENTRE DRAMATIQUE DE L'EST

Le 11 janvier 1947 a lieu à Colmar la première représentation du Centre dramatique de l'Est. Ce syndicat intercommunal associe les villes de Mulhouse, Colmar, Haguenau, Metz et Strasbourg. La pièce choisie, *Le Survivant* de Jean-François Noël, n'est pas un succès, en raison du manque de consistance de l'œuvre. Les pièces suivantes sont de meilleure facture. Les premières années connaissent donc un succès inégal en raison de la qualité variable des interprètes et de la mise à l'écart des acteurs et des thèmes régionaux.

En 1954, le Centre dramatique déménage à Strasbourg et devient, en 1968, le TNS (Théâtre National de Strasbourg). Celui-ci s'impose comme un lieu culturel incontournable .

NAISSANCE DE CHARLES LOUIS COULAUX (1810-1887)

Le 11 janvier 1810 naît à Klingenthal Charles Louis Coulaux, important acteur de la vie économique et politique alsacienne. De 1840 à 1870, il dirige la manufacture d'armes de Klingenthal et l'usine de quincaillerie de Molsheim.

Il joue un rôle politique majeur sous le Second Empire comme député de Saverne de 1852 à 1870 et maire de Strasbourg. Maire actif de 1852 à 1864, il engage d'importants travaux, dont la construction des quais de Saint-Nicolas et du Finkwiller, la construction de plusieurs ponts, de l'abattoir municipal, de deux groupes scolaires, de l'École de santé militaire et de la Faculté de médecine. Catholique très engagé, il veut acquérir pour la ville les biens de la Fondation Saint-Thomas, ce qui attise les tensions confessionnelles.

12 janvier

LE PROCÈS DU DRAME D'ORADOUR (1953)

Le 12 janvier 1953 débute le procès de Bordeaux : un tribunal militaire juge les coupables du massacre d'Oradour (10 juin 1944) perpétré par la division SS « Das Reich ». En l'absence des officiers de cette unité ne restent sur le banc des accusés que 21 comparses, dont 12 Alsaciens incorporés de force. Aussi ce procès provoque-t-il une coupure. Entre le Limousin qui réclame, sous la pression des communistes, justice pour l'une des pires horreurs de la guerre, et l'Alsace, scandalisée qu'on prenne les victimes pour les bourreaux, le fossé est béant. Malgré une déposition poignante de l'ancien préfet René Paira, les 12 inculpés sont condamnés à des peines allant de douze ans de travaux forcés à cinq ans de prison. Les élus alsaciens unanimes, hormis les communistes (peu nombreux), mettent les drapeaux en berne et organisent des défilés silencieux devant les monuments aux morts. À l'appel du maire de Strasbourg, Charles Frey, tous les maires du Bas-Rhin, sans exception, se réunissent autour du monument aux morts de la ville en une manifestation silencieuse. Ces manifestations suscitent un immense mouvement d'opinion et de protestation, qui risquait de déboucher sur une véritable sécession de l'Alsace. Dans ce contexte, l'Assemblée nationale vote une loi d'amnistie qui rétablit le calme dans les esprits.

DISPATITION DE NATHAN KATZ (1892-1983)

Le 12 janvier 1983 disparaît à Mulhouse Nathan Katz, l'un des grands poètes alsaciens du XXe siècle. Représentant de commerce, puis bibliothécaire, c'était un autodidacte passionné de lecture et d'étude. Son œuvre est très diverse : des récits villageois populaires (*S'Rosele*, *D'Gschichte vom e Rolli*, *Dr Schorschle*), un poème dramatique en quatre actes (*Annele Balthasar*), un opéra qui tient du conte (*D'Ardwibele*, *Sundgäu*), un recueil de poésies d'une forte puissance créatrice, ainsi que de nombreuses adaptations poétiques en langue alémanique de poèmes d'auteurs du monde entier.

13 janvier

E n 1389, une bande de brigands, dirigée par Martin Waltherer, s'approche de nuit des remparts de la ville de Mulhouse dans l'espoir de la piller. Le drapier Hans qui aperçoit la bande rentre par un raccourci au moment de la fermeture de la Porte Haute. Il se précipite au domicile du bourgmestre Ulrich de Dornach pour le prévenir du danger. Celui-ci saisit son casque et son épée et saute sur sa monture. Il traverse les rues au galop pour donner l'alerte tandis que sonne le tocsin. En peu de temps, les habitants se réunissent pour se rendre vers les remparts. À leur arrivée, les attaquants, en train d'escalader la muraille, sont surpris par le tocsin et le nombre des défenseurs dont les armes luisent au clair de lune. Ils ont l'impression d'avoir en face d'eux le grand Wotan, maître des dieux germaniques, avec une armée fantôme, venu protéger la ville. C'est la débandade. Abandonnant leurs affaires et sans reprendre les chevaux, ils s'enfuient, et les bourgeois qui se mettent à les pourchasser n'en retrouvent aucun. À leur retour, les bourgeois sont accueillis en héros et Ulrich est fêté. Ce n'est qu'à ce moment qu'il s'aperçoit qu'il était en chemise.

LA CHEMISE DU BOURGMESTRE

PHILIPPE JACQUES SPENER (1635-1705)

L e 13 janvier 1635 naît à Ribeauvillé le père du piétisme allemand et alsacien, Philippe Jacques Spener. En 1666, il est appelé à la tête du corps pastoral de Francfort. En 1675, il publie les *Pia Desideria*, un manifeste du piétisme, qui connaît une large diffusion. De 1686 à 1691, il est prédicateur à la cour du prince électeur de Saxe à Dresde, puis achève sa carrière comme inspecteur à l'église Saint-Nicolas de Berlin. Il exerce une grande influence à la cour de Berlin et à l'université de Halle. Son rayonnement se traduit par de nombreuses publications et une correspondance abondante. Le mouvement piétiste valorise une religion plus personnelle et un rigorisme moral. En Alsace, le piétisme pénètre en deux vagues, apportées par des étudiants revenus d'Allemagne. Vers 1750, entre un quart et un tiers des pasteurs du Hanau-Lichtenberg sympa– thisent avec ce mouvement mystique.

14 *janvier*

ALBERT SCHWEITZER (1875-1965)

Le 14 janvier 1875 naît à Kaysersberg Albert Schweitzer, l'Alsacien le plus célèbre du XXe siècle dans le monde. Il grandit au presbytère de Gunsbach, depuis musée Albert Schweitzer. De 1893 à 1913, il vit à Strasbourg où il suit des études de théologie. Organiste, il s'initie aux œuvres de Bach. De 1905 à 1913, il est à la fois étudiant en médecine, professeur de théologie, prédicateur à Saint-Nicolas, organiste ainsi qu'écrivain. En 1913, il se rend à Lambaréné (Gabon), où il fonde un hôpital (illustration ci-contre) comme médecin et missionnaire.

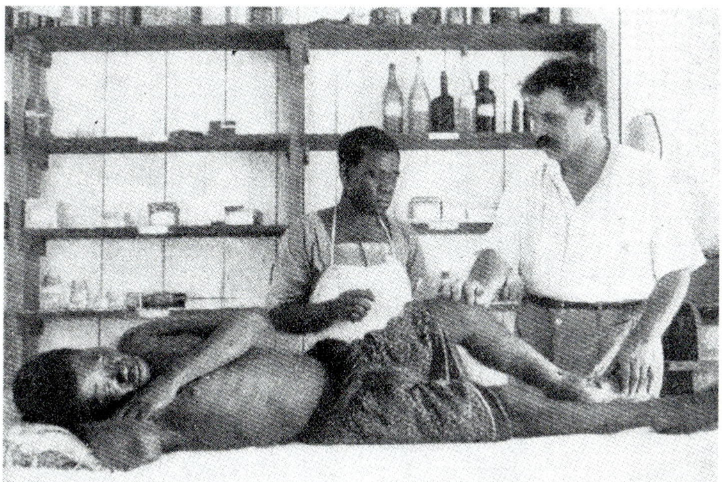

L'établissement devient vite une œuvre internationale par l'origine des collaborateurs et des ressources. Il revient périodiquement en Europe pour des tournées de récitals de Bach et de conférences en vue de collecter des fonds pour la construction et l'entretien de l'hôpital. À sa mort, l'hôpital comprend une cinquantaine de bâtiments divers en bois.

Après 1945, il est connu mondialement et ses œuvres sont traduites dans de nombreuses langues. En 1953, il reçoit le prix Nobel de la Paix pour son engagement contre le risque d'une guerre nucléaire. En 1959, il fait ses adieux définitifs à l'Europe. Pour ses 90 ans, quelques mois avant sa disparition le 4 septembre 1965, il reçoit des messages du monde entier.

Il laisse une œuvre considérable dans le domaine philosophique et théologique dont une *Geschichte der Leben-Jesu-Forschung*, une *Kultur-philosophie*, *Les grands penseurs de l'Inde*, *Respect de la vie*, *J.S. Bach, le musicien-poète*. Grand théologien, mystique marqué par Jésus, musicien talentueux et organiste qui a découvert le « langage musical » de Bach, moraliste qui valorise le respect de la vie, précurseur du mouvement écologiste et de l'aide au Tiers Monde, il devient en 1951 membre de l'Académie des sciences morales et politiques. En Allemagne, il obtient le prix Gœthe (1928) et le prix de la Paix des libraires allemands (1951). Très marqué par la double culture, il écrit dans les deux langues. Esprit universel, il est conscient de l'urgence d'une éthique qui s'inscrit dans la pratique.

De 1946 à sa mort, son anniversaire donne chaque année lieu à une cérémonie en Alsace. Son rayonnement est maintenu à travers l'association Albert Schweitzer, dont le siège est à Strasbourg et le musée Albert Schweitzer installé dans une maison qu'il a fait construire en 1928. Il conserve sa bibliothèque et la majeure partie de sa correspondance. Au-dessus du village a été érigée par Fritz Buehn une statue en grès rose. Albert Schweitzer se disait à la fois « homme de Gunsbach et citoyen du monde ».

15 janvier

Recette de la potée de légumes « Krüthafe »

Ingrédients : 250 g de haricots blancs trempés depuis la veille, 3 poireaux, 500 g de haricots verts, 1 petit chou vert frisé, 1 petit chou-fleur, 1 gousse d'ail, 6 carottes, 1 oignon, 500 g de pommes de terre, 1 petit céleri, persil vert, 80 g de beurre, un peu d'huile, 1 palette fumée, 300 g de poitrine fumée, 1 pied de porc, 3 saucisses à cuire, 2 grains de coriandre, 2 clous de girofle, 1 pincée de poudre de marjolaine, de gingembre et de romarin, 1 demi-feuille de laurier, 3-4 grains de genièvre, sel, poivre, 1 brin de thym.

La veille, faire tremper les haricots blancs dans de l'eau additionnée de marjolaine et de romarin. Le lendemain, faire revenir dans le beurre l'oignon haché, les poireaux épluchés, lavés et finement émincés. Éplucher, laver et détailler les autres légumes. Les laisser blanchir (sauf les pommes de terre et les carottes) quelques minutes dans l'eau salée bouillante. Les égoutter et les faire revenir avec les oignons et les poireaux. Ajouter les haricots trempés la veille, la gousse d'ail, les pommes de terre et les carottes coupées en rondelles. Mouiller avec du bouillon ou de l'eau en recouvrant les légumes. Saler, poivrer et ajouter les épices citées plus haut. Dresser le lard, la palette fumée, le pied de porc sur ce lit de légumes. Couvrir la terrine. Mettre au four et laisser mitonner à feu doux pendant 3 heures. Servir cette potée chaude, avec ses viandes et de la salade verte.

JEAN ADAM (1867-1936)

La veille, le 14 janvier 1936 disparaît Jean Adam, l'un des principaux, et derniers pasteurs historiens. À l'époque allemande, les étudiants de théologie des deux confessions sont sensibilisés à l'histoire, ce qui se traduit par de nombreuses publications historiques – souvent de qualité – tradition disparue avec ces générations. Jean Adam, inspecteur ecclésiastique et pasteur à Dorlisheim depuis 1896, publie deux ouvrages fondamentaux en allemand, une histoire du protestantisme à Strasbourg jusqu'en 1789, une histoire des divers territoires protestants en Alsace jusqu'en 1789. Et il rassemble les matériaux pour une histoire des anabaptistes en Alsace et pour la biographie des pasteurs d'Alsace et de Moselle.

16 janvier

FRAU BERCHTA

Autrefois, les femmes cessaient de filer au rouet entre Noël et l'Épiphanie. Pendant ces douze nuits, les *Raunächte*, le chasseur sauvage, Wotan, galope dans les airs, ainsi que Berchta la douce qui recueille les enfants morts-nés qu'elle cajole, chargée par le bon Dieu de conduire les âmes de ces innocents au paradis durant ces nuits. Le reste de l'année, elle file et travaille à son rouet, habitant dans une maison vosgienne située dans la forêt au nord de Reinhardsmunster, sur la crête du Spillberg.

Un 24 décembre, elle reçoit la visite d'un marchand qui lui propose une laine à filer d'une qualité exceptionnelle, moelleuse, légère et étincelante. Après avoir hésité, elle achète, sur l'insistance du marchand, tout le lot. Après son départ, elle s'installe à son rouet. Elle se passionne pour ce travail et ne parvient pas à s'en détacher, de sorte que les journées passent, alors qu'elle doit recueillir les morts-nés. Elle en a été détournée par Satan qui lui a vendu les touffes d'argent de sa barbe. Le bon Dieu, furieux de cet abandon, fracasse d'un éclair géant la belle maison de grès rose, en éparpille les blocs dans la montagne et enferme la fileuse dans le plus grand d'entre eux, longtemps appelé le fuseau *(die Spille)* ou la femme *(die Frau)*.

Règles relatives au soleil

Sunnebleck Macht d'r Rage deck.

Clin d'œil du soleil, épaisses gouttes de pluie.

D'r Morgesonne heller Schien,
Beditet fürs nächste Johr viel Win.

Les clairs rayons du soleil le matin,
Pour l'an suivant donnent grand vin.

D'Sunn wo z'frieh lacht, seht me am Mittag griene.

Le soleil qui rit trop tôt, pleure déjà à midi.

17 janvier

DISPARITION D'ERWIN DIT DE STEINBACH

Le 17 janvier 1318 disparaît Erwin dit de Steinbach. Architecte de la cathédrale de Strasbourg de 1284 à 1318, il réalise au moins en partie la superbe façade occidentale, notamment la grande rose. Après 1299, il fait élever le tombeau de l'évêque Conrad de Lichtenberg dans la chapelle Saint-Jean-Baptiste. Grâce à cet architecte fort inventif, Strasbourg est devenu l'un des foyers créateurs du gothique international.

Au XIXe siècle, le romantisme allemand fait d'Erwin l'incarnation du gothique germanique, une référence reprise par des mouvements nationalistes, notamment sous la forme de la *Erwin von Steinbach Stiftung* (fondation) qui a publié divers titres sur l'Alsace dans une orientation proallemande tout au long du XXe siècle.

ANTOINE L'ERMITE

Saint Antoine vit en solitaire en Égypte et meurt en 356. Représenté en abbé avec un porc à ses pieds symbolisant le diable, il porte une crosse se terminant en T (croix d'Égypte) et la clochette des mendiants. En son honneur est créé l'ordre hospitalier des Antonins, dont un établissement en Alsace à Issenheim. Il figure sur le retable d'Issenheim, comme « père du désert » et des moines. L'ordre accueille des malades contagieux.

Depuis Issenheim, il se diffuse dans la piété populaire comme patron de dix paroisses, ainsi que des animaux domestiques. Chaque année, de nombreux paysans se retrouvent ce jour à l'église d'Appenwihr (près de Colmar) pour intercéder auprès de saint Antoine en faveur de leurs troupeaux. Il est aussi à l'origine de plusieurs dictons qui souhaitent que cette journée soit claire et froide.

Ist an Antoni die Luft klar,
so deutet's auf ein trockenes Jahr

Si le temps est clair
à la Saint-Antoine,
Il annonce une année sèche.

Antonius-Tag hell und klar,
Bringt e güet Winjahr.

Saint-Antoine sec et beau,
Remplit cuves et tonneaux.

Grossi Kälte am Antonius-Tag
Grossi Hitze am Laurenzi-Tag
Jedoch keine lang düre mag.

Grand froid à la Saint-Antoine,
Grande chaleur à la Saint-Laurent,
Ne durent que peu de temps.

18 *janvier*

UN OURAGAN DESTRUCTEUR (1739)

Parmi les ouragans qui ont marqué l'Alsace, celui du 18 janvier 1739 a laissé de nombreuses traces dans les archives. Il affecte l'ensemble du Rhin Supérieur, y compris le nord de la Suisse, de Zurich à Karlsruhe. Partout, il est question de dégâts immobiliers, notamment dans le Sundgau et à Colmar où «les maisons les plus solides ont été endommagées par les vents». À Westhoffen, un moulin à vent est détruit. Parmi les immeubles touchés figurent des fermes, des châteaux et des églises. Bien des forêts sont dévastées.

LE CHAMP DU FEU

Le Champ du Feu, plus haut sommet des Vosges bas-rhinoises, a suscité bien des légendes et des mythes, notamment sur la présence d'esprits qui taquinent les gens ou les égarent la nuit en cas de brouillards. Un berger qui a l'imprudence d'y monter un soir y perd son troupeau. Au bout d'une heure, les moutons se mettent à pousser des cris sauvages, puis à parler et à se menacer. Les chiens courent en rond, poursuivant des personnages invisibles. Puis sonne un cor, ce qui pousse les moutons à se ruer les uns sur les autres et à s'entre-dévorer. À la levée du jour, il ne reste que des ossements et les chiens courent toujours en rond jusqu'à mourir d'épuisement.

Comptine sur les nombres

❶❷❸❹❺❻

Sechs mal sechs isch sechsunddreissig.
Ist der Lehrer noch so fleissig,
Sind die Kinder noch so dumm.
Macht der Lehrer: Bum bum bum.

Six fois six font trente six.
En dépit du zèle du maître,
Les enfants sont si ignorants
Et le maître fait pan, pan, pan

(Époque désormais lointaine où les coups de bâton étaient tolérés par les autorités et les parents).

19 janvier

LE RHIN

À deux reprises, le Rhin a joué un rôle important comme frontière militaire. Vauban a réalisé quatre forteresses le long du fleuve : Fort-Louis, démantelée en 1804, la Citadelle de Strasbourg, Neuf-Brisach et Henningue détruite en 1816. Durant le XVIIIe siècle, elles ont protégé efficacement l'Alsace. Elles ont joué un rôle actif de 1793 à 1815 : bombardement de Brisach, de Kehl (ci-dessous) et de Henningue entre 1793 et 1796, blocus en 1814 et 1815 par les Alliés.

Dans les années 1930, la ligne Maginot est construite le long du Rhin pour stopper les éventuelles invasions allemandes. Son efficacité a été surestimée par les Français : lors de l'attaque du 15 juin 1940 sur un front d'une vingtaine de kilomètres à la hauteur de Marckolsheim, les Allemands n'ont mis que 48 heures pour percer la ligne.

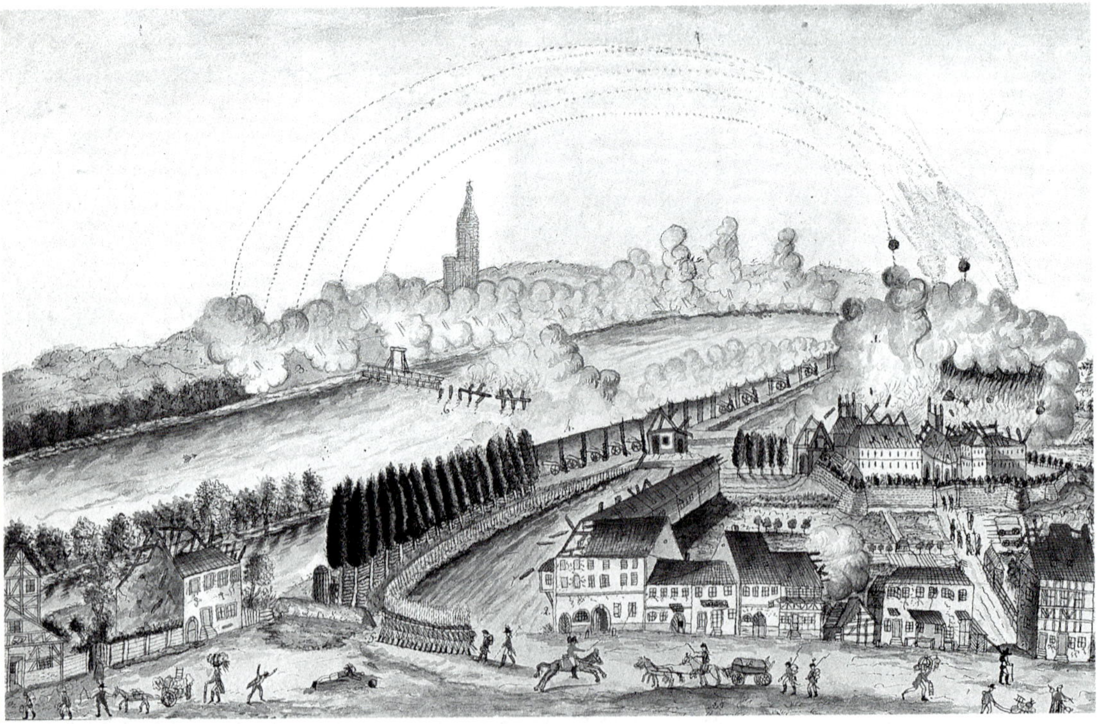

Dictons sur le mois de janvier

Het d'r Janner Is un Schnee, Bringt d'Sommer güeter Klee.

Glace et neige en janvier,
Du bon trèfle en été.

In Janner Donnergroll, Macht Kischte un Fässer voll.

Tonnerre en janvier,
Remplit caisses et tonneaux.

20 janvier

LA SAINT-SÉBASTIEN

Sébastien, officier romain, est martyrisé à Rome en 288. Il est représenté attaché à un arbre, le corps nu transpercé de flèches, mais aussi en jeune chevalier portant des flèches, un thème qui a beaucoup inspiré les artistes.

Son culte s'est largement répandu au cours du Moyen Âge en Alsace comme intercesseur lors des pestes et autres grandes épidémies. Son image ou sa statue sont présentes dans de nombreuses églises et chapelles, et il a suscité la naissance de multiples confréries, dont le but est d'aider les malades et les moribonds. Il est le patron de douze paroisses, sans oublier la chapelle Saint-Sébastien, située dans les vignes au-dessus de Dambach-la-Ville. C'est un lieu de pèlerinage qui a été très fréquenté. La chapelle comporte un beau maître-autel baroque de la fin du XVIIe siècle et un ossuaire qui contient les ossements des victimes de la bataille de Scherwiller, en 1525.

NAISSANCE DE JULES KLEIN (1830-1897)

Le 20 janvier 1830 naît Jules Klein, pharmacien à Strasbourg et acteur politique majeur à partir de 1870. Il est quelque temps l'interlocuteur privilégié des Allemands, partisan du fait accompli de l'annexion. Il préside le Conseil général de Basse-Alsace de 1875 à sa mort et joue un rôle actif dans la vie municipale.

Dictons

Am Sebastian fange d'Baim zu safte an.

À la Saint-Sébastien,
La sève remonte dans l'arbre.

An Sebastian fangt d'r Winter rechtig an.

À la Saint-Sébastien,
L'hiver commence vraiment.

21 janvier

Dictons de la Sainte-Agnès

Sankt Agnes i mocht han,
Nix ass e güete Mann.

Sainte Agnès, écoute mon cri,
Je ne veux rien qu'un bon mari.

Wenn Agnes und
Vinzenzius kommen,
Wird neuer Saft im
Baum vernommen.

Quand Agnès et Vincent
(22) arrivent,
En arbre monte nouvelle
sève.

Recette du pot-au-feu

Ingrédients : 1 kg de viande de bœuf (plat de côte, gîte à la noix, macreuse, joue de bœuf), quelques os, 3 l d'eau froide, carottes, navet, poireau, 1 petit chou vert, 1 morceau de céleri, persil, 1 oignon piqué de 2 clous de girofle, 1 feuille de laurier, 2 gousses de petits pois grillées fraîchement, sel, poivre, noix de muscade.

Mettre le tout dans une marmite à pot-au-feu, laisser cuire en frissonnant dans 3 l d'eau froide durant 3 h. Les 2 gousses de petits pois grillées donnent au liquide une belle coloration dorée. Le même effet peut être obtenu en passant l'oignon légèrement au grill. Écumer et passer le bouillon en réservant la viande et les légumes. Rectifier l'assaisonnement.

Quenelles de moelle : 150 g de moelle ramollie au bain-marie, 2 œufs, 75 g de chapelure, 1 cuillerée à soupe de semoule, persil et cerfeuil hachés très finement, sel, poivre, noix de muscade.

Incorporer tous les ingrédients à la moelle de bœuf écrasée à la fourchette et former de petites boulettes d'environ 1,5 cm de diamètre (elles gonfleront pendant la cuisson). Les laisser pocher 10 mn dans le bouillon, sans ébullition. Si les boulettes s'émiettent, ajouter un peu de chapelure.

Le bouillon de bœuf aux quenelles de moelle se sert très chaud, saupoudré de fines herbes hachées. On peut y ajouter éventuellement des vermicelles ou de petites tranches de pain grillées.

En Alsace, c'était le menu traditionnel du dimanche. On servait ensuite la viande bouillie entourée des légumes cuits dans le bouillon, avec une sauce au raifort et des petites salades (carottes, concombres, céleri râpé, betteraves rouges et pommes de terre rôties ou en salade).

22 janvier

Recette de la salade de viande

Ingrédients : 1 livre de restes de viande, 1/2 cuillerée de sel, un peu de poivre, 1/2 oignon, 2-3 cuillerées de vinaigre, 1 cuillerée et demie d'huile, une demi-tasse de bouillon de viande ou d'eau chaude.

Découper les restes de viande maigre en cubes. Bien les mélanger avec le sel, le poivre, l'huile, le vinaigre et le bouillon ou l'eau chaude. Laisser reposer le tout. Une cuillerée de moutarde améliore sensiblement le goût.

Durée de préparation : 20 minutes

Comptine

Ri, ra, ratsch.
Mr fahre mit dr Kutsch,
mr fahre mit dr
Schnakeposcht,
wu's nur e halwer Batze
koscht.
Ri, ra, rutsch.
mr fahre mit dr Kutsch.
Ri, ra, glisse.

Nous roulons avec la diligence (traîneau),
Qui ne coûte qu'une moitié de franc.
Ri, ra, glisse.
Nous roulons avec la diligence.

Dictons

Wie das Wetter um
Vincentius war,
wird es sein das ganze Jahr.

Le temps de la Saint-Vincent
Sera celui de toute l'année.

Am Vinzenstag paare si
d'Gans

Les oies s'accouplent
à la Saint-Vincent.

Am Vinzens-Tag
Sunneschien
Füllt alli Fässer mit Win

Le soleil à la Saint-Vincent
Remplit tous les fûts de vin.

23 janvier

Comptine

Annele, Susannele,
stand uf un mach e Liecht,
i heer ebbis trample
i mein es isch e Dieb.
Nei, mamme, nei,
es isch do drin ke Dieb,
es isch jo nur e Misele
es will in unser Hisele,
s'kummt üs m finschtre Wald,
dert usse isch's m z'kalt.

Anny, Suzy, lève toi et mets la lumière,
J'entends bouger quelque chose
Je crois que c'est un voleur.
Non, maman, ce n'est pas un voleur,
Ce n'est qu'une souris qui veut entrer dans notre maison,
Elle vient de la forêt sombre
Où elle a trop froid.

Recette du gâteau aux Streusel

Préparation 30 mn, repos 1 h, cuisson 1 h.

Ingrédients : 300 g de farine, 1 œuf, 100 g de beurre, 25 g de sucre, 15 g de levure de boulanger, 1 verre de lait.

Faire gonfler la levure dans un peu de lait tiède. Mélanger les autres ingrédients, pétrir, puis incorporer la levure. Obtenir une pâte bien consistante qu'on rompra plusieurs fois. Étaler la pâte en une abaisse de 3 cm d'épaisseur environ et la disposer sur une tourtière. Dorer la surface à l'œuf et la couvrir d'une couche de Streusel préparés comme suit.

Streusel : 100 g de sucre, 100 g de beurre, 100 g de farine, 1 cuillerée à café de cannelle en poudre, ou 100 g d'amandes en poudre, sucre glace.

Faire fondre le beurre, ajouter la farine et mélanger les deux ingrédients. Incorporer le sucre et la cannelle. Bien malaxer le tout. Après refroidissement, émietter cette pâte un peu irrégulièrement sur la pâte levée. Laisser reposer et lever le gâteau environ 1 h. Cuire à four moyen 30 mn. Saupoudrer de sucre glace.

24 janvier

LA CHARCUTERIE

Elle est devenue au XIXe siècle un des éléments essentiels de la gastronomie alsacienne et constitue souvent le principal plat du soir. Il existe plus de 150 variétés, toutes peu épicées. Parmi les plus connues, figurent la *fleischwurst* (saucisse de viande), le *presskopf* (museau), la *bratwurst* (saucisse à frire), la *mettwurst* (saucisse à tartiner), la saucisse de Lyon, la saucisse de foie, les gendarmes, les cervelas, très appréciés en salade ou rôtis, la *beerwurst* et la traditionnelle knack, petite saucisse strasbourgeoise à base de viandes de porc et de bœuf, proposée par paire au cours des kermesses et fêtes associatives et accompagnée d'un petit pain et de moutarde.

En Alsace, la charcuterie est toujours présente dans les buffets et compose souvent l'entrée des repas.

L'ÉTRANGER ET SON CHIEN

Le réformateur Symphorien Pollio, curé, puis pasteur de Saint-Étienne, est un prédicateur fort populaire et coutumier d'exercices d'acrobatie sur la plate-forme de la cathédrale et sur le pont du Rhin. Au début du XVIIe siècle, un cavalier étranger à la ville s'avise de vouloir l'imiter. Il parie de faire trois fois le tour de la plate-forme sur ces balustrades. Il s'acquitte avec succès des deux premiers tours, mais sur la fin du troisième le pied lui manque et il tombe mort au pied de la cathédrale avec son chien qui le suivait.

En 1635, le sacristain Hans Zix veut renouveler cet exploit. Après avoir réussi le tour de la balustrade, il glisse et se fracture la tête. À sa mémoire, la date de 1635 est gravée dans la balustrade à l'endroit où il en est tombé.

25 janvier

LA CONVERSION DE PAUL

Ce jour est considéré comme étant au milieu de l'hiver selon le dicton.

Pauli Bekehr, der halbe
Winter hin,
der halbe Winter her.

Il a suscité toute une série de dictons météorologiques. Un beau temps est signe d'une bonne année et de bonnes récoltes.

Pauli Bekehrung hell
Für's Johr e gueter G'sell

Saint-Paul, clair à sa conversion,
Pour l'an un bon compagnon.

E schöner Tag an Pauli-
Bekehrung,
Bringt im Obst richi
Bescherung.

Beau temps à Saint-Paul-la-
Conversion,
Aux fruits apporte riches dons.

Paul bekehr di,
Nim din Stackle un
wehr di;
Nim's Stackle in
d'recht Hand,
Jag d'r Schnee
in's
Pfafferland.

Paul, il faut
te convertir,
Prends ton bâton,
défends-toi ;
Prends-le dans
la main droite,
Et chasse du pays
la neige.

Recette du potage aux pommes de terre

En cette période de l'année, les potages sont appréciés et on en consomme chaque soir.

Les ingrédients sont : 750 g de pommes de terre, 1 poireau, 1 gros oignon, 1 bouquet de persil et de cerfeuil, 1 petit pot de crème épaisse, 50 g de beurre, un peu d'huile, 1 l et demi de bouillon ou d'eau, sel, poivre, noix de muscade, croûtons frits au beurre, 1 tasse de lait.

Faire blondir l'oignon épluché et haché dans un peu d'huile, ajouter le poireau émincé, saler et poivrer.

Éplucher et couper les pommes de terre en fines rondelles, en recouvrir les oignons et les poireaux, laisser mitonner avec un peu de bouillon (10 mn). Ajouter le reste de liquide, le persil et le cerfeuil hachés, laisser cuire environ 30 mn à feu moyen. Passer le potage au moulin à légumes. Le lier avec la crème et du lait frais, rectifier l'assaisonnement et ajouter une noix de beurre, de la noix de muscade râpée. Servir bien chaud accompagné de croûtons frits au beurre.

26 *janvier*

DISPARITION DE WILHELM PRECHTER

Le 26 janvier 1563 disparaît l'un des grands acteurs économiques de Strasbourg au XVIe siècle, victime d'une épidémie de peste qui emporte de nombreux Strasbourgeois. Wilhelm Prechter dirige l'une des plus grandes sociétés commerciales de Strasbourg. Il fait partie des plus importants exploitants de mines d'argent de Sainte-Marie-aux-Mines, alors à leur apogée. Il dispose de facteurs dans plusieurs des grands centres économiques européens, dont Anvers et Cologne. Il commercialise, outre l'argent, du vin d'Alsace aux Pays-Bas, du papier et des draps. Comme nombre de ses contemporains, il pratique aussi la banque et accorde des prêts importants à des bourgeois d'Augsbourg. Son fils Friedrich (mort avant 1616), également marchand banquier, joue un rôle actif dans la vie municipale, comme membre des XV et des XIII. Il est anobli en 1584 et élu *stettmeister* en 1592, avant d'être banni de la ville, puis réhabilité.

LE GRAND FROID DE 1789

Parmi les grands froids, janvier 1789 est l'un de ceux qui ont le plus marqué la population. À Strasbourg, deux grandes salles sont aménagées en centre d'accueil, ce qui permet de chauffer et nourrir 80 personnes pendant deux mois. Sur l'Ill, la glace a près d'un mètre d'épaisseur, mais les bateliers parviennent à maintenir, grâce à une scie à glace, un canal de près de 5 mètres de largeur. Le dégel débute le 18 janvier sur le Rhin supérieur. À Strasbourg, le point culminant est atteint le 26 janvier. Les blocs de glace percutent avec une telle violence les ponts qu'ils emportent une partie du pont du Rhin. À Strasbourg, un pont est emporté, et de nombreux bateaux-lavoirs sont réduits en morceaux.

LA MADONE DE SEWEN

Lors des grandes invasions au Ve siècle, les populations se réfugient dans les hautes vallées. Un petit groupe construit dans la haute vallée de la Doller une chapelle consacrée à la Vierge. Un imagier de talent sculpte une madone qui, par la suite, accomplit de nombreux miracles et attire beaucoup de monde.

À proximité s'est développé un village, Sewen, avec une église fortifiée, cas très fréquent dans une époque de troubles. Les habitants décident de transporter la madone dans la nouvelle église, jugée plus digne d'elle. Le lendemain, la statue a disparu de l'église. On la retrouve dans la petite chapelle. Remise à sa nouvelle place, elle retourne dans la chapelle durant la nuit. Après une troisième tentative, le comte Maso, seigneur du lieu, décide de maintenir la madone dans sa petite chapelle. Il y fait porter une relique de saint Léger et de nombreux seigneurs de la région font de riches dotations à Notre-Dame de Sewen, de sorte que le site est devenu un important lieu de pèlerinage.

Recette des paupiettes de cabillaud au raifort à la choucroute

Ingrédients (4 personnes) : 800 g de choucroute crue, 4 filets de cabillaud de 200 g environ, raifort à la mayonnaise, 30 g de graisse d'oie ou 3 cuillerées à soupe d'huile, 1 oignon émincé, 1 gousse d'ail écrasée, 8 baies de genièvre, 25 cl d'eau, 12,5 cl de vin blanc, sel, poivre, peluches d'aneth.

Badigeonner les deux faces des filets avec le raifort, saler, poivrer.

Chauffer la matière grasse, faire revenir l'oignon et l'ail, ajouter un peu d'eau, couvrir et surveiller. Ajouter la choucroute et les baies de genièvre. Verser l'eau. Saler, poivrer, remuer et couvrir. Cuire 30 mn à feu doux en surveillant le niveau de liquide, compléter si nécessaire.

Rouler chaque filet, le ficeler. Les déposer sur la choucroute, ajouter si nécessaire de l'eau ou du vin blanc et couvrir. Cuire 10 à 15 mn à feu doux. La cuisson est terminée lorsque les paupiettes sont blanches. Dresser les paupiettes au centre des assiettes, les garnir d'une peluche d'aneth. Rectifier l'assaisonnement de la choucroute, la déposer en couronne autour du poisson et décorer de quelques rosaces de raifort.

28 janvier

Le 28 janvier 1798 marque la fin de la république libre de Mulhouse associée à la Confédération helvétique. Celle-ci constitue en effet un obstacle redouté pour les révolutionnaires, plus les Haut-Rhinois d'ailleurs que les Parisiens. Avec le recul des barrières douanières sur le Rhin en 1790, la ville devient l'objet d'une offensive concertée par le conseil général du Haut-Rhin qui reproche à Mulhouse de pratiquer une concurrence néfaste à la manufacture française, de se livrer à la contrebande et la spéculation en thésaurisant la monnaie métallique. En 1792, le conseil général établit un cordon douanier autour de la ville, ce qui étrangle l'approvisionnement en denrées. S'y ajoute la pression d'une partie de la jeune génération acquise aux valeurs de la Révolution et qui joue double jeu dans les négociations avec Paris. De nombreux jeunes Mulhousiens s'affilient aux sociétés révolutionnaires dans les villes du Haut-Rhin.

LA FIN DE LA RÉPUBLIQUE LIBRE DE MULHOUSE

Face à ces pressions, tant externes qu'internes, les bourgeois se résignent en janvier 1798. C'est d'abord le Grand Conseil qui se prononce par 97 voix contre 5 pour la réunion à la France. Le 28 janvier, tous les bourgeois, réunis au temple, entérinent le vote par 591 voix contre 15. Dans les semaines suivantes, l'ensemble des biens municipaux sont mis en vente (bâtiments, forêts, prés, vignes et terres labourables) et le produit est réparti entre les bourgeois : chacun reçoit près de 250 F.

La réunion officielle se déroule le 15 mars 1798 et donne lieu à des fêtes. L'événement est inscrit dans la toponymie sous la forme d'une Place de la Réunion, située devant l'hôtel de ville, symbole de l'ancienne république. Si l'insertion économique est réussie assez rapidement, en revanche, les Mulhousiens sont lents à participer à la vie politique française.

LE PALAIS DE L'EUROPE (1977)

À partir de 1949, Strasbourg devient le siège du Conseil de l'Europe. Après une Maison de l'Europe provisoire inaugurée en août 1950, un nouveau siège — toujours en place en 2000 — est construit par Henry Bernard et inauguré le 28 janvier 1977. Il est destiné à répondre aux besoins du Conseil de l'Europe (19 membres à l'époque) et du Parlement européen (10 pays à l'époque).

29 janvier

LA VEILLÉE D'AUTREFOIS

Entre la Saint-Martin et la Chandeleur, les jeunes gens avaient l'habitude de passer les soirées en groupe à tour de rôle chez chaque famille, car il n'y avait pas de loisirs dans les villages isolés. Le contenu est presque partout le même, même si la dénomination change : *Spinnstube* dans le sud, *Kunkelstub* et *Maistub* dans le nord.

Les jeunes filles se réunissent vers 18 heures dans la maison d'une camarade pour filer ou tricoter jusque vers 20 heures. Puis a lieu une pause, moment où arrivent les jeunes gens. Il est alors servi une collation qui consiste en du pain, du fromage, des pommes, du vin et du schnaps, suivie du chant des airs traditionnels et de chansons populaires, de blagues, de jeux, de devinettes, du récit par les anciens de légendes, d'éléments de la mémoire orale, des nouvelles du village et des histoires de fantômes. Souvent, la soirée se termine, dans le Sundgau catholique, par la récitation du rosaire, avant la dispersion à 22 heures lors de la ronde du veilleur de nuit.

LE LURE-YERRI

Vers la fin de janvier, chaque année, une source abondante, dite le Lure-Yerri, jaillit au-dessus de l'église de Bouxwiller. Elle augmente le débit de toutes les fontaines. Un comte de Hanau-Lichtenberg attendait avec impatience son retour, car elle alimentait ses fontaines et étangs. Il promit un chapeau neuf au premier qui lui annoncerait son retour. Ce fut un jeune garçon nommé Georges (Yerri) qui, aux aguets jour et nuit, lui apporta la nouvelle. Le comte donna alors à la source le nom de Lure-Yerri (le guet de Yerri).

Dicton

Valerius schön mit Sunneschien
Fruchtbarkeit für Korn un Win.

Du soleil à la Saint-Valère
Bonne récolte de blé et de vin.

30 janvier

DOMINIQUE DIETRICH (1620-1694)

Le 30 janvier 1620, naît Dominique Dietrich. En 1654, il débute une carrière municipale où il gravit rapidement les divers échelons. Il est ammeister à cinq reprises et investi de nombreuses fonctions, au point d'incarner aux yeux des autorités françaises le pouvoir municipal. Partisan d'une neutralité entre la France et l'empereur, il fait preuve de méfiance envers la politique française. Le 30 septembre 1681, il fait partie des négociateurs qui élaborent et qui signent la « capitulation ». C'est pour briser l'opposition des classes dirigeantes que Louvois a voulu le frapper. Convoqué à Paris (1685) pour le convertir, son refus irrite le ministre qui le fait exiler deux ans à Guéret. À son retour, il est l'objet de manifestations de sympathie et est exilé une seconde fois 19 mois (1688-1689) à Vesoul. Après cet éloignement, il est consigné en sa maison jusqu'à la mort de Louvois et exclu du Magistrat. Il est devenu le symbole de la résistance individuelle et protestante à la politique de conversion et d'absolutisme

RÉSISTANCE À LA LANGUE FRANÇAISE

Le 30 janvier 1685, le Conseil d'État prend un arrêt ordonnant à l'administration en Alsace de n'utiliser que le français pour la rédaction des documents officiels de caractère juridique à peine de nullité desdits actes et de cinq cents livres tournois d'amende.

Le Magistrat de Strasbourg répond en posant le problème très concret du personnel qu'on ne peut révoquer pour une simple incapacité linguistique : « La ville serait obligée de casser presque tous les notaires, procureurs, avocats et conseillers, comme aussi la plus grande partie du Magistrat, ce qui ne pourrait s'exécuter sans grand préjudice et tort à des honnêtes gens. »

31 janvier

LE CLOS DE LA GLOSHECKE

Près de la route reliant Haguenau à Niederbronn, à proximité de Mietesheim se trouve un boqueteau, appelé la Gloshecke qui a conservé une mauvaise réputation. Autrefois, on y voyait des murs datant de l'époque romaine, qui ont été rasés en 1841.

La nuit, on y rencontre toutes sortes de figures effrayantes, ou bien l'on est égaré et on tourne en rond, souvent jusqu'à l'aube.

Le propriétaire du site avait utilisé des pierres des fondations romaines pour construire une écurie. Mais les chevaux s'y agitaient tellement qu'il fallut abattre l'écurie et éloigner ces pierres.

Sur le site a été construite une auberge où, selon la mémoire orale, auraient eu lieu plusieurs crimes. Lorsque ces récits sont évoqués à une veillée féminine à Mietesheim, une jeune fille proteste violemment et décide sur l'heure de se rendre à l'auberge pour y chercher une cruche de lait aigri. Arrivée à l'auberge, elle entend du bruit, des voix étrangères et des plaintes étouffées dans la salle. Regardant par la fenêtre, elle pousse un cri. Elle vient d'apercevoir sur la table un homme étendu, mourant, lardé de coups de couteau. Le patron et la domestique se trouvent à côté, tandis que sa femme recueille le sang dans un baquet. La jeune fille retourne au village, tremblante et pâle, et elle en est si choquée qu'elle meurt quelques jours plus tard.

Comptines

D'r Janner müess vor Kälte knacke,
Wenn d'Ern soll rechtig sacke.

En janvier, le froid doit sévir,
Si le blé doit remplir les sacs.

Im Janner seht me liewer e Krapp
Ass e Bür ohne Kapp.

En janvier mieux vaut voir un corbeau
Qu'un paysan sans son chapeau.

1er février

LA SAINTE-BRIGITTE

Ce jour est la Sainte-Brigitte, une sainte abbesse irlandaise (Brigide de Kildare), morte vers 525. Ses reliques parviennent à l'abbaye de Honau, fondée sur une île du Rhin vers 720 par des moines écossais et irlandais qui se consacrent aux travaux manuels et à la conversion des païens. Le couvent est richement doté par les ducs d'Alsace. L'abbaye, située au nord de Strasbourg est transformée au XIe siècle en chapitre canonial, transféré en 1290 à Rhinau, puis en 1398 à Saint-Pierre-le-Vieux à Strasbourg, où sont conservées des reliques.

Ces transferts successifs sont liés aux crues du Rhin. Au cours du XIIIe siècle, le fleuve emporte peu à peu le village de Honau et une partie des terres du couvent. En 1290, l'évêque Conrad de Lichtenberg autorise les chanoines à transporter leur siège à Rhinau, au sud de Strasbourg, en conservant tous leurs privilèges. Mais là aussi le Rhin cause d'importants dommages en rongeant une grande partie de la ville.

En 1749 encore, on voyait les murailles, au moment des basses-eaux. Selon une légende transmise par Auguste Stöber, " on voit la nuit le long du fleuve passer de longues processions de moines fantômes, chantant des Psaumes de la Pénitence ".

Le culte de sainte Brigitte a été très populaire et répandu dans les campagnes d'Alsace et de Bade. Selon certains auteurs, il est à l'origine du mot « Bürebrid » qui désigne en Alsace une jeune paysanne et son costume.

Brigitte, qui a vécu en Irlande, est devenue nonne très jeune. Comme ermite, elle habite dans une petite cellule, à l'ombre d'un chêne. Elle est bientôt rejointe par plusieurs autres jeunes filles. Ainsi est né le couvent Kildare dans le comté de Leinster. Peu après sa mort, elle est vénérée comme sainte et intercesseur.

Son culte s'est diffusé dans les villages des deux rives du Rhin. En Alsace, elle est devenue la patronne de l'église d'Offendorf et de celle de Berrwiller. De nombreuses fondations, biens monastiques et dîmes portent son nom. Ses reliques ont par la suite été réunies dans une belle châsse placée dans le chœur de l'église de Saint-Pierre-le-Vieux. La plupart a été perdue durant la Révolution et son culte a peu à peu disparu.

Durant tout le Moyen Âge, sainte Brigitte a été la sainte favorite des populations rurales qui voient en elle la protectrice des moissons face à la pluie et aux intempéries. Son prénom a été le préféré pour les filles, abrégé en Brida.

2 février

LA CHANDELEUR

La Chandeleur –*Mariä Lichtmess* – tient une place importante tant dans l'année liturgique que pour les travaux agricoles et les règles météorologiques dans les deux confessions. C'est le jour de la Purification de la Vierge Marie et de la présentation de l'enfant Jésus au Temple. Le soir a lieu une bénédiction des cierges, suivie d'une procession aux flambeaux à l'intérieur de l'église. Ces cierges sont allumés lors d'une maladie grave ou lors d'un orage en cours d'année. Leur lumière passe pour éloigner les mauvais esprits. Dans bien des paroisses, on enlevait autrefois la crèche de Noël ce jour-là, qui se situe 40 jours après la fête de la Nativité.

Liechtmäss hell un klor Gitt
Egüets Roggejohr

À la Chandeleur claire journée,
Pour le seigle bonne année.

Dicton

Le 2 février marque, pour les travaux agricoles, la reprise après le repos de l'hiver.

Am Liechtmess s'Spinne
vergess
s'Rädel hinter d'Dier
s'Rebmesser herfür.

Le jour des chandelles cesse de filer.
Mets le rouet dans le coin,
Sors la serpette.

LA LIBÉRATION DE COLMAR (1945)

Dans la mémoire collective, la libération de Colmar est devenue, avec celle de Strasbourg, le symbole de la Libération de l'Alsace, d'autant qu'elle a donné lieu à une abondante iconographie. Les Alliés souhaitant préserver Colmar, engagent le 20 janvier près de 400 000 hommes face à 70 000 Allemands dans une double offensive au sud et au nord de la ville. Cette difficile bataille permet de déborder par l'est une ville en grande partie abandonnée par les Allemands. C'est la 5e DB du colonel Schlesser qui entre le 2 février dans Colmar, prise intacte, car seuls quelques isolés tirent encore. L'accueil tourne rapidement à la liesse populaire.

LA SAINT-BLAISE

Ce saint, mort vers 316, passe pour le protecteur des animaux domestiques. Ce jour, on fait bénir du vin et du sel qui possèdent les vertus d'un médicament. Placé dans le fourrage des animaux, le sel est censé les guérir d'une épizootie ou les préserver de toute sorcellerie ou autre catastrophe. On dit également que saint Blaise protège contre les maux de gorge et on l'invoque quand on a avalé de travers des arêtes de poissons ou encore des os. Au XIXe siècle, dans de nombreuses bourgades alsaciennes, on bénissait ce jour-là les chevaux et les bovins sur la place de l'église.

NAISSANCE DE ROBERT REDSLOB (1882-1962)

Le 3 février 1882, nait Robert Redslob, issu d'une famille de pasteurs et d'enseignants. Professeur de droit public international de 1919 à 1952 et doyen de la Faculté de droit de 1945 à 1953, il exerce de multiples activités. Grand voyageur, il visite divers pays européens, où il assure enseignement et conférences, qui lui valent de nombreuses distinctions académiques et civiles. Il publie des ouvrages de droit qui marquent des générations de spécialistes.

Il s'investit beaucoup dans la vie régionale. Président du Club vosgien de 1935 à 1962, il aime parcourir les campagnes d'Alsace et sillonner les sentiers vosgiens. Il assure des causeries hebdomadaires à Radio-Strasbourg pendant de longues années. Doté d'une vaste culture et d'une large érudition imprégnée d'humanisme, il est d'une grande distinction naturelle.

Son œuvre est très variée : outre le droit, il écrit des pièces de théâtre, des recueils de poèmes, des récits de voyage, des souvenirs, des alsatiques, de nombreux articles dans *les Dernières Nouvelles de Strasbourg*, *l'Alsace française* et *le Temps* sur les origines de l'autonomisme alsacien, présentées de manière claire, originale et juste.

4 février

Les travaux du mois

Les belles journées sont consacrées à la taille des arbres et des vignes, au transport du fumier dans les champs, au nettoyage des ruches et des poulaillers. C'est l'époque de la plantation des arbres fruitiers. Le jardinier sème de la salade, des petits pois et des concombres, des radis, des carottes et des laitues.

LES « PLUIES DE CROIX »

Selon deux chroniques, il y eut en Haut-Alsace, à deux reprises, une pluie de croix de diverses couleurs. En 1501 tout d'abord, à Mulhouse et dans ses environs. Ceux qui étaient touchés par les croix tombèrent malades et beaucoup périrent. En Haut-Alsace ensuite, au début de l'année 1503, elle provoqua de nombreux signes miraculeux. L'hiver, long et rigoureux, fut suivi d'un été très chaud et sec qui dessécha toute la végétation, aussi bien les céréales et les prés que les arbres et les vignes. Il en résulta une très grave disette et la mort d'une grande partie du cheptel.

LE MOIS DE FÉVRIER

Sa réputation n'est pas la meilleure dans la culture populaire. On lui reproche ses colères, son instabilité et sa cruauté. Selon la croyance populaire, il est tantôt perçu comme un aiguilleur nous acheminant en douceur vers le printemps, tantôt comme un être impitoyable et malfaisant.

im Hornung Schnee und Eis
macht den Sommer heiss.

Si la neige et la glace prédominent,
On prévoit de fortes chaleurs en été.

La tempête est considérée comme un élément fort utile et même indispensable. Il en va de même pour la pluie qui est accueillie avec le plus grand intérêt :

Isch recht nass d'r Februar,
Fruchtbar werd s'ganze Jahr.
Räje im Hornung Mischtlach
fuer's ganze Johr.

Février très mouillé,
Pour la récolte bonne année.
La pluie en février remplace
Le purin pour toute l'année.

Un excès de chaleur en février n'annonce rien de bon : si la végétation démarre à cette époque, donc trop tôt, elle risque d'être gelée par la suite :

Hornung warm Friehjohr kalt
Wenn d'r Hornung warm
uns macht,
Friert's im Mai gern ewer
d'Nacht.

Février trop doux, printemps
en courroux.
Quand en février la chaleur vient,
Il gèle en mai souvent la nuit.

5 février

Le 5 février 1913 eut lieu une farce qui a beaucoup amusé l'opinion à Strasbourg et dans toute l'Alsace. À 9 h 15 le matin, un ancien aspirant du nom de Wolter se présente à la garde principale de l'armée, à l'Aubette, pour remettre une dépêche annonçant la venue de l'empereur. Il venait passer en revue la garnison de Strasbourg au Polygone à 11 heures, ce jour-là.

Les responsables présents, sans prendre la précaution de vérifier l'authenticité du document, alertent l'ensemble des régiments et provoquent une effervescence incroyable d'autant plus pénible que nous ne sommes qu'au lendemain du Carnaval. La très

LA FARCE DE LA PARADE IMPÉRIALE

grande majorité de la garnison s'est couchée tard après avoir fêté le Mardi Gras avec exubérance. En fin de matinée, les diverses troupes se rendent au Polygone en défilé au son des trompettes et des tambours, ainsi que tous les hauts fonctionnaires résidant en ville. Au bout d'une attente de plus de deux heures, l'impatience commence à se manifester et l'on pense enfin à appeler Berlin. La personne de service assure alors que l'empereur est parti en Prusse orientale pour y passer les troupes en revue !

L'enquête révèle que la dépêche était falsifiée et l'aspirant fut déclaré fou et placé en asile, afin d'étouffer tout scandale. Dans les jours suivants l'ensemble de la presse glosa avec force caricatures sur ce non-événement.

LA SAINTE-AGATHE

Agathe, originaire de Sicile, morte vers 521, passe pour préserver le lait des vaches des attaques des sorcières. On donne aussi ce jour du sel béni aux animaux domestiques pour les protéger contre toutes les maladies contagieuses. Autrefois, on clouait sur la porte des habitations et des étables une lettre consacrée à sainte Agathe (*Agathazettel*). Ces billets, qui devaient protéger contre le feu et l'incendie, représentaient la figure de la sainte tenant un plateau sur lequel sont posés ses seins coupés. De part et d'autre sont disposés des cœurs ornés de bouquets de fleurs, contenant la prière adressée à la sainte.

Dans certaines paroisses avait lieu le soir un office au cours duquel on bénissait sur un autel latéral des pains ronds (qui rappellent les seins d'Agathe) apportés par les fidèles.

Sankt Agatha,
d'Gottesbraut
Macht ass Schnee
un Is uftaut

Sainte Agathe,
fiancée de Dieu,
Fais fondre la neige
et la glace.

6 février

PIERRE PFLIMLIN (1907-2000)

Né à Roubaix, en 1907, Pierre Pflimlin est le plus important homme d'État alsacien du XXe siècle (1907-2000). Après des études de droit, il devient avocat, puis magistrat de 1933 à 1945. De 1945 à 1958, il s'impose comme l'un des acteurs majeurs du MRP, Mouvement Républicain Populaire, en Alsace et surtout à Paris, où il est plusieurs fois ministre sous la IVe République, notamment de l'Agriculture et des Finances. Ses qualités d'orateur, de stratège, son autorité et sa puissance de travail facilitent son ascension. En 1955, il crée en Alsace la première Société de développement régional (SADE). Président national du MRP de 1956 à 1959, il est Président du Conseil en mai 1958. Il participe à l'élaboration de la constitution de la Ve République. Président du conseil général du Bas-Rhin de 1951 à 1960, il dynamise l'économie régionale. En tant que maire de Strasbourg (1959-1983), il mène une politique active d'urbanisme (Esplanade, Haute-Pierre) et de développement des institutions culturelles (Palais de la Musique et des Congrès, Maillon). Il œuvre également pour le développement du rôle européen de la ville de Strasbourg. Député au Parlement européen de 1979 à 1989, il en est le président de 1984 à 1987.

SAINTE DOROTHÉE

Patronne des jardiniers et de la paroisse de Siewiller, elle est représentée avec des fruits ou des fleurs, surtout des roses dans une corbeille.

Oft bringt Dorothee D'r meischte Schnee

Dorothée apporte souvent de fortes quantités de neige.

D'Heilig Dorothee Watet gern im Schnee.

Sainte Dorothée aime la neige.

7 février

EXÉCUTION DE GEORG ULRICH OBRECHT (1616-1672)

Le 7 février 1672, est exécuté, à Strasbourg, le juriste Georg Obrecht, grande personnalité du milieu universitaire et politique. Issu d'une famille de juristes, d'universitaires et d'administrateurs (grand-père ammonite et grand-oncle juriste), il participera activement toute sa vie au développement de la ville de Strasbourg, d'abord comme représentant au tribunal de l'Empire (Reichskammergericht) à Spire, puis comme procureur au Petit conseil de la ville. Il mène ainsi une brillante carrière.

Mais en 1671, au moment où la ville connaît, suite aux intrigues françaises et impériales, une certaine effervescence, Ulrich organise des « sociétés secrètes » parmi les étudiants. Ainsi, fervent partisan de l'empereur face au roi de France, Louis XIV, Georg Obrecht rédige des tracts anonymes, distribués et placardés de nuit, dénonçant en quatre langues (latin, allemand, français et italien) la municipalité en place et plus particulièrement l'ammeister, Dominique Dietrich. Il l'accuse à la fois de corruption dans une affaire de taxe pour corvées et d'être stipendié par la France. Or, depuis 1657, la publication de tels écrits est punie de mort par la législation municipale. La tête du rédacteur est mise à prix. Arrêté le 15 janvier 1672, il est condamné à mort pour calomnie et exécuté par le glaive le 9 février 1672. Cette exécution d'un personnage aussi important marquera profondément la population strasbourgeoise et suscitera un impact important dans l'opinion générale.

Mais son exécution ne met pas fin à la campagne de pamphlets. Par la suite des « feuilles volantes » le célèbrent un peu partout en Allemagne comme martyr de la cause impériale.

Son destin illustre le poids de la censure et du contrôle des magistrats sur les écrits liés à la politique dans les villes pourtant libres à cette époque. Réglant des comptes avec les membres du Magistrat qui ont mis à mort son père, son fils Ulric (1646-1701) se mettra au service de la France comme premier prêteur royal.

8 février

TREMBLEMENT DE TERRE (1933)

Le 8 février 1933 a lieu un tremblement de terre qui touche l'Outre-Forêt. À Kauffenheim, la nature est tellement perturbée que « les oies et les canards se sont retirés du ruisseau ». À Wingen et à Oberlauterbach, les tuiles ont volé au loin, tandis qu'à Lobsann et Beinheim les cheminées ont été gravement endommagées.

◎◎◎La recette du Kugelhopf◎◎◎

Préparation : 40 mn.
Repos 2 h.
Cuisson 45 mn.

Ingrédients : 500 g de farine, 100 g de beurre, 1 œuf entier et 1 blanc d'œuf, 25 g de levure du boulanger, 80 g de sucre, 20 cl de lait, 1 bonne pincée de sel, 60 g de raisins secs (Malaga), 50 g d'amandes, sucre glace pour saupoudrage, beurre pour graisser le moule.

Faire un levain en délayant la levure dans la moitié du lait tiédi, ajouter une pincée de sucre et la farine nécessaire pour obtenir un pâton de consistance moyenne. Le laisser doubler de volume en un endroit chaud. Dans une terrine, mettre le reste de farine en fontaine. Y mettre l'œuf et le blanc d'œuf. Travailler avec un peu de farine. Faire ramollir le beurre dans le reste du lait tiède, avec le sucre et le sel, et ajouter ces ingrédients à ceux de la terrine. Bien travailler cette pâte à la main en la soulevant, jusqu'à ce qu'elle se décolle des mains et de la terrine. Ajouter le levain. Battre la pâte encore quelques instants (20 mn), puis la rassembler au fond de la terrine. Couvrir la terrine d'un linge. Laisser lever la pâte durant une bonne heure. Faire tremper les raisins secs dans un peu de rhum. Lorsque la pâte a bien levé, la tapoter, la rompre, y incorporer les raisins secs trempés qui ne doivent pas rester au fond. Beurrer les cannelures d'un bon moule à kugelhopf en terre vernissée, en garnir le fond d'amandes mondées ou non et y verser la pâte en tournant le moule en même temps (meilleure répartition). Laisser lever encore une fois jusqu'aux bords du moule (1 h), puis faire cuire le gâteau à four moyen (45 mn). Si le dessus du gâteau se colore trop vite, le couvrir de papier aluminium.
Ne pas ouvrir la porte du four au début de la cuisson (pas avant 30 mn). Après cuisson, le démouler, le laisser refroidir et ne le déguster que le lendemain. Avant de servir le kugelhopf, le saupoudrer généreusement de sucre glace. Accompagner soit de café, soit de gewurztraminer ou de muscat.

9 février

Recette des beignets mignons

Les beignets à l'alsacienne sont une spécialité du Mardi Gras.

Ingrédients : 4 œufs, 100 g de sucre, 100 g de beurre, de la farine, sucre glace, grande friture.

Travailler les œufs et le sucre en un mélange mousseux. Ramollir le beurre et le travailler. L'ajouter au mélange précédent. Incorporer autant de farine qu'il faut pour pouvoir bien travailler la pâte à la main et laisser reposer 2 heures. Former les beignets allongés de la grandeur et de l'épaisseur d'un doigt et les faire dorer dans la grande friture. Avant de servir, saupoudrer de sucre glace.

Comptine du Haut-Rhin

Es schneielet, es ragelet,
es geht e kalter Wind.
Es kumme drei Soldatele,
se klopfe an das Ladele
se froge, se froge wu isch das
kleine kind

Il neige, il pleut
Un vent froid souffle.
Trois petits soldats arrivent,
Ils frappent au volet
Ils demandent où est
le petit enfant.

Sainte Apollonie

Patronne des dentistes, sainte Apollonie est invoquée contre les rages de dent et les maux de tête. Selon une ancienne croyance, ceux qui jeûnent ce jour sont préservés de la rage de dent.

10 février

DROIT LOCAL

Survivance de l'époque du Reichsband, le droit local consiste en des lois françaises antérieures à 1870 (et abrogées en France avant 1918), dont les plus connues concernent la législation religieuse et scolaire, et des lois élaborées entre 1871 et 1918 soit par la diète impériale de Berlin, soit par les politiques régionaux dans le cadre de la diète d'Alsace-Lorraine.

Le droit local concerne un grand nombre de domaines : le statut religieux et scolaire, les assurances sociales, la responsabilité des communes envers les pauvres résidents, le droit de chasse et de pêche, le droit de faillite personnelle, l'apprentissage, le droit commercial, les associations et le livre foncier. Il constitue un élément fort de l'identité régionale et offre des avancées notables par rapport au droit commun français. Depuis 1985 existe un institut de droit local, chargé du maintien et de la mise à jour de ce droit, ainsi que du conseil aux administrations et aux particuliers.

LE VILLAGE DE THANNENKIRCH

Jadis, il n'y avait sur ce site qu'une chapelle au milieu des bois. Une jeune fille poursuivie par un chevalier s'y réfugia. Mais suivie dans le lieu saint, la jeune fille s'écria « Seigneur Dieu, aidez-moi ».

La chapelle se transforma alors en un sapin dont le tronc renferme la jeune fille, à présent à l'abri. Une chapelle fut reconstruite plus tard sur ce site. Le village de Thannenkirch doit son nom à ce sapin miraculeux.

11 février

NAISSANCE D'AUGUSTE SCHEURER-KESTNER (1833-1899)

Le 11 février 1833 nait à Mulhouse Auguste Scheurer-Kestner, grand savant, manufacturier et homme politique. Jusqu'en 1870, il travaille dans son laboratoire de chimie à Thann et publie un nombre considérable d'expériences. En 1878, il obtient l'un des grands prix de l'Exposition universelle de Paris. Il dirige la fabrique de produits chimiques de son beau-père Kestner, qui devient, après 1870, la Fabrique de produits chimiques de Thann et de Mulhouse et prend une extension considérable. Il fait preuve d'une grande ouverture sociale à l'égard de ses ouvriers.

Après 1871, il se consacre à la politique et devient un symbole de la contestation de l'annexion. En 1875, il est élu sénateur inamovible, puis vice-président du Sénat. Son action énergique contribue à la révision du procès Dreyfus.

AUX ORIGINES DE MASEVAUX

Le comte Maso aurait vécu au début du VIIIe siècle. Il serait apparenté à Adalric, duc d'Alsace, et à saint Léger. Il n'avait qu'un fils. Sainte Odile, sa parente, inquiète pour l'avenir de l'enfant, demanda à Dieu de l'appeler à la fleur de l'âge. Sa prière fut exaucée et aussitôt elle apparut à Maso, à sa sœur sainte Attale et à l'enfant dans toute sa gloire céleste. Tous trois se jetèrent à genoux, saisis d'une crainte joyeuse. Quelques jours après, l'enfant tomba dans la Doller et se noya.

La malheureux père en fut si affligé qu'il fit bâtir un monastère de femmes dédié à saint Léger et une grande église au-dessus de la tombe de son fils, appelée Maso's Münster (Masmünster). Autour d'elle s'est développée la petite ville de Masevaux.

Dicton

Hell un Sunneschin
am Adolfs-Tag,
Blibt d'r Winter noch 40 Tag.

Saint Adolphe ensoleillé et clair,
Encore quarante jours d'hiver.

12 février

SAINT LUDAN

Pèlerin écossais, saint Ludan est mort sur le ban communal de Nordhouse, le 12 février 1202.

Selon la légende, il est fils d'un duc écossais qui mène une vie vertueuse et dévote. À la mort de ses parents, il consacre toute sa fortune aux pauvres et crée un hospice pour pèlerins, aveugles et paralysés. À son retour d'un pèlerinage à Rome, il traverse l'Alsace et se repose sous un arbre près de Nordhouse et de Hipsheim, où il meurt durant son sommeil. À ce moment, les cloches de ces deux églises se mettent à sonner toutes seules. Les habitants des deux villages se disputant le corps du saint homme, font alors appel à l'arbitrage de l'abbé d'Ebersmunster qui s'en remet à Dieu. On dépose le corps sur un chariot tiré par un jeune cheval. Celui-ci se rend à l'église Scheerkirche, située au bord de la route Strasbourg-Sélestat. L'église devient très vite un centre de pèlerinage très fréquenté jusqu'à l'heure actuelle. La tombe de saint Ludan, toujours visible dans la chapelle Saint-Ludan, date de 1492. À partir du XVIIe siècle, saint Ludan remplace saint Georges comme patron de l'église paroissiale de Hipsheim. En 1723, la nef est reconstruite avec une façade baroque. Mais ses reliques ont vraisemblablement été détruites par les Suédois en 1632.

À partir du XVIIe siècle, saint Ludan devient l'un des saints les plus invoqués du diocèse de Strasbourg, mais le culte demeure limité au site de Saint-Ludan. On attribue au saint le pouvoir de guérir les douleurs de jambes, ce qui explique l'offrande au XIXe siècle de nombreuses jarretières comme ex-voto.

Dictons météorologiques

Wenn d'Sunn lacht an Eulalie
Gibt's viel Apfelwi,

Si le soleil rit à Sainte-Eulalie
Pommes et cidres à la folie

Sankt-Eulalia Sonnenschein
Bringt viel Obst und guten
Wein

Soleil à Sainte-Eulalie,
Fruits et bon vin à la folie.

13 février

LA CRÉATION DU PARTI CATHOLIQUE (1919)

Le 13 février 1919 est fondée l'Union populaire républicaine d'Alsace après une assemblée réunie à Strasbourg qui élit un comité provisoire. Le nouveau parti est définitivement constitué le 4 août 1919. L'assemblée constitutive adopte un programme, des statuts et élit les dirigeants. Les thèses régionalistes l'emportent dans le programme qui préconise le maintien du particularisme juridique en matière sociale, administrative, du système scolaire et religieux. L'aile nationale, favorable à une intégration administrative progressive de l'Alsace-Lorraine dans le cadre français, obtient la majorité au comité directeur avec l'élection de Pfleger à la présidence et de Delsor à la vice-présidence. Très vite, le parti connaît des tensions. L'aile droite, composée de notables – professions libérales et intellectuels – privilégie la dimension nationale et est moins sensible à la défense de la langue. L'aile gauche, plus populaire, plus tournée vers la défense du statut religieux et de la langue maternelle, est favorable à l'autonomisme. Ces différends entraînent une scission du premier courant en 1928. Durant toute la période de l'entre-deux-guerres, l'UPR est le parti dominant en Alsace. Ses zones d'influence recoupent celles du Centre d'avant 1914 (vignoble de Guebwiller à Molsheim, régions agricoles du Ried, de la Hardt et du Sundgau, vallées vosgiennes).

NAISSANCE DE CHRISTIAN PFISTER (1857-1933)

Christian Pfister, né à Beblenheim le 13 février 1857, est l'un des grands historiens de l'Alsace. Ancien élève de l'École Normale Supérieure, professeur à l'université de Nancy (1887-1904), puis à la Sorbonne (1904-1919), il se fait muter en 1919 à Strasbourg, comme professeur d'histoire d'Alsace, avant d'achever sa carrière comme recteur à Strasbourg (1927-1931). À ce titre, il développe la place de l'allemand à l'école primaire et l'institue comme épreuve obligatoire pour les dialectophones au certificat d'études. Il consacre de nombreuses études à l'histoire de l'Alsace, dont un répertoire se trouve dans Chr. Pfister, *Pages alsaciennes*, Strasbourg, 1927.

NAISSANCE DE JEAN-JULIEN WEBER (1888-1981)

Jean-Julien Weber nait le 13 février 1888 à Lutterbach. Après des études de théologie, il est professeur, puis supérieur du séminaire d'Issy-les-Moulineaux. En 1945, il succède à Monseigneur Ruch comme évêque de Strasbourg jusqu'à sa retraite en 1966. Il œuvre beaucoup pour la reconstruction des églises sinistrées et la construction de nouveaux lieux de culte dans les récents quartiers de banlieue. Il s'investit dans la catéchèse par la publication d'un nouveau catéchisme diocésain (1947) qui supprime l'usage de l'allemand auprès des enfants. En 1967, il se retire auprès des Sœurs de Ribeauvillé, où il meurt en 1981 le jour même de son anniversaire.

LE MASSACRE DE 1349

Au début de l'année, la diffusion de la peste (la Grande Peste) en Suisse a semé la panique en Alsace, où l'on accuse les juifs d'en être responsables en empoisonnant les puits. À Strasbourg, à l'inverse des artisans, le patriciat marchand leur est favorable. Le 9 février 1349, ces derniers forcent les responsables municipaux à la démission et modifient la composition du Magistrat. Cette victoire des corporations scelle le destin des juifs de la ville et de ceux venus des campagnes pour y trouver refuge. Le 14 février, deux mille d'entre eux, selon le chroniqueur Closener, sont entassés sur un échafaud de bois dans leur cimetière situé hors les murs (sur l'actuelle place de la République) et brûlés. Ce supplice a été représenté au XIXe siècle par le peintre Eugène Beyer. En 1388, le Magistrat interdit aux juifs d'acquérir un domicile dans la ville, où ils sont seulement autorisés à se rendre de jour pour leurs affaires. Cette prescription sera appliquée jusqu'en 1791.

LES SERMENTS DE STRASBOURG (842)

Durant les guerres que se livrent les fils de Louis le Pieux (814-840), c'est à Strasbourg que les armées de Charles le Chauve (843-877) et de Louis le Germanique (843-876) font leur jonction. Les deux souverains y prononcent, le 14 février, les serments destinés à renforcer leur alliance contre leur frère aîné Lothaire. Chacun s'adresse d'abord dans sa propre langue à ses troupes pour leur expliquer le sens de la cérémonie. Puis, Louis le Germanique prononce en langue romane, pour être compris des guerriers de son frère, le texte du serment d'alliance. À son tour, Charles le Chauve jure en langue tudesque, c'est-à-dire en dialecte francique.

Cette rencontre à Strasbourg, épisode pourtant mineur, a acquis une juste célébrité dans l'histoire linguistique de la France et de l'Allemagne. L'historien Nithard, témoin oculaire et probablement rédacteur des serments dans les deux langues, a inséré les deux textes dans son *Histoire des fils de Louis le Pieux*. Le texte roman est ainsi l'écrit le plus ancien que l'on connaisse en langue française.

15 février

SAINT AMARIN

Amarin est un ermite qui vécut au VIIe siècle. Il est le fondateur d'un oratoire et d'un petit monastère appelé Doroangus, dans la vallée de la Thur, où il évangélisa la population. Malade, il fut guéri par saint Prix ou Praejectus, évêque de Clermont. En signe de reconnaissance, il raccompagna son bienfaiteur. Ils furent assassinés près de Volvic en 674. Une partie de ses ossements furent rapportés en Alsace dans le monastère de Doroangus, devenu Saint-Amarin, nom qui s'étend par la suite à la localité et à la vallée. Le couvent fut transformé en 1191 en un chapitre collégial, transféré en 1441 à Thann. Le culte de l'ermite se répandit dans la vallée et même au-delà. Le saint est le patron de trois paroisses dont celle de Saint-Amarin.

LES SORCIÈRES DU BASTBERG

Le Bastberg, qui domine la ville de Bouxwiller, a été pendant des siècles le lieu mythique de la rencontre des sorcières de toute la région, ce qui lui a valu de figurer dans de multiples légendes. Voici l'une d'elles.

Un jour de pleine lune, minuit passé, le maître d'école s'étant attardé au banquet d'un baptême, décide de passer par le Bastberg pour rentrer à Griesbach plus rapidement. Arrivé à mi-côté, il aperçoit la cime de la colline éclairée d'où provient une musique joyeuse et entraînante. Intrigué, il continue son ascension et parvient au sommet. Il y découvre des tables chargées de nourriture, de bouteilles, de coupes d'or étincelantes et des couples qui dansent autour d'un feu. Un membre de la compagnie lui tend une coupe puis un violon. Il passe la nuit à boire et à jouer de la musique sans pouvoir fuir.

Mais à l'aube, en se réveillant sur un tas de cailloux, fatigué, les vêtements déchirés, il ne trouve à ses pieds qu'un sabot de cheval. Dans sa main droite il serre un grand chat noir qui, après l'avoir violemment griffé, fait quelques acrobaties et se sauve dans les vignes.

16 février

FÉVRIER 1929 : UN FROID EXCEPTIONNEL

Le mois de février 1929 connaît un froid exceptionnel. Le 16, mercredi des Cendres, bat tous les records avec une température de –31 °C. Dans la nuit du Carnaval, beaucoup de personnes échauffées par la fête sont surprises par le froid et attrapent une pneumonie dont certaines mourront peu après. À Molsheim, la fête devait être animée par un grand orchestre de Strasbourg, qui n'est jamais arrivé : le train qui transportait les musiciens tombe en panne vers Duttlenheim, l'eau ayant gelé dans le réservoir de la locomotive. La même semaine, dans la vallée de la Bruche, lors de la tournée des conscrits, les musiciens qui les accompagnent voient l'embout de leurs instruments obstrué par la glace.

Dans le Ried, le froid est tel que les habitants, pour préserver les pommes de terre, sont obligés de chauffer les caves.

Le gel est descendu à plus d'un mètre de profondeur dans le sol et on peut se déplacer en traîneaux attelés sur le Rhin, gelé sur une trentaine de centimètres.

LA NUIT DE LA SAINT-VALENTIN (1445)

En 1444, plusieurs dizaines de milliers de mercenaires (les écorcheurs) arrivent en Alsace après avoir échoué dans leur attaque contre les Suisses. En février 1445, ils installent leur camp près de Guebwiller. Dans la nuit du 13 au 14, ils élèvent sous la conduite du Dauphin – le futur roi de France Louis XI – des échelles contre les murs d'enceinte qu'ils escaladent. La chute des pierres posées sur la crête des murs provoque un grand fracas qui réveille les gardiens, puis la population. Une femme, Brigitte Schick, prend des bottes de paille, les allume sur la crête avant de les jeter avec force cris dans le fossé. Selon *la Chronique des Dominicains de Guebwiller*, cette intervention provoque une telle panique parmi les assiégeants qu'ils prennent la fuite, abandonnant leur camp dans la précipitation. Selon la légende, les assiégés auraient vu la Mère de Dieu et le martyr saint Valentin, entourés d'un grand éclat, se promenant sur le mur d'enceinte, indiquant ainsi que la ville et ses habitants étaient sous leur protection. Cela inspira une crainte surnaturelle aux attaquants.

Le lendemain, on trouva encore quelques échelles suspendues au mur : celles-ci ont été conservées jusqu'à aujourd'hui.

LA PROTESTATION DE BORDEAUX (1871)

Un moment fort de l'histoire régionale a été la protestation de Bordeaux, inscrite dans la toponymie avec la place de Bordeaux à Strasbourg. Après la victoire militaire allemande en 1870, l'armistice du 29 janvier 1871 autorise l'élection d'une Assemblée le 8 février. Tous les élus alsaciens sont favorables au maintien de l'Alsace en France.

Le 17 février 1871, le député catholique Émile Keller, en uniforme de la garde nationale, donne lecture, à la tribune de l'Assemblée nationale de Bordeaux, du texte rédigé par Gambetta, appelé à devenir « la protestation de Bordeaux », entrant pour des décennies dans la mémoire collective en France et en Alsace-Lorraine. Elle dénonce le coup de force et affirme « l'inaltérable attachement à la patrie des frères (séparés) d'Alsace et de Lorraine ». En réponse, l'Assemblée nationale adopte une motion de sympathie en faveur des députés signataires sans se prononcer sur le fond. Le 1er mars, 28 députés alsaciens et lorrains réaffirment « la nullité d'un pacte qui dispose de nous sans notre consentement ». Ils protestent contre un traité « qui est une injustice, un mensonge, un déshonneur » et démissionnent. L'abandon par l'Assemblée de Bordeaux constitue un véritable choc.

Après les premières élections au Reichstag en 1874, qui ont été un véritable raz-de-marée anti-allemand, Edouard Teutsch renouvelle le 18 février la protestation solennelle à Berlin.

LOUIS BAUTAIN (1796-1867) PHILOSOPHE ET THÉOLOGIEN

Né et mort à Paris, Louis-Eugène-Marie Bautain, philosophe et théologien, a joué un rôle important dans le diocèse de Strasbourg de 1816 à 1841.

Professeur à l'université, sa vocation religieuse se fait jour sous l'influence de Louise Humann.

Ordonné en 1828, il dirige le petit Séminaire Saint-Louis. Mais dans les années 1830, il fait face à l'opposition d'une partie du clergé pour ses hautes prétentions et sa doctrine qui se heurte au rationalisme scolastique des théologiens Liebermann et Ræss et à l'é

De guerre lasse, il quitte Strasbourg avec ses amis en 1841 pour fonder un collège à Juilly, aux environs de Paris. Puis il devint vicaire général de Paris.

18 février

NAISSANCE DE JEAN GEORGES ARNOLD (1780-1829)

Le 18 février 1780 est né à Strasbourg Jean Georges Arnold, personnage célèbre à la fois comme juriste et comme « père du théâtre alsacien ». Professeur puis doyen de la Faculté de Droit de Strasbourg, il est le précurseur de l'École historique du Droit qui illustre la faculté jusqu'en 1870. Il introduit à Strasbourg l'histoire du droit, selon une méthode en usage à Göttingen et qui s'étend au cours du XIXe siècle à l'ensemble des facultés de droit en France. Il est également conseiller de préfecture et membre du Directoire de l'Église de la Confession d'Augsbourg. En tant que poète lyrique, il compose la première pièce de théâtre en alsacien, *Der Pfingstmontag*, comédie en cinq actes et en vers publiée en 1816. L'éloge de Gœthe assure une consécration officielle à ce chef-d'œuvre qui a connu 14 éditions entre 1816 et 1941, et qui se caractérise par une grande richesse de vocabulaire. C'est un tableau des mœurs strasbourgeoises qui exalte le vieux Strasbourg d'avant 1789.

La recette du soufflé aux pommes

⌘

Ingrédients :
10 belles pommes,
100 g de mélange sucre + cannelle en poudre,
5 œufs, 250 g de sucre,
du beurre pour beurrer le moule, moule à soufflé.

Peler les pommes, les évider, remplir du mélange sucre + cannelle ; beurrer un moule à soufflé, y déposer les pommes ainsi préparées. Travailler le sucre et les jaunes d'œuf jusqu'à obtention d'une masse mousseuse ; battre les blancs d'œuf en neige et les incorporer à l'appareil précédent. Verser le tout sur les pommes à 2/3 du bord du moule et faire monter le soufflé au four chaud (25 à 30 mn). Servir immédiatement.

19 février

LE PONT DES FÉES

Dans la vallée de la Liepvrette, les fées vivent, avant l'arrivée des Romains, en paix et y exercent leur royauté. Dans leur orgueil, elles décident de construire un pont gigantesque par-dessus la vallée d'une longueur de trois lieues. La construction est réalisée en l'espace d'une seule nuit grâce à un mot magique, le même qui soulève hors de terre, avec leurs racines enchevêtrées, les chênes séculaires et les sapins aux fûts énormes. Depuis le pont, les forêts, les prairies et la Liepvrette n'apparaissent plus que comme des touffes de fougères, des lambeaux de verts tapis et un filet argenté à peine visible. Les fées triomphantes jettent périodiquement leurs sorts aux populations. Cet état de chose dura bien longtemps.

Mais un beau matin, à leur réveil, les fées ne peuvent se souvenir du mot magique, seul soutien de leur œuvre surhumaine. Elles se mettent en vain à torturer leur cervelle : le mot ne leur revient pas.

Les roches granitiques se disjoignent avec un fracas épouvantable, qui fait sortir, en hurlant, les fauves des bois, tandis que les malheureuses fées, précipitées dans la vallée, errent tristement tout le jour. Leurs merveilleuses demeures se sont évanouies et, la nuit venue, elles doivent chercher refuge dans les cavités rocheuses. Ce n'est que lors de nuits calmes et étoilées, qu'elles reviennent, à cheval sur le manche de leurs balais, au sommet du Charlemont, se livrer à leurs ébats clandestins et à leurs danses, avant de regagner, à la pointe du jour, leurs gîtes.

Comptine

S'kummt e Misele
Bis ans Hisele
Macht Griwele, Grawele.

Une petite souris vient
à la petite maison,
elle gratte et gratte.

20 *février*

LES REMORDS DU DUC ADALRIC

À la fin du Moyen Âge, le duc Adalric est fêté le 20 février. Père de sainte Odile, duc d'Alsace entre 675 et 700, Adalric est un personnage de son temps, irritable et cruel. Toutefois, à la fin de sa vie, les remords le poussent à fonder les couvents du Mont-Sainte-Odile et d'Ebersmunster. Selon la légende, la prière constante de sa fille l'aurait délivré du purgatoire. Son sarcophage en pierre est au Mont-Sainte-Odile avec celui de sa femme Bereswinde.

LE MOINE RAVI EN EXTASE

Un moine bénédictin, du couvent de Saint-Walpurgis près de Biblisheim, quitte le monastère pour faire une promenade dans la Forêt Sainte de Haguenau. Il écoute le chant des oiseaux avec tant de ravissement qu'il tombe en extase : il demeure dans cet état durant trois siècles, pendant lesquels le Ciel lui accorde toutes ses grâces.

Cette très curieuse légende est gravée dans un bas-relief de pierre qui est situé dans le chœur de l'église du couvent fondée en 1074.

NAISSANCE DE XAVIER NESSEL (1834-1918)

Le 20 février 1834 nait à Haguenau Xavier Nessel. Comme maire de Haguenau de 1870 à 1902, il modernise la ville en créant plusieurs parcs et construit un remarquable bâtiment abritant à la fois un musée, une bibliothèque municipale et des archives anciennes. Il est conseiller général (1879-1897) et député.

Comme archéologue, il fouille la Forêt de Haguenau pendant près de quarante ans et y ouvre 447 tumuli protohistoriques. En 1902, il est battu aux élections municipales en raison de son autoritarisme et du coût jugé excessif de la construction du musée. Ce dernier est dans un style très majestueux, mi néo-gothique, mi néo-Renaissance.

21 février

LA COLLECTE DES BEIGNETS DE CARNAVAL

Le dimanche qui suit Mardi Gras, appelé la *Bürefastnacht* (Carnaval des paysans), est la journée des beignets (cf. 9 février). Dans de nombreux villages, les jeunes gens pratiquent la quête des beignets selon une comptine qui varie avec les régions. Dans le Kochersberg, on chante le texte suivant :

Feierroti Bluemele,
Mer singe um die Kuechele.
D'Kuechele sin gebache,
Mer here d'Pfanne krache,
Mer here d'Schessle klinge,
D'Jungfer wurd bal Kuechle bringe.
Kuechele erus ! Mer wensche Glüeck ins Hüs !

Des petites fleurs rouges,
nous chantons pour les beignets.
Les beignets sont cuits,
on entend craquer les poêles,
et tinter les plats.
La jeune fille va nous apporter les beignets.Sortez les beignets !
Nous souhaitons du bonheur
à toute la maison.

Comptine sur la femme et le temps

Les plaisanteries sur les époux sont nombreuses avec parfois, comme ici, un parallélisme avec le temps

Het d'Frau e nejer Huet,
So werd's Wetter güet ;
Bekummt sie e nejer Krage,
So kann mer's oj ertrage ;
Het awer d'r Mann ebs dergege,
So git's secher viel Rege.

Si la femme a un nouveau chapeau,
C'est que le temps sera au beau ;
Si elle achète un nouveau col,
Le temps toujours bien se supporte ;
Mais si le mari ne l'accepte pas,
Il y aura sûrement grande pluie.

22 février

CARNAVAL

Carnaval tient en Alsace une place sensiblement plus modeste que dans le pays de Bade, centre du carnaval « alémanique ». Il se déroule le dimanche précédant Mardi Gras, le carnaval des seigneurs (*Herrenfastnacht*) s'opposant au carnaval des paysans du dimanche suivant. C'est l'occasion de passer la soirée en société dans les auberges. On s'échange les petits gâteaux spécifiques (*Fastnachtküchlein*), les convives se barbouillent le visage de suie, portent quelquefois des masques ou un bonnet de fous. On festoye, boit, danse et chante une bonne partie de la nuit.

Pendant longtemps, le lundi fut connu comme le « carnaval des femmes » ou s'est maintenu sous la forme des assemblées de femmes à l'auberge. Il ne subsiste aujourd'hui que sous la forme de bals des « joyeuses veuves », où ce sont les femmes qui se réservent le droit d'inviter leur cavalier. Le temps du mercredi des Cendres détermine celui de tout le Carême, *Wie s'Wetter am Aschemittwoch, So soll's d'ganzi Fascht sin.*

Le dimanche suivant, la classe des conscrits organise dans la grande majorité des villages des feux de carnaval. Le soir a lieu la tradition du *Schieweschlaawe*, qui n'a plus lieu que dans très peu de localités : le plus connu est celui d'Offwiller. Elle consiste dans le lancement de disques enflammés. Ce sont des disques de hêtre d'une dizaine de centimètres de diamètre. Une fois enflammé, le lanceur le propulse grâce à de vigoureux moulinets de bras. Au contact de l'air, le disque s'éclaire et fend l'obscurité en une gracieuse arabesque. Cette coutume symbolise la fin de l'hiver, l'arrivée du printemps et la reprise des travaux agricoles.

La fête de la chaire de Pierre

La fête rappelle l'accession de l'apôtre Pierre au siège épiscopal d'Antioche avant de s'établir à Rome. Elle est devenue une fête marquante dans les dictons paysans. Elle détermine la météo pour les 40 jours suivants et rappelle la première cigogne de l'année en Alsace.

Uf Sankt Peters Fescht
süecht d'r Storich sin Nescht.

À la fête de la Saint-Pierre,
La cigogne cherche son nid.

23 février

NAISSANCE DE JEAN SCHLUMBERGER (1819-1908)

Le 23 février 1819 nait à Mulhouse Jean Schlumberger, l'un des grands industriels du XIXe siècle, aux activités multiformes. Il est l'un des dirigeants de l'entreprise Nicolas S. à Guebwiller pendant 60 ans. Grand agronome, il acquiert plus de 15 ha de vignes, constitue un important herbier et rassemble une collection de papillons de premier ordre. Il est l'un des fondateurs du Club Vosgien en 1872. Protestant engagé, président du consistoire réformé de Mulhouse, il finance de nombreuses institutions culturelles, scolaires et hospitalières, offrant à la ville de Guebwiller un hôpital avec une clinique chirurgicale. Sur le plan politique, il se rallie par réalisme à l'Allemagne. Il est le premier président du Landesausschuss de 1874 à 1903 et joue comme tel un rôle actif dans la vie politique régionale. Il est nommé conseiller d'État en 1879 et anobli en 1895. Enfin, il publie la *Chronique du couvent de Schœnensteinbach* (1897) et *la Chronique des Dominicains de Guebwiller* (1898).

INSTRUCTIONS POUR LES VICTIMES DES INONDATIONS

En février 1824, le préfet du Bas-Rhin publie, au moment d'une forte inondation, des instructions pour les victimes. Il propose de dormir dans les greniers et sous le toit de la maison. Si toute la maison est mouillée, il faut « entourer le lit de rideaux épais, secs et propres, afin de garantir le corps des impressions de l'humidité pendant le sommeil ».

On conseille aux habitants de se vêtir chaudement, notamment avec des vêtements et des couvertures de laine, de porter de gros souliers ou des sabots, de faire usage le matin d'un peu d'eau-de-vie, mais avec modération, et pour le bétail d'ajouter un peu de sel de cuisine aux fourrages.

♉

24 février

L'APPARITION DU COTEAU D'ILLZACH

Dans les légendes, le thème de l'apparition est assez fréquent. Une des plus connues, transmise par Auguste Stöber, est celle du coteau d'Illzach (ci-contre).

Une nuit, le garde de cette localité, proche de Mulhouse, fait sa ronde habituelle, suivi d'une patrouille. Arrivé près du coteau, il aperçoit une forme blanche de femme qui lui fait des signes. Il fait quelques pas vers elle, pour revenir aussitôt, épouvanté, vers ses compagnons. La femme disparaît et le coteau est subitement illuminé durant quelques secondes d'une singulière lueur, dans laquelle les gardes ne voient que tombeaux, croix et chapelles.

SAINT MATHIAS

Saint Mathias, qui remplace Judas parmi les douze apôtres, est le patron de l'église de Still. Patron des bouchers, il est représenté transpercé par une lance.

Il tient une certaine place dans les dictons météorologiques. Il est réputé pour hâter la fin de l'hiver.

D'r Matthis bricht's Is ;
het er keins, so macht er eins !

Mathias brise la glace ;
mais s'il n'y en pas,
il en fabrique.

Dans le même sens, plus aucun renard ne passe sur la glace après la Saint-Mathias.

Nach Mattheis geht kein
Fuchs mehr über das Eis.

La Saint-Mathias détermine tout le Carême si le temps est ce jour à la tempête :

Tritt der Matthis stürmisch
ein, so wird's bis Ostern
windig sein.

25 février

SAINTE WALPURGE

Walbourge est issue d'une famille noble anglo-saxonne et apparentée à saint Boniface. Elle est la première abbesse du couvent de Heidenheim situé en Franconie. Décédée le 25 février 779, elle est inhumée dans l'église abbatiale d'Eichstätt au nord de la Bavière.

Son culte s'est développé en Basse-Alsace à la suite de la création par le comte Thierry Ier de Montbéliard, au XIe siècle, dans la Forêt de Haguenau, d'une abbaye bénédictine à son nom. Elle est devenue un sanctuaire et un lieu de pèlerinage pour de nombreux malades. De sa tombe s'échappe une huile miraculeuse, ce qui explique qu'elle soit représentée en abbesse avec la crosse, un livre et trois flacons. À la suite de l'abbaye, s'est développée une paroisse qui a conservé cette sainte comme patronne.

Comme la Saint Mathias, ce jour annonce le printemps.

Wenn Walburga kommt herbei,
Legt die Gans das erste Ei.

À la sainte Walpurge,
L'oie pond son premier œuf.

Recette du baeckeoffe

Ingrédients pour 5 personnes : 500 g d'épaule de porc coupés en morceaux ; 500 g d'épaule d'agneau coupés en morceaux ; 500 g de viande de bœuf en morceaux (paleron par exemple) ; 1 pied de porc fendu en 4 ; 1,5 kg de pommes de terre ; 100 g de carottes en rondelles ; 3 blancs de poireaux émincés ; 250 g d'oignons ; 4 gousses d'ail ; un cube de bouquet garni ; une branche de thym et 2 feuilles de laurier ; sel et poivre ; 50 cl de vin d'Alsace (Sylvaner ou Riesling) ; 100 g de farine (pour rendre le couvercle hermétique) ; 1 dl d'eau.

Préparation : faire mariner toute la nuit les morceaux de viande dans le vin, avec les oignons émincés, l'ail, le bouquet garni, le thym et le laurier, le sel et lepoivre.

Le lendemain, placer dans une terrine à couvercle (spéciale pour Baeckeoffe) une couche de pommes de terre coupées en rondelles, des poireaux et par-dessus le pied de porc et la moitié de la viande et de la garniture de légumes.

Puis mettre une nouvelle couche de pommes de terre et de poireaux, le reste de la garniture et une nouvelle couche de pommes de terre.

Mouiller à hauteur avec la marinade et du vin blanc.

Couvrir la terrine et, pour la rendre hermétique, disposer tout autour de la jointure un ruban de pâte fait d'eau et de farine.

Cuisson : faire cuire pendant deux heures et demi à trois heures dans un four à 180° (thermostat 6).

26 février

L'ARRESTATION DU PRÊTEUR KLINGLIN (1752)

Le 25 février 1752, François Joseph Klinglin, le tout-puissant prêteur royal de la ville de Strasbourg depuis 1725, l'équivalent du maire actuel, est arrêté. C'est un personnage hors du commun qui se caractérise par une absence totale de sens moral. Pratiquant la corruption, ils'attribue une partie des deniers publics pour mener un train de vie fastueux. Il fait construire l'actuel hôtel du préfet aux frais de la Ville, avant de le lui revendre. Finalement, une commission d'enquête découvre les malversations, ce qui entraîne l'arrestation de Klinglin. Il meurt en prison pendant le procès l'année suivante. La conséquence en est la ruine des finances municipales jusqu'à la Révolution.

NAISSANCE DE CHARLES FREY (1888-1955)

Le 26 février 1888 nait à Strasbourg Charles Frey, un grand acteur strasbourgeois de 1919 à sa mort. Journaliste, il s'impose dès 1919 comme chef du parti républicain, organe de la bourgeoisie protestante. Il est député de 1919 à 1936, pour la circonscription de Strasbourg-campagne à partir de 1928. De 1931 à 1932, il est sous-secrétaire d'État au commerce et à l'industrie. Son élection comme maire en 1935 marque un tournant dans sa carrière. En septembre 1939, il organise l'évacuation de la ville. De 1940 à 1944, il est le symbole de Strasbourg captive à Périgueux. Le 3 janvier 1945, il sauve Strasbourg menacé par les Allemands. Régulièrement réélu de 1945 à sa mort comme secrétaire d'État, il poursuit une politique ouverte centrée sur l'avenir avec quatre axes majeurs : une politique immobilière, une politique active de construction, de l'énergie et de l'industrialisation pour créer des emplois. Il est l'un des grands maires du XXe siècle avec Pierre Pflimlin.

27 février

LA NAISSANCE DU CRÉDIT MUTUEL EN ALSACE (1882)

Le 27 février 1882 est fondée à La Wantzenau la première Caisse Mutuelle *(Darlehnskassenverein)* selon le système Raiffeisen, qui est à l'origine du Crédit Mutuel. Il a connu en Alsace-Moselle une diffusion considérable qui en a fait jusqu'à l'heure actuelle le premier réseau bancaire en Alsace.

Cette création se situe dans le cadre d'une politique voulue par les Allemands à la suite de l'essor de ce système dans les pays rhénans. Seize habitants se réunissent ce jour pour adopter les statuts et désigner les organes de direction. Le but principal consiste à soustraire la population rurale de l'emprise des usuriers, mais aussi à relever la situation matérielle et morale de ses adhérents. Ils doivent notamment soutenir le mouvement coopératif sous toutes ses formes : production, vente et consommation.

La plupart des personnes influentes de la commune participent à la fondation, le maire, le notaire, le conseiller général. Dix des 16 fondateurs font partie du conseil municipal.

LES FANTÔMES DU FINKWILLER

Le quartier strasbourgeois du Finkwiller a la réputation de concentrer les fantômes de la ville, quatre en particulier. C'est d'abord le petit cheval à trois pattes qui parcourt le quartier à très vive allure.

De l'ancien couvent Sainte-Marguerite, on voit s'avancer d'un pas hésitant une nonne toute pâle, qui erre à l'aventure, se plaint et soupire.

Près d'un pont se tient le fantôme du tonnelier. Un sourire méchant aux lèvres, il guette le passant solitaire pour l'effrayer. De son vivant, il a coupé le vin avec de l'eau. C'est pourquoi il est errant et répète : « Une chope de vin et une chope d'eau font aussi une demi-mesure. » Sa compagne, la lavandière, s'installe chaque nuit au bord de l'eau pour battre son linge qu'elle a sans doute volé jadis. Si une personne s'approche un peu trop de la lavandière, elle la saisit à la nuque et ne cesse de la plonger dans l'eau. La victime a souvent bien de la peine à se dégager de la poigne vigoureuse de cette femme fantôme.

28 février

L'INVENTEUR DU PÂTÉ DE FOIE GRAS (1784)

Le 28 février 1784, Jean-Pierre Clause (1757-1827) s'inscrit à la corporation des pâtissiers de Strasbourg. Cuisinier d'origine lorraine, il est de 1778 à 1784 au service du maréchal de Contades, alors commandant militaire de la province d'Alsace. Il a l'idée de confectionner pour son maître une croûte en forme de caisse ronde qu'il bourre de foies gras entiers, complétés d'une farce de veau et de lard très finement hachés. Le tout, recouvert d'un couvercle de croûte, est mis au four. Quand le plat apparaît sur la table, c'est une exclamation générale de surprise. Après la dégustation, c'est un murmure d'admiration reconnaissante.

Devant le succès remporté, il préfère se mettre à son compte, d'où son inscription à la corporation. Il installe son entreprise rue de la Mésange. Lors de la Révolution, son collègue Nicolas Doyen a l'idée d'adjoindre la truffe du Périgord au pâté de foie gras. Cette invention a largement contribué à la réputation gastronomique de Strasbourg et a permis à de nombreuses entreprises de prospérer depuis deux siècles.

Recette de la soupe aux lamelles de crêpe

Ingrédients :
2 l de bouillon de viande,
2 œufs, 200 g de farine.

Battre les œufs, ajouter progressivement la farine jusqu'au moment où la pâte est suffisamment fluide pour faire des crêpes. Laisser reposer la pâte 20 mn.

Faire cuire de fines crêpes. Rouler chaque crêpe, la couper en lamelles d'un centimètre. Pendant ce temps, faire bouillir le bouillon, verser les lamelles et faire cuire quelques minutes. Servir la soupe bien chaude, parsemer de ciboulette découpée.

Dictons

Wenn im Hornung d'Schnoge giege,
Mien sie im März weder schwiege.

Quand les moustiques chantent en février,
Ils doivent se taire en mars.

E Schalt-Johr, e kalt Johr.

Une année bissextile, une année froide.

29 février

UN JOUR PARTICULIER

Dans le dialecte alsacien ce jour est qualifié de *Schalttag* (jour intercalaire). On pense alors aux malheureux nés un 29 février et qui ne peuvent fêter leur anniversaire que tous les quatre ans.

Devinette

En quel mois les femmes causent-elles le moins ? En février, car il comporte le moins de jours.

Dictons de février

Im Hornung soll d'r Bür an d'r Pflüeg,
Un d'Imme in de Flüeg.

En février, le paysan à la charrue
et l'abeille en l'air.

Hornung mit Sunneschin un Vogelsang,
Macht dem Bür Angst un Bang.

Février, avec soleil et chant d'oiseaux
Fait peur au paysan.

Klarer Februar, Gütes Roggejahr.

Temps clair en février,
Bonne année pour le seigle.

Hornung hell und klar, gibt ein gutes Frühjohr.

Février clair et ensoleillé
Annonce un bon printemps.

LES GALERIES SOUTERRAINES DE HAGELSCHLOSS

Sous les ruines du Hagelschloss, situé à la pointe nord du Mur païen au Mont-Sainte-Odile, existent, selon la mémoire orale, des galeries souterraines, d'où l'on voit souvent sortir de longs cortèges de fantômes. Selon les forestiers du XIXe siècle, leurs chiens sont attirés dans les précipices par ces puissances sinistres. Le château était le repaire du chevalier brigand Walther Erb, ce qui incite en 1406 la Ville de Strasbourg à entreprendre une expédition punitive en vue de détruire le château.

1er mars

DISPARITION D'ÉMILE KUSS (1815-1871)

Émile Kuss, professeur de médecine, devient maire provisoire de Strasbourg durant le siège de la ville en septembre 1870. Ses derniers mois sont un véritable calvaire. Après la capitulation et durant l'hiver 1870-1871, il s'emploie à déblayer les ruines et à secourir les indigents, les orphelins, les veuves et les blessés. Lors des élections à l'Assemblée nationale de Bordeaux, le 8 février 1871, Kuss figure en tête de tous les candidats. Lors de son voyage à Bordeaux, il contracte une pneumonie. Arrivé malade à Bordeaux, il y meurt le 1er mars. Après le rapatriement de son corps dans sa ville de Strasbourg, ses obsèques, le 8 mars, réunissent un cortège de plusieurs dizaines de milliers de personnes à travers les rues tendues de noir, alors que tous les ateliers, les magasins et les établissements publics sont fermés. Ses obsèques symbolisent la fin de l'Alsace française.

2 mars

LÉON DACHEUX (1835-1903), DÉFENSEUR DU PATRIMOINE ALSACIEN

Léon Dacheux fait partie de la phalange des ecclésiastiques ayant illustré la vie intellectuelle de l'Alsace entre 1850 et 1980. Il enseigne au Petit Séminaire de 1859 à 1868, il est curé de Neudorf de 1868 à 1881, puis directeur du Grand Séminaire. Il laisse une œuvre historique abondante, en particulier une biographie de Geiler de Kaysersberg parue en 1876, une galerie des portraits des évêques de Strasbourg de 1592 à 1890, une reconstitution d'une partie des chroniques anciennes détruites dans l'incendie de la bibliothèque le 24 août 1870 et une étude sur la cathédrale : *Das Münster von Strassburg*. À partir de 1892, il est un président actif de la Société pour la conservation des monuments historiques d'Alsace.

L'ESPRIT DE HANS DE WESTHAUSEN

Parmi les nombreuses légendes relatives à Strasbourg, l'une des plus connues concerne le chevalier Hans de Westhausen.

Pendant des années, il passe ses soirées dans la salle de réunion des Zorn à la Haute-Montée.

Huit jours après sa mort en 1417, il apparaît pendant la nuit à ses anciens compagnons en train de boire dans l'encadrement de la porte, à califourchon sur une chèvre.

Les vingt-deux chevaliers sont si effrayés à cette vue qu'ils en tombent tous très malades : huit meurent dès le lendemain et plusieurs autres peu de temps après.

3 mars

DISPARITION DE JEAN STURM (1507-1589)

Le 3 mars 1589, disparaît à Nordheim Jean Sturm . Originaire de l'Eifel, il devient un humaniste que Bucer fait venir à Strasbourg pour mettre en place en 1538 la Haute École, dont il est le recteur jusqu'en 1582. Il met au point les programmes dans une optique de *sapiens atque eloquens pietas*. Tout en dirigeant l'école, il publie une œuvre considérable (155 titres sont répertoriés), en particulier des textes classiques et des manuels scolaires. Il intervient activement dans la politique extérieure de Strasbourg, notamment en faveur des protestants de Metz et des huguenots français lors des guerres de religion. En 1566, il contribue à la transformation de la Haute École en Académie (premier cycle universitaire). À partir de 1561, il s'engage dans un grave conflit au sujet de la Cène avec les pasteurs Marbach et Pappus, partisans d'une stricte orthodoxie, ce qui lui a valu d'être destitué par le Magistrat.

INONDATION DE STRASBOURG (1876)

En mars 1876, Strasbourg connaît une inondation historique. Les rues Kageneck et Faubourg de Pierre sont couvertes d'eau. La Montagne Verte et Lingolsheim sont séparées par une véritable mer avec de hautes vagues. À l'Elsau, plusieurs maisons sont menacées d'effondrement et deux se sont déjà effondrées. Le Contades et le Wacken sont également sous les eaux. La route de Colmar est inondée. La voie ferrée est coupée entre la gare de Neudorf et la gare centrale. Partout, les propriétaires cherchent à sauver leurs animaux.

Dictons de la Sainte Cunégonde

Lachende Kunegunde bringt frohe Kunde.

Cunégonde rieuse
Apporte bonne nouvelle.

Isch Kunegunde träneschwehr,
Blibt oft d'Schire leer.

Cunégonde en pleurs,
La grange souvent reste vide.

Dunner um Kunegunde un Cyprian,
Zieht me oft noch Handschüeh an.

Tonnerre à Cunégonde et Cyprien,
Souvent les gants on remet.

Ht RHIN **4** *mars*

COLMAR, CHEF-LIEU DU HAUT-RHIN (1790)

En décembre 1789, lors du découpage de la France en départements, les députés alsaciens à l'Assemblée nationale partagent l'Alsace en deux départements selon la ligne qui subsiste toujours. Le chef-lieu du Haut-Rhin est fixé le 4 mars 1790 à Colmar, un choix logique, puisque Colmar est déjà le siège du Conseil souverain d'Alsace (ancêtre de la Cour d'appel) et d'une subdélégation (l'Alsace est découpée en six circonscriptions à l'intendant). Le Haut-Rhin est divisé en trois districts (qui subsistent jusqu'en 1871) : Colmar, Altkirch et Belfort, tandis que « Mulhausen, ville alliée des Suisses », n'est incorporée au département qu'en 1798.

Le département est divisé en 31 cantons et l'administration départementale s'installe dans l'hôtel de Pairis, l'actuelle mairie.

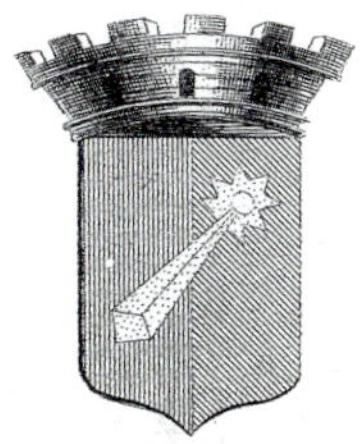

Armes de Colmar

Recette du civet de lapin

Ingrédients : 1 lapin de 2,5 kg environ, 2 gros oignons, 3 gousses d'ail, 1 bouquet garni, 2 verres d'huile, 1 petit verre de cognac, thym, laurier, clous de girofle, sel, poivre, 50 g de beurre, 50 g de farine, 100 g de lardons, 1/2 l de vin rouge, noix de muscade.

Retirer le foie. Préparer la marinade : du vin, 1 verre d'huile, cognac, oignons émincés, l'ail haché, les épices. Déposer le lapin découpé, retourner les morceaux de temps en temps. Le lendemain après 24 heures, faire rissoler les lardons dans un peu de beurre et le reste de l'huile, puis ajouter les morceaux de lapin bien égouttés, laisser dorer. Ajouter les aromates de la marinade. Saupoudrer de farine qui doit blondir. Mouiller avec le liquide de la marinade, ajouter le bouquet garni et cuire le tout à feu doux (1 h 30). Passer la sauce dans une passoire et verser sur les morceaux de lapin. Servir très chaud accompagné de nouilles fraîches à l'alsacienne.

La Saint-Casimir

**Bringt d'r Casimir e trockener März,
So füllt er d'Fass im Keller.**

*Si Casimir nous donne un mars sec,
Il remplit les tonneaux de la cave.*

5 mars

NAISSANCE DE JEAN HŒFFEL (1850-1939)

Le 5 mars 1850 naît à Aubure, dans une famille pastorale originaire de Thuringe et installée en Alsace vers 1700, Jean Hœffel. Médecin à Bouxwiller, il s'engage en politique, où il jouera un rôle actif. Maire de Bouxwiller de 1884 à 1918, conseiller général de 1888 à 1897, député au Reichstag de Saverne de 1890 à 1912 et membre du Conseil d'État, il participe activement à l'élaboration de la Constitution de 1911 pour le Reichsland. Battu aux élections de 1912, l'empereur le nomme à la Chambre haute du Landtag, dont il est vice-président, puis président. Protestant engagé, il siège au Consistoire Supérieur et au Directoire, soucieux de développer les œuvres, en particulier dans le domaine sanitaire et social. De 1918 à 1922, il est astreint à résidence dans le Midi de la France.

* Johannes Hoeffel
(Reichspartei),

praktischer Arzt, Kreisarzt des Kreises Zabern u. Bürgermeist. i. Buchsweiler i. E. Geb. 5./3. 1850 Altweier O.-Elsaß (evang.-luth.). Gymnasialbesuch in Straßburg, studirte ebd. Mediz. 67/72, war 72/73 Arzt in Ars a. M., seitdem in Buchsweiler, hier 84 Bürgermeister, 88 Kreisarzt. Mitgl. des Ober-Konsistoriums der Kirche Augsb. Konfession seit 85, des Bezirkst. des Unter-Elsaß seit 88, des Reichstags seit 90.

Réputé pour ses sympathies progermaniques et son attachement aux Hohenzollern, il ne s'exprime dans sa famille qu'en langue française, d'où la surprise, lors de plusieurs visites du Kaiser à Bouxwiller, de l'entendre s'adresser publiquement à lui en français.

LA LÉGENDE DE LA JEUNE FILLE D'ENGWILLER

Près du village d'Engwiller, on voit souvent, la nuit, une jeune fille portant le costume du pays, entièrement blanc. Si on s'approche un peu trop d'elle, elle vous précède sur le chemin en soupirant et va jusqu'à un saule au bord des champs. Elle se met alors à sangloter plus fort et montre de la main la direction du cimetière d'Engwiller. À cet endroit, elle a jadis tué son enfant et elle doit y revenir jusqu'à l'heure de son rachat.

SAINT FRIDOLIN

Le 6 mars, on célèbre la Saint-Fridolin, un religieux issu d'une famille noble irlandaise. Sa biographie, mal connue, ne repose que sur une *Vita* très postérieure, rédigée vers l'an 1000. Après avoir exercé son ministère dans son île natale, il est abbé du monastère de Ligugé près de Poitiers, où il reconstruit l'église et transfère les reliques de saint Hilaire. Il se rend ensuite dans l'Est, fonde un monastère à Eller sur la Moselle, avant d'œuvrer dans la vallée du Rhin supérieur où il consacre des églises et des chapelles à saint Hilaire, qui a lutté contre l'arianisme. Il meurt en 538 dans sa dernière fondation, à Säckingen, où sont vénérées ses reliques ; c'est de là que se répandit son culte. Il est considéré comme l'apôtre des Alamans.

Il semble avoir œuvré en Haute-Alsace. Il a prêché à Wettolsheim où existait une petite église très ancienne (Feldkirche) jusqu'en 1779 : l'autel Saint-Fridolin qui attire de nombreux pèlerins à travers les siècles. Lors de sa démolition, on a transféré sa statue datant des XVIe-XVIIe siècles dans la nouvelle église où continue d'être célébré l'office du pèlerinage. De nombreux ex-voto témoignent de miracles.

Près de Bollwiller existait jusqu'à la Révolution une autre chapelle de pèlerinage de saint Fridolin.

Au Moyen Âge, de nombreuses églises, chapelles et autels lui sont dédiés. Son nom est entré dans les litanies de l'évêché de Bâle et a été repris après 1802 dans celui de Strasbourg.

Comptine

Reihe, Reihe, Rose,
scheeni Aprikose
Veilchen un Vergissmeinnicht,
alle Kinder setzen sich
Grossmama, Grosspapa,
Ringele, Ringele, hopsassa.

Rangée, rangée de roses,
De beaux abricots,
Violettes et myosotis,
Tous les enfants s'asseoient,
Grand'mère, grand'père.

Les deux derniers mots ne sont que des interjections.

Les travaux en mars

Le vigneron consolide les échalas et attache les vignes. L'agriculteur nettoie les prés, sème l'orge et l'avoine. Le jardinier taille les arbres, bêche les plantations d'asperges. Sur des couches fraîches, il sème des plants de tomates, des céleris, des choux et des choux-raves. En plein air, il sème les salades précoces, les carottes, des poireaux, des oignons, du persil, des radis, des petits pois, des épinards et des salsifis.

JOHANN MICHAEL MOSCHEROSCH (1601-1669)

Né à Willstätt en Bade, il est procureur de la justice des mœurs (Frevelvogt) à Strasbourg, puis au service de divers princes allemands. Il devient célèbre grâce à son roman *Geschichte Philanders von Sittewald*, une satire pleine d'humour des mœurs de son temps. Il y stigmatise la rage des aventures, la folie des voyages et plusieurs valeurs négatives comme la vantardise et l'hypocrisie. Animé d'une farouche francophobie, il reproche aux Allemands d'imiter les Français cultivés et de manquer de virilité, de courage et de fierté, protestant violemment contre l'invasion des modes et de l'esprit français en Allemagne. Ses *Geschichte*, fréquemment réédités, deviennent la satire la plus appréciée du XVIIe siècle. Polyglotte, il maîtrise sept langues. Il laisse une œuvre volumineuse et polyvalente : des poésies, des épigrammes, des traductions et des adaptations. Son influence littéraire est forte et durable.

LE CHAMP DE LA SOUPE AU LAIT

Ce champ est une grande lande, unique propriété d'une vieille femme qui parvient péniblement à se nourrir de son faible revenu. Après plusieurs mauvaises années consécutives, elle tente en vain de vendre son champ. Un matin, elle se rend à l'hôpital pour mendier une soupe au lait chaude, proposant en échange la cession de sa lande, son seul bien. Le chef de l'hôpital a pitié de cette pauvre femme. Il lui sert une excellente soupe au lait et promet de continuer à s'occuper d'elle. Mais la brave femme, après son bon repas, s'endort pour ne plus jamais se réveiller.
La lande est transformée en un vaste et beau verger au profit de l'hôpital.

8 mars

NAISSANCE DE FRÉDÉRIC-RODOLPHE SALZMANN (1749-1821) ET DE JEAN NORTH (1828-1894)

Frédéric-Rodolphe Salzmann naît le 8 mars 1749 à Sainte-Marie-aux-Mines. Il fonde divers journaux, une maison d'édition et la Librairie académique. Après la Révolution, il se consacre à la publication de nombreux ouvrages de philosophie et de théosophie. Il est l'un des grands intellectuels strasbourgeois du dernier tiers du XVIIIe siècle.

Avocat et notaire, Jean North est l'un des grands acteurs politiques (député au Reichstag) et économiques de 1872 jusqu'à sa mort, à Strasbourg. Il est co-fondateur, puis directeur du Crédit foncier et communal.

Ce dernier connaît un grave scandale peu avant la mort de Jean North. On a voulu faire de lui le bouc-émissaire de toute cette affaire. C'est un grand banquier qui a contribué à l'essor économique de la région. Il a su préserver le pouvoir économique régional face aux ambitions allemandes.

LA BATAILLE DE HAUSBERGEN (1262)

La bataille de Hausbergen, le 8 mars 1262, marque le début de l'indépendance de la ville de Strasbourg face à son évêque. Dans les années précédentes, la ville ne cesse de tenter d'affirmer son pouvoir politique face à l'évêque. En effet, le nouvel évêque, Walther de Hohen-Geroldseck, élu en 1260, homme autoritaire, entre très vite en conflit avec la ville. Après avoir fait sortir les clercs et les chanoines, il y interdit toute célébration religieuse durant l'été 1261. Pendant des mois, le conflit se borne à des coups de main sans portée.

La bataille décisive a lieu le 8 mars 1262. Elle est décrite par le chroniqueur Ellenhard à partir de témoignages directs. Un contingent strasbourgeois voit le chemin du retour barré. Il lance un appel au secours. Le chef de la milice, Nicolas Zorn le Vieux, parvient à rassembler en quelques heures 5 000 hommes, qui affrontent 5 000 fantassins et 300 cavaliers. Les Strasbourgeois enveloppent la cavalerie ennemie et réussissent à abattre une grande partie des chevaux, alors que les cavaliers, désarçonnés, succombent sous le nombre. La cavalerie épiscopale perd la moitié de ses effectifs.

L'effet moral de cette victoire est considérable. C'est la première fois qu'au nord des Alpes une milice urbaine l'emporte en rase campagne sur la chevalerie. Miné par la maladie, l'évêque meurt le 12 février 1263. Son successeur est Henri de Geroldseck, partisan de la paix, signée deux mois plus tard. Le Magistrat et la ville obtiennent l'indépendance complète face à l'évêque. C'est le début de la ville libre d'Empire, qui jouera, aux XVe et XVIe siècles, un rôle considérable.

LA FONDATION DE HAGUENAU (1030)

Le récit tiré de la chronique de Königshofen se déroule vers 1030 selon une légende ancienne. Un jour, un seigneur puissant, Hugues IV d'Eguisheim, fait une grande chasse dans la forêt sainte, nom donné jusqu'au XVIIIe siècle à la Forêt de Haguenau. Les chiens trouvent la trace de nombreux animaux interpelant par leurs aboiements le seigneur et sa suite. Les chiens se trouvent arrêtés au bord de la Moder qu'ils ne peuvent franchir. Or de l'autre côté se trouve une île, où un abondant gibier s'est mis à l'abri à l'intérieur d'un grand buisson.

Le seigneur, émerveillé, a alors l'idée de faire construire une importante citadelle protégée par la rivière. Il y fait construire le plus beau château réalisé en Alsace.

En réalité, c'est Frédéric II, duc de Souabe et d'Alsace, dit le Borgne, qui fait construire le premier château vers 1115. Mais c'est son fils, l'empereur Frédéric Barberousse (1152-1190), qui en fait une véritable résidence impériale, qui est entrée également dans la littérature, grâce au chapelain du souverain, Godefroi de Viterbe, qui lui a consacré des vers enthousiastes.

Le palais, l'une des réalisations majeures du patrimoine régional, est détruit sur ordre de Louis XIV et une partie de ses matériaux sert à la construction de la forteresse de Fort-Louis en 1687-1688.

Recette du bœuf à la mode alsacienne

Faire mariner un morceau de bœuf dans du vin rouge ou blanc pendant 24 heures, avec oignons, clous de girofle, sel, poivre et bouquet garni.
Dorer la viande dans du beurre en faisant revenir en même temps quelques lardons.
Ajouter 3 ou 4 carottes, la marinade et au besoin un peu d'eau pour couvrir.
Faire cuire à feu doux pendant deux ou trois heures. Avec ce plat, il faut servir des pâtes.

Dictons du mois

Wenn sich heiter zeigt d'r März
Freijt sich's Landmanns Herz.

Quand le soleil en mars luit,
Le cœur du paysan se réjouit.

Losst d'r März sich trocke an,
Bringt er Brot für jedermann.

Quand mars se montre sec,
À tous il apporte du pain.

Märzewind, Aprillerage,
Bringe im Mai grosser Sage.

Vent de mars, pluie d'avril,
En mai grande bénédiction.

Märzebluete Isch ohne Güete.

En mars fleuraison
N'est jamais bonne.

Goldeswert isch Märzestaub;
Er bringt uns Gras un Laub.

Poussière de mars vaut de l'or.
Elle apporte herbe et feuilles.

Märzeschnee Tüet Frucht un Rawe weh.

Neige de mars fait souffrir
Le blé et la vigne.

10 *mars*

LA LÉGENDE DES 40 CHEVALIERS

Selon la légende, en 320, quarante officiers chrétiens sont condamnés à mort et exécutés d'une manière odieuse : on les pousse nus sur un étang gelé et on attend qu'ils meurent de froid. Ces « seigneurs du temps » bénéficient d'une haute estime dans le monde rural.

Le temps de la glace est dépassé, la météo de ce jour tient une grande place :

Wie das Wetter Vierzig-Ritter-Tag,
so bleibt es vierzig Tage danach.

Le temps du jour des 40 chevaliers
Se maintiendra 40 jours.

Friert's am Vierzig-Märtyrer-Tag,
so kommen noch vierzig Fröste nach.

S'il gèle le jour des 40 martyrs,
Il s'en suivra encore 40 gelées.

11 mars

LE RHIN EST À SEC (1882)

Vers le 11 mars 1882, le Rhin se trouve presque à sec. C'est un spectacle extraordinaire qui attire chaque dimanche des milliers de Strasbourgeois, arrivant par un tram bondé. Sur l'immense banc de gravier qui forme le lit du fleuve, la foule se promène en cherchant de jolis cailloux. On a même installé un carrousel et trois restaurants. Les nombreuses auberges de Kehl et le restaurant de la Rheinlust, sur la rive gauche, profitent également de la situation.

Recette de l'île flottante

Ingrédients: 4 œufs, 50 g de sucre glace, 1 noix de beurre, 200 g de sucre

Séparer les blancs des jaunes d'œufs; les battre en neige très ferme en ajoutant le sucre glace; beurrer un moule à flan ou autre, ou bien y faire caraméliser les morceaux de sucre avec une cuillère à soupe d'eau; recouvrir le fond et les parois du moule de caramel en tournant le récipient; remplir ce dernier des blancs battus en neige et faire cuire 15-20 mn à feu doux au bain-marie sans couvrir, pour permettre aux blancs d'œufs de gonfler et de monter un peu. Démouler chaud sur un plat creux et entourer «l'île» d'une crème à la vanille ou au chocolat confectionnée avec les jaunes d'œufs. On peut à volonté verser quelques filets de caramel sur les blancs d'œufs.

DISPARITION DE LOUIS APFFEL

Le 11 mars 1847 disparaît Louis Apffel (1777-1847). Avocat et maire de Wissembourg, il s'est illustré par son testament. Plein de rancune contre sa ville natale et grand mélomane, il a par dépit légué sa fortune, considérable grâce aux biens nationaux acquis par son père, à la ville de Strasbourg en vue de créer un Conservatoire de musique.

12 mars

LA SAINT-GRÉGOIRE

Le culte de saint Grégoire (pape Grégoire le Grand mort en 604) se développe à partir de l'abbaye de Munster, fondée en 660 et placée sous son patronage. Pendant des siècles, la vallée s'est d'ailleurs appelée le Val Grégoire. L'abbaye a fondé les églises de Ribeauvillé et d'Ohnenheim sous le même vocable.

C'est à partir du XIIIe siècle que son culte se développe en Alsace : une chapelle Saint-Grégoire apparaît à la cathédrale de Strasbourg, puis le culte se diffuse à Haguenau et Neuwiller. Le saint devient la fête des élèves à la fin du Moyen Âge, une fête conservée par les protestants avec un chant spécifique. La fête de la Saint-Grégoire n'a disparu dans de nombreuses écoles primaires qu'après 1870.

Dictons météorologiques

Ils annoncent l'arrivée du printemps.

Zu Gregor Kummt d'erscht Schwalb for.

Pour la Saint-Grégoire,
La première hirondelle arrive.

Wenn sich am Gregortag e
Krapp im Ragge kan verstecke,
So gibt's e güeti Arn.

Quand un corbeau peut
à la Saint-Grégoire
Se cacher dans le seigle,
La moisson sera bonne.

Regnet's an Gregori,
so fallelle d'Kirsche awe
un wenn sie isegi Stehl han.

S'il pleut à la Saint-Grégoire,
Les cerises tomberont
Même si elles ont des queues
en fer.

Comptine

A.B.C.
d'Katz leit im Schnee,
d'r Schnee geht eweg,
d'Katz lejt im Dreck !

A.B.C.,
Le chat est dans la neige,
La neige fond
Et le chat est dans la boue.

13 mars

NAISSANCE D'ERNEST LAUTH (1827-1902)

Le 13 mars 1827, naît à Strasbourg Ernest Lauth. Il reprend l'entreprise familiale de négoce et de fabrique de garance, et les convictions républicaines de son père Guillaume (1794-1865), député en 1848. Il fait partie des grands notables protestants de Strasbourg. Sous le Second Empire, il s'engage dans l'opposition républicaine. Lors des premières élections municipales après l'annexion, il est élu maire. Mais étant francophile, il freine les projets allemands d'importants travaux urbanistiques, ce qui lui vaut d'être révoqué en 1873, et de devenir un martyr de la cause française. L'année suivante, il est élu député protestataire à Berlin. Mais, après la première séance, il n'y retourne plus, ce qui débouche sur une impasse. Il redevient un conseiller municipal discret de 1886 à 1891.

LA SUZANNE DE SOULTZMATT

À Soultzmatt, il y avait une cloche décorée de nombreuses fleurs, dont le son était réputé dans toute la région. Cette réputation incita le chapitre de Rouffach à vouloir se l'approprier. Elle fut descendue en grande pompe de son clocher, posée sur un char traîné par dix bœufs blancs, puis conduite en procession vers sa nouvelle demeure. Une foule nombreuse chantait en son honneur.

Mais arrivés à la limite du ban de Soultzmatt, les bœufs ne parvinrent plus à avancer malgré les efforts des bouviers. On eut beau chercher des chevaux de renfort, les roues s'enfonçaient dans le sol. La cloche se mit à verser trois larmes de sang, car elle ne voulait pas quitter le clocher de son église. Devant un tel prodige les chanoines de Rouffach décidèrent d'arrêter la procession et de faire demi-tour. Du coup, la cloche se fit légère. Elle fut ramenée à son village et remontée dans son clocher. De partout l'on vint en pèlerinage pour l'entendre et l'admirer. Selon la légende au soir du jour des Morts, quand les lumières brillent sur les tombes, les trépassés se dressent dans les cimetières, tendent l'oreille et se signent tandis que la Suzanne, à Soultzmatt, annonce le couvre-feu.

Dans le folklore alsacien on rencontre fréquemment des objets sacrés qui se font si lourds qu'on ne peut les déplacer contre leur gré.

14 mars

LE DÉLUGE DU RHIN À STRASBOURG (1481)

En mars 1481, s'est produite une inondation historique qualifiée de déluge du Rhin, sur un rayon de 30 km autour de Strasbourg, et qui a subsisté durant des siècles dans la mémoire collective. Après un enneigement très abondant durant l'hiver 1480-1481, a lieu en mars un dégel très brusque accompagné de pluies chaudes, de sorte que le Rhin, l'Ill, la Bruche et toutes les autres rivières descendant des Vosges et de la Forêt-Noire sortent de leur lit. Les courants minent les murs des fortifications. « Les eaux firent irruption par les portes des Bouchers, de l'Hôpital et de Sainte-Elisabeth, traversèrent les rues de la ville et s'écoulèrent par les portes de Pierre et de Saverne qu'il fallut laisser ouvertes jour et nuit. On circulait en bateau dans presque toute la ville. »

Après la décrue des eaux, les champs dévastés sont « couverts de cadavres d'hommes et d'animaux. Des maladies, des épidémies et la famine en furent la suite ».

LA LÉGENDE DE SABINE

Selon une légende, l'architecte Erwin, dit de Steinbach, qui a réalisé au moins partiellement la façade occidentale de la cathédrale, aurait eu une fille, Sabine, héritière de son génie dans le domaine de la sculpture. Pour elle, « l'inspiration lui venait du ciel ». Elle décora deux portails et serait l'auteur des deux remarquables statues de l'Église et de la Synagogue. Elle a vécu en fait bien avant Erwin et la statue située au portail Sud et qui est censée la représenter date de 1220 environ. Sabine est une simple donatrice, mais son nom a été attribué à une rue du quartier des architectes de la cathédrale. Du XVIe siècle au XIXe siècle, cette légende est passée de livre en livre comme vérité historique.

15 mars

LA CONSTITUTION DE COLMAR (1360)

Le 15 mars 1360, le grand bailli impérial, protecteur des villes de la Décapole, publie une nouvelle constitution pour la ville de Colmar. Elle met un terme à une longue période de tensions entre nobles et bourgeois. En 1358, le Magistrat est renversé par des nobles, ce qui entraîne l'intervention des autres villes de la Décapole et du grand bailli remettant les anciennes autorités en place.
La nouvelle constitution établit une nette prédominance des bourgeois sur les nobles. Le conseil se compose désormais de trente membres, dont vingt bourgeois, auxquels s'ajoutent les vingt *Zunftmeister* (chefs de corporations). À la tête de la ville se trouvent trois bourgmestres élus, les *Stettmeister*, qui dirigent la ville, chacun pour un tiers de l'année. Mais le pouvoir effectif est détenu par l'*Obristmeister*, élu annuellement par les *Zunftmeister* et les conseillers. Il détient les clefs des portes et il est le chef militaire. Sous la domination française, après 1673, elle est progressivement vidée de son contenu, mais demeure en vigueur jusqu'en 1789.

L'OFFENSIVE AMÉRICAINE UNDERTONE (1945)

Le 15 mars 1945, commence l'offensive américaine Undertone sur la Moder. Depuis le 21 janvier, l'armée américaine s'est fixée sur la Moder entre Ingwiller et Haguenau. Il y a peu d'affrontements militaires et les Américains habitent avec la population civile demeurée sur place.

C'est le 15 mars que les Américains entreprennent, après d'importants préparatifs qui durent plusieurs jours, l'attaque qui va leur permettre de libérer définitivement le nord de l'Alsace entre le 15 et le 19 mars.

NAISSANCE DE JEAN GEILER DE KAYSERSBERG, DOCTOR IM MUNSTER (1446-1510)

En 1446, le 16 mars, naît à Schaffhouse (Suisse) Jean Geiler de Kaysersberg. Il est élevé par son grand-père, bourgeois aisé de la ville. Après des études à Fribourg et à Bâle, il accepte un poste de prédicateur, spécialement créé pour lui, à la cathédrale de Strasbourg, qu'il occupe jusqu'à sa mort. Il dénonce régulièrement les travers et les scandales de ses contemporains. Le « doctor im münster » tente en vain de réformer l'Église qu'il considère comme « malade des pieds à la tête ». Grand orateur, il tient son auditoire en haleine par des jeux de mots, des anecdotes et des plaisanteries. Devant son succès, le Magistrat fait construire en 1487 dans la nef une chaire finement ajourée par l'architecte et sculpteur Hans Hammer. Jean Geiler est maintes fois consulté par l'empereur Maximilien Ier qui attache beaucoup de prix à ses avis.

Comptine pour bébé

Nina, Bubbele,
koch im Kind e Suppele,
schlaa'm au e Gaggele nin,
dass es kann zefridde sin.

Mon bébé,
Fais une soupe pour l'enfant,
Ajoutes-y un œuf,
Afin qu'il soit satisfait.

17 mars

SAINTE GERTRUDE

Elle est la première abbesse de Nivelles en Brabant, couvent fondé par son père. Décédée en 659, elle est représentée en abbesse, un lys à la main et entourée de souris. Elle est la patronne des voyageurs et des jardiniers : elle protège les fruits de la terre dont les pires ennemis sont les souris.

Elle est la patronne de tout ce qui

symbolise le printemps ; ainsi la cigogne, le pic noir et le coucou sont désignés comme oiseaux de sainte Gertrude.

Il existe en Alsace une boisson spécifique pour ce jour, comme signe de réconciliation, de départ et de retour. Avant 1945, Gertrude était un prénom féminin très populaire.

Dictons météorologiques

Ces dictons sont tous en lien avec le début du printemps.

D'Gertrud, mit d'r Müs,
Hohlt de Winter herüs

Gertrude avec la souris
Fait partir l'hiver.

Friert's an Gertrud
D'r Winter noch 40 Tag nit rüeht

S'il gèle à Sainte-Gertrude
L'hiver encore 40 jours dure.

Isch Gertrude sonnig,
Werd's dem Gärtner wonnig.

Si Gertrude est ensoleillée,
C'est délicieux pour le jardinier.

D'r Gertrud fiehrt d'Storche herbei,
Jetz legt d'Wildent s'erschte Ei.

Gertrude amène les cigognes,
Le canard sauvage pond son premier œuf.

Gertrüd, saij s'Krüt.

Gertrude, sème du chou.

18 mars

JOHANN FISCHART (1546-1590/1591), LE RABELAIS ALSACIEN

Entre le 19 mars 1590 et le 28 février 1591 disparaît Johann Fischart, l'un des plus grands écrivains alsaciens. Après un long périple aux Pays-Bas, à Paris, en Angleterre et en Italie, il passe en 1574 un doctorat en droit à l'université de Bâle. Grâce à ses liens avec Bernard Jobin, son beau-frère imprimeur, et le peintre-graveur Tobias Stimmer, il réalise une œuvre à la fois polémique et satirique-moralisatrice. Dans ses pamphlets, il s'en prend à la papauté, aux Capucins et aux Jésuites. Il apparaît comme un patriote, soucieux de la prospérité de sa ville, et comme un journaliste à l'affût de toute nouveauté. Ainsi, il célèbre l'exploit des Zurichois arrivant en moins d'un jour à Strasbourg. Ses écrits satiriques ont fait de lui le « Rabelais alsacien ». Il utilise une langue drue et rude et un vocabulaire parfois grossier et sait exploiter avec succès une imagination débordante et une remarquable virtuosité verbale.

LA FONTAINE DU VIN

Dans une cave de Wangen, il existe une source qui coule, chaque fois que le vin doit être bon et abondant l'année suivante. Elle s'appelle pour cela la fontaine du vin.

Il existe aussi des fontaines de famine, ne coulant que dans les années qui doivent être mauvaises.

Une légende analogue existe à Brunstatt : si la vendange s'annonce bonne, un violoneux n'arrête pas de jouer gaiement, tandis qu'on entend à l'intérieur de la colline des bruits de verres entrechoqués et de danses. Dans le cas contraire, les cordes ne rendent que des sons plaintifs, alors que le coteau offre un spectacle triste et désolé.

19 mars

LA SAINT-JOSEPH

La Saint-Joseph tient une place importante dans les mentalités populaires, surtout en milieu catholique. Mais le culte, assez tardif en Alsace, ne démarre que sous l'impulsion de la Contre-Réforme dans la seconde moitié du XVIIe siècle. Sa diffusion est assurée par les Franciscains, les Capucins, les Jésuites et les Bénédictins. Depuis le XVIIIe siècle, Joseph est l'un des prénoms caractéristiques dans les familles catholiques et nombreux sont les autels qui sont placés sous son invocation.

Dictons du jour

D'r Josefstag Stellt's Liecht in de Hag.

La Saint-Joseph met la chandelle dans les bois. (Haute-Alsace)

Isch d'r Josefstag klor, Gitt's e guets Honijohr.

Ciel clair à la Saint-Joseph, Promet une année de miel.

Isch am Josefs Dag schön Watter
Wird's ganze Johr um so natter

S'il fait beau à la Saint-Joseph, l'année sera d'autant plus belle !

UN NO REDDE M'R NIM DEVUN (1949)

Le 19 mars 1949 a lieu la première représentation de la pièce *Un no redde m'r nim devun*, la seule pièce de théâtre écrite par Germain Muller, en deux actes et onze tableaux, une tragi-comédie, qui lui assurera une notoriété durable. Durant trois mois, la pièce connaît un succès ininterrompu. Elle est jouée par la suite plus de 200 fois, enregistrée sur disques et filmée par FR3 en 1961 et 1970. Elle fait revivre, à travers les Noëls des années de guerre, les tribulations et les divers choix d'une famille alsacienne entre 1939 et 1945, en vue de rendre aux Alsaciens leur dignité à travers un message de paix et de réconciliation. Tous ceux qui ont vécu en Alsace entre 1940 et 1944 se retrouvent dans cette pièce et peuvent applaudir des acteurs qui expriment les déchirements intériorisés depuis 1945. La pièce a contribué à la notoriété de ses acteurs. Elle est considérée comme la meilleure œuvre de la seconde moitié du XXe siècle sur le plan de la culture régionale.

20 mars

SAINT RÉMY

Rémy est évêque de Strasbourg dans le dernier quart du VIIIe siècle. La chronologie de son épiscopat ne peut être définie que de façon approximative. Il serait mort le 20 mars 783 et est enterré dans la crypte de l'abbatiale d'Eschau.

Sa biographie fut enjolivée par la légende. Il serait apparenté aux Etichonides (famille de sainte Odile) et aurait été abbé de Munster. Il aurait été également très apprécié de Charlemagne qui l'autorise à l'accompagner à Rome.

Il fonde à Eschau le premier monastère féminin, dont l'église est dédiée à la Vierge et à saint Trophime, ce qui semble indiquer une origine provençale. Il y transfère les reliques de sainte Sophie ramenées de Rome et celles de ses trois filles, Foi, Espérance et Charité. La basilique actuelle, reconstruite vers la fin du xe siècle, est de style ottonien, exceptionnel en Alsace.

Comme évêque, il pratique une intelligente politique d'intégration au sein de son diocèse : la christianisation par l'Évangile s'avère un puissant facteur d'assimilation sociale et d'intégration des Francs et des Alamans.

LA VACHE NOIRE

Selon une légende, une vache noire portant à son cou une clochette d'argent se trouve à proximité du petit pont qui enjambe le ruisseau du Mühlbach sur la route reliant Obermodern à Kirrwiller.

Elle broute encore tard dans la soirée. Les bergers, quand ils la voient, évitent de se trouver sur son chemin, bien qu'elle soit inoffensive. Si des piétons s'égarent en raison du son de la cloche, elle va vers eux et veut leur lécher les mains.

S'ils la laissent faire, elle reste familièrement avec eux et les ramène sur le bon chemin. Mais si quelqu'un veut la battre, lui jeter des pierres ou lui faire du mal, elle entre en furie, le prend sur ses cornes et le lance dans le ruisseau.

21 mars

DISPARITION DE CHRÉTIEN FRÉDÉRIC PFEFFEL (1726-1807)

Le 21 mars 1807 a disparu Chrétien Frédéric Pfeffel, frère de Théophile. Disciple de Jean-Daniel Schœpflin, il fait une brillante carrière diplomatique au service de la France à Versailles, chargé de la correspondance avec l'empereur et les princes allemands. Il travaille à plusieurs occasions au service du duc de Deux-Ponts. Il est à diverses reprises stettmeister de Colmar entre 1768 et 1791. Il émigre de 1792 à 1801. En 1801, il devient l'un des collaborateurs de Talleyrand au ministère des Affaires étrangères, chargé en particulier des traités et règlements relatifs à la navigation sur le Rhin avec les divers États allemands concernés. Comme historien, il rédige plusieurs ouvrages, le plus connu étant l'*Abrégé chronologique de l'histoire et du droit public d'Allemagne* (1754) qui « débrouille le chaos d'une législation extrêmement compliquée ».

Berceuse

Schlof, Kindel, schlof,
Im Garde gehn zwei Schof,
E schwarzes un e wisses.
Wenn min Kind nit schlofe will,
Kummt diss schwarz un bisst es.

Dors, mon enfant, dors,
deux moutons trottent dans le jardin,
un noir et un blanc.
Si l'enfant ne veut pas dormir
Le noir vient le mordre.

SAINT BENOÎT

Saint Benoît est le fondateur de l'ordre bénédictin, mort en 547. Malgré le rayonnement de son ordre en Alsace, il n'est le patron que d'une seule paroisse, Bergholtzzell. Il a inspiré un dicton

Wet Gerschte, Erbse, Ziebel dick,
Saij sie an Sankt-Benedickt.

Veux-tu beaucoup d'orge,
de petits pois et d'oignons,
Sème les à la Saint Benoît.

22 mars

Salade de mâche aux noix.

Ingrédients : 250 g de mâche, 1 gousse d'ail, 1 petite échalote, sel, poivre, vinaigrette, des cerneaux de noix.

Nettoyer la mâche, couper les petites racines ; la laver abondamment. Dans un saladier, mettre l'échalote et l'ail hachés finement ; ajouter la mâche et arroser d'une bonne vinaigrette ; bien remuer le tout. Y ajouter quelques cerneaux de noix.

LA CHAPELLE SAINT-MICHEL ET L'ÉCOLE DES SORCIÈRES

À quelques dizaines de mètres de la chapelle de pèlerinage Saint-Michel, située au-dessus de l'ancienne abbaye de Saint-Jean, se trouve un plateau rocheux, dirigé contre le Bastberg, d'où l'on a une superbe vue sur la plaine d'Alsace. Sur ce plateau se trouve un creux circulaire de 14 pieds de diamètre et d'un à deux pieds de profondeur.

La croyance populaire en fait un lieu de réunion des sorcières et appelle le cercle l'école ou le trou des sorcières. Celles-ci s'asseyent en cercle dans ce creux ; les sorcières punies sont enfermées dans la caverne. C'est d'ici qu'elles prennent leur vol pour aller sur le Bastberg. Apparemment, le site a une origine druidique.

Cervelas grillés

Il faut compter un à deux cervelas par personne. Les peler et les couper d'abord en deux dans le sens de la longueur, puis entailler les deux parties cinq ou six fois sur l'arrondi. Les faire légèrement brunir des deux côtés dans du beurre, dans lequel on peut faire revenir en même temps un peu d'oignon finement haché. Servir chaud.

Ils peuvent être accompagnés d'une salade de pommes de terre ou encore d'une salade de raves rouges. Mais il est également possible de les servir avec toutes sortes de légumes.

23 mars

L'IMPÉRATRICE MARIE-LOUISE À STRASBOURG (1810)

Joséphine ne pouvant lui donner d'héritier, Napoléon Ier décide de la répudier. Après la guerre de 1809, il obtient de l'empereur d'Autriche François II le droit d'épouser sa fille Marie-Louise. Celle-ci, pour se rendre à Paris, entre en France par le Rhin et Strasbourg, où elle arrive le 22 mars 1810.

Son séjour à Strasbourg est l'occasion de grandes fêtes. Elle

Le Cortège des Arts et Métiers de la ville de Strasbourg défile pour la terrasse du Palais impérial, sous les yeux de Sa Majesté l'Impératrice Marie Louise, le 23 mars 1810.

est reçue au milieu des fleurs et des arcs de triomphe. Le lendemain 23 a lieu un imposant défilé des 34 corporations des arts et métiers et des agriculteurs du Kochersberg. Le tout s'achève par des repas somptueux et de brillantes illuminations.

LA BATAILLE LÉGENDAIRE DE STRASBOURG

Selon une tradition orale confiée par diverses personnes de Strasbourg, de Bouxwiller et de Landau à Auguste Stœber, une bataille terrible et sanglante sera livrée un jour près de Strasbourg. Selon cette prophétie, cette bataille décidera pour longtemps du sort de l'Europe.

Selon une autre version, le roi de France serait un jour vaincu près de Strasbourg dans une bataille très sanglante. On prête aussi la parole suivante, mais inexacte sur le plan historique, à l'empereur Charles-Quint. Il apprend en même temps le siège de Vienne par les Turcs (en 1529) et celui de Strasbourg par le roi de France (en réalité, Henri II est venu en 1552 et fait demi-tour à Brumath). Selon la légende, il aurait dit qu'il abandonnait Vienne à son destin (il était absent de l'Empire) et qu'il se hâtait de secourir Strasbourg (en fait, il entreprend le siège de Metz, mais il échoue).

La Saint-Victorien

An Sankt-Victorien Rage,
Für's Hai e grosser Sage.

S'il pleut à la Saint-Victorien,
On aura une belle récolte de foin.

24 mars

LES JÉSUITES EN ALSACE (1580)

Face aux succès des partisans de la Réforme protestante, l'évêque de Strasbourg, à l'image de nombre de ses collègues dans toute l'Europe demeurée fidèle à Rome, fait appel aux jésuites, devenus, grâce à leurs collèges, le fer de lance de la Contre-Réforme. Arrivés à Molsheim au nombre de cinq le 15 mars 1580, ils ouvrent dix jours plus tard un collège dans les anciens locaux de l'hôpital.

Celui-ci connaît un succès rapide. Après sept mois, les Pères comptent déjà 84 élèves répartis en cinq classes : trois années de grammaire, suivies d'une année d'humanités et d'une autre de rhétorique. Un an après, le collège comprend 160 élèves. Grâce à ce collège, Molsheim bénéficie d'un important essor : nombreuses constructions et apparition d'une vitalité intellectuelle qui fait de la ville pour près d'un siècle la capitale intellectuelle et spirituelle du catholicisme alsacien face à Strasbourg.

LE ROHRACHER

Le Rohracher est un terrain stérile et humide au milieu des prés, dans les environs de Westhoffen. On prétend qu'autrefois s'élevait à cet endroit un couvent où les moines menaient une vie indigne. Comme ils avaient, un vendredi, fait acheter de la viande par un frère (ou une servante), le couvent fut englouti dans une crevasse. On n'entendit plus que la voix du coq monter des profondeurs de la terre. Le thème d'un couvent, château ou village englouti à titre de châtiment par le ciel pour punir l'inconduite, l'orgueil ou les blasphèmes, est assez répandu en Alsace.

25 mars

L'Annonce faite à Marie

La fête de l'Annonciation, qui célèbre le jour où Marie apprend de l'archange Gabriel qu'elle mettra au monde le Fils de Dieu, est l'une des plus importantes fêtes chrétiennes, célébrée avec ferveur. En Alsace, ce sont les hirondelles, placées sous la protection de la Vierge Marie, qui à la même occasion annoncent l'arrivée du printemps :

An Maria
Verkündigung kommen
die Schwalben
wiederum.

Les hirondelles reviennent
lors se l'Annonce faite à
Marie.

Maria Verkündigung
hell und klar,
deutet auf ein fruchtbares
Jahr.

Un temps beau et clair
le jour de Marie
Annonce une année féconde.

LA FILLE DES GÉANTS DU NIDECK

Le château du Nideck, situé dans la vallée de la Bruche, est entré dans la mémoire légendaire comme siège d'une famille de géants.

Un jour la fille du chevalier, haute comme un chêne, quitte la forêt pour découvrir la plaine. Elle aperçoit à ses pieds, en chemin, un être minuscule, en fait un paysan qui pousse devant lui deux chevaux attelés à sa charrue. La géante s'étonne puis étale son tablier et, balayant le sol de sa main, y ramasse l'attelage frémissant avec le conducteur. Revenue tout excitée au château, elle verse sur la table immense le contenu de son tablier pour le montrer à son père.
Celui-ci fronce le sourcil, lève un doigt et dit : « Ma fille, le paysan n'est pas un jouet ! Reporte-moi bien vite ce pauvre petit homme avec sa charrue et ses chevaux, au lieu où tu l'as vu travailler. Sache bien que nous les géants nous serions bien mal en point dans nos châteaux, si leur travail ne nous procurait l'argent et le pain. »

26 mars

NAISSANCE DE MÉLANIE DE POURTALÈS (1836-1914)

Le 26 mars 1836 naît à Strasbourg Mélanie Renouard de Bussierre, devenue comtesse de Pourtalès. Renommée pour sa beauté, elle devient dame d'honneur de l'impératrice Eugénie et joue un rôle actif à la Cour. Après 1871, elle fait du château de La Robertsau un centre de culture française dans l'Alsace allemande, où se côtoient les grands noms, les grandes fortunes et plusieurs grandes figures de la vie littéraire, dont Maurice Barrès, Albert de Mun, Réjane, Anna de Noailles, Paul Doumer et André Tardieu.

LA NONNE DE SAINTE-CLAIRE

Dans le couvent de Sainte-Claire, disparu au début du XVIe siècle, à l'emplacement actuel du Mess des officiers place Broglie à Strasbourg, vivait il y a plusieurs siècles, une jeune et belle nonne qui ne pouvait oublier un ami de jeunesse qu'elle aimait. Parfois, elle trouvait l'occasion de voir le jeune homme qui la désirait aussi avec ardeur, et même de lui parler. Finalement, ils organisèrent l'évasion de la nonne. Le jeune bourgeois calcula exactement l'heure de la nuit où il prendrait la garde près du mur du couvent dans la petite rue Sainte-Claire, aujourd'hui disparue. La nonne devait à cette heure-là apparaître sur le mur et se laisser glisser le long d'une corde.

L'heure convenue arriva : la jeune nonne apparut sur le mur et son regard joyeux vit le jeune homme montant la garde au-dessous d'elle ; elle le prit naturellement pour son amant. Mais, par un hasard malheureux, celui-ci n'avait pas été placé à l'heure dite à l'endroit indiqué.

Elle attendit le signal convenu, puis elle chercha à attirer l'attention de son amant supposé. Le bourgeois aperçut alors l'étrange apparition sur le mur du couvent et fut pris de peur. Il se risqua à l'interpeller, la priant de disparaître. Mais la nonne, estimant que l'interpellation s'adressait à une autre personne, n'en tint pas compte.

La sentinelle répéta encore deux fois, en vain, son interpellation, puis il prit son fusil et tira. Elle tomba sanglante et morte à ses pieds.

Selon la légende, elle revient régulièrement la nuit dans cette petite rue, tournant autour de son ancien couvent et attendant son amant. Voilée de blanc, elle vous offre une prise de sa tabatière. Mais celui qui accepte tombe sur le dos et reste étendu à terre sans connaissance. On raconte que cette aventure se serait produite à plusieurs reprises.

27 mars

TREMBLEMENT DE TERRE À STRASBOURG (1808)

Le 27 mars 1808 a lieu à Strasbourg à 5 h 15 une « violente secousse (qui a fait) des dégâts aux cheminées ». Elle est précédée de deux heures par un premier tremblement beaucoup moins sensible. Selon le Moniteur Universel, « la commotion a fait chanceler de très gros meubles… et en a renversé d'autres moins bien établis sur leur base ». Elle est accompagnée d'un fort roulement, comparable à un coup de tonnerre.

LA LÉGENDE DE L'HORLOGE

La première horloge astronomique de la cathédrale (la seconde est faite par Dasypodius de 1571 à 1574 et la troisième, par Schwilgué de 1838 à 1842), dite des trois rois, a été construite entre 1352 et 1354 par un maître inconnu. Selon une légende non fondée, il se serait nommé Jehan Boernave. Il aurait demandé que son nom soit gravé sur une table d'airain au milieu du grand frontail de la cathédrale.

Après y avoir travaillé pendant cinq ans, l'œuvre est achevée et le public découvre avec ravissement le fonctionnement de l'horloge. Un superbe banquet a ensuite lieu où de nombreux toasts sont portés. Mais, sous l'emprise du vin, notre héros tient des propos orgueilleux qui choquent une partie de l'auditoire, en se déclarant être le seul mathématicien sur terre capable d'exécuter un travail plus merveilleux que celui qu'il vient de réaliser. L'un de ses adversaires, jaloux, un astrologue de Mayence, le présente comme un « magicien, un sorcier, un damné », qui ira construire ailleurs une horloge supérieure à celle de Strasbourg.

Aussi, le lendemain, on lui creva les yeux et on brisa l'horloge. Une légende qui est demeurée vivante jusqu'au début du XXe siècle au moins.

Dicton à la Saint-Robert

**Halt Ruprecht den Himmel rein,
So wird's auch im Juli sein.**

*Si Robert tient le ciel clair,
Il en sera de même en juillet.*

28 mars

SAINTE GONDELINDE

Nièce de sainte Odile et sœur des saintes Attale et Eugénie, sainte Gondelinde est connue surtout par un diplôme de l'empereur Henri II de 1017. Elle aurait été la première abbesse du monastère de Niedermünster, dont elle devient, en même temps que Notre-Dame, la patronne. Elle aurait fait preuve d'une grande charité auprès des pauvres et des miséreux.

Elle entre dans une ancienne litanie de l'évêché de Strasbourg. Ses reliques restent exposées jusqu'en 1540 sur le maître-autel de l'église conventuelle de Niedermunster et elle figure dans un vitrail de la cathédrale de Strasbourg.

NAISSANCE DE MATHIEU MIEG (1756-1840) ET D'EUGÈNE PETITI (1809-1883)

Le 28 mars 1756 naît à Mulhouse Mathieu Mieg, l'un des membres les plus actifs de la dynastie des Mieg. Négociant, il commercialise les produits des tisseurs de laine, avant de créer un tissage de draps à bas. Très actif dans la vie municipale, il est l'un des opposants les plus énergiques à la réunion à la France. Après 1798, il se retire de la vie publique pour consacrer ses loisirs à la peinture et à l'histoire. Il est l'auteur d'une histoire de Mulhouse, *Der Stadt Mulhausen Geschichte*, 1816-1817.

Le 28 mars 1809 naît à Strasbourg Eugène Petiti. Il est l'un des grands architectes-entrepreneurs de Strasbourg sous le Second Empire. Parmi ses réalisations, on peut citer la Manufacture des Tabacs, le nouveau collège Saint-Étienne, la clinique Sainte-Barbe et l'église néo-gothique Saints-Pierre-et-Paul à Obernai. Il anime de nombreuses associations catholiques. Conseiller municipal de Strasbourg de 1848 à 1873, il est l'un des dirigeants du « parti catholique » en Alsace à partir de 1848.

Recette des pommes sautées à l'alsacienne

Ingrédients : 1kg de pommes (de préférence des reinettes), 100g de beurre, 125g de sucre semoule, 1 bonne cuillerée de canelle en poudre.

Peler les pommes, les épépiner, les détailler en fines rondelles et les laisser sauter à feu doux dans le beurre. Lorsqu'elles sont cuites, les saupoudrer de canelle et de sucre, qu'on laissera légèrement caraméliser. Verser le tout dans un plat de service en accompagnement de crêpes, de riz au lait, d'un pouding à la semoule ou de tranches à la canelle.

Comptine ironique

Hesch Durscht ?
Schlupf en de Wurscht.
Hesch Hunger ?
Schlupf en de Bummer.
Hesch kalt ?
Schlupf en de Wald.

Tu as soif ?
Glisse dans la saucisse.
Tu as faim ?
Glisse dans le trou.
Tu as froid ?
Rends-toi dans la forêt.

29 mars

JEAN LAURENT BLESSIG (1747-1816), UNE FIGURE DU PROTESTANTISME ALSACIEN

Le 29 mars 1747 naît à Strasbourg Jean Laurent Blessig, l'une des grandes figures du protestantisme strasbourgeois durant plus de quatre décennies. Issu d'un milieu modeste, il peut, grâce à des bourses, faire des études supérieures et un périple de deux ans à travers l'espace germanique. Il devient très vite la personnalité centrale du protestantisme strasbourgeois : pasteur au Temple-Neuf, inspecteur ecclésiastique, membre du Directoire de l'Église de la Confession d'Augsbourg, professeur à l'université, puis en 1803 à l'Académie protestante, prédicateur hors pair, surtout lors des grandes célébrations politiques ou historiques. Fervent partisan de la Révolution à ses débuts, il est enfermé sous la Terreur pendant onze mois. Il joue un rôle majeur dans l'élaboration des Articles organiques, puis dans la mise sur pied des nouvelles structures et le recrutement des pasteurs. Son rationalisme (qui explique son adhésion à la franc-maçonnerie et en partie la pauvreté spirituelle du recueil de cantiques de 1808) va de pair avec un attachement sincère – consolidé sous la Terreur – à la Révélation. Il crée ou anime de nombreux organismes, en particulier sur le plan caritatif. Il préside de 1787 à 1816 la Société des Pauvres Honteux. Il est très lié avec les grandes familles protestantes du monde économique strasbourgeois qui partagent ses préoccupations philanthropiques et culturelles, les de Turckheim, les de Dietrich, les Saltzmann et les Franck.

Dicton sur les cinq doigts

Das isch e Wäjele,
Do kummt e Häsele,
Da hät's g'schosse,
Da hät's heimgetrajt,
Da hät's gebrote,
Da hät's gesse,
Un der klein Stumpe
Hät müesse s'Tällerle wäsche !

Ceci est une petite charrette,
Là vient un petit lièvre,
Celui-ci l'a tiré,
Celui-ci l'a porté à la maison,
Celui-ci l'a fait rôtir,
Celui-ci l'a mangé,
Et le petit a dû laver la petite assiette.

30 mars

LA PROCESSION DU VENDREDI SAINT PAR LES JÉSUITES DE MOLSHEIM

Après 1648, les Jésuites de Molsheim mettent au point une procession à grand spectacle codifiée par un manuel et qui se maintient jusqu'en 1742. Elle mobilise environ 180 acteurs individuels et 42 groupes de soldats, porte-croix, musiciens et confréries.

La procession part du collège après une allocution de l'ami de la Croix. Viennent d'abord les enfants, parmi eux des anges et des angelots, des porte-croix et le petit Jésus, avec, dans une corbeille, les insignes de sa Passion. À leur suite viennent des groupes figurant la Cène, la prière de Jésus au Jardin des Oliviers, le garrottage de Jésus, la flagellation, le couronnement d'épines, le port de la Croix, la crucifixion, enfin la mise au tombeau. Les femmes ferment la marche, faisant cortège à la Mère des Douleurs. Le point culminant est le Saint Sépulcre, construit et orné par la Congrégation des bourgeois.

Ce spectacle haut en couleurs attire chaque année les foules et d'importantes personnalités, à tel point qu'on fait appel à plusieurs régiments pour maintenir l'ordre.

SAINT QUIRIN

Officier romain martyrisé en 132, les reliques de Saint Quirin se trouvent à Saint-Quirin en Moselle. En Alsace, il est le patron de deux paroisses et présent dans plusieurs autres dont Hægen. Le jour du saint a lieu une marche nocturne reliant Hægen et Saint-Quirin.

Falle an Quirinus d' Flocke,
Werd sich d'r Hopfe güet
bestocke.

S'il tombe des flocons
à la Saint-Quirin,
Bien poussera le houblon.

Recette des œufs durs à la sauce blanche

Une recette autrefois fréquente lors de la Semaine sainte est celle des œufs durs à la sauce blanche avec de la purée et des choux-fleurs. On compte deux œufs par personne. Les faire durcir, les couper en deux et enlever les coquilles.

Préparer une assez grande quantité de sauce béchamel ainsi qu'une purée de pommes de terre. Faire cuire les choux-fleurs dans de l'eau salée. Servir séparément et chaud. Dans l'assiette, la sauce doit recouvrir à la fois les œufs, la purée et les choux-fleurs.

31 mars

L'ÉTRANGLEMENT DE L'INDUSTRIE CHIMIQUE (1863)

Vers 1860, Mulhouse et Thann abritent un potentiel de production et de recherche dans l'industrie chimique qui a alors peu d'équivalents dans le monde pour la fabrication des colorants de synthèse.

Mais un arrêt de justice du 31 mars 1863 entraîne l'effondrement de cette prospérité en raison d'une particularité du droit français. La législation sur la propriété industrielle n'a pas prévu la complexité croissante de l'industrie chimique et l'éventualité de parvenir à des produits identiques par des procédés différents. Elle ne protège pas le procédé, mais seulement le produit.

En 1859, Jean Gerber-Keller et son fils Armand mettent au point à Dornach un rouge d'aniline qu'ils font protéger par un brevet. Or une entreprise lyonnaise a également mis au point un rouge d'aniline à partir d'un procédé moins efficace et deux fois plus cher. Celle-ci engage un procès qu'elle gagne en Cassation le 31 mars 1863. Paradoxalement, la loi française, destinée à protéger les inventeurs, se retourne contre eux et s'avère dans ce cas plus nuisible qu'utile. Il en résulte que de nombreux spécialistes français décident de s'expatrier – au point qu'on a pu comparer cette émigration à celle des huguenots après 1685 –, en général en Suisse, où il n'existe aucune réglementation sur les brevets. On peut dire que, jusqu'à la fondation, en 1886, de Sandoz par deux Suisses, la chimie bâloise est largement une création de la chimie mulhousienne. L'arrêt du 31 mars 1863 apparaît comme l'accident historique qui fait perdre à Mulhouse l'un des plus beaux fleurons des industries induites par le développement de sa branche textile.

NAISSANCE DE JACQUES REINBOLD SPIELMANN (1722-1783)

Né le 31 mars 1722 dans une famille d'apothicaires strasbourgeois, Jacques Reinbold Spielmann est l'un des grands universitaires scientifiques strasbourgeois du XVIIIe siècle. De 1759 à sa mort, il est professeur de chimie et de botanique à la Faculté de médecine et expert en minéralogie. Il s'intéresse en particulier à la chimie biologique et alimentaire, ainsi qu'aux eaux thermales d'Alsace.

Sa grande réputation européenne lui vaut de devenir membre d'une dizaine d'Académies en France, en Allemagne, en Italie, en Russie et en Suède.

1er avril

Dictons du mois

Le mois d'avril a une réputation d'instabilité météorologique, de caprice, mais dont les pluies sont très appréciées.

Aprille-Watter Narre Watter.
Im ganze April kann's wettere, wie's will.

Le temps d'avril est un temps de fou.
En avril, le temps se fait comme il veut.

Nasser April un kiehler Mai
füllt d'-Schir un gibt viel Hai.

Avril humide et mai frais
remplissent la grange
et donnent beaucoup de foin.

April kalt un nass
füllt Schir un Fass.

Avril froid et humide
Remplit la grange et le tonneau.

Mais l'instabilité du temps et les fortes variations de températures nécessitent une prudence dans l'habillement pour éviter d'éventuels refroidissements.

Im April - ich will's euch raten,
zieht nicht aus auch nur einen Faden.

En avril, ne te découvre pas d'un fil.

POISSONS D'AVRIL

Si le poisson d'avril est relativement récent, en revanche, le 1er avril, on aime toujours faire des plaisanteries sous deux formes : faire croire à son vis-à-vis la présence d'un animal bizarre dans l'air ou dans telle direction, et s'il tourne la tête de le qualifier d'*Aprillenarr* (fou d'avril). L'autre consiste à envoyer des enfants ou des benêts dans une pharmacie acheter un remède impossible comme une pommade de mouche, du lait de pigeon ou une tablette Ovidum (*O wie dumm*, ô qu'il est bête).

2 avril

LA VISION DE L'ÉVÊQUE OTHON IV

À la fin du XIe siècle, l'évêque Otton IV (1082-1100), rentré de la première Croisade, se rappelle la création, de concert avec ses frères, de l'église Sainte-Foy à Sélestat, bâtie sur le modèle du Saint-Sépulcre de Jérusalem et érigée en abbaye bénédictine.

Il voit alors son frère Conrad, décédé, apparaître devant lui, éclatant de lumière. Il lui annonce sa mort et la prochaine élévation de leur frère Frédéric à la royauté.

L'esprit de son frère le contemple d'un regard triste et plein d'amour. Pour convaincre son frère de sa réalité, il lui murmure des secrets connus d'eux seuls, dont leur rencontre au tombeau de Charlemagne à Aix-la-Chapelle. Otto meurt peu après.

Frédéric devient le gendre de l'empereur Henri IV et le beau-frère d'Henri V. Et en 1138, son fils, roi sous le nom de Conrad III, assure l'ascension de la dynastie des Hohenstaufen.

Comptine sur les militaires

Es räjt, es schneyt, es geht e kiehler Wind :
Die arme Soldädle marschiere mit der Flint !
D' Flint uff em Rugge, de Sawel in der Hand.
Adjeh, liewer Vadder, jetz wurr i Mussikant !

Il pleut, il neige, un vent froid souffle :
Les pauvres petits soldats marchent avec le fusil !
Le fusil sur le dos,
L'épée dans la main.
Adieu, cher père,
Maintenant je deviens musicien !

Dictons

Ist Palmsonntag hell und klar,
gibts ein gut und fruchtbar Johr.

S'il fait beau lors des Rameaux,
L'année sera bonne et féconde.

Am dritte April
Schreijt d'r Kuckuck, isch er wu n'r will.

Le 3 avril, le coucou chante,
Peu importe où il se trouve.

3 avril

LE DIMANCHE DES RAMEAUX

Les Rameaux marquent l'entrée dans la Semaine Sainte. Autrefois, ce jour était marqué dans les paroisses catholiques par une grande procession à travers la localité avec une mise en scène dramatique de la Passion. À la sortie de la messe, le prêtre bénissait des rameaux qui doivent rappeler l'entrée de Jésus à Jérusalem. Ces rameaux étaient conservés durant un an dans les pièces d'habitation, en particulier le *Herrgottseck* (coin de Dieu) dans la Stube, afin d'éloigner les maladies et les puissances démoniaques. Dans le Sundgau, on confectionne la veille un bouquet (*Palme*) fait de houx, de buis et de thuya et garni de rubans multicolores. Après la bénédiction, il est planté dans le jardin.

☞ Les travaux du mois d'avril ☜

Le jardinier sème les lentilles, les diverses variétés de choux, les premiers radis, les haricots précoces et les lentilles.

Le paysan plante les pommes de terre et sème le tabac. Dans le jardin d'agrément, on plante les bulbes de glaïeuls et on repique le romarin, la lavande et le thym. Si des altises menacent les semences qui germent, on y répand des cendres.

DISPARITION DU FRÈRE MEDARD (1899-1988)

Le 3 avril 1988 disparaît Frère Medard (Willer Georges). Membre de la Congrégation des Frères de Matzenheim, il dirige de 1925 à sa mort le FEC avec un dynamisme qui en fait un acteur incontournable de la vie culturelle en Alsace. Par des cycles de conférences et des groupes de travail, il fait du FEC un foyer d'idées et un lieu de rencontre privilégié en Alsace. Il aborde des sujets controversés et brûlants, traités par des spécialistes nationaux connus. C'est un personnage caractérisé par son optimisme, son entrain, son accueil chaleureux, son ouverture d'esprit et son langage direct et truculent (« paysan de Hipsheim »).

4 avril

GŒTHE À STRASBOURG (1770)

Le 4 avril 1770, Johann Wolfgang Gœthe (1749-1832) s'établit pour 16 mois à Strasbourg (jusqu'en août 1771) au 36 rue du Vieux-Marché-aux-Poissons en vue d'étudier le droit et de se perfectionner en français. Le jeune prodige se fait remarquer par une curiosité inlassable et intempestive. Il entretient des liens étroits avec de nombreux condisciples et est reçu par divers milieux sociaux. Influencé par Herder, il découvre à Strasbourg le patrimoine germanique à travers la cathédrale et les chants populaires qu'il collecte. Il voyage beaucoup à travers l'Alsace et s'intéresse au patrimoine : architecture, manuscrits médiévaux et sceaux. Le séjour alsacien tient une grande place dans son œuvre littéraire et poétique à travers son idylle avec Frédérique Brion de Sessenheim. Plusieurs de ses œuvres sont conçues et partiellement rédigées en Alsace. Mais sa thèse de droit est refusée par la faculté, le sujet étant jugé trop dangereux sur le plan religieux et politique. Une statue place de l'Université et un Mémorial à Sessenheim furent érigés en souvenir de sa présence en Alsace.

LA LÉGENDE DU COCHE FANTÔME

Un nommé Wendling, autrefois maire de Zœbersdorf, revient une nuit à pied du marché de Bouxwiller. Fatigué, il s'assied près d'une vigne peu éloignée des jardins de Rieger et d'un carrefour. Il voit alors venir un coche grand et lourd qui s'arrête devant lui. Il lui semble rempli de monde. Dès que le coche se remet en marche, Wendling sent que le véhicule s'élève du sol. À son appel, personne ne répond. Il reste comme cloué sur place et perd connaissance. Quand il revient à lui, les vêtements déchirés et couverts de boue, il se trouve à huit lieues de l'endroit où il a vu le coche, au milieu d'une forêt.

Isidore et Ambroise

D'r Isidor het roti Hohr,
Wie d'r Fuchs im Spotjohr !

Isidore a des cheveux roux comme le renard en automne.

Isch Ambrosius hell un rein,
Werd St. Florian wilder sein.

Si Ambroise est clair et beau, Florian (4 mai) sera plus sauvage.

5 avril

LA CONVENTION FRANCO-BADOISE (1840)

Le 5 avril 1840 est signée, entre le roi Louis-Philippe et le Grand Duc de Bade, une convention sur les travaux de correction du Rhin. Depuis 1814, le fleuve constitue la frontière entre la France et le grand-duché de Bade constitué en 1806. Depuis le XVIIIe siècle, des projets de correction du lit sont évoqués. Celui du colonel badois Tulla concerne le secteur franco-badois de Lauterbourg à Bâle.

Il s'agit d'enserrer les eaux du Rhin dans un lit mineur unique entre des rives fixes, afin de court-circuiter les méandres du fleuve, de fermer les bras et de relier les îles les unes aux autres, suivant un tracé régulier. Les nouvelles berges ne sont plus submergées que par les crues importantes. Les inondations sont limitées par un système continu de « digues de hautes eaux ». Le but est de protéger les villages riverains contre les inondations, d'assainir les marais et d'assurer un meilleur écoulement des crues.

Les travaux sont réalisés entre 1842 et 1876. Mais en raccourcissant la longueur du cours d'eau de 14 %, ils augmentent la pente du fleuve et la vitesse d'écoulement des eaux, ce qui rend la navigation totalement impossible en amont de Mannheim après 1860.

L'ALTERNATIVE (1687)

Une lettre de cachet du 5 avril 1687 introduit dans les villes d'Alsace à majorité protestante la règle de l'alternative qui a longtemps heurté la sensibilité protestante. Il s'agit de confier la moitié des fonctions et des emplois municipaux à des catholiques, pour inciter certains notables ou candidats à abjurer, par souci de carrière, leur foi protestante. Dans la pratique, à chaque vacance, le poste est attribué à une personne de l'autre confession, un système équitable qui se maintient jusqu'en 1789.

6 avril

JEUDI SAINT

Le Jeudi Saint, *Gründonnerstag* (jeudi vert), marque le souvenir des derniers instants du Christ sur terre. Le nom allemand est à mettre en rapport avec le repas de midi qui consistait, pendant très longtemps, en un plat d'épinards, qui est dans certaines régions censé éviter les maux d'estomac pour l'année à venir. Ailleurs, on consomme un plat fait à partir de sept (Alsace bossue) ou de neuf herbes, usage déjà répandu au XVIe siècle. Les femmes utilisent en général des épinards, du persil, de la ciboulette, du cerfeuil, des bettes, du pissenlit, du chou frisé, de l'oseille et du poireau. On prête des vertus médicinales très actives à ce plat, destiné à nettoyer l'organisme des impuretés accumulées au cours de l'hiver.

Lors de l'office du soir, certains prêtres lavent les pieds de douze personnes en mémoire du geste instauré par Jésus auprès de ses douze apôtres.

NAISSANCE D'ANDRÉ RAESS (1794-1887)

Le 6 avril 1794 naît à Sigolsheim André Raess, devenu évêque de Strasbourg en 1842. Premier évêque alsacien depuis près de cinq siècles, il encourage les vocations missionnaires, l'éclosion de la presse catholique, stimule le culte de la Vierge et de l'Immaculée Conception et les pèlerinages et acquiert le sanctuaire du Mont Sainte-Odile pour l'évêché. Mais il connaît une fin de carrière difficile après avoir reconnu l'annexion à la Diète d'Empire, à Berlin, en 1874.

7 avril

LE RPF NAÎT À STRASBOURG (1947)

Au lendemain de la guerre, le général de Gaulle bénéficie d'une grande popularité en Alsace, ce qui explique en partie son choix de Strasbourg pour lancer son parti politique. Le lundi de Pâques 1947, après un déjeuner dans les salons de l'hôtel de ville, le général, qui a quitté le pouvoir le 20 janvier 1946, paraît au balcon du rez-de-chaussée, accompagné du maire et de deux officiers de sa suite. Une formidable ovation d'une foule estimée à 50 000 personnes, rassemblées sur la place Broglie, l'accueille. Il annonce la naissance d'un nouveau parti, le Rassemblement du peuple français pour sauver et servir la République. Le discours est interrompu par de nombreuses acclamations et sa « péroraison est suivie d'une ovation triomphante couronnée par une Marseillaise ». Dans la foule jeune et « bien vêtue », on compte beaucoup de femmes et d'enfants.

À l'issue de la réunion, les principaux dirigeants se retrouvent dans la grande salle de la Mauresse. C'est là que Charles de Gaulle, entouré de parlementaires, proclame officiellement la création du RPF.

DISPARITION DE JEAN PRÊCHEUR (1897-1977)

Le 7 avril 1977 disparaît un des grands acteurs de la vie économique strasbourgeoise. Jean Prêcheur est le directeur général de la Société Rhin et Rhône, président et administrateur de plusieurs sociétés régionales. Il joue un rôle éminent au sein de différents organismes d'intérêt public dont le CESA, le Port Autonome et la Chambre de Commerce qu'il préside de 1968 à 1977. Il œuvre beaucoup pour le développement des infrastructures industrielles et des voies de communications terrestres, fluviales et aériennes.

8 avril

LE VENDREDI SAINT

En Alsace-Moselle, le Vendredi Saint est jour férié depuis 1887. Il est compris différemment dans les deux confessions dominantes. Chez les catholiques, ce n'est pas une fête, mais le jour par excellence du carême. Chez les protestants, c'est le jour où ceux qui ne pratiquent pas le reste de l'année se rendent à l'église pour la communion, au point qu'on a pu parler de chrétiens du Vendredi Saint. C'est le jour de fête par excellence, où l'on fait maigre en ne consommant à midi que des pâtes, autrefois faites maison.

Ce jour est entouré de diverses croyances. Les plantations et les semailles réussissent. Les œufs pondus dans la journée favorisent l'apparition des dents des bébés par frottement sur les gencives.

Autrefois, on récoltait du bois de houx ou parfois d'épine noire pour servir d'amulette contre les échardes.

Dans les milieux catholiques, le vendredi et le samedi, les cloches sont censées être à Rome en signe de deuil. Leur sonnerie est remplacée par des enfants qui passent plusieurs fois par jour pour annoncer l'heure avec des chants, des clochettes et des bruits de crécelles. Cet usage subsiste encore dans diverses localités en 2000. Pour prix de leur office, ils récoltent des victuailles qui sont mangées au cours d'un grand festin.

LES ARTICLES ORGANIQUES (1802)

Le 8 avril 1802, ont été publiés par Napoléon les Articles organiques qui reconnaissent juridiquement les cultes protestants, organisent leurs structures (modifiées sur deux points en 1852) et prévoient le versement par l'État des salaires aux pasteurs, comme aux curés et – à partir de 1808 – aux rabbins. Ces Articles organiques sont toujours appliqués en Alsace-Moselle.

9 avril

LE SAMEDI SAINT

Jour sans sonnerie de cloches, il existait ce jour dans bien des villages catholiques l'usage de « brûler Judas ». La veille la jeunesse rassemble des bûches et des branches provenant de toutes les maisons, ou bien des vieilleries dont les croix vermoulues du cimetière. Tous ces objets servent à édifier un bûcher installé sur une place du village ou devant l'église. Le bûcher est allumé à l'aube, ensuite on se rend à l'église pour la célébration de la messe pascale.

Recette des nouilles faites maison

C'est surtout pour le Vendredi Saint que les mères de famille fabriquent des nouilles maison.

Ingrédients : 2 œufs, 300 g de farine, un peu de beurre, 3 litres d'eau, 1 cuillerée et demie de sel.

Mélanger les œufs avec de l'eau dans un petit plat et avec la farine pour obtenir une pâte ferme. Remuer la pâte sur une planche, dite à nouilles, jusqu'à l'apparition de petits trous en coupant. Former de petits pâtés. Les poser sur un morceau de tissu. Avec le rouleau de pâtisserie, écraser la pâte en une couche fine (on doit distinguer à travers les fibres de la planche). Poser la pâte sur des tissus propres pour le séchage, en général pendant la nuit. Le matin, les rouler et les découper en bandes larges d'un demi-centimètre avant de les étaler sur la planche.

Les faire cuire pendant 5 mn dans de l'eau salée, puis les verser sur une passoire. Les mélanger avec de petites nouilles rôties dans le beurre.

Le reste des nouilles est rôti dans de la graisse chaude pour prendre une couleur brune.

Berceuse

Nina, Bubbele schlof ;
Uff de Matte weide d'Schof,
Im Garte steht e roti Kuëh,
Gretele mach di Giggele züe !

Nina bébé dors ;
Sur les prés broutent les moutons,
Dans le jardin il y a une vache rouge,
Gretele ferme tes yeux.

10 avril

LA FÊTE DE PÂQUES

C'est la fête chrétienne la plus importante avec celle de Noël. Elle a une double signification : la résurrection du Christ et le début du printemps et de la belle saison.

En Alsace subsiste toute une série de traditions : les œufs de Pâques peints de diverses couleurs que les enfants cherchent dans le jardin, le lapin de Pâques (de plus en plus en chocolat) qui est censé les pondre et qui est symbole de la fertilité, l'agneau pascal qui est un gâteau en forme d'agneau consommé ce jour et qui rappelle le Christ sacrifié pour la rémission des péchés des hommes.

Cette fête comprend deux grands moments. D'abord, la purification. On fait le grand ménage annuel dans la maison *(Osterputz)*, on nettoie les tombes au cimetière et on communie pour se débarasser de ses péchés. Ensuite, le retour de la vie. Selon la coutume, le soleil ferait à son lever trois sauts de joie. Le dimanche ou le lundi a lieu la promenade dans le ban communal pour examiner la croissance des céréales. Dans certaines régions, elle est appelée la promenade d'Emmaüs.

LA LÉGENDE DU SAUT MORTEL

Vers 1300, le seigneur Conrad von Bock est un homme vigoureux, souple et chevaleresque. Il sait aussi très bien sauter. Un jour, un jeune noble, Max d'Eckwersheim, s'offre à faire comme lui. C'est d'abord Conrad qui saute, légèrement, touchant à peine de la pointe du pied le corps de Max étendu sur le dos. Vient le tour de Max. Conrad prend sa place sur le sol. Max s'élance, mais incapable de lancer vivement son corps sur le côté, en donnant légèrement de la pointe du pied sur le chevalier étendu à terre, il tombe de tout son poids sur celui-ci qui reste mort sur la place. Max est accusé d'avoir, par jalousie et par haine fait volontairement ce saut mortel sur le chevalier Conrad, ce qu'il a toujours nié. Les descendants de Conrad von Bock ont joué un grand rôle dans la vie municipale de Strasbourg du XVe au XVIIIe siècle.

11 avril

LES FEMMES DE ROUFFACH

Rouffach, avant 1789, fait partie du Obermundat, un territoire situé dans l'évêché de Bâle, mais dont l'évêque de Strasbourg est le chef temporel. Or l'évêque s'est opposé à l'empereur Henri V dans la conflit de la Querelle des Investitures. Le bailli du château d'Isenburg adopte une attitude très dure envers les habitants de la ville.

Le jour de Pâques 1105, lors du séjour de l'empereur, le bailli fait saisir et amener au château la fille, très belle, d'un bourgeois, au moment où elle se rend à la messe avec sa mère. Cette dernière, désespérée, conjure les hommes de prendre les armes pour sauver l'honneur de sa fille. Mais ceux-ci n'osent pas affronter les forces impériales. La mère, affolée, s'adresse alors aux femmes, en les suppliant, au nom de leur amour pour leurs propres enfants, également exposés à la fureur du tyran.

Les femmes prennent les armes, envahissent le château et en font sauter les portes. Avant que les gardes, surpris, aient pu s'armer, ils sont massacrés par ces femmes héroïques. Face à cette détermination qui fait honte aux hommes, ceux-ci prennent courage et le soulèvement de la population devient général, ce qui contraint l'empereur à s'enfuir.

Les femmes portent triomphalement à l'église et déposent sur l'autel de la Vierge la couronne avec ses joyaux, le sceptre et le manteau que l'empereur a abandonnés dans sa précipitation.

Mais l'empereur revient après avoir rassemblé ses troupes et il se venge en détruisant totalement la ville.

Depuis, les femmes de Rouffach ont le pas sur les hommes dans toutes les solennités et cortèges officiels. Aujourd'hui encore, elles ont le privilège d'occuper à l'église les bancs à la droite de l'autel, qui sont traditionnellement réservés aux hommes.

12 avril

NAISSANCE DE FRANÇOIS LIBERMANN (1802-1852)

Le 12 avril 1802 naît à Strasbourg François Libermann. Fils de rabbin et formé à l'école rabbinique de Metz, il se convertit au catholicisme en 1826. Après des études de théologie, il est ordonné prêtre et obtient en 1841 la création de la Congrégation du Saint-Cœur de Marie pour la mission. Il fonde un noviciat à La Neuville-lès-Amiens et crée des stations à la Réunion, Haïti et en Afrique Noire (Guinée, Gabon et Sénégal). En 1848, la congrégation fusionne avec celle du Saint-Esprit et Libermann en est le supérieur jusqu'à sa mort, survenue pendant la célébration des vêpres. Dès 1867, est introduite la procédure de la proclamation de l'état de bienheureux. En 1910, un décret pontifical confirme l'héroïsme de ses vertus. La congrégation des Spiritains connaît un remarquable essor et constitue celle qui a attiré le plus d'Alsaciens. Elle a deux sièges en Alsace, à Saverne et à Blotzheim.

POURQUOI IL PLEUT GÉNÉRALEMENT À LA FOIRE DE BOUXWILLER

Il y a bien longtemps, une cuiller d'argent disparaît d'une maison bourgeoise de Bouxwiller. Les recherches sont vaines et la servante est soupçonnée. Le tribunal la condamne à la pendaison, malgré ses larmes et ses protestations.

Le gibet se dresse alors sur le Bastberg. Pour donner le plus de publicité possible à l'exécution, les autorités seigneuriales choisissent un jour de foire. La servante, tout en pleurs, se résigne à son sort. Au dernier moment, elle lève la main droite et proteste de son innocence en prenant le ciel à témoin. À peine a-t-elle été exécutée que de grosses gouttes de pluie se mettent à tomber en abondance d'un ciel jusque-là sans nuages.

Quelques années plus tard, on retrouva la cuiller cachée sous une tuile du toit, apparemment l'œuvre d'une pie.

Jusqu'à une époque récente, le ciel témoigne de l'innocence de la pauvre servante à chaque jour de foire par quelques gouttes ou des nuages sombres.

Comptine

Seppele, Seppele, kleiner Mann,
Meinsch ass de Seppele ritte kann?
Jo, jo, jo!
Kann er ritte uff de Sitte?
Ja, ja, ja!
Kann er ritte in de Mitte?
Jo, jo, jo!
do macht min Schimmele trab, trab, trab,
un wirft unser Seppele hinterschie nab!
un Bums, do lejt er!

Joseph, Joseph, bonhomme,
Tu crois que Joseph sait faire du cheval ? Oui, oui, oui !
Peut-il être assis de côté ? Oui, oui, oui !
Peut-il être assis au milieu ? Oui, oui, oui !
Alors mon cheval saute trois fois
et jette notre Joseph à terre par l'arrière,
et vlan, il est étendu là !

Dicton

An Julius auf die Matten ;
Sind sie auch arm an Schatten.

À la Saint-Jules vite dans les prés ; Même s'ils sont pauvres en ombre.

13 avril

LES COUTUMES DE PÂQUES

Une coutume spécifique en Alsace est celle du lapin de Pâques. L'origine de la croyance qui remonte au moins au XVIIe siècle n'est pas claire. C'est un animal ambivalent. Symbole de fécondité et de vigilance, il est aussi la cible favorite des chasseurs et très visible à l'époque de Pâques qui est la saison de ses amours. Associé à la lune, l'Église médiévale l'a considéré comme le symbole de la luxure. Il est aussi l'une des formes prises par les sorcières dans l'imaginaire alsacien.

Les œufs sont intégrés dès le XIIe siècle à la liturgie pascale. Symbole de vie, il est en relation avec le Christ. Sa coquille est le corps du Christ ressuscité, le blanc d'œuf en est l'âme et le jaune la divinité. Comme la consommation en est interdite en période de Carême, le stock d'œufs ramassés sert comme cadeau. De plus, ils sont le support d'un art populaire, celui de la décoration des œufs. Depuis un quart de siècle apparaît une nouvelle coutume venue d'Allemagne : celle des arbres décorés d'œufs. Selon la croyance populaire, le soleil bondit trois fois par-dessus l'horizon le matin du dimanche de Pâques pour s'associer à la joie des croyants. La rosée déposée sur les prés passe pour être excellente pour la santé et pour le teint des jeunes filles.

Dictons

Wenn d'r April blost in's Horn,Steht's guet um Hai un Korn.

Quand avril souffle dans sa trompe,
Foin et blé dans la grange tombent.

Kommt die Weihe geflogen,
so ist der Winter verzogen.

Quand arrivé le busard,
L'hiver est passé.

14 avril

NAISSANCE DE JOSEPH LEFFTZ (1888-1977)

Le 14 avril 1888 naît à Obernai Joseph Lefftz, l'un des premiers ethnologues régionaux. Conservateur à la Bibliothèque nationale et universitaire de Strasbourg de 1914 à 1955, il laisse une œuvre importante : édition d'œuvres littéraires d'Arnold, de Murner et des frères Grimm. Après 1920, il se consacre surtout au patrimoine ethnologique. En 1920, il fonde la revue mensuelle *Elsassland-Lothringer Heimat*, parue jusqu'en 1939. Il publie en particulier les coutumes de Noël, de Pentecôte et de la Saint-Jean et les chansons populaires d'Alsace, *Das Volkslied im Elsass*, en trois volumes (1966-1969).

Il fait aussi œuvre de vulgarisateur en livrant des articles à des almanachs, journaux et hebdomadaires.

La Saint-Tiburce et le coucou

Tiburtius kommt mit lautem Schall ;
Er bringt uns Kuckuck und Nachtigall.

Tiburce vient avec le chant du coucou et du rossignol.

Tiburtius, der Kinder Freud, weil
erstmals jetzt der Kuckuck schreit.

Tiburce, la joie des petits, car il leur fait entendre le coucou.

Comptine populaire

Es isch e Mol g'sin
E Steckel un e Spinn ;
Es isch e Mol gewäse,
E Steckel un e Bäse.

Il y avait une fois
Un petit bâton et une araignée ;
Il y avait une fois
Un petit bâton et un balai.

LA BIÈRE

L'Alsace produit 57 % de la bière française. La tradition remonte au haut Moyen Âge. La grande période de prospérité des brasseries se situe entre 1815 et 1939 avec plusieurs dizaines de brasseries, en particulier à Strasbourg. La très grande majorité des brasseurs étaient des protestants et les noms les plus connus sont Hatt, Haag, Schatzenberger, Gruber.

La politique de concentration a fait disparaître la plupart des grandes marques (Adelschoffen, Ancre, Mutzig, Pêcheur). Aujourd'hui ne subsistent que deux brasseries indépendantes : Schutzenberger à Schiltigheim et Meteor à Hochfelden. Fondée en 1640, cette dernière emploie 220 salariés, brasse 450 000 hectolitres de bière par an et réalise 220 millions de francs de chiffre d'affaires. On assiste actuellement à la renaissance de brasseries artisanales.

SAINTE HUNE

Sainte Hune, qui a donné son nom au village viticole de Hunawihr, serait issue de la famille royale de Bourgogne et apparentée à sainte Odile.

Selon la légende, elle habitait avec son mari un château situé entre Zellenberg et Ribeauvillé. Sa demeure était l'asile des pauvres et des malades. Elle leur distribuait des aumônes et lavait leurs vêtements à une fontaine au pied du château, ce qui lui valut le nom de sainte lavandière. Après sa mort, sa tombe dans l'église de Hunawihr jouit de la ferveur populaire. Sa légende s'est constituée progressivement du XIIe au XIIIe siècle.

L'existence au pied de la colline d'une fontaine, toujours visible avec un ancien lavoir, a pu encourager la naissance de la légende de la sainte lavandière. Vers 1520, le pape Léon X, à la requête du duc de Wurtemberg Ulrich, consent à l'exposition solennelle des reliques de la sainte. Si, en 1525, la tombe est profanée lors de la guerre des Paysans, la châsse contenant les reliques reste intacte. Après la Réforme, les ossements de la sainte sont dispersés. Après 1680, les jésuites rétablissent le culte sous la forme de messes solennelles et de processions. Il ne disparaît qu'au début du XXe siècle. L'église, mixte depuis 1686, conserve encore une relique. La fête de sainte Hune, le 15 avril, est admise au propre du diocèse de Strasbourg en 1865.

NAISSANCES DE DANIEL DOLLFUS-AUSSET (1797-1870) ET DE LUCIE BERGER (1836-1906)

Le 15 avril a vu naître deux importantes personnalités. Daniel Dollfus-Ausset, né à Mulhouse en 1797, fait partie de la grande dynastie de manufacturiers mulhousiens. Directeur d'une fabrique d'impression sur tissus, il réalise d'importantes innovations (blanchiment, fixation des mordants). Il ouvre aussi un atelier de gravures. Il est l'un des pionniers de la glaciologie en Suisse et l'un des fondateurs de la Société Industrielle de Mulhouse, où il s'intéresse surtout à l'orphelinat, à l'instruction et aux cours du soir pour les ouvriers.

Daniel Dollfus-Ausset

Le 15 avril 1836 naît Lucie Berger. Fille d'un imprimeur, elle est touchée par le courant piétiste et entre à la Maison des Diaconesses. En 1871, elle fonde le collège du Bon Pasteur et le dirige jusqu'en 1902. Elle en fait un centre pédagogique de qualité pour la formation des jeunes filles de la bourgeoisie protestante. Son nom est donné en 1919 à l'institution qui demeure jusqu'à aujourd'hui un établissement protestant de haut niveau avec près de 700 élèves allant des classes primaires aux classes terminales du baccalauréat.

16 avril

L'INAUGURATION DE LA HAUTE ÉCOLE (1538)

À Pâques 1538 est inaugurée la Haute École ou gymnase protestant. Au lendemain de l'introduction de la Réforme, Bucer et Jacques Sturm se préoccupent d'unifier l'enseignement secondaire à Strasbourg. Ayant décidé de fonder une école latine installée dans les locaux de l'ancien couvent des Dominicains, ils font appel à Jean Sturm (cf. 3 mars), qui met au point le programme d'études et qui en prend la direction. La finalité est *sapiens atque eloquens pietas*. Il s'agit de former les cadres protestants pour la ville. Le gymnase connaît un succès rapide et assure, grâce à de nombreuses bourses, un brassage social qui permet à de nombreux élèves d'origine modeste de poursuivre des études. Jusqu'en 1789, le nombre moyen des élèves est de 300 à 400. Financé par le chapitre Saint-Thomas, le gymnase forme jusqu'au XXe siècle la majeure partie des responsables économiques, politiques et culturels protestants de Strasbourg et de l'Alsace. Ayant résisté à toutes les vicissitudes historiques, le Gymnase Jean Sturm, qui a su conserver sa modernité pédagogique, est aujourd'hui le plus ancien établissement scolaire en Alsace.

Recette de la soupe au cerfeuil

Préparation et cuisson : 30 minutes.

Ingrédients : 2 dl d'eau bouillante, 50 g de beurre, 1 tasse pleine de croûtons de pain, 1 petit oignon haché fin, sel, 1 pincée de noix de muscade râpée, 1 tasse de crème, 1 grosse poignée de cerfeuil, 1 petite cuillerée à soupe de farine.

Dorer l'oignon haché avec la moitié du beurre, ajouter le cerfeuil haché. Quand les oignons et le cerfeuil sont bien dorés, ajouter une petite cuillerée de farine qu'on laisse blondir. Verser de l'eau chaude sur cette préparation en laissant bouillir et frémir pendant quelques minutes. Saler et ajouter la noix de muscade râpée.

Pendant ce temps, dorer avec l'autre moitié du beurre les croûtons de pain et les verser dans la soupe. Dans cette même poêle, verser la crème, en mouiller toutes les parois et incorporer à la soupe. Rectifier l'assaisonnement. Servir chaud.

Dicton

Is an Sankt-Fruchtueuxtag,
Für d'r Bür e grossi Plag.

Gelée à la Saint-Fructueux,
Rend le paysan malheureux.

17 avril

LE DIMANCHE BLANC

Le dimanche qui suit Pâques, *Quasimodo Geniti* dans la liturgie, porte le nom de dimanche blanc. Depuis le XVIIe siècle et jusque très récemment, c'est le dimanche de la première commnion, faite à 14 ans. Elle correspondait autrefois, pour la plupart des adolescents, à la sortie de l'école. Elle est précédée d'une retraite de deux à trois jours.

Le jour de fête est marqué par la couleur blanche. Les jeunes filles mettaient autrefois un vêtement blanc avec un voile, des souliers et des gants blancs. Le garçon porte son premier costume, bleu foncé, gris foncé ou noir avec un brassard blanc au bras gauche. Après 1945, est introduite l'aube blanche dans de nombreuses paroisses. Chaque communiant porte un long cierge.

Après la cérémonie, toute la famille se retrouve autour d'un copieux repas qui de maintenir les relations familiales au sens large (cousins, oncles...). Vers le soir, ont lieu les vêpres consacrées à la Vierge. La première communion solennelle constitue un rite de passage important et l'une des grandes cérémonies religieuses de l'année.

Biscuit à l'ancienne

Avant l'essor des pâtisseries récentes, l'un des desserts les plus appréciés lors des grandes fêtes est le biscuit alsacien à l'ancienne.

Ingrédients : 250 g de sucre, 100 g de fécule, 100 g de farine, 1 cuillerée à café de levure chimique, 2 œufs entiers, 2 jaunes d'œufs et 2 blancs d'œufs, 1 cuillerée à soupe de jus de citron.

Battre le sucre, les deux œufs entiers et les deux jaunes d'œufs en mousse (20 mn). Ajouter avec précaution farine, fécule et levure chimique, le jus de citron à ce mélange.

Battre les blancs d'œufs en neige ferme et les ajouter délicatement en soulevant la pâte.

Beurrer le moule et mettre sur le fond un papier sulfurisé découpé à la grandeur nécessaire. Y verser la pâte.

Cuire à four modéré (thermostat 5-6) environ 30 à 45 minutes.

18 avril

LE SOULÈVEMENT PAYSAN (1525)

Le lundi de Pâques 17 et le mardi 18 avril 1525 éclate, à travers l'ensemble de l'Alsace, le soulèvement appelé Guerre des Paysans, qui affecte cinq zones couvrant la majeure partie de l'Alsace. Seules deux régions demeurent peu touchées, la bande rhénane et les vallées vosgiennes.

Il s'agit de bandes paysannes auxquelles se rallient des villages et de petites cités. Au nord, c'est la bande de Cléebourg (5 000 hommes), puis la zone de Molsheim-Saverne, 8 000 hommes concentrés à Altorf et commandés par Erasmus Gerber, la bande de Neubourg (zone de Haguenau-Bitche), la zone de Barr-Colmar et enfin le Sundgau.

Cette simultanéité entre les différentes régions donne à penser que la révolte a été soigneusement préparée. Les paysans ont un programme commun bien élaboré, les XII Articles, rédigés par les révoltés de Souabe et légèrement remaniés. Ils contiennent des revendications économiques, politiques et religieuses.

Recette de la salade de pissenlits

Ingrédients : 500 g de pissenlits, 150 g de lard maigre fumé, sel, poivre, oignon, huile, vinaigre.

Préparation 30 mn.

Mette les pissenlits nettoyés, lavés plusieurs fois et égouttés dans un saladier. Faire rissoler le lard coupé en dés dans un peu d'huile et le verser sur les pissenlits. Mettre le vinaigre dans la poêle chaude, puis le verser dans un saladier. Bien mélanger le tout.

19 avril

LÉON IX, SEUL PAPE ALSACIEN (1002-1054)

Le 19 avril est la fête de saint Léon, seul pape alsacien. Il est membre de la famille des comtes d'Eguisheim-Dabo, la plus puissante à l'époque en Alsace. Il devient évêque de Toul en 1026, où il est un réformateur actif. En décembre 1048, il est désigné pape par l'empereur Henri III, mais il se fait confirmer le titre sous la forme d'une acclamation plus ou moins spontanée des clercs et des fidèles à Rome.

Il devient le premier des papes réformateurs, luttant contre la simonie et le mariage, rétablissant la discipline dans l'ordre de Cluny. Il voyage beaucoup et passe trois fois en Alsace où il consacre plusieurs églises. En novembre 1049, il consacre l'église de Saint-Pierre-le-Jeune et celle d'Andlau. Il prend l'abbaye des moniales de Wolffenheim, située à Sainte-Croix et fondée par ses parents sous la protection pontificale, ainsi que l'abbaye des moniales d'Ottmarsheim et celle d'Oelenberg. En 1050, il dédie l'église du Mont Sainte-Odile à la Vierge Marie et à saint Nicolas et confirme les possessions de l'abbaye. Il aurait aussi, mais selon une chronique du début du XVIe siècle, consacré la chapelle de l'ancien monastère situé près de Guéberschwihr et qui aurait pris à cette occasion le nom de Saint-Marc. Il dédie tous ses hymnes et tous ses chants à sainte Odile et à sainte Richarde.

Selon la légende, il aurait fait plusieurs miracles, dont la guérison d'un lépreux à Benevent en Italie du Sud. Une partie de son crâne se trouve dans la chapelle Saint-Léon à Eguisheim, inaugurée en 1894 et l'autre partie dans l'église de Bouxwiller près de Ferrette.

Si son culte local est assez ancien, il est longtemps demeuré ignoré en Alsace. Le diocèse de Bâle ne l'inscrit à son propre des saints qu'au milieu du XVIIe siècle, sous l'influence de Buchinger, abbé de Lucelle, et celui de Strasbourg qu'en 1822. À la fin du XIXe siècle, Monseigneur Pierre Paul Stumpf, évêque de Strasbourg et également originaire d'Eguisheim, fait beaucoup pour répandre sa mémoire et son culte.

Ses reliques se trouvent à Rome sous l'autel de saint Martial.

20 avril

UNE GELÉE CATASTROPHIQUE (1884)

Une bonne partie du vignoble alsacien a considérablement souffert d'une forte gelée, qui a éprouvé plus particulièrement le Haut-Rhin le 20 avril 1884. La vigne est belle, mais la végétation trop avancée. Il en est résulté une récolte de qualité, mais très faible en quantité. Selon le curé d'Eguisheim, Eugène Andlauer, « les vendanges ont été presque nulles, mais le vin était excellent ». Selon Pierre Paul Ginglinger d'Eguisheim, « les vignes avaient presque complètement gelé dans les montagnes, encore davantage que dans la plaine ». François Meyer d'Orschwihr se plaint que les vignes « restèrent jusqu'en été comme les brindilles d'un balai ».

LA LÉGENDE DE L'HOMME VOLANT

À Kaysersberg, au cœur du vignoble, vit un homme surnommé l'homme volant. Un jour qu'il participe à la vendange, une femme de son âge, qui travaille chez lui comme journalière, lui tend un raisin pour le faire goûter. À peine en a-t-il goûté quelques grains qu'il se sent soulevé de terre. Il commence par rester au-dessus de la cime des arbres, puis il s'envole par-delà la vallée et va se poser près d'une chapelle plus en amont dans la vallée de la Weiss. C'est là qu'on le retrouve. On le rapporte sans connaissance chez lui, où il reste plusieurs semaines, malade, entre la vie et la mort. À l'endroit du vignoble d'où il s'est envolé et à l'endroit où il s'est posé, il fait dresser trois pierres commémoratives en forme de petites chapelles.

Comme la cause de l'histoire semble être la grappe mangée, elle peut avoir quelque lien avec les histoires de sorcières, qui se croient transportées par les airs au sommet des hautes montagnes.

Dicton

An Hildegunde G'Wetter un Rage,
Für d'r Win e grosser Sage.

S'il tonne et pleut à la Sainte-Hildegonde, c'est une bénédiction pour la vendange.

21 avril

NAISSANCE D'ANDRÉ KIENER (1859-1928)

Le 21 avril 1859 naît à Colmar André Kiener, l'un des principaux acteurs économiques de Colmar sous le Reichsland. Il donne une extension considérable à l'entreprise textile familiale A. Kiener et Cie qu'il transforme en une entreprise intégrée, traitant de la laine brute jusqu'au tissu fini. Elle devient l'un des plus vastes ensembles industriels en Alsace. Il préside la Chambre de Commerce de Colmar de 1905 à 1928, dont il fait bâtir le nouvel hôtel. D'autre part, il est administrateur de nombreuses sociétés et dirigeant d'organismes professionnels régionaux.

Recette du gâteau à la semoule

Ingrédients : 200 g de semoule, 300 g de sucre, 40 g d'amandes mondées et moulues, 20 g d'amandes amères, mondées et moulues, 7 œufs, zeste râpé et jus d'un demi-citron.

Bien travailler les jaunes d'œuf et le sucre ; incorporer dans l'ordre le zeste râpé et le jus du demi-citron, les amandes puis la semoule. Bien mélanger le tout. Battre les blancs d'œuf en neige ferme et les incorporer doucement à la préparation précédente. Bien beurrer un moule et y verser l'appareil. Cuire à four moyen (1 heure).

LE MIRACLE DE LÉON IX

En 1053, Léon IX est fait prisonnier par les Normands qui occupent l'Italie du Sud. Il est installé dans un château à Bénévent et passe ses journées en méditations et en visites auprès des pauvres et des malades. Une nuit, accompagné d'un domestique, il rencontre un lépreux très faible et presque nu. Il jette son manteau sur le malheureux et le porte sur son propre lit. Puis, il se rend dans son oratoire afin de prier pour lui.

À son retour, dans sa chambre, il a la surprise de trouver le lit vide. Malgré toutes ses recherches, il ne retrouve pas trace de l'homme.

C'est alors que les quatre Évangélistes lui apparaissent et saint Jean lui dit : « Sois béni. Celui dont tu as eu pitié, c'était notre maître Jésus-Christ. »

22 avril

Comptines de printemps

Les mois du printemps sont volontiers associés dans les comptines.

Märzestaub, Awrillegülle
Müen em Bür d'Schire fülle.

La poussière de mars et la pluie d'avril
doivent remplir la grange du paysan.

Trockener März, nasser April,
Git Krüt so viel me will.

Mars sec et avril humide,
Donnent autant de choux qu'on le désire.

Les buveurs ont aussi suscité des comptines qui font appel à ces mêmes mois de manière progressive.

Im März müess me trinke wie e Meis,
Im April as wie e Geis,
Im Mai as wie e Küeh,
No wurd eim's ganze Johr
D' Win nix tüe !

En mars, il faut boire comme une mésange,
En avril, comme une chèvre,
En mai, comme une vache,
Dans ce cas, le vin ne nous fera pas de mal toute l'année !

L'HOMME SANS TÊTE

En Alsace, un homme sans tête, enveloppé d'un manteau noir, cherche la nuit sa route en hésitant et en se heurtant aux pierres et aux troncs d'arbres. Néanmoins, il avance par tous les temps à un rythme soutenu, tantôt dans la plaine, tantôt dans les Vosges. Derrière lui, une femme tente en vain de le rattraper. Elle tient, en sa main par la chevelure, une tête, dont les yeux sont clos et le cou sanglant. Elle lui dit que sont morts le geôlier et le bourreau et le prie de reprendre sa tête. Elle est condamnée alors à le suivre toujours. Mais il ne l'écoute pas et chaque matin, à l'aurore, le bruit de ses pas se perd. Ce serait Hérode qui implore saint Jean-Baptiste. Cette légende est très répandue en Basse-Alsace et dans les environs de Ribeauvillé.

23 avril

SAINT GEORGES

Bien que n'étant pas un saint régional, il est très populaire en Alsace et fait partie des 14 saints auxiliaires. Martyr en 303 en Asie Mineure, il est représenté le plus souvent en cavalier sur un cheval, avec un étendard blanc marqué d'une croix rouge et transmis par un ange. Patron des cavaliers, voyageurs, selliers et armuriers. Il est également patron de 25 églises dans le Bas-Rhin, en particulier des trois grandes églises de Haguenau, Molsheim et Sélestat, et de 15 églises haut-rhinoises. Dans l'ancien monde rural, il est le protecteur des chevaux et le saint du printemps, invoqué contre les risques de gelée et contre le démon de l'hiver.

***** Dictons météorologiques *****

Saint Goerges est l'un des saints qui a donné lieu à le plus de dictons météorologiques, notamment pour la prévision des récoltes et pour certains animaux.

Jörjetag Roggenähr
Nin Wuche d'r Wage schwehr

À la Saint-Georges, le seigle haut,
Neuf semaines après,
Lourd le chariot.

Isch uf Georgi s' Korn so hoch dass
sich e Krapp d'rin kan verstecke,
so git's e güet Getreidejohr.

Quand à la Saint-Georges
Un corbeau peut se cacher dans le blé,
La moisson sera bonne.

Zu St. Jerry kummt
d'Murschwalwe her.

À la Saint-Georges, la corneille revient.

Sin d'Rawe an Georgi noch blind,
Soll sich fraje Mann, Wib un Kind.

Vignes aveugles à la Saint-Georges,
Joie pour hommes, femmes
et enfants.

24 avril

SAINT FIDELIS DE SIGMARINGEN (1577-1622)

Fidelis naît à Sigmaringen. Après des études de droit, il se met au service des Habsbourg comme avocat auprès des autorités habsbourgeoises de l'Autriche antérieure à Ensisheim et à Colmar. Il y obtient le surnom flatteur « d'avocat des pauvres ». En 1612, il entre dans l'ordre des Capucins sous le nom de P. Fidèle. Durant dix ans, il est un prédicateur actif et influent en Haute-Alsace (dont le couvent récent de Kientzheim-Weinbach) et en Suisse, puis il devient supérieur successif de plusieurs couvents dans l'espace alémanique. En 1622, il est désigné comme préfet de mission dans les Grisons pour s'y opposer aux protestants. L'obtention de plusieurs conversions lui vaut l'hostilité des réformés. Dans le contexte de guerre civile régnant aux Grisons, il est assassiné à la sortie d'un office religieux le 24 avril 1622 et canonisé en 1746.

En Alsace, il est le patron de l'église et du couvent des Capucins à Kœnigshoffen qui possède des reliques. Il fait partie du propre du diocèse depuis 1838.

Comptine

De Joggele soll gehn d'Biere
schittle
D'Biere welle nit falle !
Schickt de Meischter
s'Hindelle nüss,
soll de Joggele bisse,
S'Hindele will nit Joggele
bisse,
de Joggele will nit d'Biere
schittle,
d'Biere welle nit falle !

Jacques doit secouer le poirier,
Les poires ne veulent pas tomber !
Le maître envoie le chien pour mordre Jacques.
Le chien ne veut pas mordre Jacques,
Jacques ne veut pas secouer les poires,
Les poires ne veulent pas tomber !

25 avril

LE CHANT DE GUERRE POUR L'ARMÉE DU RHIN (1792)

Le 25 avril 1792, le maire de Strasbourg, Frédéric De Dietrich venant d'être informé de la déclaration de guerre, demande à Rouget de Lisle, capitaine et musicien, de composer un chant patriotique. Celui-ci y travaille toute la nuit. Le lendemain soir, est entonné dans les salons du maire le Chant de guerre pour l'armée du Rhin. C'est le maire qui l'aurait chanté (contrairement au tableau de Pils), accompagné au clavecin par son épouse. De Strasbourg, le chant passe à Montpellier, puis à Marseille pour aboutir à Paris en juillet 1792 sous le nom d'*Hymne des Marseillais*, et devenir le chant révolutionnaire par excellence. Depuis 1879, il est l'hymne national, qui devrait s'appeler la *Strasbourgeoise*.

SAINT MARC

L'évangéliste saint Marc, patron de Venise, et représenté par un lion, souvent ailé, est devenu au Moyen Âge en Alsace, le protecteur attitré contre l'orage et la grêle et pour les semailles qui germent. Pendant très longtemps, ont eu lieu les processions de Marc à travers le finage pour attirer la bénédiction sur les champs.

Les croisés à leur retour ont rapporté de Venise le pain de saint Marc, « *Marci panis* », devenu « Marzipan », ou pâte d'amandes, une délicatesse longtemps appréciée par la pâtisserie en Alsace.

Saint Marc est à l'origine de plusieurs dictons.

Die Saat, die dir St. Markus weiht,
zu reicher Ernte stets gedeiht.

Les semailles consacrées par saint Marc, se transforment en une riche moisson.

Quakt der Frosch an Marcus viel,
Schweigt er dafür nachher still.

Si la grenouille coasse beaucoup avantSaint-Marc, elle se taira autant après.

26 avril

Comptines sur l'amour

Den ich so gerne hätt,
Der ist so weit eweg,
Und den ich gar nit mag,
Den seh ich alle Tag.

Celui que j'aimerais bien,
Il est tellement au loin,
Et celui que je ne veux pas,
Je le vois chaque jour.

Heiraten ist kein Pferdekauf,
Mädchen, tu die Aeuglein auf !
Tu sie auf und schau ihn recht an.
Dass du auch bekommst ein'n rechten Mann.

Se marier, ce n'est pas comme acheter un cheval.
Jeune fille, ouvre bien tes yeux !
Ouvre-les et regarde-le bien,
Afin de recevoir un mari convenable.

La recette de la matelote au riesling

☺

Ingrédients :

2 kg de poissons (500 g de brochet, 500 g d'anguilles, 500 g de truites, 250 g de perches, 250 g de tanches), 60 g de farine, 60 g de beurre, 200 g de champignons de Paris, 0,5 l de riesling, 20 cl de crème fraîche, 3 gousses d'ail, 3 œufs, 1 oignon, 2-3 carottes, 2 blancs de poireau, persil, thym, estragon, 1 feuille de laurier, noix de muscade, sel, poivre, fleurons de pâte feuilletée, 2 l d'eau.

Ébarber les poissons, les écailler, les vider, les laver, les égoutter, les couper en morceaux. Préparer un fumet de poisson avec les arêtes, 2 l d'eau, oignons, poireaux, carottes, persil, estragon, laurier, sel et poivre. Laisser cuire à petit feu environ 30 mn, puis mettre les morceaux de poissons dans 1 l de fumet et 0,5 l de riesling en commençant par l'anguille, puis le brochet, la tanche, la perche et la truite, rectifier l'assaisonnement et laisser cuire doucement 20 à 25 mn. Préparer un roux clair avec 60 g de beurre et 60 g de farine, et mouiller cet appareil tiède avec le jus de cuisson des poissons. Laisser réduire 10 mn, cuire les champignons à blanc, en réserver quelques-uns pour la garniture. Lier la sauce avec le mélange crème-œufs battus, rectifier l'assaisonnement et la verser chaude sur les morceaux de poissons dressés dans un plat creux. Décorer avec des fleurons de pâte feuilletée et quelques champignons réservés.

☺

27 avril

SAINT CANISIUS (1521-1597)

Pierre Canisius, entré chez les jésuites en 1546, est l'apôtre de la Réforme catholique dans tout le sud de l'Empire, depuis l'Alsace jusqu'à Vienne. Grand prédicateur, il sait captiver les foules. Après des séjours en Bavière et à Vienne, il devient provincial de la Germanie supérieure de 1556 à 1569. Il passe le reste de ses jours à Fribourg en Suisse où il fonde un collège en 1580. Perpétuel voyageur, il fonde plusieurs universités et une douzaine de collèges. Il fait deux séjours en Alsace. En 1557, il est appelé par l'évêque Erasme de Limbourg à Saverne, où il écrit une partie de son petit catéchisme. À Strasbourg, il encourage du haut de la chaire de la cathédrale les catholiques à la fidélité, prêche ensuite à Sélestat, à Rouffach et à Colmar et revient à Saverne en 1567.

Il a profondément marqué le catholicisme alsacien. Au XVIIIe siècle, encore nombreux étaient les croyants à dire avec fierté « Je connais mon Canisi », le petit catéchisme qui a connu un succès extraordinaire. Il a été l'objet de plusieurs commémorations en Alsace : lettre pastorale pour le tricentenaire de sa mort en 1897, quatrième centenaire de sa naissance en 1921, sa canonisation en 1925.

JEAN RAPP (1771-1821) ENFANT DE COLMAR

Jean Rapp est devenu l'un des symboles de Colmar. Cet enfant de la ville fait une brillante carrière militaire aux côtés de Napoléon, devenant général et comte d'Empire. Il contribue par son courage et ses nombreuses blessures à établir la légende de l'Empire dans la préfecture du Haut-Rhin. Après 1815, il est nommé pair de France et premier chambellan. Protestant engagé, il fait preuve de générosité envers l'église protestante de Colmar et la Société biblique de Paris. Sa statue en bronze a été inaugurée en 1856.

28 avril

NAISSANCE DE LA SAGA DIETRICH (1684)

Le 28 avril 1684, Johann Dietrich acquiert une participation minoritaire (20 %) dans une forge située à Jaegerthal dans les Vosges du Nord. Il est issu d'une famille d'origine lorraine installée à Strasbourg depuis 1561 et qui, en quatre générations, est devenue l'une des grandes familles strasbourgeoises.

Dans les mois suivants, Johann rachète les 80 % restants du capital et fonde une entreprise métallurgique basée sur des loupes de minerai de fer et d'importantes forêts. Dès 1685, il met en route un haut-fourneau qui va fonctionner pendant deux siècles.

C'est le début d'une grande épopée industrielle qui va profondément marquer toute la région autour de Niederbronn jusqu'à l'heure actuelle. L'entreprise prospère rapidement, au point que, dès les années 1760, Jean de Dietrich devient l'Alsacien le plus riche en terres et le plus grand maître de forges en Alsace, ce qui lui permet de se faire anoblir. Au XIXe siècle, la firme acquiert une avance technologique sur ses concurrents.

Depuis 1684, huit générations se sont succédé et, en 1984, l'entreprise a fêté son tricentenaire.

LA LÉGENDE DE LA SORCIÈRE GOURMANDE

Une femme d'Oberbronn, village situé dans l'espace industriel de l'entreprise de Dietrich, est, selon la légende, une sorcière très friande de bons morceaux, mais n'ayant pas toujours les moyens de se les accorder. Sachant que chez un riche voisin, un grand dîner de baptême est prévu, elle se change en chat et se poste dans un coin de la cuisine du voisin. Elle se met à observer la cuisinière préparant les mets et à guetter le moment où elle pourrait mettre la patte au pot ou à la poêle et en tirer une bonne portion. La cuisinière se détourne un instant. Le chat saute alors sur la marmite. Mais la cuisinière l'a vu à temps et, de son couteau de cuisine bien affilé, elle lui tranche une des pattes de devant. Le lendemain, il manquait un avant-bras à la sorcière !

29 avril

NAISSANCE DU FESTIVAL DE STRASBOURG (1932)

Le 29 avril 1932 inaugure le Festival de Musique de Strasbourg avec la venue de la Philharmonie de Berlin, l'un des grands orchestres européens de l'époque, sous la direction de Wilhelm Furtwengler.

Le Festival est soutenu par la Société des Amis de la Musique composée, lors de sa création, de près de 600 membres et souscripteurs et présidée par Louis-Marie Pautrier, professeur en dermatologie à la Faculté de médecine jusqu'en 1959.

La première soirée (il y en eut trois) porte majestueusement le Festival sur ses fonts baptismaux. La programmation traduit l'équilibre entre la musique française et allemande. Les trois concerts se déroulent au Palais des Fêtes et se terminent sous une tonnerre d'applaudissements. Le succès artistique est immense et le bilan financier satisfaisant. Très vite, le Festival est devenu l'un des grands festivals d'Europe et a su, hormis l'interruption forcée de 1940 à 1945, maintenir son niveau et rester l'événement majeur de la saison musicale en Alsace.

LES ARMÉES FANTÔMES DU NORDFELD

Dans une histoire de Mulhouse rédigée au début du XVIIe siècle et publiée en 1838 apparaît la légende suivante.

Le 29 avril 1506, deux armées fantômes se combattent au Nordfeld près de Mulhouse. Elles sont composées de cavaliers sans têtes montés sur de grands chevaux. Ils sont si grands qu'ils dépassent la cime des arbres. On a vu ces fantômes pendant quatre semaines consécutives en plein jour, pour la plus grande terreur de tout le pays.

Le thème des armées fantômes est fréquent en Alsace. On le trouve à Strasbourg et à l'Ochsenfeld.

30 avril

LA NUIT DE WALPURGIS

Depuis la nuit des temps, la nuit du 30 au 1er mai est l'image d'un espace de liberté pour la sorcellerie et l'avènement du plus beau mois de l'année. L'ancien usage du feu et du bruit destiné à chasser les mauvais esprits a été transformé en une fête de la joie, avec la place du Maibaum, l'arbre de mai comme symbole de vie.

Berceuse

Schlof, Kindele schlof !
Am Himmel gehn die Schof,
D'Sternele sin die Lämmele,
D'r Mond, der isch d'r
Schäferle,
Schlof, Kindele schlof !

Dors, petit enfant dors !
Les moutons se déplacent
dans le ciel,
Les étoiles sont les agneaux,
La lune est le petit berger.
Dors, petit enfant dors !

Les spätzle

☺

Préparation et cuisson : 30 mn
Ingrédients : 300 g de farine, 3 œufs, un peu d'eau, 1 cuillerée à café de sel, 4 l d'eau salée, 50 g de beurre, croûtons frits.

Mélanger la farine, les œufs, l'eau et le sel avec une spatule en bois afin d'obtenir une pâte « coulante » pas trop épaisse. Étaler un peu de pâte au bord d'une planchette, détacher avec un couteau préalablement plongé dans l'eau bouillante salée, de petites lamelles de pâte qu'on fera bouillir dans une grande casserole, juste le temps nécessaire pour qu'elles remontent à la surface. Puis les faire passer sous l'eau froide, les égoutter et les faire sauter au beurre. Avant de servir, les saupoudrer de croûtons frits au beurre.

Ces spätzle accompagnent à merveille une bonne choucroute ou un civet de lièvre.

1er mai

DICTONS DE LA SAINT-PHILIPPE ET DE LA SAINT-JACQUES

Donnert's im Mai Ist der April vorbei.

Quand il tonne en mai,
Avril est oublié.

Wenn im Mai die Bienen schwärmen,
So soll man vor Freude lärmen.

Abeilles qui essaiment en mai,
Il faut hurler de joie.

Viel Erbeere im Mai, Bringe güet Winjohr herbei.

Beaucoup de fraises en mai,
Annoncent bonne année pour le vin.

Mai kiehl un nass Fellt Schir un Fass.

Fraîcheur et pluie en mai,
Remplissent grange et chais.

Le 1er mai est devenu, depuis qu'il est jour férié, un jour de promenade dans la nature. En alsacien, le mot de mai est accolé à plusieurs termes : *Maibaum*, *Maiglöckchen*, *Maikäfer*, *Maienkönigin*. De nombreux usages évoquent la fertilité. Dans la nuit, les amoureux fixent une belle branche verte à une fenêtre de la demeure de leur belle, c'est le *Maien*. Mais s'ils ont été éconduits, ils fixent une branche morte, signe de déshonneur. C'est aussi le jour où l'on cueille le muguet (*Maiglöckchen*). Dans les localités catholiques, c'est le mois de la reine Marie avec un office tous les soirs.

Le 1er mai, on fête aussi les saints Philippe et Jacques, qualifiés de « grobi » (rustres). Ils sont les patrons de six paroisses. Selon un dicton, si ces jours sont pluvieux, ils font une grande joie au paysan.

Sin Philipp un Jacobi nass,
Macht's dem Bür e grosser Spass.

LE PROCÈS DE COLMAR (1928)

Face au développement du mouvement autonomiste, qui revendique le respect du droit local et de la langue allemande à l'école, le gouvernement répond par la répression. À la veille de Noël 1927, il effectue une centaine de perquisitions suivies de plusieurs arrestations. Le 1er mai 1928, s'ouvre à Colmar un procès politique à grand spectacle qui tient l'opinion en haleine. Il marque le paroxysme de la crise autonomiste et provoque une vive indignation. Mais en raison de la faiblesse de l'accusation pour délit de complot contre la sûreté de l'État et malgré quelques déclarations tonitruantes, le tribunal ne peut, au bout de 12 jours, que prononcer des peines légères, qui seront cassées en appel, et des relaxes contre les 22 inculpés, dont 7 absents.

2 mai

INAUGURATION DE L'UNIVERSITÉ ALLEMANDE (1872)

Le 1er mai 1872, est inaugurée avec beaucoup de faste la nouvelle université allemande dans les locaux – provisoires – du palais Rohan. Le soir a lieu une retraite aux flambeaux par les associations allemandes d'étudiants.

Il s'agit de germaniser la vie intellectuelle en s'appuyant sur la tradition issue de l'université protestante d'avant 1789. Très vite, l'université acquiert une grande notoriété scientifique et bénéficie de nombreux maîtres de réputation.

LA LÉGENDE DU JARDIN DE RIEGER

Le jardin de Rieger est une prairie entourée de chênes centenaires et de hautes haies de ronces située au sud de Bouxwiller, près de Geiswiller. Lors de la guerre de Trente Ans, un paysan possède à cet endroit une grande ferme avec beaucoup de terres, de prés et de vignes. Le tout est entouré d'un mur dont il ne reste plus aujourd'hui que quelques pierres. Le paysan est si riche qu'il laboure sa terre avec une charrue au soc d'argent. Il circule encore parfois, sur la prairie, habillé comme au XVIIe siècle.

Ce lieu demeure également hanté par d'autres esprits qui terrifient les passants et qui les égarent lorsqu'ils sortent la nuit

Comptine pour guérir

Heile, heile, Säje,
siewe Daa Räje
heile, heile Kätzedreck,
evermorje isch alles weg.

La traduction est difficile, le sens est :

Pour guérir sept jours de pluie,
De la crotte de chat,
Après demain tout est guéri.

3 mai

ALFRED KASTLER (1902-1984)

Le 3 mai 1902, naît à Guebwiller Alfred Kastler. Élève à l'École Normale Supérieure, il devient professeur à la Sorbonne en 1945. Il a été durant près de trente ans membre de toutes les instances dirigeantes (CNRS, Comité consultatif, directeur de laboratoire). Il a reçu de nombreux prix scientifiques et des distinctions académiques. Son œuvre scientifique est considérable, surtout dans le domaine de l'atome

et des molécules. Il a en particulier mis au point les méthodes optiques de détection des résonances hertziennes, découverte qui lui a valu en 1966 le prix Nobel de physique. Mais l'homme de science est aussi un poète et un philosophe. Il a publié en 1971 un recueil de deux cents poèmes en allemand, qui sont une confession de sa vie marquée par l'idée européenne. Chrétien engagé, il prend très à cœur la devise du Christ d'aimer son prochain comme soi-même.

LE DIABLE À HUGSTEIN

Un peu en amont de Guebwiller, se trouvent les ruines du château de Hugstein, où vivaient autrefois deux chevaliers pillards. Ils s'en prenaient surtout aux marchands de passage : ils exigeaient de grosses sommes d'argent et si le total ne leur convenait pas, ils les enfermaient dans une fosse pour les laisser mourir de faim.

Un soir, ils capturèrent un marchand avec une voiture lourdement chargée. Ils passèrent la nuit à dénombrer les richesses. Au matin, un valet informe les deux brigands que le prisonnier demande à dîner avec eux en payant plus cher, ce qui fut accepté.

Le voyageur entra de bonne humeur. On dressa la table et l'on but tous les bons vins de France, d'Espagne et d'Italie que contenait la voiture. Puis il fit de nombreux bons tours qui divertirent l'assistance. À la tombée de la nuit, il déballa de riches manteaux, des vases précieux et de superbes pierreries. Sur le coup de minuit, il sortit une bouteille qui dégagea de la fumée. Les deux Hugstein crurent alors voir les cornes lui pousser sur le front et son corps flamboyer. Il déboucha le flacon d'où s'échappa une petite flamme, suivie d'une détonation qui fit voler le château en éclats. Le voyageur était en fait le diable qui venait prendre sa proie.

4 mai

Les travaux du mois de mai

Dans les potagers, on plante le chou, le chou-rave, le céleri, les haricots. On sème toutes les fleurs annuelles, on arrose fréquemment les fraisiers. L'agriculteur plante les betteraves, sème le maïs.

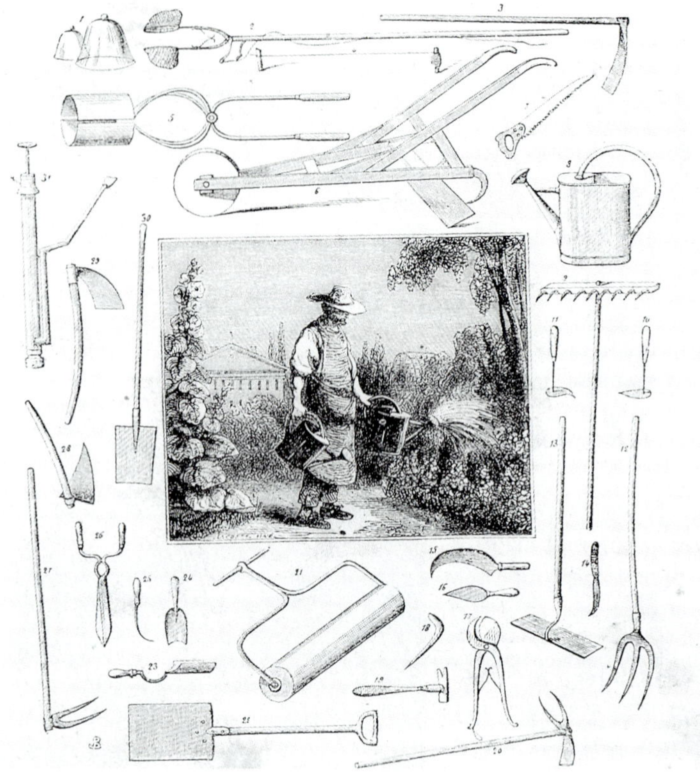

Comptine pour les cinq doigts

Dess isch de Düme,
Der schittelt Pflüme,
Der hebt se uff,
Der traat se haam,
un der klaan Stumbenickel isst
se alli ellann.

Celui-ci est le pouce,
Celui-ci secoue les prunes,
Celui-ci les ramasse,
Celui-ci les porte à la maison,
Et le petit moignon les mange tout seul.

LA SAINT-FLORIAN

Représenté en soldat versant un cuveau d'eau sur une maison en feu, sa sculpture se trouve dans de nombreux édifices religieux et dans bien des maisons anciennes. Saint Florian est invoqué contre les incendies et les inondations. Il est le patron des pompiers et des forgerons. Mais dans certains villages, il est également invoqué par les jeunes filles :

O heiliger St. Florian !
Isch bitt mir halt auch einen Mann ;
einen schönen und einen frommen,
ich wollt, er tät bald kommen.

Ô saint Florian !
Je me souhaite un beau et pieux mari,
Je veux qu'il vienne bientôt.

Les dictons concernent plus la protection que la météo, non sans parfois une certaine hypocrisie.

Heiliger Sankt Florian,
Schutz unser Haus,
zünd andere an.

Ô saint Florian,
Protège notre maison,
Allume celles des autres.

Wir rufen an den heiligen Florian,
Dass er uns beware vor Feuer und Flamm.

Nous invoquons saint Florian,
Pour qu'il nous protège contre le feu.

D'r Floran ! d'r Florian !
Noch e Schneehüt setze kan.

Le Florian, le Florian,
Peut encore poser un chapeau de neige.

5 mai

LA FILLE DU NIDECK

Peu de temps après l'épisode du laboureur (cf. 25 mars), la fille des géants se promène dans son jardin. Il fait chaud, elle a soif et il n'y a rien à boire. Elle s'approche alors d'un gros rocher qui surplombe le ravin et lui demande de lui donner à boire. Le rocher obéit : ainsi jaillit la cascade du Nideck.

Dans le vallon, au pied de la chute d'eau, les hommes, effrayés dans un premier temps, s'y habituent peu à peu. Peu de temps après, un petit garçon turbulent qui joue dans les environs, grimpe dans les rochers, alors que sa mère lui court après et le prie de revenir. Mais l'enfant ne l'entend pas à cause du bruit de la cascade et finit par tomber. Peu après, sa mère le perd de vue. Pendant longtemps, elle le cherche en vain, avant de l'apercevoir coincé entre deux rochers. Lors des retrouvailles, l'enfant raconte à sa mère qu'une très grande fille l'a repêché au moment où il allait se noyer. Elle l'a emmené dans un merveilleux château et lui a expliqué que s'il voulait revenir jouer avec elle, il devrait prononcer un mot. Mais en raison du bruit de la cascade, il n'a pas compris ce mot.

Voilà pourquoi le garçon ne retrouva plus ni le château, ni la fille des géants. Il n'en a conservé que le souvenir, devenu une légende.

Recette des asperges d'Alsace aux trois sauces

Les premières asperges ont été plantées à Hœrdt en 1873 par le pasteur Heyler. Grâce à lui Hœrdt est devenue la « capitale de l'asperge ». Mais la culture s'est diffusée largement dans les sols légers ainsi que dans le Haut-Rhin avec Horbourg et Village-Neuf. La récolte est limitée aux mois d'avril et de mai.

Préparation et cuisson : 45 mn.

Ingrédients : 1 livre d'asperges par personne, eau salée.

Ficeler les asperges lavées et pelées par bottillons d'environ 500 g. Les faire cuire 25 mn dans l'eau bouillante salée qui doit bien les recouvrir. Les égoutter sur un torchon et les servir sur un plat à asperges en dégageant bien les têtes fragiles. Accompagner les asperges de trois sauces (mayonnaise, vinaigrette aux fines herbes, mousseline ou hollandaise) et de jambon cuit ou fumé.

6 mai

LA DAME BLANCHE DU KŒPFLE

Près de Zillisheim, se trouve un coteau appelé le Köpfle. Souvent à midi, on en voit descendre une dame blanche avec un trousseau de clés. Elle s'arrête au bord de l'Ill pour laver son visage et ses cheveux. Quand elle s'en retourne, on l'entend pleurer et sangloter jusqu'à sa disparition. Sur ce coteau, courent souvent de grandes flammes bleues la nuit. Selon des bruits circulant dans le village, la dame blanche y garderait de grands trésors que plusieurs personnes ont cherchés en vain. En 1849, un paysan du village fait un nouvel essai après avoir récité la prière dite de saint Christophe. Il a alors une vision terrifiante : la dame blanche. Il rentre chez lui tout affolé et est longtemps malade de peur.

LA PREMIÈRE COUPE DE FRANCE DU RACING

Le 6 mai 1951, le Racing Club de Strasbourg gagne pour la première fois la Coupe de France de football, événement qui a suscité un engouement extraordinaire. 6 000 supporters alsaciens viennent à Paris en trains spéciaux et le lendemain 50 000 personnes applaudissent les joueurs dans les rues de Strasbourg. Depuis, le Racing a gagné deux fois la Coupe, en 1966 et 2001, et le Championnat en 1979.

Comptine

Ridde, ridde, Ross
ze Basel steht e Schloss,
ze Basel steht e Herrehüss,
Do gügge drei scheeni Jungfere
rüss.
D'eint spinnt Siede
D'zweit draït Wiede
D'ritt schnit Hawerstrohe
's Kindele machts au e so.

Galope, galope, mon cheval
À Bâle il y a un château,
À Bâle il y a un manoir,
Où l'on aperçoit trois belles jeunes filles.
L'une file de la soie,
La seconde taille de l'osier,
La troisième coupe de la paille d'avoine,
L'enfant fait pareil.

Recette du jambon en croûte

Ingrédients : 1 jambon fumé (6 à 7 kg), 2 kg de pâte à pain, 1 bonne poignée de fines herbes hachées fin (thym, marjolaine, basilic, estragon).

Mettre le jambon fumé 24 heures dans de l'eau pour le dessaler.

Le parer et l'éponger. Étaler la pâte à pain aussi large que possible. Saupoudrer la pâte de fines herbes et envelopper complètement le jambon de cette pâte. Tamiser de la farine sur une tôle et y disposer le jambon pour le cuire pendant 3 h environ au four.

On peut servir en tranches avec la croûte et l'accompagner à volonté de salade verte ou de salade de pommes de terre.

Dicton

Wenn sich naht St. Stanislaus, Kommen die Kartoffeln raus.

Quand Saint-Stanislas approche, Les pommes de terre sortent.

L'AFFAIRE DE GRAFFENSTADEN (1912)

Le 7 mai 1912, éclate l'affaire de Graffenstaden. Depuis un an, certains journaux nationalistes et l'état-major installé à Strasbourg multiplient les incidents en vue d'établir un gouvernement plus musclé. Le journal *Rheinisch-Westfälische Zeitung* a accusé le directeur de la SACM à Graffenstaden d'être francophile et réclame sa démission. Un député prussien demande une enquête et l'arrêt de commandes de matériel ferroviaire pour les chemins de fer allemands, ce qui menace l'emploi de milliers d'ouvriers. Il s'agit pour le journal d'éliminer le concurrent des industries de la Ruhr.

Le 7 mai, le problème donne lieu à des interpellations au Landtag du gouvernement du Reichsland, accusé de soumission face aux ordres de Berlin et de manque de solidarité avec les intérêts économiques du Reichsland. Le gouvernement s'est mal défendu, ce qui lui vaut le vote à l'unanimité d'une résolution qui critique son attitude. Le résultat est catastrophique et provoque une chute de la confiance dans le gouvernement. La presse mène campagne en Alsace, notamment Charles Frey, futur maire de Strasbourg, et gendre de Frédéric Heyler qui doit donner sa démission pour assurer le maintien des commandes à son entreprise.

8 mai

LE SERVICE DU TRAVAIL (1941)

Le 8 mai 1941, est introduit en Alsace annexée par une ordonnance du sinistre gauleiter Wagner, le *Reichsarbeitsdienst* (service national du travail). Il s'agit d'une organisation paramilitaire.

Cette mesure concerne neuf classes d'âge pour le RAD masculin (classes 1920 à 1927 et 1928 de manière partielle) et quatre classes (1923 à 1926) pour les jeunes filles (les « malgré elles ») pour une durée théorique de six mois, mais en réalité assez variable. L'ordonnance n'est pas neutre car, à cette occasion, les jeunes Alsaciens doivent prêter serment au Führer, et reconnaître ainsi leur appartenance à l'Allemagne nazie. Les attitudes sont assez variées. Les uns tentent de s'y soustraire par une fuite en France, d'autres cherchent à s'en dispenser sous divers prétextes, tandis que la majorité, très réticente, demeure dans l'expectative. On peut estimer que près de 70 000 jeunes Alsaciens passent par le RAD, simple étape avant l'incorporation de force.

Les travaux en mai

Le jardinier installe dehors les lauriers. Il plante en plein champ les choux, choux-raves, céleris et plants de tomates. Il sème de nombreuses variétés de fleurs et plante les géraniums, fuchsias, pétunias, cannas et bégonias, à la mi-mai les concombres et les potirons. Il plante les haricots. L'agriculteur plante les betteraves fourragères, sème le chanvre et le maïs, désherbe les zones plantées et semées.

Recette de la tarte à la rhubarbe

Ingrédients : 250 g de pâte brisée, 1 kg de rhubarbe, 200 g de sucre, 150 g d'amandes mondées et moulues, ou de la chapelure, sucre à volonté.

Faire la pâte la veille. L'utiliser le lendemain, en foncer une tourtière beurrée et farinée légèrement. Éplucher la rhubarbe, la couper en dés d'environ 1,5 cm et les laisser macérer saupoudrés copieusement de sucre (2 h). Puis verser la rhubarbe sur un tamis, l'égoutter ; mettre les amandes ou la chapelure sur le fond de tarte, puis la rhubarbe. Bien répartir la masse. Faire cuire à four chaud (20 mn). Faire réduire le jus sucré de la rhubarbe en sirop et le verser sur la tarte à moitié cuite (facultatif). Si on ne veut pas utiliser le jus, saupoudrer la tarte de sucre et continuer la cuisson (15 mn). Sortir la tarte du four, la laisser refroidir et la saupoudrer largement de sucre.

9 mai

SAINT GANGOLPHE

Ce chevalier bourguignon, assassiné en 760, a suscité en Alsace un pèlerinage dans le Florival (11 mai) près de Lautenbach, deux légendes et un dicton.

&

Sankt-Gangolf ohne Rage,
Für d' Kirsche grosser Sage.

Saint-Gangolphe sans pluie,
Pour la cerise temps béni.

SAINT GANGOLPHE ET L'AVARE

Un jour de forte chaleur, le saint traverse le champ d'un avare. Il demande au propriétaire, pour l'éprouver, de pouvoir boire à la source qui jaillit sous le blé. Comme il se heurte à un refus, le saint insiste, puis il remue dans sa poche quelques pièces de monnaie. L'avare se fait alors insinuant, mais réclame une pièce d'argent. Le saint paie alors le mauvais riche, remplit son casque et s'éloigne. Comme l'avare le prie de boire, il répond qu'il porte l'eau à ses compagnons.

La source se tarit, le blé se dessèche, les coquelicots pâlissent et la terre devient rocailleuse. C'est la punition pour l'avare.

LA FEMME DE SAINT GANGOLPHE

Un jour, le saint reproche à sa femme son infidélité qu'elle nie. Il la prie alors de plonger la main dans l'eau, en lui montrant le bassin d'une fontaine. La femme plonge sa main droite, mais celle-ci devient noire.

Le saint l'enferme alors dans une peau de vache et la jette dans la Lauch. On la repêche noyée, mais personne ne la plaint, car le mari est un saint et son épouse, une mauvaise compagne.

LE TRAITÉ DE FRANCFORT (1871)

La guerre franco-allemande de 1870-1871 s'achève par le traité de Francfort du 10 mai 1871, constituant une date charnière dans l'histoire régionale. La France cède à l'Allemagne l'Alsace-Lorraine (une partie des deux départements de la Moselle et de la Meurthe) verse une indemnité de guerre de 5 milliards de francs-or, dont une petite partie est investie dans des constructions à Strasbourg, en particulier dans les bâtiments universitaires.

Les limites de l'Alsace en sont ainsi modifiées. Belfort et une centaine de communes demeurent françaises et constituent le territoire de Belfort. Pour faire coïncider la ligne de crêtes et la frontière pour des raisons stratégiques, le canton de Schirmeck et une partie du canton de Saales sont annexés. Aujourd'hui encore, on peut voir le long du Sentier des Crêtes, dans les Hautes-Vosges, des bornes-frontières portant à l'est la lettre D (Deutschland) et à l'ouest la lettre F.

L'option, autorisée jusqu'au 30 septembre 1872, pose à la grande majorité de la population un problème de conscience : rester, ce qui signifie se voir imposer la nationalité allemande, ou partir, ce qui implique l'exil, une séparation définitive avec la famille et les proches demeurés au pays natal, et un avenir professionnel incertain.

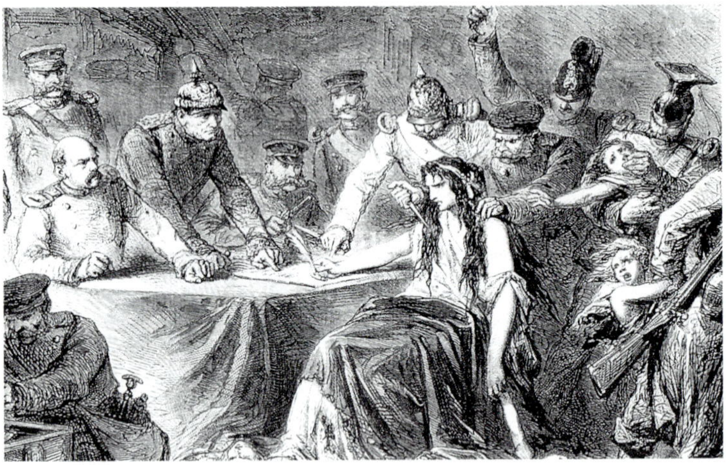

Ainsi, plus de 50 000 Alsaciens, constitués principalement de cadres, d'intellectuels, de membres de professions libérales, de personnes résidant près de la nouvelle frontière et de jeunes gens désireux d'échapper au service militaire prussien, quittent l'Alsace. Cette perte a gravement affecté l'économie et la vie culturelle. D'autres personnes, responsables politiques et administratifs, préfèrent se retirer complètement de la scène politique ou publique, en partie par refus de prêter serment à l'empereur.

DISPARITION DE GEORG OBRECHT (1510-1569)

Georg Obrecht disparaît le 10 mai 1569 à Genève. Il est l'un des grands marchands banquiers de Strasbourg au XVIe siècle. Il passe l'essentiel de sa vie active à Lyon. Il sert de banquier aux rois de France, auxquels il prête des sommes importantes à diverses reprises. Également engagé dans les guerres de religion, il représente un type de capitalisme au service des Valois, orienté par des raisons confessionnelles.

11 *mai*

SAINT SIGISMOND

Sigismond, roi de Bourgogne, est tué par Clodomir, un fils de Clovis, en 524. Vers 676, le roi Dagobert édifie à Gueberschwihr un couvent en son honneur et obtient la boîte crânienne du saint. Vers 1050, le pape Léon IX transfère le nom en Saint-Marc. La relique parvient en 1813 à Matzenheim, paroisse dont il est le patron, ainsi que de deux autres églises en Alsace. Il est représenté en costume princier, l'épée à la main et figure dans le propre du diocèse de Strasbourg de 1865 à 1914.

L'ORIGINE DES MEISELOCKER

Lorsqu'en 1552, le roi de France Henri II, après avoir occupé Metz, Toul et Verdun en Lorraine, pénètre en Alsace et demande à entrer à Strasbourg, les bourgeois se méfient et mettent en état leur artillerie, poussant le roi à faire demi-tour à Brumath. Selon la légende, les Strasbourgeois ne le laissent approcher qu'à une portée de canon. Henri II établit son camp à Niederhausbergen. Par bravade, les Strasbourgeois font tirer une pièce d'artillerie, dite la *Meise* (mésange). Elle envoie un boulet, bien dirigé, dans la tente du roi qui ne blesse personne, mais provoque un grand émoi et incite le roi à lever promptement son camp. Depuis le XIVe siècle, les Strasbourgeois aiment les mésanges et l'oiseau devient l'emblème d'un immeuble, qui donne son nom à la rue en 1852. Ce bâtiment, le n° 18, porte la sculpture d'une mésange sur la façade et il est désigné ainsi depuis le XIVe siècle.

DISPARITION DE SÉBASTIEN BRANT (1457-1521)

Le 10 mai 1521 disparaît l'un des plus grands humanistes allemands, Sébastien Brant, auteur de *la Nef des Fous* (1494) qui le rend célèbre dans l'Europe entière. Greffier de la ville, il joue un rôle majeur dans la vie municipale et diplomatique de Strasbourg. Il laisse une œuvre abondante : juridique, historique et poétique. *La Nef des Fous* est un poème satirique et moralisant. Il est l'un des plus grands auteurs alsaciens.

12 mai

LES TROIS SAINTS DE GLACE

Les saints Pancrace, Servais et Boniface, des trois jours allant du 12 au 14 mai, sont appelés les saints de glace. Très souvent et jusqu'à aujourd'hui, il se produit des gelées blanches ces trois nuits, ce qui incite les jardiniers à attendre la mi-mai pour planter les tomates, concombres, géraniums, fuchsias, cannas, pétunias et begonias. Certaines années, ces froids sont très rudes. En 1803, une partie des puits et des fontaines est gelée.

Les dictons sont nombreux :

Pankraz un Servaz Stehle wie d'r Spatz.

Pancrace et Servais sont pillards comme moineaux.

Pankraz, Servaz un Bonifaz
Mache als noch im Winter Plaz
Schaffe Frost un Is gern Platz
Sin drei fröstige Bazi.

Pancrace, Servais et Boniface
À l'hiver parfois cèdent la place
Au gel souvent font place
Sont trois froids compagnons.

Vor Servaz ken Summer. No Servaz ken Froscht.

Avant Servais pas d'été.
Après Servais plus de gelée.

LES ANGES PROTECTEURS

Dans certaines berceuses, les anges, figures protectrices et rassurantes, tiennent une place très importante.

La chanson la plus connue de Bâle à Wissembourg évoque quatorze anges, par analogie aux quatorze saints auxiliaires, très présents dans la piété populaire.

Jetz will i schlofe gehn
Vierzehn Engele bi mer stehn
Zwei am Kopfend
Zwei am Füessend
Zwei züer Rechte
Zwei züer Linke
Zwei, die mich decke
Zwei, die mich wecke
Zwei die mich weise
Ins himmlische Paradeise.

Maintenant je veux me coucher
Quatorze anges m'entourent
Deux à ma tête
Deux à mes pieds
Deux à ma droite
Deux à ma gauche
Deux qui me couvrent
Deux qui me réveillent
Deux qui me conduisent au paradis céleste.

13 mai

L'INAUGURATION DU HAUT-KŒNIGSBOURG (1980)

Le château du Haut-Kœnigsbourg, détruit par les Suédois en 1633, prend à l'époque du Romantisme une forte charge patrimoniale. La ville de Sélestat qui l'a acquis en 1865, le cède en 1899 à l'empereur Guillaume II qui lui accorde une importance particulière dans le symbolisme de l'unité allemande. Il fait reconstruire le château aux frais du Reichsland. Ces travaux gigantesques, sont menés par l'architecte Bodo Ebhardt, chargé de rendre au château son aspect originel du XVIe siècle. Ils provoquent une controverse passionnée entre les tenants d'une reconstruction idéale et le clan des archéologues soucieux de préserver cette belle ruine.

L'inauguration a lieu le 13 mai 1908 en présence de Guillaume II sous une pluie battante. C'est une belle mise en scène, une fête grandiose avec un cortège de figurants en costumes d'époque. Elle suscite plusieurs critiques dont celle du caricaturiste Hansi. Après 1918, le château prend le statut de Palais National français. Il attire actuellement plus de 600 000 visiteurs par an et pratique de nombreuses animations. Il est le décor de nombreux films, depuis le tournage de *La Grande Illusion* par Jean Renoir, et constitue aujourd'hui un des symboles de l'Alsace.

LES ENFANTS FANTÔMES DU DUNZENBRUCH

Entre Obermodern et Kirrwiller existe un lieu dit Dunzenbruch, autrefois couvert d'une forêt.

Ce lieu est réputé comme mauvais. On prétend y avoir vu des moines portant un cercueil d'où s'échappent des gouttes de sang, ainsi que des enfants fantômes. Ceux-ci parlent une langue étrangère et semblent glisser en l'air à un pied au-dessus de la terre, avant de disparaître dans le Dunzenbruch derrière quelques bottes de paille.

Au XIXe siècle, selon A. Stœber, bien des personnes prétendent avoir aperçu ces jeunes enfants, pâles et habillés en petits paysans.

14 mai

UN ESPRIT DANS LA BOUTEILLE

Sur le Schlossberg à Ferrette, le bétail d'un métayer est déréglé. Les chevaux s'agitent dans l'écurie et les vaches ne donnent plus de lait. Après bien des recherches, le fermier diagnostique la présence d'un esprit condamné à hanter le lieu pour la punition de ses péchés. Il le conjure et le fait entrer dans une bouteille qu'il cachète et enterre dans un endroit écarté. Il cloue aussi sur la porte de l'écurie un morceau de plomb béni, et tout rentre dans l'ordre. Les chevaux retrouvent force et docilité et les vaches donnent beaucoup de lait.

Après bien des années, on établit une route bien utile. Or, à un carrefour, les chevaux se mettent à hennir et à ruer dans les brancards, tandis que les vaches s'égayent. Les anciens conseillent de creuser pour voir si, par hasard la route ne passe pas sur l'emplacement choisi jadis par le métayer pour enterrer sa bouteille. En creusant, on trouve des morceaux de verre qui sont sûrement des restes de cette bouteille. Lorsqu'elle s'est cassée, l'esprit s'est échappé de nouveau, de sorte qu'on n'arrive pas à en finir avec les mauvais esprits.

LA CHAPELLE SAINT-GUY

À proximité de Saverne, près du col, se trouve dans une grotte la chapelle de Saint-Guy, destinée autrefois à guérir de l'épidémie dansante. Les malades étaient pris de spasmes. Leurs bras et leurs jambes prenaient une extraordinaire force de détente qui les obligeait malgré eux à sauter et à danser. Ils ne s'arrêtaient que lorsqu'ils tombaient épuisés.

En 1518, on dit que cette maladie attaqua les femmes de Strasbourg. Plusieurs centaines en furent rapidement atteintes. La ville les fit mener par grandes voiturées à la chapelle Saint-Guy à Saverne. Elles dansaient autour de l'autel, dans l'espoir d'être guéries.

Dans les écrits alsaciens des XVe et XVIe siècles sont citées plusieurs formules d'imprécation, dont voici un échantillon : « La danse de Saint-Guy te prenne le ventre et le nombril ! », « Dieu te donne le mal de Saint-Guy ! », « Que la mauvaise fièvre te secoue ! »

La chapelle demeure encore un lieu de pèlerinage. Après avoir prié saint Guy et lui avoir fait des offrandes, les fidèles plantent leurs bâtons au bord du chemin. Ils sont convaincus que ceux qui emporteront ces bâtons emporteront aussi la maladie. Les femmes hystériques et stériles offrent au saint des crapauds de fer.

15 mai

LA RÉFORME DE COLMAR (1575)

Le 15 mai 1575, est célébré à Colmar dans l'église des Franciscains (vide depuis 1541) le premier culte évangélique par le pasteur de Jebsheim, Johann Cellarius, en présence du Magistrat. Il s'agit d'une introduction tardive, la dernière en Alsace. La première tentative a été brisée par la Guerre des Paysans. Toutefois, les idées protestantes se diffusent dans la ville à partir de 1540, avec un nombre croissant de personnes fréquentant le culte protestant à Horbourg. L'introduction de la Réforme à Colmar en 1575 est l'affaire presque exclusive de l'oligarchie municipale au pouvoir, dont «la cohésion et les relations familiales permettent à une minorité» de contrôler progressivement l'accès au Magistrat. En réalité, la Réforme colmarienne est une réforme municipale qui coïncide avec les intérêts de la classe dirigeante. Rassurée par la proximité des possessions wurtembergeoises et protestantes, elle peut ainsi se libérer de l'influence catholique des territoires habsbourgeois. Mais le changement n'affecte qu'une partie de la population : la grande et, de manière partielle, la moyenne bourgeoisie.

LA LÉGENDE DE LA FONDATION DE THANN

Le 16 mai 1161, disparaît Theobaldus, évêque de Gubbio, un saint personnage. Il a conseillé à son serviteur d'emporter avec lui l'anneau d'or de son pouce droit. Mais au moment de le retirer, la phalange du doigt lui reste dans la main. Il l'enferme dans le pommeau de sa canne et part.

Arrivé à l'entrée de la vallée, il se repose après avoir posé son bâton contre un sapin. À son réveil, il ne parvient plus à faire bouger le bâton. Affolé, il appelle au secours, attirant de nombreux paysans et bûcherons, ainsi que le seigneur du lieu résidant dans le château voisin d'Engelbourg. Il fait vœu d'élever à cette place une chapelle à la gloire de Dieu et d'y exposer la relique. Puis le pèlerin prend le bâton qui se laisse ouvrir et emporter. Peu après, est construite la chapelle, remplacée plus tard par la collégiale Saint-Thiébaut, construite du XIVe au XVIe siècle. Le pèlerin, après un séjour assez long chez le comte, retourne dans son pays chargé de riches cadeaux. La relique attire de nombreux pèlerins pendant plusieurs siècles. Autour, la forêt défrichée est remplacée par une nouvelle agglomération, Thann qui, en mémoire, porte un sapin dans ses armoiries et qui organise, jusqu'au début du XIXe siècle, une fête pour commémorer son origine. Le 16 mai à minuit, un grand cortège fait trois fois le tour de la ville en priant et, le lendemain, une procession réunit des milliers de personnes.

L'œil de la sorcière

16 mai

Un homme d'Illzach passait une nuit avec son fils près de l'église. Tout à coup, l'enfant s'inquiéta et détourna les yeux d'une place sombre, que formait l'ombre d'une maison voisine. « Qu'est-ce qu'il y a mon fils ? demanda le père. Allons, viens. » Mais l'enfant poussa un cri et dit : « Père, ne vois-tu pas ce grand homme, monté sur l'âne du village ? Il vient vers nous ; il me prend par la main et ne veut pas me lâcher. » Le père, qui ne voit et ne remarque rien, le prie d'accélérer pour rentrer et le tire vers l'autre côté de la rue. Mais l'enfant s'inquiétait de plus en plus,

L'ÂNE DU VILLAGE

s'accrochant aux jambes de son père, qui ne voyait toujours rien du fantôme qui terrorisait son enfant. Il eut pourtant une sueur froide ; il prit le petit dans ses bras et gagna en hâte sa maison.

L'enfant resta couché plusieurs jours, en proie à une fièvre violente.

Une autre version, très répandue, finit ce récit par la mort de l'enfant dans les bras du père.

C'est le thème du Roi des Aulnes (*Erlkönig*) de Gœthe, un thème qu'il a probablement découvert lors de son séjour en Alsace en 1770-1771.

SAINT JEAN NEPOMUCÈNE

Jeté dans la Moldau à Prague, le 16 mai 1383, pour avoir refusé de rompre le secret de la confession, il est l'un des saints de la Réforme catholique baroque. Sa statue se trouve surtout sur ou près des ponts. Il est invoqué contre les dangers provenant des rivières.

17 mai

LE MASSACRE DE SAVERNE (1525)

Le 17 mai 1525 marque une date tragique dans l'histoire de l'Alsace. Après le soulèvement des paysans, c'est le duc Antoine de Lorraine qui pénètre avec son armée en Alsace. Après avoir battu des troupes paysannes à Lupstein la veille, le gros des troupes négocie son départ de la ville de Saverne. Ils sortent le 17, une baguette écorcée dans la main, entre deux rangs de lansquenets. Mais les Lorrains se jettent sur les vaincus et les massacrent. On assiste à un véritable bain de sang qui fait quelques 18 000 victimes. Selon le chroniqueur Volcyr, un proche du duc de Lorraine, une voix aurait retenti dans le ciel, annonçant qu'il était permis de tuer les rustauds. Trois jours plus tard, une nouvelle bataille se déroule à Scherwiller, qui fait près de 6 000 morts. La guerre a provoqué la mort de près de 10 % de la population alsacienne, un bilan particulièrement tragique, qui a traumatisé l'opinion.

LA CONFRÉRIE DE LA CORNE DU HAUT-BARR

En 1586, l'évêque Jean de Manderscheid fonde au château du Haut-Barr, sous le nom de « Confrérie de la Corne », une société d'amis de la dive bouteille. Les co-fondateurs en sont une dizaine de princes et de comtes. Chaque évêque de Strasbourg en fait partie. Pour être admis dans cet ordre, il faut vider d'un trait une grande corne d'auroch remplie de vin. Cette corne est conservée à Saverne jusqu'à la Révolution. Elle est ornée de trois cercles de cuivre ciselé. Le duc de Bassompierre rapporte dans ses mémoires que la confrérie du Haut-Barr avec sa corne lui a fait un tel effet qu'il a été malade cinq jours à Saverne sans pouvoir se lever. Pendant deux ans, il ne peut boire ni vin, ni même en supporter l'odeur. Ce dégoût du noble breuvage semble lui avoir passé plus tard. Si nous en croyons son propre récit, il revient au château et sait honorer ses hôtes et confrères. La confrérie disparaît vers la fin de la guerre de Trente Ans.

18 mai

FONDATION DE LA CAISSE D'ÉPARGNE DE STRASBOURG (1834)

Le 18 mai 1834, une ordonnance royale autorise la création d'une Caisse d'épargne et de prévoyance à Strasbourg. Ouverte deux mois plus tard, elle est placée sous les auspices de la municipalité qui nomme les douze membres du conseil d'administration, dont trois conseillers municipaux, deux magistrats et trois banquiers. Elle est, après Mulhouse, la deuxième en Alsace et elle fait partie d'une véritable vague de créations, puisqu'en 1834 et 1835, 131 caisses sont fondées sur le plan national. En Alsace, Strasbourg amorce le mouvement avec 5 créations en 1835, 6 en 1836 pour atteindre en 1840 un total de 18 caisses, ce qui fait du Bas-Rhin le premier et du Haut-Rhin le troisième département français par le nombre de caisses.

Sous l'influence du catholicisme social et du protestantisme soucieux d'œuvres diaconales, cette caisse est destinée à être la banque des petites gens, des domestiques, des ouvriers et des employés, afin de les préserver de l'usure et de l'endettement, plaies du système social. Les domestiques et les enfants mineurs constituent chacun près de 20 % des déposants, les ouvriers 9 %.

Le statut juridique est précisé par une loi organique de 1837 qui confie à la Caisse des Dépôts la gestion des dépôts.

Cette caisse est à l'origine du réseau des Caisses d'épargne en Alsace. Elle a su s'adapter aux régimes politiques successifs pour devenir la Caisse d'Épargne d'Alsace, l'une des grandes banques régionales actuelles.

LE HANNETON

Autrefois, le hanneton (*Maikäfer*) symbolisait le mois de mai et les enfants s'amusaient chaque année à en attraper pour jouer avec eux, souvent en récitant la comptine suivante :

Maikäfer flieg !
De Vader isch im Kriej !
D'Mueder isch im Bummerland,
s'Bummerland isch abgebrannt,
Maikäfer fliej.

Hanneton vole ! Le père est dans la guerre !
La mère est en Poméranie (ou le pays où cela cogne) ;
La Poméranie est incendiée, hanneton vole.

L'abondance des hannetons est considérée comme un signe prometteur de récoltes.

19 mai

L'ASCENSION

La fête de l'Ascension tient une certaine place dans le calendrier liturgique. Dans les campagnes catholiques, a longtemps subsisté une procession autour du ban communal. Parmi les coutumes, on ne mange que de la viande de volaille. On offre aux enfants des oiseaux de pain (oiseaux faits à partir de pâte). Beaucoup de personnes cherchent ce jour-là des plantes médicinales dont la « fleur de l'Ascension ».

Deux dictons concernent le temps de ce jour.

**Wie das Wetter am
Himmelfahrtstag,
so der ganze Herbst sein mag.**

*Le temps de l'Ascension
Annonce celui de l'automne.*

**Wird am Christ-
Himmelfahrtstag dem Pfarrer
sein
Oberrock nass, so gibt's vielen
und guten Flachs.**

*Si à l'Ascension la soutane du prêtre
est mouillée,
La récolte de lin sera abondante et
de qualité.*

LE BREITENSTEIN : PIERRE DES DOUZE APÔTRES

Le Breitenstein est une pierre dressée de 3,6 mètres de haut actuellement, qui marque la frontière entre l'Alsace et la Lorraine, autrefois entre le comté de Hanau-Lichtenberg et le comté de Bitche. Elle est fort ancienne et signalée dès 713. Elle ressemble en partie aux menhirs bretons et a été, en 1787, transformée en calvaire avec la figuration des douze Apôtres. Elle est située sur une ligne de partage des eaux et à une intersection d'importantes voies de communication de l'époque romaine et médiévale reliant la Lombardie à la Flandre. Elle a suscité plusieurs légendes, qui ont donné une tonalité mythique à ce symbole d'une frontière demeurée encore vive dans les mentalités, tant en Alsace qu'en Lorraine.

20 mai

NAISSANCE DE JEAN CHRISTIAN HACKENSCHMIDT (1809-1900) ET DE CHARLES HANAUER (1828-1908)

Le 20 mai 1809, naît à Strasbourg Jean Christian Hackenschmidt, fabricant d'articles de vannerie qui tient une grande place dans le milieu protestant de Strasbourg au XIXe siècle. Propriétaire d'une entreprise prospère, il est à la fois écrivain, poète et philanthrope. Il compose des poèmes en alsacien et en allemand, publiés dans des hebdomadaires et des almanachs. Il rédige des contes, récits et essais sur l'histoire religieuse locale, des événements et des légendes. Pendant plus de 50 ans, il est trésorier de l'orphelinat de Neuhof. Proche de Haerter, il œuvre dans plusieurs organismes fondés par les piétistes au service des pauvres.

Le 20 mai 1828 naît à Habsheim Charles Hanauer, représenté ici. Prêtre et historien, il est le fondateur de l'école historique catholique en Alsace. Professeur au collège libre de Colmar, il est sur le tard bibliothécaire-archiviste de la ville de Haguenau. Il publie beaucoup dans la *Revue catholique d'Alsace* et, à partir de 1899, dans la *Revue d'Alsace*. Ses deux œuvres marquantes sont *Les paysans d'Alsace* et *Études économiques sur l'Alsace ancienne et moderne* qui sont couronnées par l'Académie des Inscriptions et Belles Lettres. À la fin de sa vie, il publie beaucoup sur l'histoire de Haguenau.

COMPTINE DE MAI

Maie, Maie, Rosa,
D'Büawa schissa i d'Hosa.
D'Maidla traga Kranzale.
Würi, würi, Gansala.

Mai, mai, roses,
Les garçons font dans la culotte.
Les filles portent une couronne.
Venez, venez les oisons.

21 mai

LE HANS IM SCHNOKELOCH

Jean du Schnokeloch
A tout ce qu'il désire,
Mais ce qu'il veut, il ne l'a pas,
Et ce qu'il a, il ne le veut pas.
Jean du Schnokeloch a tout
ce qu'il veut.

Ce personnage est devenu le symbole de l'Alsacien. Son origine remonte à un aubergiste, Hans, qui tenait vers 1800 une auberge sous l'enseigne *Im Schnokeloch* à Kœnigshoffen et qui bénéficiait d'une bonne réputation. Après sa mort vers 1830, apparaît sur un air remontant au début du XVIIe siècle.

Der Hans im Schnokeloch
Het alles, was er will,
Un was er will, dis het er nit,
Un was er het, dis will er nit.
Der Hans im Schnokeloch
Het alles, was er will.

Cette chanson fait du Hans un éternel insatisfait et met en place le mythe du héros alsacien, illustré dans la littérature, le théâtre et la peinture. Le mythe a inspiré les poètes Adolphe Stöber, Karl Bernhard et Auguste Schneider. Il est entré dans le Théâtre Alsacien avec une pièce de Ferdinand Bastian (1903). René Schickelé en a fait un drame (1915). Il est illustré pendant près d'un siècle par Théophile Schuler (1859), F. Mathis (1860), Émile Schweitzer (1862) et surtout Charles Spindler (vers 1920) qui le représente en homme blasé malgré une riche ferme et une procession de belles femmes qui lui apportent les plus beaux plats. Après 1945, son nom a été donné à l'ensemble de musique folklorique de Jules Mayer qui a bénéficié d'une grande notoriété durant plus de deux décennies.

Comptine à la Sainte-Gisèle

Zu Sankt-Gisela Rage,
Bedittet viel Sage.

De la pluie à la Sainte-Gisèle
Annonce de riches récoltes.

22 mai

COLMAR, CAPITALE JUDICIAIRE DE L'ALSACE (1698)

Le 22 mai 1698, le Conseil Souverain d'Alsace, qui a dû quitter la Villeneuve, une île située sur le Rhin, en face de Breisach, en vertu du traité de Ryswick (1697), tient sa première réunion à Colmar au Wagkeller. Le choix de Colmar, préconisé par le commandant de la province et surtout par le prêteur royal de Colmar, le conseiller François Dietremann (1656-1729), est prescrit par lettres patentes du 18 mars 1698. La première séance a lieu après une messe célébrée dans la chapelle du Palais, celle des Augustins.

Cette installation transforme Colmar en profondeur par l'arrivée d'un important groupe francophone et catholique, d'une bourgeoisie parlementaire apportant avec elle son mode de vie et sa culture. Dans les décennies suivantes, Colmar devient la capitale judiciaire de l'Alsace, mais aussi une ville composée de deux sociétés, où progresse la culture française, favorisée par l'implantation en 1699 d'un collège jésuite, tandis que le protestantisme, jusque-là majoritaire, se voit réduit à une place de minorité. La fonction judiciaire donne peu à peu le ton à la ville, une bourgeoisie cultivée favorable à l'école et à la vie culturelle. Sous Napoléon, Colmar parvient à conserver son rôle de capitale judiciaire grâce à la cour d'appel maintenue jusqu'à aujourd'hui.

Comptine de mai

Seppele uf de Wiese,
Seppele uf de Gass.
Seppele het in d'Hosse
gemacht,
Seppele, was isch das ?
's Hemd isch nass.

Petit Joseph sur le pré,
Dans la rue, a fait dans
la culotte.
Qu'est-ce-que c'est cela ?
La chemise est mouillée.

COMPTINES SUR LE MARIAGE

Le mois de mai est l'un des grands moments pour le mariage. C'est un thème qui a suscité de très nombreuses comptines. D'abord sur les jeunes filles qui souhaitent un mari.

Rosmarin un Thymian
Wachst in unserm Garte,
Liewer Vadder, käuf m'r e Mann,
Ich ka nim länger warte !

Le romarin et le thym poussent dans notre jardin
Cher papa, achète moi un homme, je ne peux attendre plus longtemps.

Mais le mariage, recherché par les uns, devient pour d'autres un carcan !

S'Hirote isch e Hiehnerhüs,
Die, wo drin sin, möchte nüs,
Die, wo drüs sin, möchte dri,
Hans, i rot dir, ledig ze bli.

Le mariage est un poulailler,
Ceux qui y sont, voudraient en sortir,
Ceux qui sont en dehors,
Voudraient y entrer,
Hans, je te conseille de rester célibataire.

La mauvaise gestion du ménage est en général attribuée à la femme.

Sechsmol sechs isch sechsedrisig,
Isch d'r Mann äu noch se flissig,
Un die Fräu isch liederli,
So geht alles hinterschi.

Six fois six font trente-six,
Même si le mari est très travailleur,
Si la femme est désordonnée,
Tout va de travers.

24 mai

Recette du gâteau au fromage blanc

Préparation et cuisson : 65 minutes

Ingrédients : 375 g de farine, 125 g de beurre, 200 g de sucre, 2 sachets de sucre vanillé, 2 œufs, 250 g de fromage blanc assez sec ou ferme, 1 pincée de sel, 1 sachet de levure chimique, 75 g d'amandes ou de noix mondées et moulues, 75 g de raisins secs, 3-5 cuillerées à soupe de lait, un peu de chapelure.

Travailler le beurre ramolli pour le rendre mousseux ; ajouter peu à peu le sel, le sucre, le sucre vanillé, les œufs, puis le fromage blanc passé au tamis. Incorporer petit à petit la farine à laquelle on aura mélangé la levure chimique. Mouiller avec 3 cuillerées à soupe de lait tiède. Bien travailler tous les ingrédients pour obtenir une pâte ferme (ajouter au besoin un peu de lait). Puis ajouter les amandes ou les noix moulues et les raisins secs. Bien mélanger le tout et verser l'appareil dans un moule à savarin bien beurré et saupoudré de chapelure. Cuire à four moyen (thermostat 5) 45 mn environ.

Pluie et rosée du mois de mai

Pour les paysans, la pluie du mois de mai est considérée comme bénéfique, comme l'attestent d'innombrables dictons et poésies populaires. On y décèle un profond respect de l'eau.

La rosée, notamment celle du 1er mai, exerce une action bienfaisante. Elle avait le pouvoir de faire partir les rousseurs et les boutons et d'assurer une peau saine et fraîche.

Maierage, Gottessage.

Pluie de mai, don du ciel.

Maietau, Macht grieni Au ;
Maiefröste, Schädliche Gäste.

Rosée de mai, rend les prés verts ;
Gelées de mai, hôtes nuisibles.

Grün schmückt sich Flur und Au,
Fällt vom Himmel Maientau.

Verts seront champs et prés,
Quand en mai tombe la rosée.

Owetau un kiehl im Mai,
Bringt Win un viel Hai.

Rosée du soir et frais en mai,
Beaucoup de vin et de foin.

25 mai

LA SAINT-URBAIN

Saint Urbain (222-230) est représenté en pape, portant un raisin et une épée. Présent dans six paroisses d'Alsace, il est le patron des viticulteurs. Dans de nombreuses paroisses, on promenait autrefois, ce jour-là, sa statue en processionautour du ban communal. Il a suscité deux dictons météorologiques.

So wie Urban sich erhällt,
Isch's Heuwetter oj bestellt.

Comme est le temps à Saint-Urbain,
Ainsi le sera-t-il à la fenaison.

Sankt Urban Sunneschien,
Scheeni Rawe, güeter Win.

Rayons de soleil de Saint-Urbain,
Belles vignes, très bon vin.

LA LÉGENDE DU CHEVALIER DE FREUNDSTEIN

Un jeune comte de Geroldseck est très épris des charmes de la châtelaine de Freundstein. Mais il se heurte à un refus de sa part, ainsi que de son père, le chevalier de Freundstein.

Blessé dans son amour-propre, il décide de la conquérir de force. Il réunit une troupe de militaires et attaque le château. La garnison, malgré toute sa vaillance, est trop faible et doit se rendre. Savourant sa victoire, le comte entre avec sa troupe dans le château. À cette vue, le vieux père, au comble du désespoir, prend sa fille dans ses bras, enfourche son cheval et, franchissant le parapet des remparts, se précipite dans le fossé.

Aujourd'hui, les ruines témoignent encore de la puissance des anciens maîtres. Dans les nuits calmes, on entend encore parfois le galop du cheval du chevalier qui fait le tour du château avec sa fille, poursuivi par le comte de Geroldseck.

26 *mai*

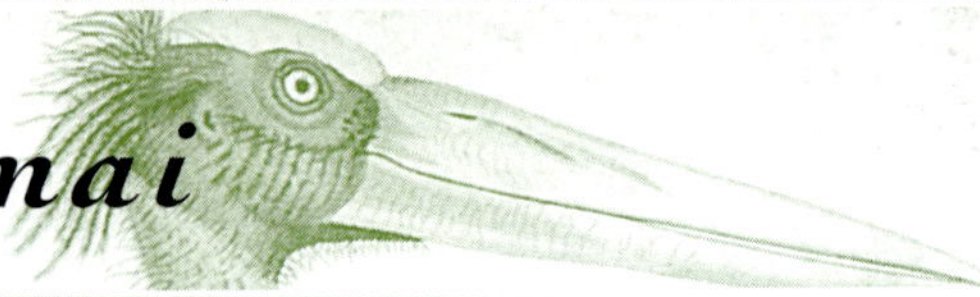

UNE ALSACE AUTONOME (1911)

Le 26 mai 1911, est voté par le Reichstag un projet de loi après de longues négociations et de nombreux débats. Le projet s'est heurté à l'opposition de huit parlementaires alsaciens sur onze, hormis Jean Hœffel, estimant que le texte ne va pas assez loin. Cette loi, publiée le 31 mai, fait du Reichsland un État autonome, en principe le 26e État confédéré avec trois délégués à la Chambre Haute de Berlin (*Bundesrat*) nommés par le *Statthalter*. Désormais, les lois locales sont votées par un *Landtag* formé de deux Chambres : la Chambre haute, dont les membres sont pour moitié nommés par l'empereur, pour moitié membres de droit ; la Chambre basse, qui comprend 60 membres élus au suffrage universel par un scrutin uninominal à deux tours. La responsabilité du ministère, nommé par le *Statthalter*, se limite à l'obligation d'expliquer sa politique devant le *Landtag*. Malgré les déceptions, c'est la seule fois au cours de son histoire que l'Alsace-Moselle dispose d'un véritable Parlement avec de larges compétences législatives et fiscales. Celui-ci fonctionne librement jusqu'en 1914. Son activité se manifeste par un contrôle budgétaire efficace et un important travail législatif. Supprimé dès novembre 1918, il a laissé la mémoire d'une Alsace « autonome », un mot devenu tabou en 1945.

Pluie de mai

Mairäje, mach mi gross,
ich bin e kleiner Stumpe !
Es räjt uf d'Felder,
es räjt uf d'Stross,
es räjt fir d'Riche
un fir d'Lumpe.

Pluie de mai, fais moi grandir,
Je suis un petit bout de chou !
Il pleut dans les champs,
Il pleut dans la rue, il pleut pour les riches et pour les gens de peu.

Dicton sur la beauté de mai

Nur einmal blüht im Jahr der Mai,
Nach 31 Tagen ist auch er vorbei.

Ce n'est qu'une fois l'an que fleurit mai,
Après 31 jours, il se termine aussi.

27 mai

DISPARITION DE LAZARUS VON SCHWENDI (1522-1583)

Le 27 mai 1583, meurt à Kirchhofen dans le Brisgau, Lazarus von Schwendi, homme de guerre, proche de trois empereurs, Charles-Quint, Ferdinand Ier et Maximilien II. D'abord colonel, il commande ensuite l'armée impériale contre les Turcs en Hongrie, où il se couvre de gloire, de 1564 à 1568. En 1564, il acquiert la seigneurie du Haut-Landsbourg et devient *Reichsvogt* de Kaysersberg en 1574. Il contribue à l'établissement d'un glacis militaire sur le piémont des Vosges et de plans de défense. Il demeure l'un des principaux conseillers de l'empereur Maximilien II. Il rédige des mémoires sur les questions de défense. Partisan de la tolérance religieuse, il est entré dans la tradition populaire par le mythe erroné, selon lequel il aurait rapporté de Hongrie le cépage du tokay. Son monument funéraire, l'une des grandes œuvres sculptées du XVIe siècle en Alsace, se trouve dans l'église de Kientzheim.

COMPTINE SUR LES GÂTEAUX

Backe, backe Kuchen,
der Bäcker hat geruffen.
Wer will guten Kuchen backen
der muss haben sieben Sachen :
Eier und Schmalz,
Butter und Salz,
Milch und Mehl,
Safran macht den Kuchen gehl

Fais cuire le gâteau,
Le boulanger a appelé.
Celui qui veut faire cuire un bon gâteau doit avoir sept éléments :
Des œufs et de la graisse,
Du beurre et du sel,
Du lait et de la farine,
Le safran donne la couleur jaune au gâteau.

28 mai

DISPARITION DE VICTOR NESSLER (1841-1890)

Le 28 mai 1890 meurt à Strasbourg Victor Nessler, l'un des grands compositeurs alsaciens. Chef du chœur de Leipzig, il compose des cantates et des opéras, dont deux connaissent un large succès populaire à travers toute l'Allemagne : *Der Rattenfänger von Hameln* et *Der Trompeter von Säckingen*. Le second est joué plus de 2 000 fois sans interruption au moment de sa création. Le refrain *Behüt Dich Gott, es war so schön gewesen* est chanté par presque toutes les femmes alsaciennes de la génération du début du siècle dernier. Cet opéra est joué à Strasbourg à l'égal de Wagner, Beethoven et Mozart, mais il est exclu des programmes strasbourgeois sous le régime français. Ses hymnes et opéras sont inspirés par le patrimoine légendaire alsacien.

NAISSANCE DE L'ÉGLISE LUTHÉRIENNE (1545)

Le 28 mai 1545, le comte Philippe IV de Hanau-Lichtenberg réunit à Bouxwiller l'ensemble des prêtres de son territoire en vue d'y introduire la Réforme protestante selon la vision de Bucer. La journée est présidée par Pantaleon Blasius, un théologien proche de Bucer qui a dirigé pendant quatre ans la mise en place de la Réforme. Elle débute par une prédication de Blasius sur le ministère et les devoirs du pasteur. Puis les prêtres – 21, soit près de 75 % du total, ont fait le déplacement – sont réunis à l'hôtel de ville. Le bailli leur communique le but du synode et les prie de se soumettre à l'ordre du comte. Huit pasteurs acceptent la Réforme, sept demandent un délai de deux mois – seuls deux se rallieront – enfin les six autres déclarent rester fidèles à l'Église romaine. À tous, on remet un exemplaire du programme de réformes.

Ce jour marque la naissance de l'Église luthérienne du comté de Hanau-Lichtenberg qui, avec sa centaine de villages, est devenu le principal bastion luthérien rural en Alsace. La confession a contribué à modeler la spécificité de cette région, demeurée jusqu'à aujourd'hui un pays ayant conservé une forte identité.

29 mai

PENTECÔTE

Cette fête a donné lieu à relativement peu de coutumes. On peut en évoquer deux. D'abord le claquement des fouets. Dans certains villages du Kochersberg, du pays de Hanau et en Alsace bossue, les jeunes gens allaient dans les rues en faisant claquer leurs fouets devant la maison de leur fiancée. Cette pratique était destinée à éloigner les mauvais esprits que l'hiver avait apportés avec lui et à faire place nette pour la venue du Saint-Esprit. Ensuite, le valet de Pentecôte passe, avec la jeunesse du village, dans les rues pour réclamer des victuailles permettant d'organiser un grand festin réunissant l'ensemble des jeunes.

LA FÊTE DE PENTECÔTE À WISSEMBOURG

Wissembourg constitue depuis des décennies le centre festif de l'Alsace lors de la Pentecôte. L'après-midi a lieu un grand cortège folklorique qui rassemble plusieurs dizaines de groupes, les uns de la région, les autres originaires de différents pays européens. S'y ajoutent diverses animations, expositions artisanales et stands de dégustation de spécialités culinaires.

Le lundi ont lieu de grandes courses hippiques rurales qui remontent à 1866. La Société de courses doit son origine au marché de chevaux qui se tenait à Schleithal. Le matin avait lieu la vente des chevaux et l'après-midi des courses. Actuellement a lieu un Pari Mutuel avec des courses plates, des steeple-chases et des courses de trot. La manifestation s'achève par la « course de Schleithal », réservée aux cavaliers de la région habillés en costumes folkloriques.

LA SORCIÈRE DE KOESTLACH

À Kœstlach dans le Sundgau, a vécu selon la légende une vieille sorcière qui avait une très belle jeune fille à son service. Elle la traitait durement et savait la retenir par des flatteries et des promesses.

Elle la faisait travailler régulièrement jusqu'après minuit. Or un soir, à sa grande surprise, la sorcière l'envoie se coucher aussitôt après le souper. Très intriguée, elle reste éveillée et perçoit un bourdonnement de rouets. Poussée par la curiosité, elle se lève et regarde par le trou de la serrure de la grande chambre. Elle voit, assis en rond, de grands bouchons de paille surmontés de têtes humaines dodelinantes en train de filer du lin. La servante pousse un cri, va se recoucher et a la fièvre toute la nuit.

Le lendemain, elle quitte sa maîtresse. Celle-ci lui recommande de ne rien dire de ce qu'elle a vu la veille, déclarant qu'elle saura la retrouver.

La servante garde le secret pendant deux ans, puis, ne supportant plus ce fardeau, s'en ouvre un jour à quelques amies. Mais lors du réveil, le lendemain, elle ne peut faire un mouvement. Tous ses membres sont enflés et elle a l'air d'une vessie de cochon.

Quelques semaines plus tard, un jeune homme en rentrant passe par le plateau des sorcières. Il entend des voix. Troublé, il se dissimule dans un arbre et voit une foule de femmes assises en cercle. Chacune raconte ce qu'elle a fait de mal aux troupeaux et aux hommes. La sorcière raconte ce qu'elle a fait à son ancienne servante. Puis une consœur décrit le remède : un bain de pieds dans le lait des trois plus vieilles vaches noires du village.

Le matin, après la dispersion des sorcières, le jeune homme se rend chez les parents de la jeune fille et leur indique le remède qui agit aussitôt, ce qui permet à la malade de retrouver toute sa fraîcheur. Pour sa récompense, le jeune homme obtient la main de la belle.

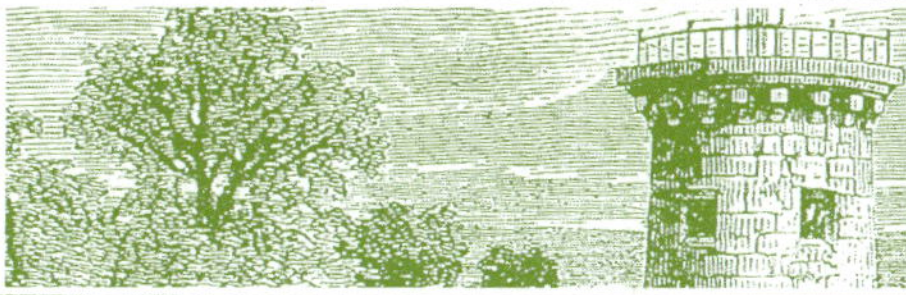

31 mai

LA STATION CHAPPE (1798)

Le 31 mai 1798, est mise en service la ligne de télégraphie aérienne de Chappe, reliant Paris à Strasbourg, qui permet des communications beaucoup plus rapides. Elle compte en Alsace quatre stations, le Haut-Barr, Hohengœft, Hurtigheim et Strasbourg. Au Haut-Barr, la station connaît trois emplacements successifs. Le premier, de 1798 à 1810, se situe sur le rocher, dans l'enceinte du château. Mais cet emplacement est trop exposé aux intempéries et une deuxième tour est érigée, puis démantelée en 1814 sur ordre des Alliés. Elle est reconstruite à deux reprises : en 1835 tout d'abord et en 1968 par les Amis de l'Histoire des PTT. La station de Strasbourg se trouve, elle, sur la flèche de la cathédrale.

Recette de la crème d'asperges

Ingrédients pour 6 personnes :
500 g de pointes d'asperges,
1,5 l de bouillon de bœuf,
2 jaunes d'œuf,
15-20 cl de crème fraîche,
30-40 g de farine.

Faire un bouillon de bœuf. Ajouter 30-40 g de farine. Ajouter les pointes d'asperges. Laisser cuire doucement pendant 30 mn. Ajouter et préparer des jaunes d'œuf et la crème fraîche à la soupe. Ne pas mélanger trop durement.

1er juin

LA CIGOGNE

Dans les comptines, la cigogne est associée à la naissance. Pour les enfants, c'est elle qui apporte les bébés. Voici les deux plus connues.

Storik, Storik, stibber dini Baan,
Bring de Mamme a Bubbele haam ;
Aans wo hielt, aans wo lacht
Aans wo scheen in's Häfele macht.

Cigogne, cigogne, dresse tes pattes,
Apporte à maman un bébé ;
Un qui pleure, un qui rit
Un qui fait bien dans le pot.

Stork, Storck, du beschter,
Bring mir eini Schwester,
Storck, Storck, du güeter,
Bring mir eine Brüeder.

Cigogne, cigogne, toi la meilleure,
Apporte-moi une sœur,
Cigogne, cigogne, toi si bonne,
Apporte-moi un frère.

Après 1870, est apparue dans des milieux francophiles d'Alsace une nouvelle comptine, poursuivie après 1918 et qui a connu une nouvelle vogue après 1945.

Cigogne, cigogne, t'as de la chance,
Tous les ans tu passes en France,
Cigogne, cigogne, rapporte-nous
Dans ton bec un p'tit piou-piou.

Dictons météorologiques

Le mois de juin (*Brochmonet* ou mois de la chaleur) marque le début de l'été et occupe une grande place dans le calendrier agricole et météorologique.

Wenn nass und kalt der Juni war,
Verdirbt er meist das ganze Jahr

Si juin était pluvieux et froid,
Il endommage souvent toute l'année.

Soll gedeihen Korn und Wein, muss der Juni trocken sein.

Si les céréales et le vin doivent prospérer, juin doit être sec.

Les travaux du mois

Dans le potager, on sème la scarole, les épinards et les radis d'hiver. On butte les haricots et les pommes de terre, on arrose souvent les fraisiers. On surveille les ruches à cause de la formation d'essaims. On prépare les granges pour la réception de la moisson. Le gros travail est la fenaison dans la seconde quizaine du mois.

LE GIBET DE ROUFFACH

Au XVIIe siècle, on est fort sévère envers les voleurs à Rouffach. Comme le gibet menace de tomber en ruine, à force d'avoir servi, on en fait un nouveau en solide bois de chêne, ce qui suscita l'expression devenue courante, « le gibet de Rouffach est de bon bois de chêne ». On dit aussi « Défie-toi du gibet de Rouffach ! »

Un jour, les échevins du village voisin de Pfaffenheim condamnent à mort un voleur. Ils s'adressent à leurs collègues de Rouffach pour utiliser leur gibet. Mais ceux-ci refusent, ayant fait élever ce gibet aux frais de la ville, le droit d'usage en est réservé à ses habitants et à leurs descendants. De là vient alors le dicton : « À Strasbourg son horloge, à Rouffach son gibet. »

LE CHOIX DU FIANCÉ

Il y a plusieurs siècles, le *schulteiss* (prévôt) Kuster de Wettolsheim est l'un des plus riches exploitants agricoles de la région. Il a une fille d'une grande beauté qui attire un tel nombre de prétendants qu'elle ne sait comment faire. Finalement, elle sélectionne quatre jeunes hommes riches et sérieux. Le père les invite à passer un dimanche chez lui. Pendant que la jeune fille s'habille de ses plus beaux habits, les quatre prétendants mènent leur cheval à l'écurie. Quand la jeune fille descend, on fait sortir les quatre chevaux. Le père déclare à sa fille qu'il la donnera en mariage à celui de ses prétendants dont elle préférera le cheval. Très émue et après avoir longtemps hésité, elle finit par choisir le cheval de couleur blanche. Son heureux propriétaire, Heymann de Sainte-Croix, la serre dans ses bras. Les noces sont célébrées quelques semaines après. La famille Heymann est encore prospère et nombreuse au milieu du XIXe siècle.

3 juin

SAINT MORAND

Le 3 juin est la fête de saint Morand, le saint du Sundgau. Il demeure mal connu, car il n'existe qu'une source, *La Vie de saint Morand*, un opuscule médiéval de valeur médiocre. Moine bénédictin, saint Morand a vécu entre la seconde moitié du XIe et la première moitié du XIIe siècle. Issu d'une famille noble de la région de Worms, il devient prêtre à la demande de ses parents. Lors d'un pèlerinage à Saint-Jacques-de-Compostelle, il passe à Cluny dont l'abbé Hugues le persuade de se faire moine clunisien. Après une vie monacale exemplaire à Cluny, il est envoyé dans un couvent clunisien en Auvergne où il devient un thaumaturge célèbre, puis, à la demande du comte Frédéric de Ferrette, fondateur d'un prieuré à Altkirch, entre 1105 et 1109. Il se distingue très vite par ses miracles. Il rend la santé à tous les malades venant vers lui, aussi bien des paralytiques, des possédés que des personnes souffrant de fièvres. Il guérit d'une paralysie faciale le comte Frédéric de Ferrette, dont il devient, par la suite, le confesseur et le conseiller. Selon la légende, il aurait éteint un incendie et mis en fuite le diable après une lutte nocturne. Il meurt le 3 juin. Son année de décès reste inconnue. Il est canonisé à une date également non précisée et son tombeau, érigé dans l'église du prieuré, est devenu un lieu de pèlerinage.

Dès la fin du XIIe siècle, Morand est reconnu comme le saint patron du Sundgau et sa fête est officiellement célébrée dans l'évêché de Bâle le 3 juin. Au fil des siècles, le prieuré devient un lieu de pèlerinage réputé dans toute l'Alsace octroyant quarante jours d'indulgences. Dès le XVIe siècle, on trouve mention de reliques de saint Morand à Lucelle, à Mariastein, à Sankt Peter (Forêt-Noire), en Suisse et à Cluny. Il est le patron des vignerons du Sundgau, après que le village de Steinbach eut obtenu par l'intercession du saint une vendange particulièrement abondante.

Am Morand's Owe,
Setzt me Krüt um Bohne.

Le soir de la Saint-Morand,
On plante choux et haricots.

4 juin

NAISSANCE DE JEAN HENRI MOGG (1600-1668)

Le 4 juin 1600 naît à Ribeauvillé Jean Henri Mogg, l'un des grands acteurs municipaux de la ville de Colmar. Son père, négociant, l'envoie faire un séjour à Montbéliard pour se familiariser avec le français. Il fait des études de droit à Strasbourg et un voyage à travers l'Europe protestante.

Après un bref séjour à Ribeauvillé, il devient en 1633 greffier-syndic (aujourd'hui secrétaire général) de la ville de Colmar. Pendant une trentaine d'années, il exerce les plus hautes charges de la ville, plusieurs fois *stettmeister* et huit fois *obristmeister*. Remarquable diplomate au service de la ville il négocie, en 1634-1635, avec le chancelier suédois Oxenstirn, puis avec Richelieu le traité de Rueil (cf. 1er août).

L'APPARITION DU JARDIN DE PFEFFEL

Quand Théophile Pfeffel (cf. 28 juin) dirige de 1773 à 1793 l'académie militaire de Colmar, un enfant se refuse absolument à passer sur une certaine place du jardin, où ses camarades jouent tranquillement. Ceux-ci ne comprennent pas pourquoi et l'y mènent de force. Il résiste, ses cheveux se dressent sur sa tête et tout son corps est inondé d'une sueur froide. Quand l'enfant revient de son évanouissement, on lui demande des explications. Pendant longtemps, il ne veut rien dire. Enfin, il déclare : « À cet endroit, il y a un homme enterré. Ses mains sont placées de telle façon, ses jambes comme ceci (et il donne des détails précis). Au doigt, il y a un anneau. »

On creuse la place couverte de gazon et, à trois pieds sous terre, on découvre un squelette dans la position indiquée avec un anneau au doigt. On l'enterre convenablement, et dès lors l'enfant, à qui l'on n'a, semble-t-il, rien dit de l'exhumation, passe tranquillement sur la place qui l'effrayait auparavant.

Cet enfant avait un don bien particulier. Dans les endroits où des morts étaient enterrés, il voyait leurs formes s'élever de terre comme un brouillard, et les reconnaissait. La terreur de tant d'apparitions le fatiguait et il mourut jeune.

5 juin

LA TRINITÉ

Le dimanche de la Trinité qui est celui qui suit Pentecôte tenait autrefois une grande place dans la culture populaire. En ce jour avaient lieu des processions dans les champs pour protéger les futures récoltes et des pèlerinages. Le sel et l'eau bénis ce jour étaient conservés et considérés comme bons pour la santé. L'eau de pluie tombée ce jour était recueillie dans de grands récipients et conservée comme une eau bénite.

NAISSANCE D'HENRIETTE LOUISE WALDNER DE FREUNDSTEIN, BARONNE D'OBERKIRCH (1754-1803)

Le 5 juin 1754 naît Henriette Louise Waldner de Freundstein devenue par mariage baronne d'Oberkirch. Esprit cultivé, elle est bien introduite dans la société aristocratique française. Elle rédige des Mémoires et une autobiographie, qui s'arrête en 1789. Elle offre une image assez précise de la société de son temps. L'œuvre est écrite dans un style clair et élégant. Elle est arrêtée sous la Révolution avec son mari Charles Siegfried d'Oberkirch, officier, puis membre du Conseil des XV de Strasbourg. Son gendre (cf. 21 décembre) publie les Mémoires de la baronne d'Oberkirch sur la cour de Louis XVI et la société française avant 1789. C'est l'une des premières œuvres de langue française composée en Alsace.

SAINT BONIFACE

Archevêque de Mayence d'origine britannique, mort en 755, saint Boniface a évangélisé la Thuringe. Il n'a pas de lien direct avec l'Alsace. Il est néanmoins le patron de deux paroisses et a inspiré un dicton météorologique.

Hat Bonifacius kenn Sunneschin,
So kummt s'Hai nit trocke n'in.

Si Boniface n'a pas de soleil,
Le foin ne rentrera pas sec.

6 juin

LOUIS HUGOT (1805-1864)

Louis Hugot est l'un des grands acteurs culturels de Colmar au XIXe siècle. Archiviste et bibliothécaire, cet ancien chartiste anime pendant plus de deux décennies toute la vie culturelle de la ville et d'une bonne partie du département. En 1847, il fonde la Société Schongauer qui devient l'âme de la vie culturelle et prend en main la gestion du patrimoine confisqué à la Révolution. En 1852, il l'installe dans le couvent désaffecté des Dominicaines d'Unterlinden qu'il a restauré et qui est devenu l'un des musées les plus visités de France. Hugot a su allier à une vaste érudition une nature d'artiste et une force de travail considérable. Il meurt à Strasbourg en 1864.

Recette des cervelas en salade ou à la strasbourgeoise

Ingrédients : 6 cervelas, 1 oignon, 2 tomates, 3 feuilles de salade, sel, poivre, 300 g de gruyère, 3 œufs durs, assaisonnement composé de vinaigre, huile et moutarde.

Enlever la peau des cervelas, les couper en deux dans le sens de la longueur. Couper en biais sur la partie bombée. Présenter sur un plat ou sur chaque assiette. Décorer le bord avec les feuilles de salade et des moitiés d'œuf dur. Laver les tomates, les couper en tranches fines et les présenter sur le plat ou au centre de l'assiette. Préparer une vinaigrette avec de la moutarde, de l'huile et du vinaigre. Napper avec la vinaigrette les tomates, les œufs et les cervelas. Saupoudrer avec de l'oignon haché.

N.B. Les tomates coupées peuvent être remplacées ou accompagnées par une salade de gruyère.

7 juin

STRASBOURG S'ALLIE À LA SUÈDE (1632)

Le 7 juin 1632 est signée une alliance entre la ville libre et impériale de Strasbourg et Gustave-Adolphe, roi de Suède.

À partir de 1621, Strasbourg adopte une politique de neutralité dans la guerre qui ravage l'Allemagne et l'Alsace depuis 1618. Mais face aux menaces des Habsbourg qui réclament la restitution de la cathédrale et des deux églises Saint-Pierre au catholicisme, le Magistrat s'alarme. Il engage des tractations en décembre 1631. Il estime « préférable d'avoir à faire à la couronne de Suède plutôt qu'à celle de France » qui est plus proche. Après avoir hésité, il saute le pas après la victoire de Gustave-Adolphe sur l'électeur de Bavière. Dans l'alliance signée le 7 juin, la ville reconnaît Gustave-Adolphe comme son protecteur durant la guerre. La ville l'autorise à passer le pont du Rhin et lui accorde d'importants subsides. Une armée suédoise est reçue avec beaucoup d'honneurs.

La mort du roi à la bataille de Lutzen (6 novembre 1632) est perçue comme une catastrophe. Selon le peintre Walter, à Strasbourg, « il y a eu tant de plaintes et de sanglots qu'on n'en a jamais vus et entendus de mémoire d'homme », lors de la cérémonie funèbre à la cathédrale. Le mythe du roi a survécu dans la conscience collective pendant des siècles.

Traumatisme dans les campagnes catholiques

En milieu catholique, le comportement des Suédois, notamment dans le Sundgau, où ils sont confrontés à une guérilla, a traumatisé pour des siècles la population. Il en subsiste de nombreux dictons dont en voici deux.

Vor Türk und Schwed behüt mich lieber Gott.

Mon Dieu, protège-moi du Turc et du Suédois.

Pour faire peur aux enfants, on les menaçait d'être enlevés par les Suédois.

Sei brav mein Kind, sonst holt dich morgen der Schwed.

Sois sage mon enfant, sinon le Suédois viendra te chercher demain.

8 juin

SAINT MÉDARD

Il est représenté en train de donner l'aumône à un mendiant. Au-dessus de sa tête sont placés un aigle et trois colombes. Il est le patron de Boersch et tient une certaine place dans les dictons météorologiques.

Macht Medardus feucht und nass,
regnet's lang ohn Unterlass.

Si la Saint-Médard est pluvieuse et humide,
Il pleuvra longtemps sans discontinuer.

Wer an Medardi baut,
Erntet viel Flachs un Kraut.

Qui, à Saint-Médard cultive,
Beaucoup de lin et de choux récolte.

Wie's Wetter zu Medardi hält,
solch Wetter in die Ernte fällt.

Le temps de la Saint-Médard sera celui des moissons.

LA FÊTE-DIEU

Cette fête est célébrée le jeudi qui suit le dimanche de la Trinité, ou le plus souvent aujourd'hui en Alsace le dimanche suivant. Elle a longtemps été caractérisée par de très belles processions, dont la plus célèbre est celle de Geispolsheim qui draine fidèles et touristes sur une route couverte de fleurs, de pétales et de branches. Elles sont souvent ponctuées d'une bénédiction pour les récoltes et d'un temps de recueillement sur des autels provisoires. Elles sont l'une des expressions les plus caractéristiques de la piété du monde rural catholique. La fête est appelée aussi *Herrgottstag* (jour du Seigneur) et s'est longtemps caractérisée par une connotation antiprotestante et une affirmation marquée du catholicisme.

9 juin

Dictons météorologiques

Nordwind der im Juni weht,
Nicht im besten Ruf steht ;
Kommt er an mit kühlem
Gruss,
Bald Gewitter folgen muss.

En juin le vent du nord,
n'est pas apprécié bien fort ;
S'il nous salue froidement,
L'orage viendra en peu de temps.

Heumonat, Lindenmonat.

Mois des foins, mois des tilleuls.

Brachmonat, Rosenmonat.

Mois de juin, mois des roses.

Juni, ficht un warm, Macht
den Bür nit arm.

Juin humide et chaud n'appauvrit pas le paysan.

Recette des meringues

Ingrédients : 4 blancs d'œufs, 300 g de sucre glace.

Battre les blancs d'œufs en neige ferme et y incorporer délicatement le sucre. Garnir une plaque avec du papier ou la beurrer. À l'aide d'une cuillère, y déposer de petites portions en forme d'œuf de blancs en neige. Sécher de suite à four très doux. Pour que les meringues deviennent fermes, ajouter à la pâte quelques gouttes de citron ou de vinaigre.

Avant de servir, enfoncer un peu le fond de chaque meringue ; les garnir de crème chantilly et les réunir deux à deux.

On peut aussi garnir d'une bonne crème au chocolat de toutes petites meringues rondes.

Les premières meringues ont été réalisées au XVIIIe siècle à la cour du roi Stanislas, duc de Lorraine.

10 juin

NOTRE-DAME DU SCHAEFERTAL

Sous le soleil torride de juin, un berger du Schaefertal garde son troupeau. Les moutons assoiffés sautent en tous sens et bêlent plaintivement. Dans la clairière, la source est tarie. Les moutons s'y pressent les uns contre les autres et plusieurs tombent sans force.

Alors le berger s'agenouille et se met à implorer la Vierge et le Christ. « Moi aussi, ô bon Pasteur, j'ai un troupeau. Je ne suis qu'un pauvre domestique et je dois des comptes à mon maître. Mes brebis pleurent, leurs agneaux défaillent. C'est comme votre peuple, Seigneur, qui a soif de vos paroles ! » Il s'appuie, les mains jointes, sur son gros bâton qui s'enfonce dans le sol.

En se relevant et en retirant son bâton, une eau fraîche jaillit en chantant les paroles suivantes : « Tu as eu raison, berger, d'avoir confiance en Celui-là qui n'a qu'une parole à dire pour que le serviteur soit guéri. » Toutes les bêtes se précipitent pour boire. Le berger appelle ses collègues des chaumes voisines pour admirer le miracle. Ensemble, ils commencent à édifier une chapelle, proche de la nouvelle source.

En 1511, la chapelle est consacrée sous le nom de Notre-Dame du Schaefertal et depuis, chaque année, les bergers y portent leurs agneaux pour invoquer la grâce divine de celui représenté tenant une brebis dans ses bras.

LA COMMUNAUTÉ JUIVE

Les communautés juives ont représenté entre 2 et 4 % de la population en Alsace. Établies dans les villes depuis la fin de l'Antiquité, elles ont été chassées après la Grande Peste de 1349. Par la suite et jusqu'en 1791, le judaïsme est à dominante rurale. Il a obtenu l'émancipation juridique et civique en 1791, un acte qui a entraîné une adhésion durable à la France.

Au XIXe siècle apparaît une bourgeoisie urbaine dans le monde économique et les professions libérales. Après l'annexion de 1871, de nombreux Juifs émigrent en France. Ils sont remplacés par des Juifs allemands, expulsés en partie en 1919. Après 1919, la plupart des communautés rurales disparaissent au profit des grandes villes. La communauté juive de Strasbourg, qui a accueilli plus de 2 000 émigrants d'Afrique du Nord en 1962, est actuellement une des plus importantes de France. Leur apport au patrimoine régional est considérable : plusieurs dizaines de synagogues intéressantes par leur architecture, des cimetières, la langue yiddish – malheureusement menacée de disparition – et la littérature grâce à plusieurs grands écrivains dont Nathan Katz et Claude Vigée.

11 juin

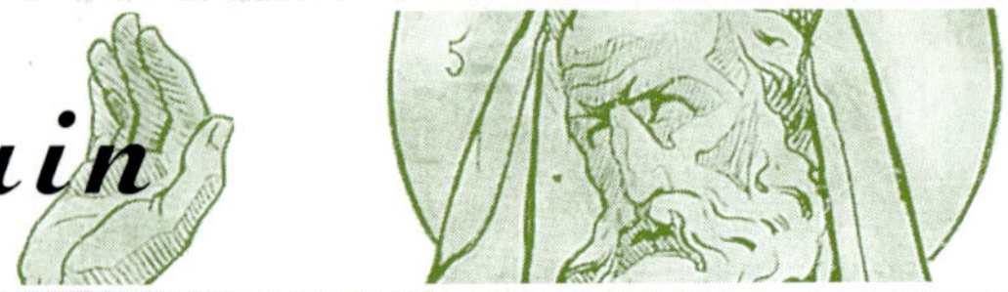

LA SAINT-BARNABÉ

La Saint-Barnabé, souvent associée à la Saint-Médard, tient une grande place dans les dictons des paysans.

Sankt-Barnabas, Schnidet s'Gras.

À Saint-Barnabé, Fauche tes prés.

D'Sunne an Barnabas, Schleht im Medard uf d'Nas.

Le soleil de Saint-Barnabé, À Medard casse le nez.

Wenn's rajt an Barnabas, Schwimmt d'r Driwel bis ins Fass.

S'il pleut à la Saint-Barnabé, Le raisin nagera au tonneau.

Sankt-Barnabas nit d'Sichel vergass : Het d'längsti Tag un s'längste Gras.

À Barnabé n'oublie pas la faucille : l'herbe est la plus haute et les jours les plus longs.

LA LÉGENDE DU VERGISS-MEIN-NICHT

Dans le voisinage de Brisach demeurait autrefois un chevalier nommé Rodolphe de Rapoldsee qui partit pour participer à une croisade. Sur le trajet, il s'arrêta chez le comte de Franckenstein. Il s'y enflamma pour sa fille Berthe. Lors de son départ, les deux amoureux se jurèrent réciproquement amour et fidélité.

En Palestine, il soupira souvent après sa Berthe adorée qui, de son côté, attendit avec impatience le retour de son bien-aimé. Fait prisonnier, son séjour se prolongea.

Après sa libération, il revint en Alsace et retrouva avec joie sa chère Berthe. Les deux tourtereaux étaient ivres d'amour. La veille de leur mariage, ils se reposèrent sur les bords du Rhin. En souvenir de cette délicieuse soirée, Berthe demanda à son fiancé quelques petites fleurs bleues qui poussaient sur la rive. Mais durant la cueillette, son pied glissa et il tomba dans le fleuve qui se referma sur lui. Il parvint à revenir à la surface et lui lança le bouquet fatal, en prononçant ces dernières paroles comme adieu suprême : *Vergiss-Mein-Nicht*, avant de disparaître pour toujours.

Berthe s'enferma alors dans un monastère et, depuis ce temps, la fleur qu'elle a reçue a conservé le nom de *Vergiss-Mein-Nicht*, ne m'oublie pas (myosotis).

12 juin

LA MENDIANTE DU BILSTEIN

Le sire Magloire de Bilstein rançonnait les voyageurs et les mettait à mort s'ils étaient sans argent. Il attaquait les villages et exigeait des impôts exceptionnels au nom de Pierre de Hagenbach, bailli de Haute-Alsace pour le duc de Bourgogne, Charles le Téméraire (1469-1474).

Un matin, en route pour rejoindre son protecteur, le sire de Hagenbach, avec une nombreuse suite, il rencontre une mendiante qui le supplie pour une aumône : «Magloire, pourquoi me laisses-tu mourir de faim ?» Mais les valets se moquent d'elle et Magloire lui jette une pierre. La mendiante lui révèle qu'elle est sa sœur et déclare qu'il est aussi mauvais maître que mauvais fils et mauvais frère.

Arrivé au lieu de rendez-vous, il entend sonner le tocsin dans diverses agglomérations, tandis que passe un groupe de personnes très heureuses d'annoncer que le sire de Hagenbach qu'il attend vient d'être décapité à Breisach.

Magloire fait alors demi-tour, inquiet de la disparition de son protecteur. À son retour, il découvre son château en proie à un incendie, tandis que sa femme et ses enfants pleurent. C'est le comte Maximin (Smassmann) de Ribeaupierre qui, ayant appris l'exécution de Hagenbach, est venu mettre à la raison le sire qui le narguait. Sa sœur apparaît alors. Il comprend l'horreur de ses cruautés et se réconcilie avec elle.

Cette légende comporte de nombreuses variantes et déformations.

Vue des ruines du château de Bilstein.

Comptine

Vögel, die nicht singen,
Glocken, die nicht klingen,
Pferdchen, die nicht springen,
Kinder, die nicht lachen,
Was sind das für Sachen ?

Des oiseaux qui ne chantent pas,
Des cloches qui ne sonnent pas,
Des chevaux qui ne sautent pas,
Des enfants qui ne rient pas,
que sont de tels êtres ?

13 *juin*

SAINT ANTOINE DE PADOUE

Saint Antoine de Padoue (1195-1230), franciscain, est introduit en Alsace à l'époque de la Contre-Réforme, comme un saint baroque. Sa statue manque rarement dans les églises catholiques d'Alsace. Il est l'intercesseur pour les ménages, les femmes et surtout quand on a perdu un objet cher ou précieux. Dans ce cas, la formule utilisée est celle-ci :

Antonius von Padoua Bring m'r was i verlore ha !

Antoine de Padoue, voudrais-tu me rapporter ce que j'ai perdu !

Il est représenté avec un lys, un livre, une fillette et un jeune garçon ou une femme. Il est le patron de six paroisses en Alsace.

LA FÊTE DE LA FÉDÉRATION (1790)

Le 13 juin 1790, a lieu à Strasbourg, à l'instigation du maire Frédéric de Dietrich, la fête de la Fédération. Elle rassemble à l'emplacement de l'actuelle Meinau près de 40 000 gardes nationaux de dix départements de l'est de la France. Elle mêle les manifestations solennelles de prestation de serments civiques, les baptêmes révolutionnaires et les bals. Des gardes nationaux de plus de cent localités alsaciennes participent à la prestation du serment d'obéissance et de dévouement à la nation, à la loi et au roi, de sorte qu'on a pu dire « Le patriotisme alsacien est né le 13 juin 1790 à Strasbourg ».

Les déplacements

Les mois de mai et de juin favorisent les déplacements des jeunes gens, ce qui suscite quelques comptines dont celle-ci.

Mr wandre, mr wandre,
von einre Stadt zuer andre
laj zerscht dine Geldsack uff de Disch,
un zahl mir was de schuldig bisch.

Nous pérégrinons d'une ville à l'autre
Pose d'abord ta trousse sur la table
et paie moi ce que tu me dois.

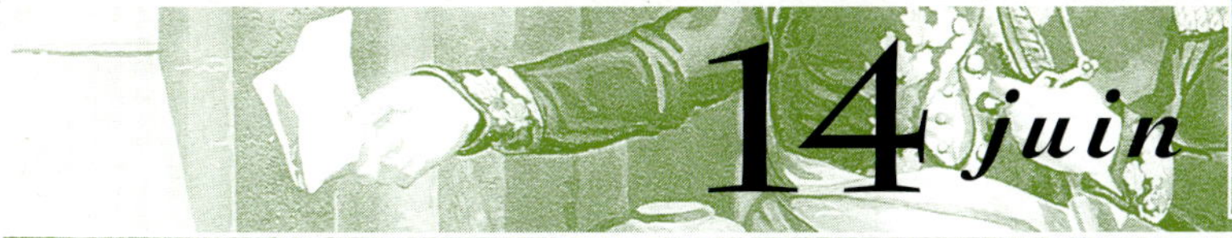

14 juin

L'ASSASSINAT DE KLÉBER (1800)

Le 14 juin 1800 est assassiné le général Kléber (1753-1800), devenu depuis le symbole du patriotisme français à Strasbourg. Il mène une double carrière d'architecte et de militaire. Pendant neuf ans, il sert dans l'armée autrichienne. De 1785 à 1792, il œuvre comme inspecteur des bâtiments publics et réalise différentes constructions en Alsace du Sud dont l'hôpital de Thann. De 1792 à 1800, il connaît une brillante carrière militaire comme général en Vendée, aux Pays-Bas et enfin en Égypte jusqu'à son assassinat.

Après le rapatriement de sa dépouille, il est finalement inhumé sous la place d'Armes, qui prendra son nom le 14 juin 1840, anniversaire de sa mort. L'inauguration de sa statue, réalisée par Philippe Grass, est l'occasion d'une grande cérémonie. Après 1870, il prend une place majeure dans l'imaginaire strasbourgeois. Le jour de sa mort, un groupe d'étudiants, le K20, fait à minuit le tour de la statue. Enfin, au XXe siècle, la place devient le lieu attitré des grandes manifestations : accueil des troupes françaises le 22 novembre 1918, revue des troupes par le général Leclerc le 24 novembre 1944, réinauguration de la statue le 23 novembre 1945. Kléber est devenu le « gardien et protecteur » de la ville.

NAISSANCE D'ALFRED RENOUARD DE BUSSIÈRE (1804-1887)

Le 14 juin 1804 naît Alfred Renouard de Bussière, l'un des grands acteurs économiques strasbourgeois du XIXe siècle et protestant engagé. Un des principaux banquiers de la place, il déploie aussi une grande activité dans le domaine industriel, en particulier par la reprise de l'usine de Graffenstaden. Directeur de la Monnaie de Strasbourg en 1834, puis de celle de Paris de 1861 à 1870. Homme politique, il est député de 1845 à 1848 et de 1852 à 1870. Membre du Consistoire Supérieur de l'Église de la Confession d'Augsbourg, il contribue à la construction de la nouvelle église protestante de La Robertsau. Propriétaire du château appelé plus tard de Pourtalès, il est le père de Mélanie de Pourtalès (cf. 26 mars).

15 juin

L'AFFAIRE FININGER À MULHOUSE

Si Mulhouse est une cité protestante depuis 1529, un incident local en 1580 provoqua de vives tensions. Les Fininger, famille d'origine soleuroise, arrogante, se heurtent à l'opposition de la majorité des familles dominantes à la suite d'un procès qu'ils ont perdu par eux. Ils engagent des manœuvres à Bâle et à Lucerne dans un contexte de tensions confessionnelles. La venue, le 16 juin 1586, de deux émissaires des cantons catholiques accompagnés des deux frères Fininger suscite l'inquiétude sur place et d'importants remous au sein de la Confédération. Les huits cantons catholiques se décident à retourner aux Mulhousiens leurs traités d'alliance privés de leurs sceaux. L'opinion, alarmée, s'en prend au bourgmestre Ziegler, incarcéré. Un nouveau conseil est mis en place. Comme son action est jugée trop lente, le 5 avril 1587, le clan Fininger prend le pouvoir de la ville. Il procède à la dissolution du nouveau conseil, envoie des émissaires aux diètes fédérales pour obtenir le rétablissement rapide de l'alliance des cantons défaillants, met en accusation publique les anciennes autorités et se prépare, dans le cadre d'une véritable offensive des cantons catholiques, à faire exécuter les principaux responsables de la perte de l'alliance. Devant cette menace, les cinq cantons protestants envoient les troupes à Mulhouse où ils pénètrent le 15 juin 1587 après un combat meurtrier. Ils y installent une importante garnison qui y demeurera un an. L'ancien conseil est remis en place, les principaux meneurs incarcérés à leur tour, tandis que les Bâlois en profitent pour remettre de l'ordre dans les affaires de l'Église, en remplaçant la plupart des pasteurs par des hommes de leur choix. Les principaux rebelles bannis fomentent une deuxième révolte trois ans plus tard, le 13 juin 1590. Les meneurs sont exécutés en public. Les Fininger s'établissent en Suisse et à Altkirch et le calme se rétablit peu à peu, mais désormais le spectre catholique fait partie du patriotisme municipal durant plus de deux siècles.

Dictons de la Saint-Guy

Sankt Vit ändert sich d'Zit.

À la Saint-Guy le jour raccourcit.

D'après l'ancien calendrier julien, la Saint-Guy se situait après le solstice d'été.

Sankt Vit Bringt Mucke mit.

La Saint-Guy amène des mouches.

Liewer Sankt Vit Weck mi in d'r Zit.

Cher saint Guy réveille-moi à temps (invocation des incontinents)

Räje am Sankt Vitustag bringt e guetes Johr, Nur d'Gerste liedet Gfoohr.

*La pluie à la Saint-Guy est signe de bonnes récoltes,
Seule l'orge est susceptible d'en souffrir.*

16 juin

NAISSANCE DE CHARLES GEROLD (1837-1928)

Le 16 juin 1837 naît à Mulhouse Charles Gerold. Pasteur à Saint-Nicolas de 1870 à sa mort, il est, durant des décennies, le chef de file du parti libéral. Il exerce une influence considérable au travers des conférences des lundis de Saint-Nicolas. Sa participation à 24 œuvres différentes multiplie ses collaborateurs et amis. Remarquable prédicateur, il devient l'une des personnalités marquantes du protestantisme strasbourgeois et porte-drapeau de la cause française. Il prononce plusieurs discours francophiles, en particulier en 1910 à l'occasion du 40e anniversaire de l'incendie de la bibliothèque municipale. Longtemps directeur du chapitre Saint-Thomas et membre du Consistoire Supérieur, il préside aussi la Conférence pastorale. En 1919, il joue un rôle actif dans la réorganisation de la Faculté de théologie et de l'Église de la Confession d'Augsbourg, en incitant les pasteurs, qui ne peuvent voir dans la victoire des Alliés un juste jugement de Dieu, de quitter l'Alsace. Il laisse également une importante œuvre historique (biographies, histoire de la paroisse Saint-Nicolas et de la Faculté de théologie de 1803 à 1872).

SARRE-UNION (1794)

Le 16 juin 1794, Bockenheim, situé sur la rive droite de la Sarre et français depuis 1766, et Neusaarwerden, fondé sur la rive gauche par les Nassau en 1707, sont réunis en une seule commune appelée Sarre-Union, devenu depuis le principal centre urbain et économique de l'Alsace bossue. Mais le nom de « Bouquenom » s'est perpétué jusqu'à aujourd'hui dans le dialecte.

Dicton à la Saint-Cyr

An Sankt-Cyrius Rage,
Für d'r Win ken Sage.

De la pluie à la Saint-Cyr,
Annonce une vendange médiocre.

Comptine sur les cerises

Roti Kirsche ess i gern,
Schwarzi noch viel liewer.
In die Schuele geh i gern
Alli Tage liewer.

J'aime les cerises rouges,
Les cerises noires encore davantage,
J'aime aller en classe
tous les jours davantage.

Recette des choux-raves comme légume de garniture

Ingrédients : 6 choux-raves, 1 cuillerée de graisse, 1/2 cuillerée de sel.

Les choux-raves lavés, épluchés et coupés en dés ou en fines tranches, sont cuits dans une eau salée bouillante.

17 *juin*

L'ÉCHEC DE L'INTRODUCTION DES LOIS LAÏQUES (1924)

Le 17 juin 1924, après la victoire du Cartel des Gauches, Edouard Herriot, (ci-contre), le nouveau chef du gouvernement, annonce dans sa déclaration ministérielle, son intention d'introduire en Alsace-Moselle « l'ensemble de la législation républicaine », ce qui signifie l'introduction de la séparation de l'Église et de l'État et des lois laïques.

Cette annonce provoque en Alsace une réaction violente de la presse catholique, une crise de confiance face à Paris et la naissance de l'autonomisme politique. Une majorité d'Alsaciens estime alors que la France a failli à sa promesse en violant la parole de Joffre qui, en 1914, a promis à Thann le maintien des droits spécifiques. Le gouvernement, qualifié de sectaire, est jugé comme n'ayant pas de parole. De nombreux politiques demandent en Alsace un référendum sur les questions religieuses et scolaires. De nombreuses réunions de protestation, dont une rassemble notamment 50 000 manifestants place Kléber le 20 juillet 1924, ont lieu un peu partout. Une pétition en vue du maintien du statut scolaire local réunit en Alsace 373 315 signatures, à quoi il faut ajouter des motions votées par une série de conseils municipaux et une protestation des deux conseils généraux.

Devant cette forte opposition, le gouvernement abandonne son projet et, depuis, plus aucun gouvernement français n'a osé toucher à ce statut.

LA DÉLÉGATION (1875)

Le 17 juin 1875, se réunit pour la première fois la Délégation *(Landesausschuss)* d'Alsace-Lorraine, composée jusqu'en 1879 uniquement de membres élus par les trois conseils généraux, soit 10 pour chacun. Son pouvoir consiste dans le vote du budget et des lois locales. Jusqu'en 1911 (cf. 26 mai), il réalise un travail législatif important, dont bien des éléments subsistent encore aujourd'hui dans le droit local (livre foncier, artisanat, commerce).

18 juin

THÉOPHILE SCHULER (1821-1878)

Le 18 juin 1821 naît à Strasbourg Théophile Schuler, l'un des grands peintres, dessinateurs et lithographes alsaciens du XIXe siècle. Il a été formé à Paris, puis, de 1848 à 1870, il se fixe à Strasbourg. Fortement marqué par le romantisme, il s'inspire de thèmes littéraires et historiques, mais relate aussi des scènes paisibles de la vie rurale alsacienne à caractère ethnographique et folklorique. Il se distingue surtout comme dessinateur et illustrateur dans plusieurs revues. Sur le tard, il dessine pour Erckmann-Chatrian les scènes de 13 volumes dont *L'Ami Fritz* et *Le Blocus*. Il illustre une série de revues de jeunesse.

Recette des haricots verts à l'alsacienne

Ingrédients : 1 kg de haricots verts du jardin, 2 l d'eau salée,
2 brins de sariette, 1 petit oignon, 1 poignée de persil vert, 60 g de beurre.

Nettoyer, laver les haricots. Les blanchir dans l'eau salée bouillante sans couvrir, en ajoutant la sariette (pour améliorer l'arôme). Dès que les haricots sont cuits, les égoutter dans une passoire. Faire blondir l'oignon haché dans le beurre. Saupoudrer les haricots d'oignons, de sariette et de persil hachés finement. Les servir accompagnés de pommes vapeur, saupoudrés de noisettes de beurre et de persil hachési.

LE NOM D'UBERACH

Au lendemain de la révocation de l'Édit de Nantes (1685), un certain nombre de familles huguenotes s'établissent sur la rive gauche de la Moder, en face de Niedermodern, et y fondent un village. Comme ils se plaignent de leurs biens perdus et qu'ils souffrent du mal du pays, ils disent sans cesse hélas et *Ach ! Ueber ach !*, d'où le nom du village.

L'explication véritable est celle-ci : *uber* = par-dessus et *ach* = eau : le village de l'autre côté de l'eau (Moder). Trois patronymes français y sont encore largement répandus : Bertrand, Godar et Lacroix.

19 juin

SAINT MODESTE

Le 19 juin 1900, Modeste Andlauer, originaire de Rosheim (1847-1900), jésuite et missionnaire en Chine depuis 1882, est assassiné lors de la révolte des Boxers, dans la chapelle de sa résidence à Ou-Kiao, ayant refusé d'abjurer sa foi. Après ses études au Grand Séminaire de Strasbourg, puis une formation de quatre ans comme futur jésuite, il enseigne l'allemand de 1876 à 1881 dans trois collèges jésuites en France avant de se rendre en Chine en 1882.

En 1955, il est béatifié par le Pape Pie XII avec 55 autres martyrs de Chine. Depuis, sa mémoire est obligatoire dans toutes les églises d'Alsace chaque année le 19 juin.

Le 1er octobre 2000, il est canonisé ainsi que le père franciscain André Bauer (1866-1900) de Guebwiller par le pape Jean Paul II.

Balance pour peser les cerises.

LA FÊTE DES CERISES À WESTHOFFEN

Autour du 20 juin, a lieu la grande fête annuelle des cerises à Westhoffen. La bourgade, dénommée capitale de la cerise d'Alsace, fête ce fruit chaque année avec faste. Elle consiste en l'élection d'une reine, une soirée de musique populaire et de folklore le samedi soir, le dimanche des concerts apéritifs, des repas dans les cours des fermes, un grand cortège folklorique, plusieurs expositions et un concours de cracher de noyaux de cerises.

Recette de la crème au kirsch

Ingrédients : 1 l de lait, 6 œufs, 125 g de fécule, 1 gousse de vanille, 5 g de sel fin, 250 g de crème fraîche, 200 g de sucre, 1 noix de beurre, 1 dl de kirsch.

Faire bouillir le lait avec la gousse de vanille fendue en deux. Retirer du feu et laisser infuser. Battre les jaunes d'œufs avec le sucre pour obtenir un mélange mousseux. Ajouter doucement la fécule. Bien mélanger et verser lentement dans le lait chaud. Amener à ébullition, à petit feu, en fouettant constamment le mélange. Passer la crème cuite à travers une passoire fine et la recouvrir d'un linge, pour éviter la formation d'une peau à la surface. Laisser refroidir. Avant de servir, ajouter le kirsch. Fouetter la crème en chantilly, mélanger une partie délicatement à la crème cuite, décorer le dessus avec le reste de crème chantilly.

SAINT ADALBERT

Adalbert est un moine bénédictin d'origine lorraine. Il est abbé de l'abbaye de Wissembourg de 966 à 968. Durant ces deux années, il compose deux ouvrages historiques, les *Annales de Mayence* jusqu'en 958 et la *Continuation de la chronique de Regino de Prum* (907-967). Il est proche des empereurs Othon Ier et Othon II et de sa femme Adélaïde, dont il est le confesseur. En 968, Othon II le nomme archevêque de Magdebourg (968-981). Il consacre l'essentiel de ses forces à évangéliser les populations slaves. Son culte est purement local, alors que saint Sylvère a suscité un dicton.

An St. Sylvère G'Witter un Rage,
Für d'r Win e grosser Sage.

Pluie d'orage à la Saint-Sylvère,
Une grande bénédiction pour le vin.

L'ARRIVÉE DES ZURICHOIS (1576)

Le 20 juin 1576, arrivent le soir à la Krutenau deux bateaux partis le matin de Zurich pour participer à la fête annuelle du grand Tir qui réunit les équipes d'arbalétriers et d'arquebusiers de plusieurs villes allemandes et suisses au Schiessrain, devenu au XIXe siècle le parc du Contades. Ils transportent un grand récipient de bouillie de mil encore chaude à l'arrivée dans le Rheingiessen, devenu alors canal, puis rue de Zurich, afin de prouver aux Strasbourgeois qu'ils sont, dans le cadre du traité d'alliance entre les deux villes, capables de venir à leur secours en un temps record. Cet épisode est médiatisé par Johann Fischart dans son poème *u fortuné (Glückhafft Schiff)*. En 1884 est inauguré sur ce site un monument commémoratif pseudo-Renaissance avec des bas-reliefs en bronze et un buste de Fischart.

21 juin

SAINT DIÉ

Évêque apparemment d'origine irlandaise qui a vécu au VIIe siècle et qui a fondé un monastère appelé plus tard Saint-Dié, sur le site de l'actuelle ville du même nom, saint Dié est mort un 19 juin, peut-être en 679.

Sa biographie a été enjolivée par diverses légendes, parfois peu cohérentes, à partir du Xe siècle, notamment par la *Vie de saint Dié*, datée du XIe siècle, et la *Chronique d'Ebersmunster* (XIIe siècle). Il aurait d'abord été évêque de Nevers, puis il serait venu en Alsace, où il aurait, après avoir vu saint Arbogast dans la forêt de Haguenau et grâce à la générosité d'Adalric, duc d'Alsace, transformé Ebersmunster en un vrai monastère. Il se serait ensuite installé comme ermite entre Ingersheim et Ammerschwihr, où il se serait lié d'amitié avec Hunus, propriétaire de Hunawihr, et son épouse Hune (cf. 15 avril). Chassé par la population, il aurait traversé les Vosges et fondé le monastère qui porte depuis son nom.

Dans l'évêché de Strasbourg, il est l'objet d'un culte, dès le XIIe siècle, le 19 juin, et encore maintenu dans celui de Bâle au XIVe siècle, et dans les monastères de Murbach et de Munster. Il est le patron de la paroisse de Breitenau.

Recette des œufs farcis aux champignons

Ingrédients : 6 œufs durs, champignons, échalotes, persil, sel, 1 citron, un peu de gruyère râpé, 1/4 l crème, du beurre.

Couper 6 œufs durs en deux, enlever les jaunes. Faire étuver des échalotes et du persil finement hachés dans du beurre. Y ajouter des champignons finement hachés. Les faire étuver 10 mn avec du sel et un peu de jus de citron.

Remplir les moitiés d'œufs avec cette farce de champignon. Écraser les 6 jaunes d'œufs, les mélanger avec un peu de sel, un peu de gruyère râpé ou des fines herbes et 1/4 l de crème. Ajouter un peu de jus de citron. Verser cette sauce dans un moule, y placer les moitiés d'œufs, arroser largement avec du beurre fondu et faire cuire 10 mn dans un four chaud.

22 juin

NAISSANCE DE JOSEPH-LOUIS COLMAR (1760-1818)

Le 22 juin 1760 naît à Strasbourg Joseph-Louis Colmar (1760-1818). Prêtre aux fortes convictions, il vit plusieurs années dans la clandestinité sous la Révolution dans le Bas- Rhin. En 1802, il est nommé évêque de Mayence. Il restaure la cathédrale délabrée, développe le séminaire grâce à son ami Liebermann, devenu « l'École de Mayence » qui crée une culture catholique spécifique, fortement imprégnée des doctrines ultramontaines.

Il entreprend de nombreuses tournées diocésaines. En automne 1813, lors de la retraite de l'armée française, il fait face avec courage à une épidémie de typhus. Il est maintenu en poste en 1814 par le grand-duc de Hesse-Darmstadt. Il a été un remarquable évêque et a attiré une importante colonie d'Alsaciens dont le futur évêque Raess (cf. 6 avril) à Mayence.

LA MADONE DE MONSWILLER

L'église de pèlerinage Notre-Dame de l'Assomption comporte une Vierge à l'Enfant, statue de pèlerinage miraculeuse du XVe siècle. L'ancienne église qui datait du XIVe siècle a été incendiée par les Suédois. Selon la tradition orale, la madone a été retrouvée intacte sous les cendres. Elle a été conservée dans l'église reconstruite (nef et chœur) en 1697.

Les pèlerinages subsistent à toutes les fêtes de Marie et le samedi précédant la Trinité. Il connaît son apogée du XVe au XIXe siècle et a suscité une remarquable collection de 80 ex-voto peints datant de la fin du XVIIIe aux premières décennies du XIXe siècle. Ils représentent en général la Vierge miraculeuse avec à ses pieds les miraculés reconnaissants.

23 juin

Le 23 juin 1984 est inauguré à Ungersheim l'écomusée d'Alsace, devenu depuis l'un des sites culturels et touristiques les plus fréquentés de la région. C'est aujourd'hui le plus grand musée de plein air de France. Il s'agit d'un village reconstitué à partir de maisons typiques d'un terroir, d'une époque et d'un groupe social et regroupées en hameaux selon leur provenance géographique.

L'ÉCOMUSÉE (1984)

Actuellement, le village comprend près de 70 maisons et il est associé à la mine Rodolphe. Tout au long de l'année sont organisées de nombreuses animations et activités.

NICOLAS SCHLUMBERGER (1782-1867)

Le 23 juin 1782 naît Nicolas Schlumberger. En 1810, il crée à Guebwiller une importante entreprise, d'abord de filature, puis, à partir de 1825, de construction de machines textiles. C'est la future entreprise NSC qui acquiert une réputation mondiale et qu'il ne cesse de développer. Grâce à lui, Guebwiller devient l'un des grands pôles industriels en Alsace. Il est l'un des promoteurs de la loi de 1841 sur le travail des enfants. Membre du consistoire réformé de Mulhouse, il est un mécène des œuvres diaconales protestantes. Il est conseiller général du Haut-Rhin de 1819 à 1848 et de 1852 à 1865 et fondateur de la branche guebwilleroise de sa famille qui possède aujourd'hui un important domaine viticole.

Comptine

Es schneielet, es ragelet,
es geht e kalter Wind,
d'Maidle lege d'Handschig a
d'Büewe lauife gscwind.

Il neige, il pleut,
Un vent froid souffle,
Les fillettes mettent les gants

24 juin

LA SAINT-JEAN

Saint Jean-Baptiste, qui a baptisé Jésus, est une figure très populaire en Alsace, qui incarne le solstice d'été. Il patronne 18 églises dans le Bas-Rhin et 15 dans le Haut-Rhin. Il est aussi le patron des pelletiers.

Autrefois existaient de nombreux pèlerinages en son honneur. Il est invoqué surtout contre les maux de tête et de gorge. Il est représenté vêtu d'une peau de mouton, portant un agneau dans ses bras ou posé sur un livre, s'appuyant sur un bâton se terminant en croix.

Il existe aussi plusieurs traditions alimentaires avec les divers *Johanniskritter* (herbes de saint Jean). Il s'agit du *Johanniskraut*, une fleur de la Saint-Jean, cueillie pour des infusions, le *Johannisgürtel* (ceinture de saint Jean), la « grande absinthe », la *Johanniswurz*, une grande scrofulaire utilisée en poudre mélangée à de l'ail contre les parasites digestifs, enfin la « fleur de Jean », le gaillet jaune.

C'est le jour où l'on cueille les noix vertes servant à faire de l'eau-de-noix ou une liqueur de noix de couleur brune.

Enfin, c'est le jour des feux de la Saint-Jean, pratiqués dans de nombreuses localités et qui sont demeurés très vivants dans la vallée de Saint-Amarin.

LA NUIT DE LA SAINT-JEAN À THANN

À minuit, les statues des portails de Saint-Thiebaut quittent leur place et entrent dans l'église. Elles sont lumineuses et s'agenouillent pendant qu'une douce musique retentit. C'est un office nocturne. Les statues défilent devant Erwin dit de Steinbach pour le remercier de leur avoir donné ces formes.

À l'aube, les statues sortent de l'église, elles en font trois fois le tour puis elles reprennent pour un an leurs places respectives.

Wenn Johanni isch gebore,
Gehn d'langi Tag verlore.

Quand saint Jean est né,
Perdues les longues journées.

25 juin

LA FÊTE DE GUTENBERG

Les 24 et 25 juin 1840 ont lieu d'imposantes fêtes à l'occasion du quatrième centenaire de la découverte de l'imprimerie par Gutenberg. Elles sont organisées par un comité dominé par les libéraux et s'étendent à la France et à l'étranger.

Le 24, un cortège composé d'élèves, d'étudiants, des autorités civiles, militaires et religieuses, d'ouvriers et d'artisans du livre et de membres du barreau, se rend de l'hôtel de ville à la place du Marché-aux-Herbes, qui va alors changer de nom, où la statue de Gutenberg, réalisée par David d'Angers, est dévoilée au son du canon, des cloches, des acclamations et des hymnes.

Le lendemain se déroule dans les rues de la ville une autre manifestation, le Cortège industriel, une somptueuse cavalcade composée de chars représentant les divers métiers de la ville, ainsi que de chars de jeunes paysans en costumes.

UNE LÉGENDE SUR GUTENBERG

Selon une légende, reprise à la fin du XVIe siècle par Daniel Specklin, architecte et chroniqueur, la découverte de l'imprimerie aurait été faite par Johann Mentelin (1410-1478), dont Gutenberg aurait été le serviteur. Celui-ci, après avoir espionné l'invention de son maître, se serait enfui à Mayence en emportant le secret. Mentelin en aurait été tourmenté au point de mourir peu après. Il a été enseveli à la cathédrale et on sculpta une presse sur sa pierre tombale. En réalité, Mentelin n'a commencé à imprimer qu'à partir de 1458, et le livre connu le plus ancien date de 1460-1461.

Dieu aurait puni Gutenberg pour son infidélité en le rendant aveugle, une assertion totalement erronée, puisqu'il a pu poursuivre son activité à Mayence.

À l'époque de Specklin (1536-1589) subsistait encore la première presse et les premiers caractères.

26 juin

LE BAECKEEST DE MULHOUSE (1847)

En 1847, la ville de Mulhouse connaît une émeute de la faim provoquée par la cherté des vivres. Comme dans l'ensemble de l'Alsace, l'économie subit une crise de mévente depuis 1845. Elle est suscitée par une crise de subsistances due à deux mauvaises récoltes successives, aggravées par une maladie de la pomme de terre. La ville et les industriels font venir des grains de l'extérieur et distribuent des soupes aux indigents. À l'approche de la soudure, le prix du pain baisse d'un tiers, ce qui explique assez mal la colère des ouvriers.

Le samedi 26 juin, 3 à 400 ouvriers viennent se plaindre le matin à la mairie au sujet de la taxe du pain. Comme une réunion du conseil municipal est prévue ce jour, le premier adjoint leur demande d'attendre la réponse l'après-midi. Mais après leur dispersion arrivent vers midi d'autres ouvriers accompagnés de femmes et d'enfants, atteignant un total estimé à 15 000 personnes. Débute alors une émeute qui se prolonge jusqu'au soir : pillage d'un tiers des boulangeries, de magasins de grains, de farines et de vins et de quelques débits de tabac. L'émeute gagne ensuite les faubourgs. Les autorités font appel à la garnison qui, après sommations, tire, provoquant quatre morts et une vingtaine de blessés, mettant fin à l'émeute, qui a provoqué plus de 40 000 F de dégâts. Une soixantaine de personnes sont arrêtées et jugées par les assises de Colmar, qui prononcent quelques condamnations (d'un à trois ans de prison) et de nombreux acquittements. Ce *Bäckefest* a beaucoup frappé l'opinion et renforcé la méfiance envers une partie des ouvriers.

NAISSANCE DE JEAN SCHWEIGHAEUSER (1742-1830)

Le 26 juin 1742 naît l'helléniste Jean Schweighaeuser, professeur de grec de l'université protestante, puis à la Faculté des Lettres de 1809 à 1824 en même temps que doyen. Il laisse une importante œuvre d'édition de textes d'auteurs grecs (Appien, Polybe, Epictète et Hérodote), la plupart à Leipzig. Il est membre correspondant de l'Institut, conservateur de la bibliothèque municipale (1806-1815), président de la Société libre des sciences et des arts de Strasbourg et membre de l'Académie Stanislas.

27 juin

Les sept dormeurs

Selon les dictons, ce jour indique le temps pour les sept semaines à venir.

**Wenn die sieben Schläfer erwachen,
wird der Himmel weinen oder lachen.**

*Quand les sept dormeurs se réveillent,
Le ciel pleure ou rit.*

**Lacht er, kannst du sicher sein :
sieben Wochen Sonnenschein !
Weint er, kannst du sicher wetten,
nichts wird dich vor Regen retten.**

*S'il rit, tu es assuré d'avoir sept semaines de soleil.
S'il pleure, tu peux parier que rien ne te sauvera de la pluie.*

**Sewe-Schläfer Rage,
Sewe Wuche Rage.**

Aux sept dormeurs de la pluie, sept semaines de pluie.

DER PFINGSTMONTAG, LUSTSPIEL IN STRASSBURGER MUNDART (1816)

Le 27 juin 1816 paraît la première comédie rédigée en dialecte, *Der Pfingstmontag, Lustspiel in Strassburger Mundart*, par le juriste Georges-Daniel Arnold. L'éloge de Gœthe assure une consécration officielle à ce chef-d'œuvre de la littérature dialectale. C'est un tableau des mœurs strasbourgeoises qui exalte le vieux Strasbourg d'avant 1789. Il a connu 14 éditions entre 1816 et 1941. Il se caractérise par une grande richesse de vocabulaire, dont de nombreux mots alsaciens dérivés directement du français.

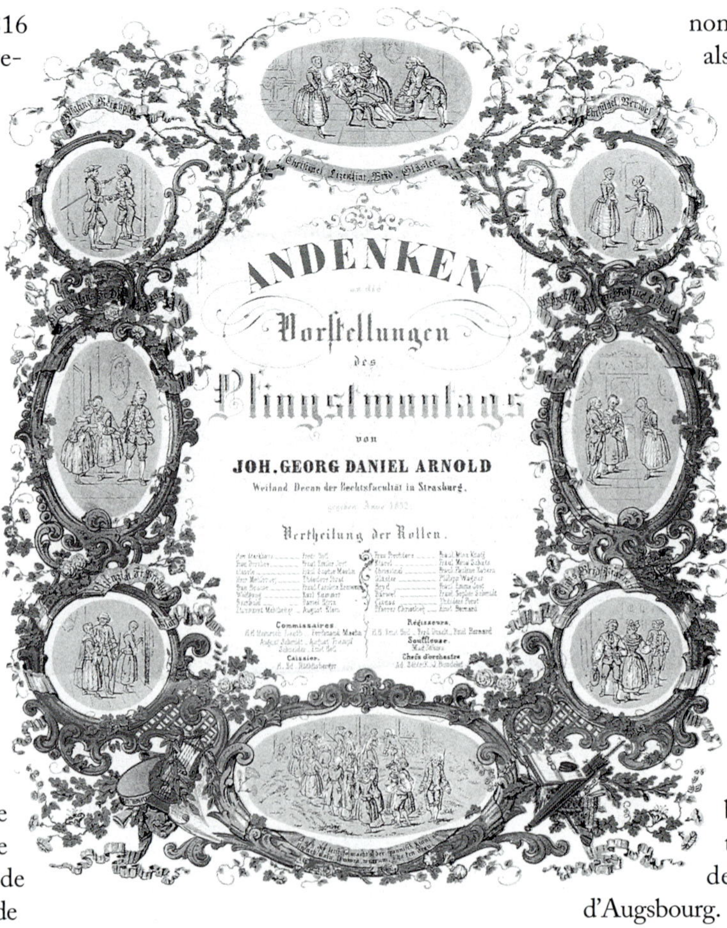

Mais le « père du théâtre alsacien » est également un grand juriste. Il est le fondateur de l'École historique du droit, dont la Faculté de droit de Strasbourg est le porte-parole français jusqu'en 1870. Il est également doyen de la faculté, de 1820 à sa mort, et membre du Directoire de l'Église de la Confession d'Augsbourg.

28 juin

THÉOPHILE PFEFFEL (1736-1809)

Le 28 juin 1736 naît à Colmar Théophile Pfeffel (1736-1809), l'une des gloires colmariennes du XVIIIe siècle comme poète et pédagogue. Devenu aveugle en 1758, il est le fondateur de la Société de lecture en 1760. Il a pu néanmoins dicter de nombreuses œuvres : poésies, traductions, remarquable auteur de fables dont il renouvelle le genre dans les pays germanophones. En 1773, il ouvre l'Académie militaire pour les protestants qui assure un certain lustre à la ville de Colmar. Elle attire 288 élèves en vingt ans et plus de 2 000 visiteurs de toute l'Europe protestante dont la liste est conservée. Ils constituent un réseau de solidarités intellectuelles grâce à son charisme et à son altruisme. Après 1790, il publie surtout des contes moraux et des légendes. Il demeure actif dans la politique scolaire. Doté d'une foi solide, il s'efforce de conjuguer une piété réelle avec la confiance dans le progrès et la raison. Au cours du XIXe siècle, il tombe peu à peu dans l'oubli et ce n'est que depuis quelques décennies qu'il est redécouvert.

Recette du clafoutis aux cerises noires

Ingrédients : au choix : 6 petits pains ou un kougelhopf ou une natte rassis, 4 œufs, 40 cl de lait chaud, sucre vanillé, 125 g de sucre, cannelle en poudre, 2 cuillerées à soupe de kirsch, 50 g de raisins secs trempés dans le kirsch, 50 g de beurre, 750 g de cerises noires.

Faire bouillir le lait avec le sucre vanillé et le verser bouillant sur la viennoiserie coupée en morceaux pour la détremper. L'écraser à la fourchette ou à la main. Ajouter les jaunes d'œufs, le sucre, les raisins trempés, le kirsch et les cerises entières. Battre les blancs d'œufs en neige et les incorporer délicatement à l'appareil. Verser le tout dans un plat beurré allant au four. Parsemer de petits morceaux de beurre. Cuire à four chaud environ 1 h.

Le mendiant peut se manger chaud, tiède ou froid, précédé d'une bonne soupe aux légumes frais ou secs. Il peut se conserver pendant plusieurs jours.

29 juin

LA SAINTS-PIERRE-ET-PAUL

La Saints-Pierre-et-Paul, devenu aujourd'hui un jour ordinaire, a longtemps été un jour marquant de l'année liturgique. Il s'agit des deux apôtres les plus connus, dont le culte était profondément enraciné en Alsace. Cela est attesté par les nombreuses églises qui leur sont dédiées, 26 dans le Bas-Rhin, 29 dans le Haut-Rhin, surtout d'origine romane, et par les statues : le Christ en majesté est entouré de ses deux ministres Pierre et Paul.

La pluie qui tombe ce jour est perçue comme une catastrophe.

**Rage an Peter
un Paul,
Wird d'Winernte faul.**

*À Pierre et Paul de la pluie,
Les vendanges sont pourries.*

**Regnet's am Sankt
Peterstag,
drohen dreissig Regentag.**

*S'il pleut à la Saint-Pierre,
On est menacé de trente jours
de pluie.*

Sanctus Paulus Apostolus.

LA LÉGENDE DU LAC BLANC

Les eaux du Lac Blanc étaient jadis d'une couleur grise. Aucune végétation ne pouvait pousser sur ses bords ni aucun poisson y vivre.

Or il y avait au château de Pflixbourg un chevalier, Anselme, un monstre cruel qui brûlait les maisons de ceux qui ne pouvaient payer les droits féodaux. Sa femme essayait par ses bontés de réparer le mal de son époux. Un jour, alors que leur fils jouait dans le jardin du château, un aigle le saisit dans ses serres et l'emporte. Les époux épouvantés voient disparaître l'aigle derrière la crête des Vosges. Le père part à sa recherche et erre pendant deux jours. Sur le chemin du retour, des bergers affirment avoir vu l'aigle lâcher sa proie dans le Lac Blanc, dont les eaux sont alors devenues blanches et cristallines. Le chevalier Anselme se montre alors généreux et se frappe la poitrine, en contrition de ses forfaits.

30 juin

LA CRÉMATION DES TROIS SAPINS DE THANN

La fête du 30 juin rappelle la construction de la collégiale. Jusqu'en 1847, le soir, à 20 heures, le curé et ses vicaires, accompagnés du juge de paix, du maire et des autres autorités, de la garde nationale (selon les époques) et d'une foule considérable sortaient de la collégiale en portant des cierges allumés. Ils mettaient successivement le feu à trois grands sapins bénis par le curé et dressés sur la place de l'église. Aussitôt que les flammèches retombaient en gerbes, la foule se précipitait. Chacun voulait avoir un copeau ou un charbon venant de ces arbres, car on leur attribuait des vertus miraculeuses. Une parcelle mise dans un verre d'eau permet de guérir des fièvres et des frissons.

Actuellement, la fête consiste, après une course-relais et des concerts, en des Vêpres suivies d'une retraite aux flambeaux. Puis c'est le cortège avec la statue de Saint-Thiébaut et la crémation des trois sapins, enfin des feux d'artifice vers minuit.

L'EX-VOTO DE L'ÉGLISE DE VIEUX-THANN

À Vieux-Thann vivaient deux pauvres femmes étrangères, une mère qui disparut quand sa fille était encore jeune.

En raison de sa beauté, la jeune fille attire les regards d'un riche seigneur proche. Celui-ci, après l'avoir séduite, l'abandonne pour des terres lointaines.

Durant sa grossesse, elle sombre dans le désespoir. C'est dans ce contexte qu'elle reçoit la visite de Satan, qui lui promet de ramener l'amoureux infidèle en échange de l'âme de l'enfant qu'elle porte. Après avoir longtemps résisté, elle consent finalement à cette demande.

Satan tient parole. Peu après, le chevalier revient, couvert de gloire et de trésors. Il se construit un magnifique château à proximité et épouse son amante.

Quelques semaines plus tard, elle met au monde un petit garçon. Lors de la cérémonie de baptême, un personnage vêtu de noir fend la foule des assistants et allonge le bras pour se saisir du bébé au-dessus des fonds baptismaux. Mais le prêtre l'interpelle : « Arrière, Satan, au nom de la Sainte-Trinité et de la Vierge Marie ! » et il asperge au même moment l'enfant avec l'eau du baptême. Le bébé est sauvé, tandis que Satan s'enfuit en hurlant de fureur.

Pour rappeler ce miracle, le chevalier fait peindre un petit tableau représentant la scène de son enfant sauvé, qu'il fait accrocher dans l'église de Vieux-Thann, où, d'après Stœber, on pouvait encore le voir au début du XIXe siècle.

Le 1er juillet 1515 se déroule à Mulhouse une cérémonie solennelle de prestation des serments en présence de toute la bourgeoisie et des délégués des XIII Cantons helvétiques.

Par ces serments qui scellent un pacte d'alliance d'une durée illimitée, la ville libre de Mulhouse, jusqu'ici membre de la Décapole, entre pour près de trois siècles dans l'espace politique helvétique. Cette histoire commune a marqué l'identité mulhousienne jusqu'à aujourd'hui.

Ce pacte met fin à une période d'inquiétude pour la ville de Mulhouse, une république autonome d'environ 1 800 habitants, qui fait partie de la Ligue de la Décapole. Géographiquement assez éloignée des neuf autres villes et entièrement isolée au milieu de territoires habsbourgeois, dont les princes pratiquent, depuis 1466, une politique de harcèlement à son égard, la ville a pu mesurer la fragilité de cette alliance, et l'a incitée à se rapprocher par étapes des Suisses. En 1466, avec les cantons de Soleure et de Berne pour une durée de 25 ans, puis en 1506 un pacte d'alliance avec la ville de Bâle pour une durée de 20 ans. Elle quitte alors la Décapole mais continue de verser chaque année son tribut à l'empereur jusqu'en 1648. Dans les années suivantes, Mulhouse participe aux diverses campagnes militaires des Suisses, une solidarité qui incite les XIII Cantons à accorder à la ville un pacte d'une durée illimitée le 19 janvier 1515 et le statut de « ville alliée ».

MULHOUSE, VILLE ALLIÉE DE LA SUISSE (1515)

Cette intégration politique fait de Mulhouse une sorte d'alliée privilégiée de Bâle et permet l'introduction de la Réforme en 1529 sur le modèle bâlois. Le protestantisme fortifie l'identité de la ville face aux Habsbourg. Grâce à cette alliance, la ville bénéficie au XVIIe siècle de la paix et de la prospérité. Elle échappe à l'annexion par Louis XIV, à la différence du reste de l'Alsace et aux différentes guerres que la région a subies au XVIIe siècle.

NICOLAS KŒCHLIN (1781-1852)

Le 1er juillet 1781 naît Nicolas Kœchlin, l'un des principaux acteurs économiques de la première moitié du XIXe siècle. Membre de la dynastie des Kœchlin, il crée la deuxième filature de coton en Alsace à Masevaux et construit une filature à Mulhouse. Il fait de nombreux essais agronomiques (betteraves à sucre). Il est député de 1830 à 1841 et président de la Chambre de Commerce de 1828 à 1835. Il est l'un des créateurs du nouveau quartier au Rebberg et le promoteur du chemin de fer en Alsace : Mulhouse-Thann (1839) et Strasbourg-Bâle (1841).

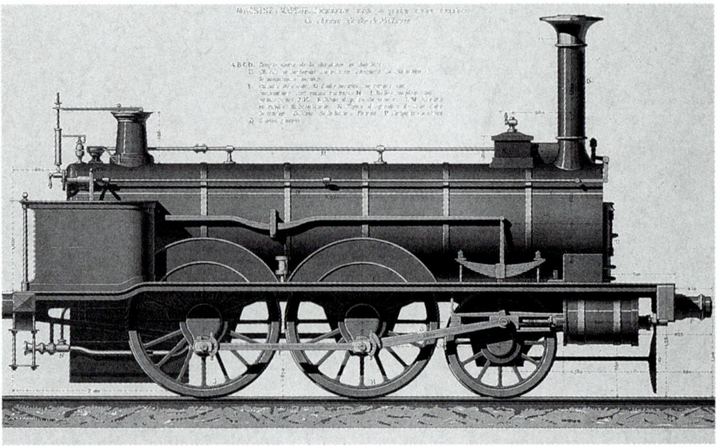

2 juillet

NAISSANCE DE LÉON ARTHUR ELCHINGER (1908-1998)

Le 2 juillet 1908, naît à Soufflenheim dans une famille de céramistes Léon Arthur Elchinger. Durant plus de 40 ans, il est l'une des figures marquantes de l'Église catholique en Alsace, un symbole du lien profond entre l'identité régionale et la quête de la transcendance. Supérieur du Grand Séminaire replié à Clermont, puis directeur diocésain de l'enseignement catholique de 1945 à 1957, évêque coadjuteur de 1958 à 1966 et évêque en titre de 1967 à 1984, il s'illustre par ses homélies du 14 juillet, à l'occasion de la « Messe pour la France », qu'il consacre aux problèmes de la Cité, en particulier aux relations entre l'Église et l'État, la famille et l'éducation. Évêque concordataire, il est très préoccupé par la formation des jeunes et par la catéchèse. Apôtre de la morale, il est aussi un militant de l'œcuménisme.

LA VISITATION DE MARIE

La Visitation de Marie tient une place appréciable dans la culture populaire à travers les références paroissiales (cinq dont les Trois-Épis) et deux dictons météorologiques très connus.

**Regnet's an Maria-Heimsüechung,
So regnet's vierzig Tag lang**

*Pluie à la Visitation,
Nous l'aurons 40 jours.*

Wie Maria über's Gebirge geht, so geht sie wieder heim.

*Comme Marie traverse
la montagne,
Elle rentre chez elle.*

Travaux en juillet

Dans le potager, on repique les endives, on plante les derniers haricots. On sème le chou d'hiver, les myosotis et les pensées. Dans les champs, c'est la période souvent éprouvante sous la canicule de la moisson. Le vigneron enlève les pousses inutiles et taille les autres.

JEAN FRÉDÉRIC HERMANN (1743-1820)

Le 3 juillet 1743 naît Jean Frédéric Hermann. Il est député de 1795 à 1799 et maire de Strasbourg de 1800 à 1805. Il est révoqué pour avoir trop bien défendu les intérêts de la ville face au préfet. Professeur à la Faculté de Droit et doyen de 1809 à 1820, il contribue à maintenir la tradition juridique régionale. Il est président-fondateur de la Société des sciences, agriculture et arts du Bas-Rhin et membre du Consistoire (général avant 1852) de l'Église de la Confession d'Augsbourg.

LE FESTIVAL DE COLMAR

Pendant la première décade de juillet a lieu depuis 1979 le festival international de musique de Colmar qui a su s'imposer en deux décennies comme l'un des moments forts de la vie musicale régionale, grâce à deux chefs de grand talent, Karl Münchinger, puis Spivakov, dans de beaux cadres: église des Dominicains, église Saint-Matthieu et chapelle du musée Unterlinden. Les nombreux concerts sont disséminés sur plusieurs sites à Colmar, ainsi qu'au caveau des Dominicains à Guebwiller.

Comptine sur le ramoneur

Parmi les nombreuses comptines, certaines expriment la moquerie. Elle est le fait surtout des scolaires qui se moquent des représentants de certains métiers dont les ramoneurs, à cause de leur aspect inquiétant. On y devine des allusions à la fois érotiques et scatologiques.

Kaminfejer, Steckeledrejer,
Apfelbisser, Hoseschisser.

Ramoneur, tourneur de bâtons,
Tu croques des pommes
Et tu fais dans la culotte.

4 juillet

LE MOIS DE JUILLET

Le mois de juillet est souhaité, selon les dictons, chaud et sec, avec quelques orages pour un arrosage ponctuel, mais sans faire de dégâts par la grêle. Cela explique la présence de calvaires dans les campagnes comme signes de prières pour les récoltes.

Im Jüli müess brote,
Was im September soll gerote.

Juillet doit rôtir,
Ce que septembre doit réussir.

Juli recht heiss Lohnt Mieh
un Schweiss.

Un juillet bien chaud nous
récompense
de nos peines et sueurs.

Nur in der Juliglut
wird Obst und Wein dir gut.

Soleil ardent en juillet
Profite beaucoup aux fruits
et raisins.

Im Jüli Räje,
Fur d'Frucht ken Säje.

Pluie de juillet ne bénit pas
les céréales.

La Saint-Ulrich

Évêque d'Augsbourg, mort en 973, saint Ulrich est très présent en Alsace où il est patron de huit paroisses dans le Bas-Rhin et de cinq dans le Haut-Rhin, dont la commune Saint-Ulrich dans le Sundgau. Un dicton déconseille de travailler ce jour.

An Sankt-Ulrichstag derf me
nit schaffe,
Sunscht kumme in's Hüs
Mies un Ratte.

À la Saint-Ulrich ne travaille pas,
Sinon souris et rats envahiront
ta maison.

L'ABBÉ CETTY (1847-1918)

Le 4 juillet 1847 naît à Colmar Henri Cetty, devenu l'une des grandes figures du clergé haut-rhinois et du catholicisme social.
Curé de la paroisse ouvrière de Saint-Joseph de Mulhouse de 1889 à 1918, il oriente, par ses écrits et ses réalisations, le catholicisme alsacien vers la recherche de solutions plus concrètes à la « question sociale ». Il fait de sa paroisse un modèle d'organisation et de réalisations : création d'associations qui regroupent des activités coopératives, récréatives et de formations professionnelles, ainsi que deux quotidiens d'inspiration catholique.

5 juillet

LA MORT LÉGENDAIRE DE BARTHOLOMÉE D'ANDLAU (1477)

Bartholomée d'Andlau, membre éminent de la famille des d'Andlau, l'une des plus anciennes en Alsace, remontant au XIIe siècle, est prince-abbé de Murbach. Homme énergique et diplomate, il amorce la réforme de son chapitre, donne un essor scientifique à l'abbaye et propage l'art de la Renaissance en Haute-Alsace. Mais il provoque l'animosité dans la vallée de la Lauch, ce qui donne naissance à une légende hostile concernant sa mort le 1er juillet 1477, contenue dans la *Chronique des Dominicains de Guebwiller*. Le prince-abbé résidait au château de Hugstein (ci-dessous). Un soir, alors qu'il est en compagnie de son chambellan, la lumière s'éteint. Le chambellan sort pour chercher une autre bougie. À son retour, il voit un chat noir installé sur le cou de son maître qu'il vient d'étrangler. Le chambellan terrorisé appelle tous les domestiques.

Le lendemain, quatre chevaux peinent pour tirer le corps. À l'arrivée dans l'église de Murbach, le cercueil ne contient plus le corps.

Le chroniqueur admet que c'est le diable qui, sous la forme d'un chat noir, a étranglé le prince, puis qu'il s'est emparé, d'une manière inexplicable, de son cadavre. Les successeurs du défunt semblent aussi avoir été de cet avis, car de 1477 à 1514 aucun ne voulut habiter le château.

L'hostilité est due au fait que le prince a pris la ville de Guebwiller par surprise, puis qu'il a confisqué les libertés communales. Le chapitre de Murbach fit élever une croix à l'endroit où, selon la tradition, les chevaux ne purent avancer : la Croix de Barnabas.

6 juillet

LES MIRACLES DES FLAGELLANTS (1349)

Lors de la Grande Peste de 1349, une manifestation a fortement frappé les esprits. Début juillet, 200 pèlerins, venus d'Italie, arrivent à Strasbourg. Marchant deux par deux, portant une croix rouge à leur chapeau et à leur manteau, armés d'un fouet à lanières de cuir à nœuds, ils chantent des cantiques. La flagellation est administrée par le maître de la secte deux fois par jour après une confession publique des péchés de chacun. Bien accueillis, ils attirent un millier de Strasbourgeois, frappés par leur mysticisme et leurs miracles, rapportés avec scepticisme par le chroniqueur Closener.

Un brave homme leur donne à boire dans un vase rempli de vin, qui demeure plein malgré une consommation abondante. Ensuite l'image du Crucifié sue à Offenbourg, ainsi que l'image de Notre-Dame à Strasbourg.

À Erstein, un homme appelé Rinder est si malade qu'il gît sans parole. Pendant le séjour des flagellants, le malade va mieux et retrouve la parole. Les voisins se disent alors entre eux : « Rinder est devenu parlant », ce que les flagellants transposent en « les bestiaux *(Rinder)* sont devenus parlant dans les étables », une nouvelle qui se répand dans tout le pays et que l'on prend pour vraie.

Mais à la longue, les Strasbourgeois se lassent, le clergé se montre hostile et l'évêque interdit leurs processions, ce qui entraîne leur départ en octobre. On s'aperçoit alors que la peste a redoublé à leur arrivée et diminué après leur départ.

7 juillet

INONDATIONS À HAGUENAU (1734)

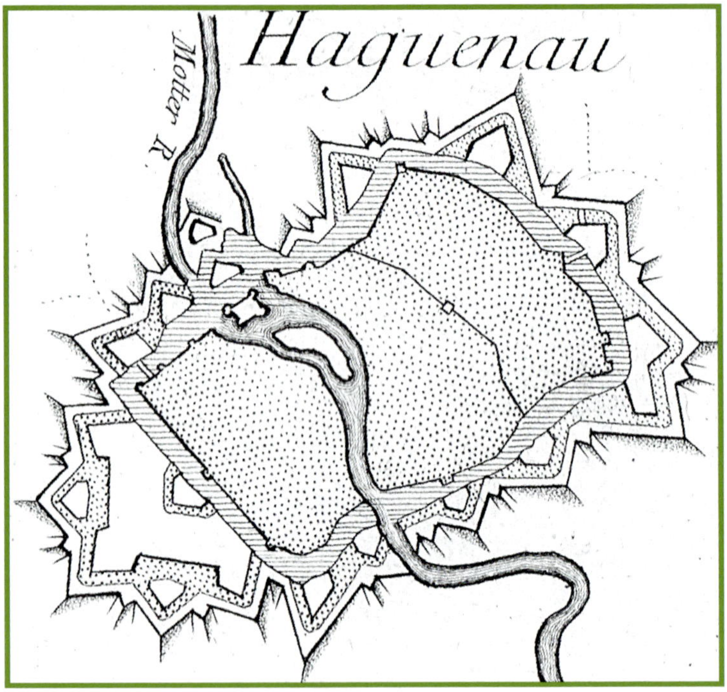

Le mois de juillet 1734 se caractérise par des inondations spectaculaires. À Haguenau, c'est l'une des plus importantes de l'histoire de la ville. Du 3 au 7 juillet, il pleut de manière quasi ininterrompue sur toute l'Alsace, mais c'est à Haguenau que les pluies se manifestent le plus violemment.

Cinq ponts de bois jetés au-dessus de la Moder sont emportés. Seul un pont de pierres tient. À cet endroit, l'inondation est si haute que l'on peut passer en bateau sur le pont lui-même. Les eaux pénètrent dans les salles basses de l'hôpital militaire qu'il faut évacuer en catastrophe.

À Fort-Louis, une forteresse est construite par Vauban au bord du Rhin (et démantelée en 1814). Cependant, il faut retirer les gardes des ouvrages de défense avancés, car le Rhin « entre dans les fossés et surnage par-dessus tous les épis ».

SIGISMOND ET LES DAMES NOBLES

Le 7 juillet 1414, l'empereur Sigismond vient à Strasbourg, où il est dignement accueilli par le Magistrat. Sur ce voyage attesté s'est greffée une légende. Lors de la soirée passée dans la salle de la famille de Mullenheim, une délégation de dames de la famille rivale des Zorn l'invite à venir le lendemain dans leur salle, située rue de la Haute Montée. Comme il ne connaît pas le chemin, les dames se proposent de venir le chercher.

Ce qu'elles font dès six heures du matin le lendemain. Ne voulant pas les faire attendre, il part avec elles nu-pieds et couvert d'un léger manteau. Il danse avec elles dans les rues. Près de la cathédrale, elles lui offrent une paire de chaussures avant d'aller assister avec lui à la messe du matin à la cathédrale. Cette légende s'est maintenue et a été illustrée au XIXe siècle par une gravure de Théophile Schuler.

8 juillet

NAISSANCE DE GUSTAVE STOSKOPF (1869-1944)

Le 8 juillet 1869 naît à Brumath Gustave Stoskopf, l'une des grandes figures culturelles de l'Alsace sous le Reichsland et entre les deux guerres. Entre 1895 et 1914, il est l'animateur du groupe de Saint-Léonard qui a profondément renouvelé le paysage culturel alsacien. Il est l'un des fondateurs du Théâtre alsacien en 1898 qui a donné son chef d'œuvre *D'r Herr Maire*, dont le succès s'est maintenu durant tout le XXe siècle. Animateur de la Société des artistes strasbourgeois et de la Maison d'art alsacienne, le centre artistique de l'époque, il est en 1909 l'un des fondateurs de la *Strassburger Neue Zeitung*, devenu un journal réputé en raison de la qualité de plusieurs collaborateurs.

Après 1919, il se consacre davantage à la peinture, tout en exerçant d'importantes fonctions : président-directeur du Théâtre alsacien de Strasbourg, président de la Société des Artistes Indépendants d'Alsace et de la Société des écrivains d'Alsace et de Lorraine. Après 1930, il devient l'un des pionniers de Radio-Strasbourg. En 1940, il se retire à Brumath où il meurt.

LE SOUTERRAIN DE LA CATHÉDRALE ET SON LAC

Sous la cathédrale de Strasbourg existe un souterrain occupé par un lac, sur lequel on peut circuler en barque. À minuit, en passant par la place du château au sud, on perçoit nettement le clapotis des eaux. Sous la terre qui sonne creux, des bruits sourds se propagent et inspirent l'épouvante. L'entrée du souterrain se trouvait autrefois sous la pharmacie du Cerf, située en face de la cathédrale. Personne n'a jamais réussi à descendre dans le souterrain, car chaque fois qu'on ouvre la porte, des coups de vent terribles et d'épais brouillards sortent du trou noir. Lors des crues de l'Ill, on voyait sortir mille bêtes rampantes, grouillantes, crachant du poison, telles que serpents, orvets, crapauds, cloportes et autres monstres. Pour mettre fin à cette invasion, on a obstrué l'ouverture du gouffre par une importante maçonnerie.

9 juillet

NAISSANCE D'AUGUSTE STŒBER (1808-1884)

Le 9 juillet 1808 naît à Strasbourg Auguste Stœber, un grand poète et philologue. Après des études de lettres et de théologie, il est régent, puis bibliothécaire à Mulhouse. Il compose de nombreux poèmes, marqués d'abord par l'école romantique des poètes souabes, puis par le goût du terroir sous la forme de la poésie dialectale. Son intérêt se porte ensuite vers l'histoire, les traditions et la langue. Il œuvre en faveur d'une Alsace, pont entre la France et l'Allemagne. Il collecte les comptines et surtout les légendes d'Alsace qu'il publie sous le titre *Die Sagen des Elsasses* en 1858, œuvre fondamentale rééditée en 1892 et en 1979. Il publie l'ensemble de ses études sur les légendes, les coutumes, l'art et le langage sous le titre *Alsatia*, paru entre 1868 et 1885. Il est le fondateur des légendes et de l'ethnologie régionale, contribuant ainsi à dégager l'identité alsacienne.

LUCIEN-MARIUS PAUTRIER

Le 9 juillet 1959 disparaît Lucien-Marius Pautrier, professeur de dermatologie. Originaire d'Aubagne, il est nommé professeur à la faculté de médecine de Strasbourg en 1919. Sa réputation en dermatologie attire à Strasbourg de nombreux professeurs étrangers. En 1932, il fonde une Société des amis de la musique qui organise depuis cette année un Festival international de musique.

Comptine

Ich un dü
Un s'Meller's Küeh,
Unser Esel der bisch dü !

Moi et toi
Et la vache des Muller,
Notre âne c'est toi !

10 juillet

OTTO BACK (1834–1917), MAIRE DE STRASBOURG

Le 10 juillet 1886, le haut fonctionnaire d'origine rhénane, Otto Back, est nommé maire de Strasbourg. Après avoir déjà exercé ces fonctions de 1873 à 1880, il reprend ce poste à la suite des élections et y demeure pendant 20 ans, période durant laquelle il modernise profondément la ville. Il s'investit surtout dans trois domaines, l'extension de la ville, la distribution de l'eau courante et la mise en place d'une administration municipale moderne, efficace et hiérarchisée. Il engage de nombreuses opérations coûteuses sur le plan scolaire, social et hospitalier, ainsi que dans le domaine des équipements urbains (éclairage, gaz et tout-à-l'égout). Il met en place une politique active de l'habitat pour réduire le nombre des logements qui ne répondent plus aux exigences modernes de l'hygiène. Il engage la construction de logements sociaux (205 pour la seule année 1904) et met en place un bureau municipal de placement, une assurance chômage et un salaire minimum. Après sa démission en 1906, il devient administrateur de l'université de Strasbourg et, de 1911 jusqu'à sa mort en 1917, président de la Chambre Haute d'Alsace-Lorraine.

LE FILS DE L'AMMEISTER

Il y a plusieurs siècles, un *ammeister* de Strasbourg, très apprécié pour ses vertus et son esprit de justice, a un fils, adolescent, étourdi et un brin provocateur. Malgré l'interdiction du Magistrat, il se lance un jour à travers les rues de la ville, monté sur un étalon très agité. Il prend plaisir à faire peur et à voir les gens s'enfuir. Mais dans une ruelle, il piétine un enfant qui jouait. L'enfant est ramassé sans vie et rapporté à ses parents. L'adolescent prend alors conscience de sa faute et s'en revient, le cœur brisé, vers son père.

Les parents de la victime portent plainte contre son meurtrier. Lors du procès, l'*ammeister*, qui préside le tribunal, reconnaît à son grand effroi son propre fils dans l'accusé. Dans un bel ensemble, le fils de l'*ammeister* demande grâce à son père, ainsi que la foule présente et même le père de la victime. Mais inflexible, le père condamne à mort son propre fils. Cet épisode est sculpté à la porte de Spire de la cathédrale, démolie à la fin du XVIIIe siècle.

DISPARITION DE JEAN ROTT (1911-1998)

Le 11 juillet 1998 disparaît l'un des grands savants alsaciens du XXe siècle, Jean Rott. Conservateur à la BNUS à partir de 1946, puis chargé de recherches au CNRS, il est devenu un spécialiste international de l'histoire du XVIe siècle : humanisme en Alsace, Réforme à Strasbourg, en France et en Europe, les grandes figures de Strasbourg, Bucer, Jean Sturm etc, et les anabaptistes. Il est surtout orienté vers la recherche et la publication scientifique de sources inédites. Il publie en particulier trois volumes de la correspondance de Martin Bucer de ses débuts à 1529, quatre volumes d'actes des anabaptistes strasbourgeois et les *Epistolae classicae* de Jean Sturm. En 1980, il se voit remettre un volume de Mélanges, *Horizons européens* et, en 1986, soixante-trois de ses articles sont réédités sous le titre *Investigationes historicae.*

Le 11 juillet 1839 naît à Stuttgart Julius Enting. Nommé bibliothécaire à Strasbourg en 1871, il termine sa carrière comme directeur de la Bibliothèque universitaire.

JULIUS ENTING (1839-1913)

Grand voyageur en Orient, il devient spécialiste d'une quinzaine de langues rares et constitue une collection très riche de *Hebraica*. Grand randonneur dans les Vosges, il réalise plusieurs publications sur Strasbourg et les Vosges et participe au *Guide des Vosges* qui connaît 12 éditions en trente ans. Son souvenir est perpétué par le Juliusturm sur le Climont. Il est l'un des fondateurs du Club Vosgien qu'il a présidé.

12 juillet

Recette des beignets aux cerises

Ingrédients : 500 g de cerises aigres, 125 g de sucre semoule, 1 sachet de sucre vanillé, 4 cuillerées à soupe de kirsch.

Pâte : 150 g de farine, 1 œuf, 1 pincée de sel, 60 g de sucre semoule, 1 verre de lait tiède, 1 cuillerée à soupe de kirsch, sucre pour saupoudrage, grande friture, fil de cuisine.

Égoutter et sécher les cerises lavées en gardant leurs queues intactes. Les lier par bouquets de 3 cerises avec du fil de cuisine (laisser 30 cm de fil). Dans une terrine, laisser macérer les fruits liés dans 125 g de sucre, le sucre vanillé et 4 cuillerées à soupe de kirsch (30 mn).
Dans un récipient, mélanger la farine et le jaune d'œuf, puis le lait, le sel, la cuillerée à soupe de sucre et celle de kirsch. La pâte doit être épaisse, à peine coulante. La laisser reposer 2 h. Puis battre le blanc d'œuf en neige et l'incorporer à la pâte avant d'y tremper les cerises. Égoutter les cerises, les enrober de pâte (tenir par le fil) et les faire dorer des deux côtés à la friture en repliant le fil sur le rebord de la bassine, puis les égoutter, couper les fils, les dresser sur un plat de service et les saupoudrer de sucre glace.

DICTONS

Wer im Juli sich rege tüet,
Sorgt für d'r Winter güet.

Qui en juillet se remue bien,
Pour l'hiver amasse bien.

E wichtig Juli - G'witter,
Güet für Winzer un Schnitter.

Un vrai orage de juillet,
C'est excellent pour vignerons
et moissonneurs.

Fangt dr Juli mit Träpfle an,
wurde mer lang Rage han.

Si juillet débute avec des gouttes,
Il y aura longtemps de la pluie.

Julisunne bringt Gold in's
Hüs.

Soleil de juillet,
Fortune dans la maison.

13 juillet

LE 13 JUILLET 1941, À HOCHFELDEN

Une manifestation courageuse a fait de Hochfelden un symbole de l'Alsace française. Dans cette bourgade à grande majorité catholique, l'opposition au régime nazi est particulièrement forte. Plusieurs groupes de jeunes gens ont, en juillet 1941, sans se concerter, la même idée : célébrer le 14 juillet. Les membres du cercle catholique et les footballeurs du cercle se sont donné le mot « Tous à la Bonne Fontaine » (restaurant) le 13 au soir. Lors de la fermeture à 23 heures, près de deux cents personnes, surtout des jeunes de 16 à 30 ans, défilent dans les rues en chantant *la Marseillaise* et d'autres chants patriotiques jusqu'au monument aux morts où ils se dispersent. Un petit groupe y dépose un bouquet aux couleurs françaises, qui est récupéré le lendemain et est encore conservé aujourd'hui.

La répression est très dure. Le 15 juillet, la Gestapo arrive en force et procède pendant cinq jours à des enquêtes, des rafles, des arrestations et des interrogatoires musclés. Le 19, l'état de siège est proclamé, ce qui se traduit par l'arrivée de 300 policiers qui fouillent toutes les maisons. Finalement, 106 personnes se retrouvent à Schirmeck, elles subissent souffrances, tortures et vexations. Finalement, elles sont toutes, sauf une, progressivement libérées au bout de deux à onze mois.

Cet événement a eu un grand retentissement, en Alsace, à Paris, à Londres comme en Allemagne.

LA FONDATION DES DIACONESSES (1842)

En 1842, le pasteur Franz Haerter fonde l'établissement des diaconesses qui s'inscrit dans le mouvement du piétisme qui a suscité des vocations à Kaiserswerth (Prusse rhénane) en 1836 et à Reuilly près de Paris en 1841. Ces sœurs ne prononcent pas de vœux perpétuels. Elles s'installent en 1843 rue Sainte-Élisabeth dans ce qui deviendra le Diaconat. Elles y fondent une crèche, une maison de santé et un pensionnat, plus tard collège Lucie Berger. Le but de leur œuvre est la charité, l'enseignement et l'éducation chrétienne. L'établissement se développe rapidement, tant par le nombre des sœurs (44 en 1856) que par la création d'annexes.

14 juillet

LA FÊTE NATIONALE

La fête nationale, instaurée en 1880, n'a été introduite en Alsace qu'en 1919. Néanmoins, entre 1880 et 1914, chaque année, ce jour donne lieu à d'importants déplacements à Nancy et à Belfort par train, mais aussi par attelages de chevaux depuis certains villages de l'arrondissement de Saverne à Lunéville.

En 1919, la fête, célébrée pour la première fois en Alsace, inaugure un cérémonial patriotique avec cortège à travers les rues, discours du maire, chant de *la Marseillaise*, bal, maisons et bâtiments publics pavoisés, et, selon l'importance de la commune, feu d'artifice ainsi que, dans bien des villages, un petit pain spécial pour tous les enfants âgés de moins de 14 ans. La fête est destinée à favoriser l'intégration nationale à la France. Elle marque la fin de l'année scolaire. Dans les communes avec un établissement secondaire a lieu la veille la cérémonie de remise des prix avec un important apparat. En 1939, la fête se caractérise à Strasbourg à la fois par la célébration du 150e anniversaire de 1789 et une parade militaire destinée, dans un contexte international difficile, à rassurer la population et à impressionner le gouvernement nazi.

Après quatre ans de dictature, le 14 juillet prend une intensité nouvelle. À Strasbourg, la liturgie, désormais fixée pour des décennies, se découpe en plusieurs parties : le 13 au soir, retraite aux flambeaux, suivie d'une grande fête de nuit organisée par la Vogésia de Strasbourg, d'un remarquable feu d'artifice et d'un grand bal. La foule est toujours très dense, tout comme aux nombreux bals organisés dans les divers quartiers de la ville, en plein air ou dans les auberges. Le lendemain matin ont lieu les cérémonies patriotiques et religieuses traditionnelles, avec un défilé de troupes, en général place de la République, et une remise de décorations en présence de toutes les autorités de la ville et du département. Puis chacun des trois cultes reconnus célèbre un office, *Te Deum* à la cathédrale par l'évêque, culte au Temple-Neuf ou à Saint-Paul, office juif à partir de 1958 dans la nouvelle synagogue de la Paix. Le soir du 14, reprise des nombreux bals et feu d'artifice sur la plate-forme de la cathédrale, qui draîne toujours une foule nombreuse.

NAISSANCE DE MATHIEU RISLER (1782-1871)

Le 14 juillet 1782 naît Mathieu Risler. En 1817, il fonde à Cernay avec son frère Jérémie (1788-1846) une filature de coton. En 1844, il crée la première fabrique d'objets en caoutchouc en Alsace. Il installe dans sa ferme de 20 hectares un *home* pour enfants abandonnés, élevés selon les principes pédagogiques d'éducateurs suisses alors très renommés. Il multiplie les expériences agronomiques dans sa ferme. Il est un maire actif de Cernay de 1840 à 1848.

15 juillet

LA CRÉATION DE KLINGENTHAL (1730)

Le 15 juillet 1730, Jean Henri d'Anthès (1670-1733), devenu un important maître de forges, fonde la manufacture royale d'armes blanches de Klingenthal, en association avec le baron François-Joseph de Mackau, *stettmeister* de Strasbourg et spécialiste de l'acier. Pionnier de l'industrie métallurgique en Alsace comme fournisseur des garnisons françaises, il édifie un véritable empire, constitué d'un haut-fourneau, de forges, d'une tréfilerie et d'une fabrique de fer blanc dans la vallée de Masevaux et la région belfortaine. Protégé de l'intendant, il est chargé de créer cette entreprise à portée de l'arsenal de Strasbourg. Il choisit l'emplacement d'un moulin sur l'Ehn dans le bailliage de Bœrsch et il fait venir une dizaine d'ouvriers de la manufacture concurrente de Solingen, située au sud de l'actuelle Ruhr.

Cette entreprise bénéficie d'un essor considérable, surtout lors des guerres entre 1792 et 1815 pour ensuite se reconvertir avec les Coulaux à la production d'outillages divers. Aujourd'hui, la mémoire est conservée à travers un musée installé sur le site.

LA SAINT-HENRI

Henri II de Bavière, roi puis empereur de 1002 à 1024, canonisé en 1146, ne concerne certes que peu l'Alsace (pas de patronage connu), mais il figure au propre de l'évêché et a suscité plusieurs dictons.

Am Kaiser Heinrich nimmt d'r Bür d'Sichel in d'Hand.

À la Saint-Henri,
Le paysan prend la faucille en main.

C'était avant la mécanisation agricole.

Kaiser Heinrich macht d'Gerscht wiss.

L'empereur Henri fait blanchir l'orge.

Kaiser Heinrich schticht d'r Gerscht d'Wurzel ab.

L'empereur Henri coupe la racine de l'orge.

16 juillet

SAINT FULRAD

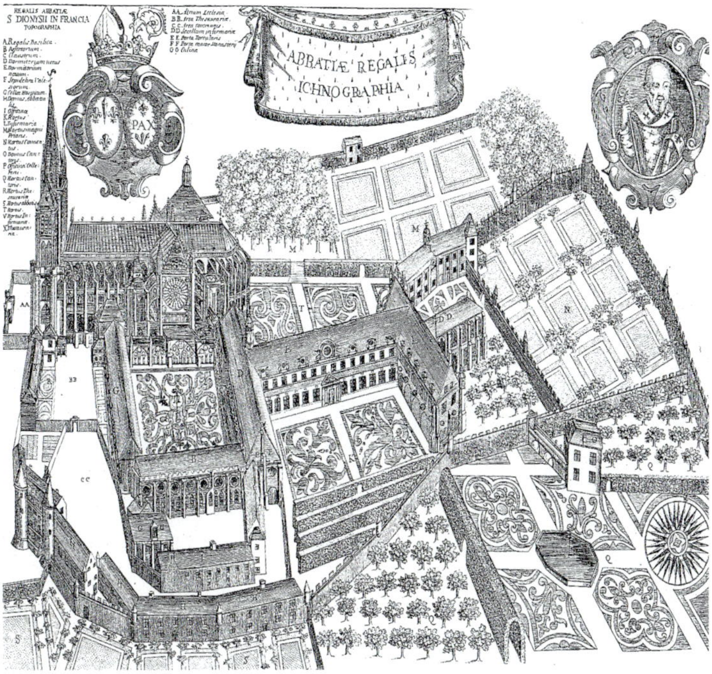

Fulrad, issu d'une famille noble lorraine et non d'origine alsacienne comme le veut la légende, est abbé de la célèbre abbaye de Saint-Denis de 750 à 784, ainsi que chapelain des rois Pépin le Bref et Charlemagne, ce qui lui permet de jouer un rôle politique de premier plan, en particulier dans la création de l'État pontifical. Il acquiert de vastes terres sur le versant alsacien des Vosges, qu'il lègue par testament à l'abbaye de Saint-Denis. Il y fonde deux prieurés : Saint-Hippolyte (768) où il dépose les reliques d'un martyr romain, saint Hippolyte, et Lièpvre (770), auquel il confie des reliques de saint Cucufat, martyr honoré à Barcelone, et d'un martyr appelé Alexandre. Il meurt le 16 juillet 784. Bien qu'étant le plus grand des abbés de Saint-Denis, il n'a jamais été vraiment considéré comme un saint par l'Église catholique. Son corps est transféré à Lièpvre où il bénéficie d'un culte jusqu'à la Révolution qui a totalement occulté sa mémoire. Une statue moderne, en grès des Vosges, se trouve dans la rue principale de Lièpvre.

LA MALÉDICTION DU JÉSUITE

La famille protestante normande de Brua retourne à l'Église catholique sous les pressions exercées à l'époque de Richelieu. Un seul membre résiste. Incarcéré, il reçoit chaque jour la visite d'un père jésuite chargé de l'instruire dans la foi catholique et d'obtenir son abjuration. Un jour, le prisonnier agacé tue le jésuite et s'évade, revêtu de la robe de sa victime. Il parvient à traverser le royaume de France pour atteindre l'actuelle Alsace bossue, qui relevait alors du comte d'Empire de Nassau-Sarrebruck. Il y acquiert un moulin sur le territoire de la paroisse de Hirschland et a une nombreuse descendance. Mais selon les récits diffusés dans la population, la malédiction du jésuite devait s'accomplir : à chaque génération, un membre de cette famille arbore une chevelure couleur rouge feu.

17 juillet

LA STREISSELHOCHZEIT

Le dimanche, entre le 16 et 22 juillet, a lieu l'une des grandes fêtes régionales à Seebach, un village qui a su conserver une grande authenticité : la *Streisselhochzeit* (mariage aux bouquets), une reconstitution d'un mariage protestant et paysan au début du XXe siècle. Elle est devenue une grande fête populaire qui rassemble des milliers de visiteurs. Elle consiste en deux défilés des noces, un premier le matin qui se rend à l'église, un second, plus étoffé, avec la participation de nombreux groupes folkloriques qui se produisent ensuite sur un podium. Dans les cours de ferme, on peut admirer des expositions de peintures et des démonstrations de divers métiers anciens. De nombreuses spécialités culinaires régionales sont proposées à la dégustation.

Comptine sur le cheval

Hopp, hopp, hopp
Pferdchen lauf Galopp
über Stock und über Stein
Pferdchen brich dir ja kein
Bein.
Hopp, hopp, hopp
Pferdchen lauf Galopp

Vite, vite, vite
Petit cheval au galop
À travers champ
Petit cheval,
Ne te casse pas une jambe.

Météo

La pluie est mal vue à la

Wenn's am Alexius regnet,
Wird d' Frucht teuer.

Pluie à la Saint-Alexis,
Chers seront les grains.

18 juillet

NAISSANCE DE SIMON FERDINAND MUHE (1788-1865)

Le 18 juillet 1788 naît à Strasbourg Simon Ferdinand Muhe, l'ecclésiastique catholique le plus éminent du XIXe siècle, un « modèle de piété, de dévouement, de charité », selon le préfet César West, en 1850.
De 1812 à sa mort, il est vicaire-prédicateur à la cathédrale et professeur au Grand Séminaire.
Son œuvre est considérable : création d'une dizaine de confréries, apostolat de la charité, polémique avec les protestants, défense du pouvoir temporel du pape.

Ses sermons ont un immense impact. À travers eux et par son influence sur les séminaristes, il contribue fortement au renouveau de la piété en Alsace au XIXe siècle. Il se dépense sans compter comme père des pauvres, comme professeur, aumônier, prédicateur, confesseur, catéchiste et directeur de nombreuses œuvres.

ÉDOUARD REUSS (1804-1891)

Le 18 juillet 1804 naît à Strasbourg, Édouard Reuss, d'origine palatine, professeur d'exégèse de 1838 à 1888 à la Faculté de théologie protestante. Il renouvelle profondément la connaissance de l'Ancien Testament, de l'histoire et de la littérature d'Israël. Il publie trois grandes synthèses : *Histoire de la théologie chrétienne au siècle apostolique, Histoire des écrits sacrés de la Bible* et surtout une traduction commentée de la Bible en 10 volumes.

Il se fait le défenseur de l'identité régionale et du bilinguisme avec le manifeste *Wir reden deutsch*. À travers la Faculté, le chapitre Saint-Thomas et la Conférence pastorale, il marque profondément de nombreux pasteurs et laïcs de son temps durant des décennies.

19 juillet

LA FIN DU NOUVEL ALSACIEN (1986)

Le 19 juillet 1986 marque la disparition du *Nouvel Alsacien*, un quotidien d'inspiration catholique, démocrate-chrétien et régionaliste, qui a joué un rôle considérable pendant un siècle et profondément marqué les acteurs politiques du parti catholique en Alsace. Sous les divers régimes que connaît l'Alsace (sauf de 1940 à 1944), il participe à toutes les protestations populaires et active les grands débats. De 1885 à 1939, le journal est l'organe officieux du parti catholique et, entre 1919 et 1939, un défenseur vigoureux du statut scolaire et religieux et de la langue allemande. Après 1945, le journal, après avoir suivi le MRP dans une orientation plus nationale, revient dans les années 1960 aux priorités régionales. Mais il n'arrive pas à toucher les jeunes, d'où une érosion progressive de son lectorat, qui débouche sur la disparition en 1986. Désormais, il ne reste que deux quotidiens en Alsace.

Recette des boulettes de viande

En Alsace, on a toujours su agréablement accommoder les restes.

Ingrédients : restes de viande, lard, oignons, persil, sel et poivre, noix de muscade, 100 g de farine, 2 œufs, 1/4 l de lait, 50 g de graisse.

Mélanger la farine, les œufs, le sel et le lait, y ajouter la viande hachée, le lard, les oignons, le persil et les épices. Former des boulettes, les faire frire dans un poêle avec de l'huile jusqu'à ce qu'elles aient une belle couleur.

Servir avec des pommes de terre rissolées et accompagnées d'une salade verte.

20 juillet

SAINTE MARGUERITE

Vierge d'Antioche martyrisée vers 300, elle est l'une des saintes les plus populaires – le prénom Gretel est très fréquent, surtout en milieu rural, dans les deux confessions jusqu'en 1945 – avec Barbe et Catherine, d'où le dicton.

S'Gretel mit dem Wurm,
S'Bärbel mit dem Turm
S'Kathel mit dem Radel
Sind die drei liebsten Madel.

Gretel avec le ver,
Barbe avec la tour
Catherine avec la roue
Sont les trois jeunes filles
les plus gracieuses,
parfois aussi saintes (heilige).

Elle est représentée avec un dragon à ses pieds, une crosse, une couronne, un glaive et une palme. Elle est l'un des 14 saints auxiliaires, invoquée contre toute douleur ou affection des reins. Elle est la patronne de neuf paroisses.

Dictons météorologiques

C'est un jour où la pluie est redoutée. Dans certaines régions, elle marque le début de la moisson.

Regnet's an Sankt-Margaret,
D'Nuss sehr schlecht gerät.
Kommt dem Bür nit gelage

À Sainte-Marguerite, s'il pleut,
Des noix, il y en aura peu,
Au paysan jamais ne sourit.

Margaretetag Rage Bringt ken Sage.

À la Sainte-Marguerite
La pluie est maudite.

Bringt Margareta Rege
Tüet er sich 14 Tag nit lege

Si Marguerite pluie a,
Quatorze jours elle durera.

LA FÊTE DU HANS À OBERNAI

Le *Hans im Schnokeloch* est un personnage inventé par Adolphe Stöber au XIXe siècle, qui est devenu l'emblème du caractère régional, puis la figure type du folklore. Chaque année, autour du 20 juillet, Obernai organise une grande manifestation estivale sur le thème du Hans.

C'est une fête de deux jours, centrée sur la gastronomie régionale et la musique populaire. Le personnage *Hans im Schnokeloch*, en costume traditionnel et entouré de charmantes Alsaciennes, passe de table en table et d'une placette à l'autre. Le succès est toujours au rendez-vous pour le plus grand profit du commerce et du tourisme local.

LA SAINT-ARBOGAST

Saint Arbogast est évêque de Strasbourg dans la seconde moitié du VIe siècle. On dit qu'Arbogast reprit l'exploitation de tuileries antiques et qu'il remplaça par un sanctuaire chrétien les lieux de culte romains. Il construisit une cathédrale, dédiée à la Vierge, à l'emplacement actuel. Il se fit inhumer au cimetière gallo-romain à l'ouest de Strasbourg. Une chapelle Saint-Michel s'élevait sur sa sépulture. Évêque vers 550-575, il était chargé de christianiser les Alamans d'Alsace. Il s'installe comme ermite dans la forêt de Haguenau, puis construit le couvent de Surbourg, premier établissement monastique en Alsace. Nommé évêque par le roi Dagobert, il œuvre beaucoup à la christianisation des habitants, notamment dans les zones forestières et montagnardes. Il aurait réalisé plusieurs miracles dont la guérison du fils unique du roi qui lui a offert la région du Haut-Mandat autour de Rouffach. Après sa mort, de nombreux miracles se produisent sur sa tombe, ce qui incite son successeur, saint Florent, à déterrer son corps pour le placer dans une châsse sur l'autel de l'église Saint-Michel. La tête du saint est offerte à l'église Saint-Jean de Strasbourg. Au Xe siècle, les reliques sont transférées à Surbourg. L'église Saint-Arbogast construite à la Montagne Verte obtient au XIe siècle une partie des reliques. Mais en 1530, à la suite de la Réforme, cette église est détruite et les reliques dispersées, tout comme celles conservées à Surbourg. Aujourd'hui, seule subsiste la boîte cranienne du saint.

LE SAC DE L'HÔTEL DE VILLE DE STRASBOURG (1789)

L'annonce de l'émeute du 14 juillet à Paris provoque une agitation à Strasbourg. Le 20 juillet, une foule considérable se réunit sur l'actuelle place Gutenberg (depuis 1840) pour réclamer l'élection des échevins et obtient finalement satisfaction. Le lendemain, des émeutiers, encadrés par des meneurs, attaquent l'hôtel de ville et la chancellerie. Ils saccagent les pièces et le mobilier. Puis la plupart se soûlent dans les caves, éventrent les barriques et pataugent dans le vin. Il semble y avoir eu concertation pour cette mise à sac, tandis que la garnison sur la place est restée passive. Ces événements entraînent la défaite du Magistrat et la fin des structures municipales existant depuis la Constitution de 1482.

LA BATAILLE DE DORNACH (1499)

À la fin du XVe siècle, l'Alsace du Sud, le Sundgau, qui fait partie des *Vorlande*, est entraînée dans le conflit entre les Habsbourg et les Confédérés, ce qui vaut à ces terres des incursions périodiques de troupes suisses qui pillent et incendient chaque fois de nombreux villages. C'est le cas en 1415, de 1444 à 1449 et de manière spectaculaire en 1468. Cette menace explique la mise en défense assurée par les deux châteaux du Landscron et du Morimont.

La bataille de Dornach située à quelques kilomètres au sud de Bâle marque à la fois l'apogée et la fin de ces conflits de près d'un siècle. En 1499, l'Autriche s'engage dans une nouvelle guerre contre les Suisses avec la participation de nombreux nobles alsaciens et de l'artillerie de Strasbourg. La bataille de Dornach s'ouvre dans la soirée du 22 juillet. Après trois heures de durs combats, les Autrichiens subissent un désastre : une partie de l'état-major, avec à sa tête le comte de Furstenberg, est tuée et l'armée pratiquement détruite. Les Suisses confisquent toute l'artillerie et une dizaine de drapeaux. Ils l'ont emporté grâce à leur habileté tactique, à la lourdeur de leurs adversaires et à l'impéritie des chefs.

La paix, conclue deux mois plus tard à Bâle, reconnaît l'indépendance *de facto* des Cantons helvétiques vis-à-vis de l'Empire et de la Maison d'Autriche. En 1501, la ville de Bâle rejoint la Confédération comme 13e et dernier canton jusqu'en 1798. Elle met un terme à deux siècles de guerres et établit une paix définitive entre la Suisse et le sud de l'Alsace, pour laquelle la menace devient française aux XVIe et XVIIe siècles.

La Sainte-Madeleine

Patronne des perruquiers et des coiffeurs, elle est aussi celle de quatre paroisses.

**An Magdalena regnet's gern,
Weil sie hat geweint um den Herren.**

*À Sainte-Madeleine il pleut souvent,
Car elle vit son maître en pleurant.*

FRÉDÉRIC ULRICH OBRECHT (1646-1701)

Le 23 juillet 1646 naît à Strasbourg Frédéric Ulrich Obrecht. Professeur d'éloquence et d'histoire à l'université et avocat de la ville, il est converti par Bossuet en 1684, un acte récompensé par sa nomination comme préteur royal en 1685. Il contrôle toutes les décisions du Magistrat, les élections aux différents postes municipaux, assure la censure, surveille l'esprit public. Il est le protecteur de l'université, dont il surveille les élections et les publications. Il est selon Reuss un « savant de grand mérite, un administrateur éminent, un diplomate habile », estimé de Bossuet.

DISPARITION DE FRANÇOIS STRUCH (1791-1856)

Le 23 juillet 1856 disparaît François Struch, l'une des grandes figures politiques du Haut-Rhin sous trois régimes politiques durant près de 30 ans. Maire de son village natal, Lutterbach, de 1837 à 1856, important propriétaire, il préside le Conseil général de 1834 à sa mort. Il est député de 1839 à 1841 et de 1846 à 1849.
Alors qu'à Paris il vote jusqu'en 1848 avec la gauche, il collabore avec le préfet Bret. En 1848, il est élu député à la quasi-unanimité et amorce un virage à droite. En décembre 1851, il se rallie par réalisme politique et par conviction aux idées bonapartistes.

24 juillet

RÊVE D'UNE NUIT D'ÉTÉ

Depuis quelques années, le spectacle son et lumière de Saint-Gilles est devenu l'une des fêtes majeures de l'été en Alsace. Créé par les associations du Val de Villé, il se déroule sur la colline de Saint-Gilles dans la seconde quinzaine de juillet. Le spectacle qui porte le titre de *Rêve d'une nuit d'été* et qui mobilise plusieurs centaines de bénévoles, les uns pour l'organisation, les autres comme acteurs, a lieu en général sept soirs. Le personnage central est un lutin des bois, espiègle et farceur, nommé *Wurzel* (racine), qui vient du fond des âges. Il raconte l'histoire et le vécu des habitants du Val de Villé, en français et en dialecte. Il incarne l'âme de cette communauté et sa mémoire. C'est le seul grand spectacle bilingue en Alsace. Il attire chaque année environ 35 000 spectateurs.

HANS MARX VON ECKWERSHEIM

Hans Marx von Eckwersheim, seigneur de Bilstein, château situé près d'Urbeis dans le Val de Villé, est entré dans la légende pour deux épisodes. En 1477, lors de la victoire de Nancy sur le duc de Bourgogne Charles le Téméraire, il fait prisonnier le comte de Nassau et le ramène dans son château en vue de négocier une rançon élevée. Refusant de le rendre à la ville de Strasbourg, celle-ci bombarde le château et le contraint à se rendre. Mais selon la légende, l'*ammeister* Pierre Schott entre sans problème dans le château et surprend Max en lui déclarant « c'est Notre Seigneur qui m'envoie ». Max l'invite alors avec sa suite à sa table bien garnie.

Par la suite, il a un conflit avec Anton von Wilsperg qui le menace de le faire ressembler au blason de sa famille (deux bras coupés). Un jour que Hans se rend au bain près de Dambach-la-Ville, Wilsperg l'attaque et lui tranche les deux mains. Il est qualifié par la suite de « *armer handloser Ritter* ».

Plus tard, sur son lit de mort, il prie pour faire comparaître son bourreau devant Dieu. Effectivement, celui-ci meurt subitement, exactement le même jour.

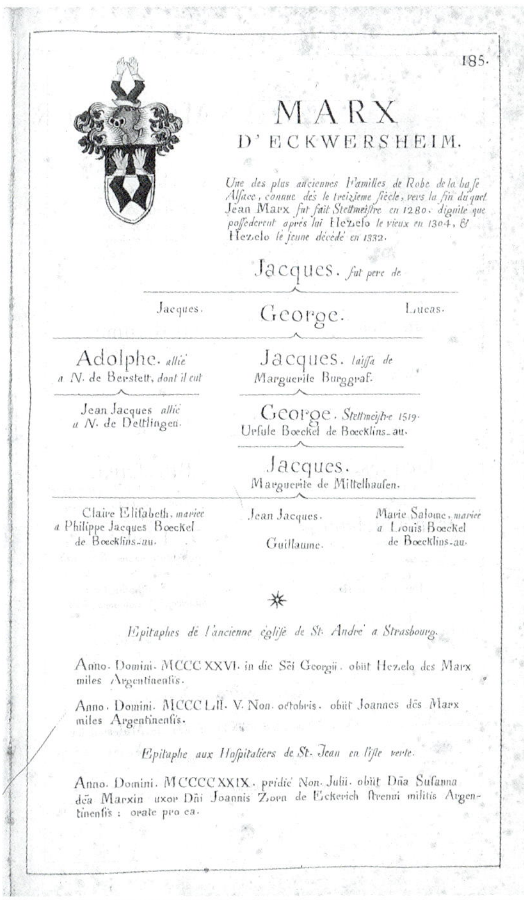

185.

MARX
D'ECKWERSHEIM.

Une des plus anciennes Familles de Robe de la basse Alsace, connue dès le treizieme siècle, vers la fin duquel Jean Marx *fut fait* Stettmeistre *en 1280. dignité que possederent après lui* Hezelo *le vieux en 1304. &* Hezelo *le jeune décédé en 1332.*

Jacques. *fut pere de*

Jacques. George. Lucas.

Adolphe. *allié a* N. de Berstett, *dont il eut*
Jean Jacques *allié a* N. de Dettlingen.

Jacques. *laissa de* Marguerite Burggraf.
George. *Stettmeistre 1519.* Ursule Boeckel de Boecklins-au.
Jacques. Marguerite de Mittelhausen.

Claire Elisabeth, *mariée a* Philippe Jacques Boeckel de Boecklins-au.
Jean Jacques.
Guillaume.
Marie Salome, *mariée a* Louis Boeckel de Boecklins-au.

Epitaphes de l'ancienne église de St. André a Strasbourg.

Anno. Domini. MCCCXXVI. in die Sči Georgii. obiit Hezelo des Marx miles Argentinensis.

Anno. Domini. MCCCLII. V. Non. octobris. obiit Joannes dẽs Marx miles Argentinensis.

Epitaphe aux Hospitaliers de St. Jean en l'isle verte.

Anno. Domini. MCCCCXXIX. pridie Non. Julii. obiit Dña Susanna dña Marxin uxor Dñi Joannis Zorn de Eckerich strenui militis Argentinensis : orate pro ea.

25 juillet

SAINT JACQUES LE MAJEUR

Saint Jacques le Majeur n'est certes pas un saint alsacien, mais il occupe une place importante dans la culture populaire. C'est l'apôtre Jacques, devenu l'un des symboles de l'Espagne (Saint-Jacques de Compostelle). Il est le patron de seize paroisses dans le Bas-Rhin et de douze dans le Haut-Rhin.

Il est le protecteur des semences et l'intercesseur pour une moisson abondante, d'où l'expression « la Saint-Jacques dans la moisson » (*St. Jakob im Schnitt, Jakobstag in der Ernte*). Il est aussi l'intercesseur pour une mort paisible et pas trop précoce.

Il tient une certaine place dans les prévisions météorologiques.

Wenn's an Jacobi regnet, Ist Most nicht gesegnet

Pluie à la Saint-Jacobi,
Le moût n'est pas béni.

Isch hell d'r Jacobitag, Viel Obst er verspreche mag.

À Saint-Jacques, temps clair,
Promesse de beaucoup de fruits.

Ein trockener Jacobstag Verheisst einen strengen Winter

Si la Saint-Jacques est sec,
Il annonce un hiver rude.

LES APPARITIONS AUTOUR DU BASTBERG

Cette montagne est non seulement le lieu de rencontre (supposé) des sorcières, mais elle est perçue aussi comme un lieu hanté.

À la mi-côte, au point où le chemin tournant à droite mène vers Griesbach, il y a un endroit que les moutons évitent. Lors du passage d'un troupeau, les animaux s'inquiètent et cessent de brouter. Les chiens se montrent perturbés, aboient et s'agitent.

À certains moments, les habitants des villages voisins prétendent voir des feux errants courir sur cette montagne et des boules de feu s'en élever.

26 juillet

SAINTE ANNE

La mère de la Vierge tient une place non négligeable dans la culture populaire. Elle est généralement représentée avec l'enfant Jésus sur un genou et Marie sur l'autre. Elle est la patronne de trois paroisses en Alsace et l'intercesseur de la famille, des femmes en couches, des cordiers et des paysans qui l'implorent pour la pluie et la fécondité. Elle a suscité plusieurs dictons.

St. Anna warm und trocken,
macht den Bauern frohlocken.

Sainte-Anne chaude et sèche
Fait bondir de joie le paysan.

Werfen am St. Anna Tag die Ameisen höher auf,
so folgt ein strenger Winter drauf.

Si à la Sainte-Anne les fourmilières sont plus hautes,
Cela annonce un hiver rude.

Jacob un Anna
Sin mitnand in d'Arn gange.

Jacques et Anne sont allés ensemble
Moissonner dans les champs.

An Sankt-Ann Gehn d'kiehle Morge an.

À la Sainte-Anne
Débutent les matinées fraîches.

27 juillet

UNE LOI DÉSASTREUSE POUR LA VITICULTURE (1822)

Le 27 juillet 1822, le gouvernement français impose des droits de douane élevés pour l'importation de toutes les denrées agricoles et des produits industriels, ce qui entraîne une véritable guerre douanière avec les pays voisins de l'Alsace, la Suisse, le grand-duché de Bade et le royaume de Wurtemberg qui sont les principaux clients du vin d'Alsace. En 1823, le conseil général du Haut-Rhin déplore les représailles qui font que de nombreux Haut-Rhinois restent « dans un état de gêne ». En 1824 se produit une reprise des exportations vers la Suisse, alors que le grand duché de Bade maintient la prohibition des vins alsaciens.

La politique jacobine ne tient pas compte des particularités des régions frontalières, alors que l'Alsace commerçait librement avec toutes les régions rhénanes avant 1789 et que ces traditions demeurent encore fortes après 1815.

UN ÉTÉ TRÈS CHAUD (1983)

Le 27 juillet 1983, on a mesuré 37 °C sur l'aéroport de Bâle-Mulhouse, soit le record depuis le 28 juillet 1921 où avait été mesuré 40°C à Strasbourg Polygone. Le mois de juillet 1983 a été particulièrement chaud avec treize journées à plus de 30°C, mais par séquences de trois à quatre jours. En journées consécutives, on peut citer les mois de juillet 1921 avec dix-neuf jours d'affilée à plus de 30°C, treize jours de suite en 1947 et seize jours en 1976. En juillet 1983, le déficit des précipitations est des deux tiers. À la fin du mois, la terre est sèche sur 50 cm de profondeur.

28 juillet

LE SIMULTANEUM

Le 25 juillet 1684 est introduit en Alsace le *simultaneum*, un usage qui a beaucoup contribué à maintenir les tensions entre catholiques et protestants au niveau local durant des siècles.

C'est un ordre royal à l'intendant d'Alsace qui demande de remettre aux catholiques les chœurs des églises, « non seulement dans la Basse-Alsace, mais encore dans les lieux de la province qui sont de la religion luthérienne, où il y aura sept familles catholiques ».

En quelques décennies, cette mesure est étendue à 160 localités en Alsace, situées dans le nord de la province pour la plupart. Elle devient l'instrument permettant une présence catholique en milieu protestant. Au cours du XVIIIe siècle, les catholiques cherchent à étendre leurs droits. Les conflits portent surtout sur les horaires et l'entretien des bâtiments. Depuis le XIXe siècle, le nombre des églises simultanées est en recul, surtout grâce à l'Œuvre des Églises mixtes (1884-1914). Actuellement, le *simultaneum* subsiste dans 50 localités, dont 41 situées dans le Bas-Rhin. Sous le double effet de l'œcuménisme et du recul de l'empreinte chrétienne, les tensions et problèmes ont pratiquement disparu depuis les années 1950.

Comptine sur les cigognes

Storick, Storick, stibber di Bein,
Bring m'r e Korb voll Wegge heim,
Mier einer, Dier einer,
Nurr de beese Buewe keiner !

Cigogne, dresse ta patte,
Apporte-moi un panier plein de petits pains,
Un pour moi, un pour toi,
Mais aucun pour les méchants garçons !

29 juillet

Recette des légumes en purée

Il s'agit de faire une purée avec des choux blancs, des carottes, des navets blancs ou des poireaux, mélangés avec une purée de pommes de terre.

Couper finement le légume choisi. Faire revenir du beurre avec un oignon émincé et ajouter le légume avec un peu d'eau. Saler. L'oignon ne doit pas être bruni. Faire cuire pendant 1 h. Puis y ajouter une quantité égale de pommes de terre et faire cuire encore une demi-heure. Couvrir chaque fois. On passe à la passoire et on mélange par quantités égales, en ajoutant un peu de crème et un bon morceau de beurre frais.

Chacune des quatre variétés accompagne parfaitement un bon rôti. La purée de carottes est excellente avec des saucisses à frire ou des cervelas frits.

DICTONS RELATIFS AUX JOURS DE « CHIEN »

La période allant du 25 juillet au 5 août est qualifiée de *Hundstage* (jours de chien), soit les jours de plus forte canicule. Dans les écrits de médecine populaire des siècles passés, ces jours sont décrits comme étant ceux où démons et maladies se déchaînent. Ils ont suscité plusieurs dictons.

Le Rhin asséché

Hundstage hell und klar, zeigen an ein gutes Jahr ; haben Regen sie bereit, folget eine böse Zeit.

Si les jours de canicule sont clairs,
Ils annoncent une année prospère ;
Mais s'il pleut,
Il s'en suivra une période difficile.

Ist der Hundsstern trüb, so nimm mit Krankheit und Seuche fürlieb.

S'il fait mauvais à l'époque
de l'étoile de Sirius, cela annonce
des maladies et des épidémies.

Wenn die Schwämme vor den Hundstagen wachsen, so hat man sauren Wein zu befürchten.

Si les champignons poussent
avant la canicule,
On peut redouter un vin acide.

30 juillet

Recette de la salade mixte strasbourgeoise

Elle comprend une salade de cervelas et une salade de gruyère.

Ingrédients pour celle-ci : 100 g de gruyère par personne, 3 échalotes, huile, vinaigre, sel, poivre.

Couper le gruyère en fines petites allumettes de 2 à 3 cm de longueur et assaisonner de vinaigrette bien relevée. Laisser bien imprégner.

La salade de gruyère se sert en guise de hors-d'œuvre au déjeuner, ou recouvre une salade de cervelas (salade mixte). Cette salade mixte précède très souvent la choucroute à l'alsacienne dans les repas plantureux de coutume en Alsace.

L'HOMME AUX CLOCHETTES D'ETTENDORF

Pendant la floraison des vignes, dans les chaudes nuits d'été, on entend souvent sur les coteaux d'Ettendorf des tintements tantôt doux, tantôt forts. Ils proviennent de l'homme aux clochettes qui, pour annoncer une bonne vendange, parcourt le vignoble avec des clochettes argentines. Mais si la récolte s'annonce médiocre, on n'entend que des tintements faibles et rares. Dans ce cas, l'homme aux clochettes est assis tristement, les mains vides, au bord du chemin en regardant d'un air timide les passants.

NAISSANCE D'ÉDOUARD SITZMANN (1836-1918)

Le 30 juillet 1836 naît à Wettolsheim Édouard Sitzmann, pédagogue et lexicographe. Frère de Matzenheim, il dirige pendant 40 ans trois écoles catholiques. Il se rend célèbre grâce à son *Dictionnaire de biographie des hommes célèbres de l'Alsace*, paru en deux tomes en 1909 et 1910, et auquel il travaille depuis 1892. Malgré ses lacunes et ses erreurs, il constitue, pendant plus de huit décennies, la référence incontournable pour tous les historiens ayant travaillé sur l'Alsace.

31 juillet

LA GUERRE EN 1914

Le 31 juillet 1914 est publiée la proclamation de l'état de guerre, ce qui signifie l'occupation militaire des gares, des ponts ferroviaires et des principaux carrefours routiers.

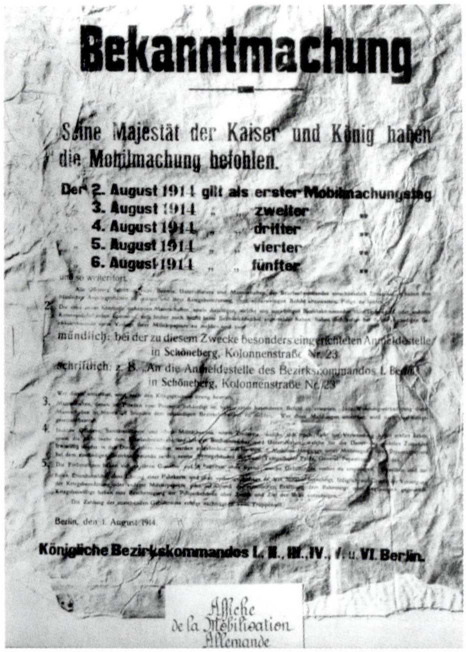

Le 1er août, à 18 heures, toutes les cloches annoncent la mobilisation générale, affichée partout le même soir. La foule se presse pour prendre connaissance des jours de mobilisation. La population rurale prend acte avec calme et sérieux des ordonnances, à la différence des villes de garnison où la foule des Vieux-Allemands manifeste un enthousiasme guerrier.

Le 2 août est le premier jour de mobilisation pour tous les hommes âgés de 18 à 45 ans. Pendant plusieurs jours, les gares deviennent le lieu de poignantes scènes de séparation, définitives pour certains, entre mari et femme, père et enfants.

À la différence de la France et de l'Allemagne, cette guerre constitue pour les Alsaciens une épreuve plus douloureuse, car ils subissent de cruelles divisions morales. Que ce soit dans l'un ou l'autre camp, sous l'un ou l'autre uniforme, les Alsaciens sont en proie au déchirement, d'autant qu'on trouve des Alsaciens, parfois membres de la même famille, dans les deux camps. La mobilisation a enrôlé plus de 250 000 Alsaciens (qui feront plus de 35 000 victimes) qui s'y résignent par loyalisme et sentiment du devoir, tandis qu'on relève près de 20 000 Alsaciens dans le camp français. Quant aux civils, ils sont considérés comme suspects dès le début, qualifiés de *Franzosenköpfe*, alors que les troupes françaises les traitent de « sales boches ».

HENRI MECK (1897-1966)

Le 31 juillet 1897 naît à Saverne Henri Meck. Toute sa vie, il associe syndicalisme et action politique dans une optique chrétienne. Il est secrétaire général (1924), puis président de 1936 à 1957 de l'Union régionale des syndicats chrétiens d'Alsace et de Lorraine. Sur le plan politique, il se situe à l'aile gauche et régionaliste de l'UPR. Il est député de 1928 à 1940 et de 1945 à 1966. Après 1945, il est le patron incontesté du MRP dans le Bas-Rhin. Il est maire de Molsheim de 1933 à 1966 et président du Conseil général de 1960 à 1966. En 1948-1950, il fait adopter une série de quatre lois sur les assurances vieillesse-invalidité en Alsace-Moselle et réussit à maintenir le régime local des assurances sociales. Durant plus de quatre décennies, il est l'une des personnalités politiques marquantes en Alsace.

1er août

Après la défaite des Suédois à Nördlingen (1634), le Magistrat, inquiet pour ses libertés, envoie son syndic J.H. Mogg à Paris pour négocier un accord et se mettre sous la protection royale. Il obtient satisfaction pour la signature le 1er août 1635 de l'accord de Rueil, confirmé deux jours plus tard par Louis XIII. Le roi de France prend la ville de Colmar sous sa protection, mais la situation de 1618 sera rétablie dès la signature de la paix. La ville conserve ses privilèges, libertés et droits. Les deux confessions peuvent exercer librement leurs cultes. Le commandant militaire est chargé de maintenir l'ordre et la discipline de la garnison. Il dispose d'une clé de la ville, l'autre étant remise à l'*Obristmeister* (chef annuel du Magistrat).

LE TRAITÉ DE RUEIL (1635)

Dans les années suivantes, les rapports entre la ville et le gouvernement royal sont corrects, ce qui explique que le traité de protection de 1635 est renouvelé sans changement en 1644. La situation ne se dégrade que dans les années 1660 quand les pressions françaises sur le Magistrat deviennent plus menaçantes.

À partir du XIXe siècle, et surtout après 1918, lorsque le patriotisme français, sous l'influence de Hansi, se développe, le traité de Rueil devient le symbole des liens avec la France. En septembre 1935, le tricentenaire de la « réunion de Colmar à la France » est le prétexte de cérémonies fastueuses, en présence du président de la République Albert Lebrun. Mais il s'agit « avant tout d'affirmer son attachement à la France en faisant contre-poids à la propagande autonomiste ».

Recette de la choucroute en salade

La choucroute crue se prête à d'exquises salades. À partir de juillet, elle sert de salade estivale et ne nécessite qu'un léger rinçage.

Lavée et pressée, elle doit être aérée par quelques coups de fourchette pour soulever les lanières. Elle s'associe à des garnitures variées, des gésiers confits, des noix, des dés de pommes acidulées, des pignons grillés, des câpres, des cornichons coupés en rondelles, des poissons fumés, des miettes de crabe, des raisins, des lardons, des dés de fromage et de cervelas grillés, des crevettes, des olives et des anchois.

L'assaisonnement laisse autant de choix : vinaigrette classique ou moutardée, jus de citron, yaourt, crème de raifort (raifort râpé incorporé à de la crème fraîche liquide), vinaigrette à la persillade (persil, ail, sel et poivre), huile d'olive, vinaigre alsacien au miel (Melfor), un peu de cumin, un peu de cerfeuil ciselé.

Une coupelle de choucroute crue, bien aérée, très légèrement assaisonnée et saupoudrée de cumin, accompagne toujours agréablement l'apéritif.

2 août

NAISSANCE DE FRÉDÉRIC AUGUST BARTHOLDI (1834-1904)

Le 2 août 1834 naît à Colmar Frédéric Auguste Bartholdi, devenu l'artiste alsacien du XIXe siècle le plus célèbre. Il réalise à Colmar la statue du général Rapp et la fontaine de l'Amiral Bruat (1863) qui lui vaut la notoriété artistique et de devenir un artiste officiel et sollicité. Il se spécialise dans la célébration historique et patriotique dans diverses villes françaises.

C'est après 1870 qu'il réalise ses deux œuvres majeures, *Le Lion de Belfort*, achevé en 1880, qui symbolise le siège de 1870-1871 de la ville et la statue de la *Liberté éclairant le monde* à l'entrée du port de New York, inaugurée en 1886. En France, il poursuit une production abondante de statues. Malgré son choix pour la France en 1871, il n'oublie pas sa ville natale et la dote de nombreuses statues et fontaines (Rœsselmann, Lazare de Schwendi) exprimant avec un langage traditionnel l'idéologie de la IIIe République.

Recette de carottes au naturel

Ingrédients : 2 bottes de carottes, 1/2 cuillerée de graisse, 1/2 oignon, 1/2 cuillerée de sel, poivre, du persil, une tasse d'eau. Durée 1 1/2 h.

Laver et couper les carottes en rondelles, les relaver. Émincer l'oignon, le faire rissoler dans la graisse, ajouter les carottes, le sel et le poivre, y verser l'eau pour cuire l'ensemble. Parsemer de persil effilé au moment de servir.

3 août

NAISSANCE D'ANDRÉ KŒCHLIN (1789-1875)

Le 3 août 1789 naît à Mulhouse André Kœchlin, l'un des grands acteurs économiques et politiques mulhousiens du XIXe siècle. Après avoir repris l'entreprise textile Dollfus-Mieg, il crée la fonderie André Kœchlin qui construit en 1839 la première locomotive (Napoléon) en Alsace. Jusqu'en 1870, il construit plusieurs centaines de locomotives pour un vaste marché européen, tout en équipant de nombreuses filatures et tissages de la région. L'entreprise compte en 1870 parmi les plus grands constructeurs mondiaux de locomotives. Après 1830, il joue un rôle politique comme conseiller général, maire et député. Maire de Mulhouse (1830-1843), il développe l'instruction primaire, modernise le collège et agrandit l'hospice. Député de 1832 à 1834 et de 1840 à 1848, il soutient la politique de Guizot. Après 1870, il se retire après avoir fusionné son entreprise avec celle de Graffenstaden, qui deviennent la SACM.

COMPTINE

Finf Engele han g'sunge,
Finf Engele kumme g'sprunge :
s'erscht blost's Firele an,
s'zweit stellt s'Pfännele dran,
s'dritt schitt's Bäbbele nin,
s'viert duet brav Zucker drin,
s'finft sat : 'sisch angericht !`
Iss, min Kindele, brenn di nit.

Cinq anges ont chanté et sont venus en sautant :
Le premier allume le feu,
Le second pose le poëlon dessus,
Le troisième y verse la bouillie,
Le quatrième y ajoute du sucre,
Le cinquième dit : c'est prêt !
Mange mon enfant
Et sans te brûler.

4 août

LA BATAILLE DE WISSEMBOURG (1870)

Le 4 août 1870 a lieu la bataille de Wissembourg, la première de la guerre franco-prussienne de 1870-1871.

Alors que l'armée prussienne et bavaroise, installée au nord de la Lauter, est prête, le commandement français néglige les rapports alarmistes – mais exacts – du sous-préfet Hepp. La disproportion des troupes est forte : 6 000 hommes contre 30 000. Néanmoins, les Français résistent 6 heures à l'attaque de la ville, puis dans le château du Geisberg. Le général Abel Douay est mortellement blessé. Les Français perdent 1 550 tués et blessés, autant que les Allemands, ainsi que 9 600 prisonniers.

La ville a beaucoup souffert des bombardements et des incendies. Cette défaite a ouvert l'Alsace aux troupes allemandes, à nouveau victorieuses le surlendemain à Frœschwiller. La mémoire de cette défaite est perpétuée à travers un monument dédié aux militaires tombés pour la France, érigé au Geisberg et inauguré en 1909.

LES LÉGENDES DU CHÂTELET SAINT-PAUL

Parmi les quatre tours qui autrefois protégeaient l'abbaye et la ville de Wissembourg, celle de Saint-Paul au nord a suscité diverses légendes.

La nuit, une jeune fille habillée en blanc, agenouillée devant un jeune tilleul, sanglote et pleure. Elle est punie pour avoir tué et enfoui là son bébé. Il lui faut errer jusqu'à ce que le tilleul soit assez fort pour qu'on en puisse faire un petit cercueil à son enfant. Le tilleul pousse depuis de longues années, mais chaque fois qu'il prend un peu de force, on le coupe, de sorte que la pauvre jeune fille est toujours errante. Au même endroit se promène parfois de nuit une dame blanche enveloppée dans les plis d'un long voile. Quand les vendanges s'annoncent mauvaises, elle se montre rarement et pleure. Mais si la récolte est bonne, elle est joyeuse, salue les gens et agite un lourd trousseau de clés.

Dicton à la Saint-Dominique

**Hitz an Sankt-Dominicus,
Streng der Winter werden muss.**

*À Saint-Dominique, de la chaleur,
En hiver un froid à faire peur.*

5 août

DISPARITION DE FRANÇOIS HAERTER (1797-1874)

Le 5 août 1874 disparaît François Haerter. Depuis 1831, le pasteur du Temple-Neuf incarne pour quatre décennies le Réveil piétiste en Alsace, un courant répandu à travers l'Europe protestante. Son influence, au-delà de son activité paroissiale, s'exerce surtout par la création et l'animation d'un certain nombre d'institutions diaconales et d'évangélisation, dont la plupart subsistent encore de nos jours. En 1834, il contribue à la création de la Société évangélique (aujourd'hui SEMIS), très active au service de la mission intérieure. Il joue un rôle prépondérant dans la fondation (1842) de l'établissement des Diaconesses. Il collabore à de nombreuses œuvres, ainsi qu'aux Missions de Bâle et de Paris. Il est très apprécié comme pasteur. Sa prédication est forte et sa catéchèse convaincante. Il représente le renouveau spirituel et la vitalité diaconale du protestantisme alsacien au XIXe siècle. Ses écrits sont essentiellement des prédications.

Le mois d'août

Les dictons soulignent l'importance de la chaleur, la crainte des orages et le souhait d'une faible pluviosité.

August muss warm und trocken sein, dann reifen Obst und Wein.

Août doit être chaud et sec, pour que mûrissent les fruits et le vin.

Was der August nicht kocht, kann der September nicht braten.

Ce que août ne peut faire cuire, Septembre ne peut le rôtir.

Wenn's im August stark tauen tut, bleibt auch gewöhnlich das Wetter gut.

S'il y a beaucoup de rosée en août, Le temps se maintiendra bien.

Augst im Sunneschin Bringt viel un guete Win.

Août ensoleillé, beaucoup de bon vin.

En août on sème le chou d'hiver et les épinards et on plante les fraisiers.

NOTRE-DAME DES NEIGES

Rage an Maria-Schnee Tüet im Korn recht weh.

La pluie à Notre-Dame des Neiges Fait bien de la peine aux céréales.

6 août

LA DÉFAITE DU 6 AOÛT (1870)

La bataille de Frœschwiller, le 6 août 1870, constitue un moment décisif dans l'histoire de l'Alsace.

Les Allemands, supérieurs en nombre (96 000 contre 53 000 Français commandés par Mac-Mahon), attaquent les Français installés sur de fortes positions à Frœschwiller qui dominent la vallée de la Sauer. La bataille est très disputée. Le matin, les Français repoussent deux attaques à l'aile gauche et au centre. Les Allemands attaquent à nouveau sur l'ensemble du front et font, sous l'effet de la supériorité du nombre et de l'efficacité de l'artillerie, plier l'armée française. Pour protéger le repli, l'état-major fait alors intervenir les cuirassiers de la brigade Michel dans les houblonnières où les chevaux s'empêtrent et dans la rue principale de Morsbronn où les Allemands les tirent comme à la parade. C'est le sacrifice, entré dans le légendaire militaire français, des « cuirassiers de Reichshoffen ». La retraite tourne en une véritable débandade. Mac-Mahon se retire en Lorraine et livre ainsi toute l'Alsace aux armées allemandes, qui ne trouvent plus en face d'eux que des forteresses, dont Strasbourg et Belfort.

JEAN-GEORGES HUMANN (1780-1842)

Le 6 août 1780 naît Jean-Georges Humann, symbole de la réussite sociale sous la Révolution et l'Empire. Négociant et spéculateur, il amasse l'une des grosses fortunes de Strasbourg et devient grand notable, puis brasseur d'affaires et actionnaire de plusieurs entreprises industrielles. Il s'engage en 1820 dans une carrière politique comme député pour devenir pair de France en 1837 et ministre des Finances de 1832 à 1836 et de 1840 à sa mort. Il s'impose comme l'un des meilleurs techniciens des finances publiques. Associé aux Saglio, il devient l'un des dirigeants de la société catholique bas-rhinoise. En 1833, six conseillers généraux du Bas-Rhin sur trente appartiennent à la famille Humann.

DÉMOLITION DE LA CHARTREUSE DE STRASBOURG (1591)

Le 7 août 1591, le Magistrat de Strasbourg fait entreprendre la démolition de la Chartreuse, une affaire qui connaît un retentissement européen.

Lors de la Réforme, la Ville fait fermer presque tous les couvents. Celui de la Chartreuse est perçu comme un danger constant à cause de sa situation à quelques centaines de mètres de l'enceinte vers le sud-ouest. Seuls y vivent un prieur et quelques moines. Les moines s'installent alors à Molsheim tout en faisant appel à l'empereur Rodolphe II. C'est Henri IV qui négocie un arrangement favorable à la Ville.

NAISSANCE DE JACQUES KABLÉ (1830-1887)

Le 7 août 1830 naît à Brumath Jacques Kablé. Il joue un rôle politique important de 1870 à sa mort. Il passe par une attitude protestataire en 1871 et plus autonomiste par la suite. Il est député de 1878 à 1887 et participe, en tant que directeur régional des assurances Phénix, à la création de Rhin et Moselle en 1881. Il est très populaire à Strasbourg durant ces deux décennies.

Recette de la soupe au sureau avec du riz

Ingrédients pour 6 personnes : *50 g de sureau (8 à 10 feuilles), un peu de cerfeuil, 1 cuillerée de graisse, eau, sel, 6 cuillerées de riz.*

Laver, hacher et faire étuver le sureau et le cerfeuil dans la graisse chaude. Ajouter l'eau, le sel et le riz. Faire cuire la soupe sur un feu modéré 1 h à 1h 1/4 avec un couvercle bien fermé. Au moment de servir, on peut y ajouter un peu de crème.

On peut servir en même temps du riz en salade.

8 août

LA FÊTE DE LA BIÈRE À SCHILTIGHEIM

Depuis les années 1860, Schiltigheim est devenue la capitale de la bière, ce qui a incité la municipalité et les brasseurs à greffer sur le marché annuel de début août une fête de la bière qui dure en général du vendredi au lundi.

Chaque soir a lieu sous un vaste chapiteau un programme d'animation musicale de qualité avec la dégustation des bières locales, accompagnées de plats du terroir. Pendant longtemps, un cortège avait lieu le dimanche après-midi, organisé par les associations de jardins-ouvriers. Le même jour, le *messti* s'installe à proximité de l'hôtel de ville pour le plus grand plaisir des amateurs d'attractions foraines.

Le lundi a lieu le *Johrmarik*, le grand événement commercial de l'union locale des commerçants, auquel s'associent les non-sédentaires. Il occupe les rues et les trottoirs de tout le centre-ville.

LE FANTÔME DE SAINT MARC

Au XVIIIe siècle se manifestait un revenant dans la boulangerie à l'enseigne de Saint-Marc à Strasbourg. Dans le fournil, on entendait la nuit quelque chose qui frappait en mesure, tout comme si les valets, dans le grenier, déposaient sur le parquet de lourds sacs de grains en les laissant retomber lourdement sur le sol.

Or quand on montait là-haut, tout était calme et silencieux. Mais on entendait toujours le même bruit, cette fois-ci provenant du rez-de-chaussée.

Beaucoup de personnes entendaient ce bruit, généralement accompagné d'une voix qui poussait distinctement des Han ! comme les gens qui déposent de lourds fardeaux ou frappent de grands coups, bûcherons et forgerons. En raison de leur répétition et de leur durée, ces bruits ont créé une certaine émotion dans toute la ville, ce qui incita le Magistrat à faire une enquête. Plusieurs de ses membres se rendirent une nuit à Saint-Marc. Ils entendirent eux aussi ce tapage, tantôt au grenier, tantôt au rez-de-chaussée et la voix mystérieuse qui prononçait les Han ! Mais il leur fut impossible de découvrir la cause de ce bruit.

NAISSANCE DE JACOB STURM VON STURMECK (1489-1553)

Le 10 août 1489 naît à Strasbourg Jacob Sturm von Sturmeck, l'un des acteurs politiques majeurs dans l'Empire. Destiné à une carrière cléricale, il passe en 1523 à la Réforme, puis il entre au Conseil de la Ville, où il est élu *stettmeister* dès 1526. Durant un quart de siècle, il dirige la politique extérieure de la Ville, sous la forme d'une alliance avec les États luthériens (Ligue de Smalkalde 1531-1547). Il assiste à toutes les diètes de l'Empire et de la Ligue, soit près de 90 missions, et devient l'homme politique le plus important des villes d'Empire de sa génération.

À Strasbourg, son œuvre la plus durable concerne les écoles. Il préside la commission scolaire qui réforme les écoles paroissiales et fonde la Haute École ou gymnase en 1538.

Il représente le dernier fleuron de la grande tradition des villes libres. Sur le plan religieux, il est tolérant pour ce qui est de la conscience, mais partisan de l'uniformité pour la pratique religieuse publique.

LA POLITIQUE DES RÉUNIONS (1680)

Après le traité de Nimègue (1679), Louis XIV décide d'annexer les diverses seigneuries d'Alsace à travers le Conseil Souverain d'Alsace. Il publie le 9 août 1680 un arrêt qui déclare que les « terres et seigneuries relevant du prince-évêque, des doyen, chapitre et chanoines de la cathédrale de Strasbourg situées en Basse-Alsace sont de la souveraineté royale ». Il englobe également les domaines des seigneurs alsaciens et des princes possessionnés allemands situés au sud de la Queich. Cet arrêt demande aux seigneurs et à leurs baillis de prêter serment au roi de France.

C'est ainsi qu'est mise en place la province d'Alsace qui trouve alors son unité administrative pour la première fois depuis le VIIIe siècle.

10 août

PREMIÈRE SESSION DU CONSEIL DE L'EUROPE (1949)

Le 10 août 1949 s'ouvre au Palais universitaire la première session du Conseil qui dure jusqu'au 8 septembre. Elle réunit 101 délégués de douze États et est précédée les 8 et 9 août du Conseil des ministres, composé des ministres des Affaires étrangères et qui fixe son ordre du jour. Parmi les 18 délégués français figurent quelques ténors : Georges Bidault, Maurice Schumann, Guy Mollet, Paul Reynaud et Léopold Senghor. Le Belge Paul-Henri Spaack, élu président à l'unanimité, dirige les débats avec efficacité. Dans l'ensemble, le bilan de cette première session est jugé très positif.

Durant la session, la Ville et de nombreux organismes régionaux organisent diverses manifestations : concerts, spectacles, réceptions et offices religieux, à la fois pour divertir les députés, leur faire découvrir la ville et favoriser leur insertion dans le tissu strasbourgeois. Le cadre est apprécié par les députés et les journalistes. Le député français Paul Bastid note dans un quotidien parisien « l'accueil chaleureux », « des ressources inépuisables d'affabilité et de gentillesse », la « naturelle bonne grâce et l'esprit d'ordre et de mesure ». Cette réussite a favorisé le développement ultérieur des institutions européennes dans la métropole rhénane.

LA SAINT-LAURENT

Saint très populaire en Alsace, il est le patron de 20 paroisses (dont celle de la cathédrale) dans le Bas-Rhin et 12 dans le Haut-Rhin, bien que sa biographie ne fasse aucunement référence à l'Alsace.

D'r Heilig Loranz losst im Summer e Schranz.

Saint Laurent envoie péter l'été. (Haute-Alsace)

Am Loranzetöj blust's erscht Winterhernel.

À la Saint-Laurent résonne le premier son de trompe de l'hiver. (Basse-Alsace)

Am Loranzetaj Sunneschin Bringt vil Obscht un guete Win.

Du soleil à la Saint-Laurent, Fruits abondants, vin excellent.

Nach Laurenzi ist's nicht gut Wenn's Rebholz jetzt noch treiben tut.

Il n'est pas bon si à la Saint-Laurent Le bois de vigne pousse encore.

D'r Lorenz salzt se, D'r Barthel (24) schmalzt se.

Saint Laurent y met du sel, Saint Barthélemy de la graisse aux pommes de terre.

11 août

UN ORAGE DÉVASTATEUR (1958)

Le 11 août 1958, Strasbourg et sa région connaissent l'orage le plus dévastateur du XXe siècle. Après une journée chaude, l'orage éclate à 18 heures. Pendant deux heures, sous une pluie diluvienne, éclairs et tonnerre assourdissant se succèdent à une cadence infernale soulignés par un ouragan avec des vents de 90 km/h. Pendant dix minutes s'y ajoute un véritable bombardement d'énormes grêlons.

Les dégâts sont importants. 40 communes sont sinistrées, les plus touchées étant Strasbourg et ses proches environs. Des milliers de vitres brisées, des centaines d'appartements, d'entreprises, de commerces inondés, des rues jonchées de tuiles disloquées et de branches mortes, des centaines de voitures endommagées, 4 000 abonnés au téléphone ont leur ligne coupée. Pendant des semaines, des centaines de toitures sont couvertes de bâches, car il faut plus de 30 millions de tuiles pour réparer les toitures mutilées.

Ce jour-là, le dicton ne s'est pas vérifié.

Suzann triebt s'Wetter ewer d'r Rhin.

Suzanne chasse le mauvais temps au-dessus du Rhin.

BOMBARDEMENT DU CENTRE DE STRASBOURG (1944)

Alors que jusque-là, Strasbourg a été relativement épargnée par les bombardements alliés, hormis le Neudorf pour ses installations industrielles, le 11 août, le centre de Strasbourg subit en plein jour un bombardement violent qui fait 158 morts, 333 blessés, 3 845 sans abris. Les dégâts sont impressionnants, surtout dans le centre, en particulier le quartier de la cathédrale, la rue des Hallebardes, l'Ancienne Douane, la rue du Vieil Hôpital, l'Œuvre Notre-Dame, le château des Rohan, la rue Gutenberg et la place de l'Homme de Fer.

12 août

Les travaux du mois d'août

On sème des raves pour l'automne, du cerfeuil pour l'hiver, des épinards, le petit oignon blanc de Paris, les myosotis. C'est le moment de planter des fraisiers, bien bêcher et fumer le terrain avant. On sème, pour repiquer, de la chicorée pour l'hiver, ainsi que de la laitue. On sème aussi des choux pommés hâtifs, des frisés hâtifs, des choux de Milan, pour planter après l'hiver. Le fleuriste plante les anémones simples pour avoir des fleurs en automne et en hiver.

Recette des quenelles de pommes de terre (Buewespitzle)

Ingrédients : 750 g de pommes de terre crues, 750 g de pommes de terre cuites en robe des champs, 150 g de farine, 2 œufs, sel, 2 gros oignons émincés et 75 g de beurre (facultatif).

Éplucher, laver les pommes de terre crues, les râper à la grille moyenne, les presser dans un linge fin pour en recueillir le jus et la fécule (laisser reposer 15 mn). Éplucher les pommes de terre cuites, les passer au moulin à légumes, mélanger les pommes de terre râpées avec les cuites, la fécule recueillie (sans le jus), la farine tamisée, les œufs et le sel. Malaxer. Former entre les mains farinées des quenelles allongées de 8 à 10 cm ou les confectionner à l'ancienne : répandre de la farine sur le plan de travail, rouler les quenelles entre le dessus de table et la main, les glisser dans l'eau bouillante et laisser cuire 7 à 8 mn. Égoutter les quenelles dans une passoire et servir avec de la choucroute ou de la viande. Éventuellement, faire revenir des oignons émincés dans du beurre et les verser sur les quenelles.

13 août

CÉLÉBRATION DES CENTENAIRES DU GYMNASE JEAN STURM

Le 13 août 1838 est célébré le Tricentenaire du Gymnase sous la forme de festivités à la fois religieuses et profanes : cultes solennels et banquets. Les élèves ont manifesté leur savoir et leurs aînés leur éloquence.

Le 13 août 1938 est célébré le quatrième centenaire avec beaucoup de faste et la représentation d'une pièce en quatre tableaux sur la scène du Théâtre municipal de Strasbourg.

Ces fêtes veulent exprimer l'association de l'enracinement dans le passé et de l'insertion dans le présent d'un établissement qui est le plus ancien en Alsace et qui a formé des générations de cadres dans l'Alsace protestante et au-delà.

SAINT HIPPOLYTE

Légionnaire romain mort martyr au IIIe siècle, patron de deux paroisses.

**Wie das Wetter am Hippolyt,
So es mehrere Tage geschieht.**

*Comme le temps à Hippolyte sera,
Plusieurs jours il le restera.*

LE CORSO FLEURI DE SÉLESTAT

Depuis les années 1920 (71e édition en 2000), la ville de Sélestat, restée un important centre maraîcher, crée l'événement autour du 10 août avec le grand corso fleuri, réalisé avec des centaines de milliers de dahlias. Il consiste en un cortège de chars décorés avec des dahlias qui attire chaque année plusieurs dizaines de milliers de spectateurs. Le cortège est entouré d'animations musicales et la veille au soir a lieu une foire aux vins et un grand bal.

14 août

LE MARIAGE DE L'AMI FRITZ

Depuis 1973 a lieu tous les ans à Marlenheim, les 14 et 15 août, le mariage de l'Ami Fritz. Ce mariage de Fritz Kobus et de Suzel, une reconstitution tirée du roman d'Erckmann-Chatrian, restitue la tradition de la seconde moitié du XIXe siècle et attire tous les ans des milliers de visiteurs. Le soir du 14 a lieu une soirée d'enterrement de la vie de garçon. Elle consiste en une grande soirée folklorique traditionnelle, un feu d'artifice et un bal champêtre.

Le 15 a lieu la reconstitution du mariage sur la place de l'Hôtel de Ville, en costumes d'époque, suivie d'une cérémonie religieuse en l'église catholique et de la promenade du couple et de ses invités dans les rues de la localité. Il s'y ajoute un circuit des métiers d'autrefois et un circuit artisanal et artistique.

La fête est également gastronomique, le public pouvant déguster différents plats régionaux et les excellents vins locaux, Marlenheim étant la porte d'entrée de la Route du Vin.

INAUGURATION DE LA HAUTE ÉCOLE (1621)

Le 14 août 1621 a lieu l'inauguration de l'université protestante. La Haute École, fondée en 1538, ne peut conférer depuis 1566 que les grades des lettres. En 1621, le Magistrat se retire de l'alliance protestante, battue en Bohême par l'empereur Ferdinand II, champion de la Contre-Réforme. Il obtient en échange la transformation de l'Académie en Université luthérienne de plein exercice. La cérémonie solennelle consiste dans la promulgation du privilège impérial de fondation, accompagnée de musique et de discours en allemand et en latin. La nouvelle université comprend 19 professeurs et est installée dans les locaux de l'ancien couvent des Dominicains, qu'elle partage avec le Gymnase jusqu'à sa dissolution en 1793.

La météo à la Saint-Cassian

Wie das Wetter zu Kassian,
Hält es viele Tage an.

Le temps plusieurs jours restera,
Comme Cassian nous le donnera

15 août

ASSOMPTION DE LA VIERGE

Le 15 août demeure l'une des grandes fêtes catholiques. Elle a suscité depuis le XVIe siècle un certain nombre de coutumes. On procédait lors de cette journée à la bénédiction des plantes médicinales *(Kritterbusch)* et du bouquet de céréales, composé de blé, d'orge, de seigle et d'avoine, en signe de reconnaissance pour la récolte. Les deux bouquets étaient soigneusement conservés pendant toute l'année. Aujourd'hui encore, à Geispolsheim, a lieu le soir une procession à travers les rues du village avec des flambeaux et des bougies.

Autrefois, le 15 août était, dans les localités mixtes, l'occasion pour les protestants d'afficher leur refus par des travaux agricoles bien visibles.

Sous les deux Empires napoléoniens (1805-1813 et 1852-1870), en raison de la naissance de Napoléon Ier le 15 août 1769, le 15 août est décrété jour de fête nationale, ce que les protestants sont contraints d'accepter de mauvaise grâce.

20 paroisses du diocèse se réfèrent à l'Assomption.

Dictons météorologiques

Les dictons soulignent l'aspect ensoleillé et le tournant de l'été.

Mariä Himmelfahrt
Sunneschiin
Bringt viel un güeter Win.

Le soleil à l'Assomption procure du vin abondant et de qualité.

Nooch Maria Himmerfahrt
D'r Wind schunn inower
d'Stupfle fahrt.

Après l'Assomption
Le vent passe déjà sur les chaumes.

Dicton français

Tonnerre du 15 août grosses grappes et bon goût (Orbey)

16 août

DISPARITION DE RODOLPHE REUSS (1841-1924)

Le 16 août 1924 disparaît Rodolphe Reuss, fils d'Édouard (cf. 18 juillet). Il est le plus important historien de l'Alsace au XIXe siècle. Traumatisé par l'incendie de la bibliothèque en août 1870 (cf. 24 août) et l'annexion, il refuse une chaire à l'université allemande en 1872 et quitte Strasbourg pour éviter à ses trois fils le service militaire allemand en 1896. De 1872 à 1896, il enseigne au Gymnase et réorganise la bibliothèque municipale. À Paris, il passe en Sorbonne sa thèse de doctorat sur l'Alsace au XVIIe siècle et obtient un poste de directeur à l'École pratique des Hautes Études.

Protestant libéral engagé, il siège au Consistoire Supérieur. Historien très fécond, il se consacre surtout à l'Alsace au XVIIe siècle et sous la Révolution. Son *Histoire de l'Alsace*, parue en 1918, connaîtra 24 éditions. Il publie aussi de nombreuses chroniques.

Comptine sur la pluie

Diri, diri, dainé !
's rägent dur e Zaine,
's rägent dur e Rumbelfass,
Alle Biäwele werde nass.
Diri, diri, dainé !

Il pleut à travers un panier,
Il pleut à travers un vieux tonneau,
Tous les garçons sont trempés
jusqu'aux os.

SAINT ROCH

Pèlerin qui soigne les pestiférés, saint Roch a vécu au début du XIVe siècle dans le Languedoc. Il est le patron des menuisiers et des maraîchers de Sélestat. On l'implore contre la peste. Il est représenté à la chapelle Saint-Michel à Wihr-au-Val et sur un petit retable à la cathédrale.

Wenn St. Rochus trieb schaut,
Kummt d'Rüpe in's Krüt.

Si Saint-Roch a le regard sombre,
La chenille pénètre dans le chou.

LA FOIRE AUX VINS DE COLMAR

Créée en 1948, la Foire aux vins de Colmar qui dure une dizaine de jours, la première quinzaine d'août, est devenue un moment fort de l'été alsacien. Elle draine plusieurs centaines d'exposants et près de 200 000 visiteurs attirés par les vins et par les spectacles : chanteurs et orchestres à la mode jouent à guichets fermés pour un public de jeunes, mais aussi durant quelques soirées réservées à la musique appréciée par les aînés. Cette foire est une carte de visite pour les producteurs de vin et la plus importante manifestation commerciale. Elle a lieu en période de haute saison touristique.

Recette des quenelles de farine

Ingrédients : 500 g de farine, 5 œufs, 4 l d'eau, 1/2 verre d'eau, 1/2 verre de lait, sel.

Mettre la farine dans un récipient, former un puits et y casser les œufs. Ajouter lait et eau de façon à obtenir une pâte de consistance moyenne. Battre cette pâte jusqu'à obtention de bulles. Laisser reposer 30 mn.

Faire chauffer 4 l d'eau. Au moment de l'ébullition, commencer à faire les Knepfle. Incliner le récipient de la pâte comme pour la faire couler, et à l'aide d'un couteau, trempé chaque fois dans l'eau bouillante, couper des lamelles de pâte sur le bord du récipient tenu en main. Les laisser tomber dans l'eau bouillante. Au moment où elles remontent à la surface, les retirer et les passer sous l'eau froide. Les réserver dans une passoire. Continuer jusqu'à épuisement de la pâte. Pendant ce temps, chauffer de l'eau salée, et au moment de l'ébullition la retirer du feu. Y jeter les Knepfle afin de les réchauffer. Les égoutter et les arroser de beurre fondu dans lequel on aura fait dorer des croûtons de pain.

18 août

LE CONCOURS DE BÛCHERONS

L'exploitation de la forêt a développé la profession de bûcheron. Grendelbruch, situé dans la vallée de la Bruche, organise depuis 1974 autour du 10 août un concours de bûcherons. Ceux-ci accomplissent sous les yeux d'un nombreux public des épreuves spectaculaires, consistant en un concours artistique et différentes épreuves de bûcheronnage : schlittage, abattage, épreuve à la hache, découpage de rondelles et façonnage d'un stère de bois. Il s'y ajoute diverses animations, des stands d'artisans et des expositions.

RECORD DE CANICULE (1892)

En 1892, l'été est exceptionnellement chaud, avec très peu de précipitations hormis quelques fortes rosées. Le 18 août connaît un record de chaleur avec 38 degrés à l'ombre. Le lendemain, une partie du vignoble subit une très forte tempête. Les chaleurs sont si intenses qu'elles « brûlent les raisins de la qualité des lambres et des burgers, exposés au sud-ouest ».

Comptine

Räje, Räje, Tropfe,
D'Buewe muess mer klopfe,
D'Maidle in e Siedebett,
D'Buewe in e Dorneheck !

La pluie, la pluie, les gouttes,
Il faut battre les garçons,
Les filles dans un lit en soie,
Les garçons dans une haie
avec des épines

19 août

NAISSANCE DE FERNAND HERRENSCHMIDT (1865-1938)

Le 19 août 1865 naît à Strasbourg Fernand Herrenschmidt. Directeur des Tanneries Herrenschmidt, il est le principal acteur économique de Strasbourg durant l'entre-deux-guerres, où il cumule les fonctions de président de la Chambre de Commerce, vice-président du Conseil général du Bas-Rhin, président d'une dizaine de conseils d'administration et membre d'une dizaine d'autres. Il joue un rôle essentiel pour la création d'une flotte fluviale sur le Rhin, ainsi que dans le domaine culturel. Il prend la suite de son père à la tête de la Sogenal et joue un rôle actif à Paris.

LE PÈLERINAGE DES TROIS ÉPIS

Fondé après l'apparition de la Vierge en 1491 par le forgeron Thierry Schoere, le pèlerinage des Trois Épis est desservi par les Rédemptoristes. Les deux grandes fêtes ont lieu le 5 août et le 15 août. Elles attirent actuellement chacune de deux à trois mille pèlerins. Sur le site se trouve une église gothique et baroque avec une piéta du XVe siècle et une église moderne de 1968. Les Trois-Épis constituent un des grands sites mariaux en Alsace et un des hauts lieux de la spiritualité mariale dans le diocèse.

LA FÊTE DU GLICKHAMPFELE

Dans les villages du Sundgau, il y avait autrefois la coutume du *Glickhampfele* à la fin de la moisson. C'est un rituel qui entourait le fauchage du dernier carré de champ de blé. De ce carré, on tirait sept des plus beaux épis ou bien trois petits bouquets de trois épis chacun. Cette poignée d'épis porte-bonheur était censée receler la puissance de germination pour les semailles suivantes. Parfois, on la faisait encore bénir à l'église. Dans la maison, la gerbe du bonheur était fixée derrière le crucifix de la Stube (salle de séjour). Aux semailles suivantes, on mélangeait à la nouvelle semence quelques graines de *Glickhampfele*, qui assurait aussi une protection à la maison.

Cette coutume subsiste dans le village de Kappelen (canton de Sierentz), où chaque année autour du 20 août est organisée cette fête sous la forme de plusieurs tableaux consacrés à la vie rurale d'antan, suivi du rituel.

20 août

LE TOMBEAU DU MARÉCHAL MAURICE DE SAXE (1777)

Le 20 août 1777 a lieu l'inauguration du tombeau du maréchal Maurice de Saxe réalisé par Pigalle dans l'église Saint-Thomas de Strasbourg, après la translation de la dépouille mortelle du maréchal, inhumé en 1751 au Temple-Neuf. Le tombeau, en sous-sol de l'abside, est placé sous le mausolée. L'inauguration a lieu avec un certain faste au bénéfice des autorités luthériennes, pour lesquelles c'est une reconnaissance publique, comme déjà en 1751. Elle favorise l'intégration des protestants alsaciens dans l'espace politique français. Par cette entreprise, le roi Louis XVI reconnaît *de facto* l'existence d'une « cathédrale protestante » en France. La ville profite de l'occasion pour conférer à Pigalle le titre de citoyen d'honneur. Il s'agit d'une œuvre majeure de la sculpture française au XVIIIe siècle. Fort de son immortalité symbolisée par une pyramide, le maréchal, retenu par la France éplorée et foulant aux pieds ses ennemis, descend stoïquement vers son tombeau où l'attend la Mort.

SAINT BERNARD

Fondateur de l'ordre de Cîteaux, ce grand saint médiéval (1091-1153) a séjourné deux fois en Alsace, où il a laissé une forte empreinte. En 1124, il vient à Lucelle pour y fonder une abbaye, devenue un grand sanctuaire alsacien jusqu'à la Révolution. De son vivant, sont fondées les deux abbayes de Neubourg (1133) et de Pairis (1138). Il revient en 1146 pour prêcher la seconde croisade à Bâle et à Strasbourg, où il connaît un remarquable succès par son éloquence et sa piété. Il est représenté en abbé monastique avec une ruche, symbole de l'éloquence. Il est le patron des apiculteurs ainsi que de six paroisses, dont une commune située près d'Altkirch qui porte son nom, ainsi que des apiculteurs.

21 août

Certaines auberges ont fait graver un dicton avenant, comme celui-ci à Offwiller.

Komm herein, du edler Gast,
Wenn du brav Geld im Beutel hast,
Hast du Geld, so setz dich nieder,
Hast du keins, so geh gleich wieder.
Wein trinken macht fröhlich,
Gott fürchten macht selig.
Fürchte Gott und trinke Wein,
So kannst du fröhlich und selig sein.

Entre, cher hôte, si tu as
de l'argent dans ta bourse,
Si tu as de l'argent, prend place,
Si tu n'en as pas, suis ton chemin.
Boire du vin rend gai,
Craindre Dieu rend heureux,
Crains Dieu et bois du vin,
Ainsi tu peux être gai et heureux.

Comptines

La culture rurale apparaît dans de nombreux dictons figurant sur les portes ou les murs des fermes.

Zwei Lebenstützen brechen nie,
Gebet und Arbeit heissen sie.

Deux piliers de la vie
ne se brisent jamais,
Ils s'appellent prière et travail.

Des Hauses Zier ist Reinlichkeit,
Des Hauses Ehr Gastfreundlichkeit,
Des Hauses Segen Frömmigkeit,
Des Hauses Glück Zufriedenheit.

La parure de la maison
est la propreté,
Son honneur est l'hospitalité,
Sa bénédiction la piété
Et son bonheur la satisfaction.

Recette de la salade de tomates à l'alsacienne

Préparer une salade de tomates, coupées en rondelles. Les disposer sur un plat long, en alternance avec une rondelle d'œuf dur, mouillé d'une vinaigrette aux fines herbes. Entourer le tout d'une bonne salade de pommes de terre et servir avec un plat de charcuterie alsacienne.

22 août

BEATUS RHENANUS (1485)

Le 22 août 1485 naît à Sélestat Beatus Rhenanus. En relations avec la plupart des grands humanistes de son temps, il a vécu à Bâle, puis à Sélestat. Il édite 35 œuvres humanistes, 5 pères de l'Église et 20 ouvrages de l'Antiquité classique. Il publie une *Histoire de l'Allemagne*, dans laquelle il lutte pour la promotion de la nation allemande. Il lègue à sa ville natale 2 300 manuscrits et imprimés, qui constituent aujourd'hui le joyau de la bibliothèque humaniste de Sélestat.

Dictons sur le mois d'août

Tau im August Ist des Bauern Lust.

Rosée en août,
Joie pour le paysan.

Es pflegt im August, bei ersten Regen,
Die Hitze sich zu legen.

Première pluie d'août
Couche la chaleur.

Augst ohne Fier, macht s'Brot tier.

Août sans chaleur fait le pain cher.

Augst im Sunneschin bringt viel un güete Win.

Août ensoleillé, beaucoup de bon vin.

Je dicker d'Regetropfe im August,
Desto dünner der Win.

Plus la pluie est épaisse en août,
Plus le vin sera mince.

Wettert es viel im Monat August,
Du nassen Winter erwarten musst.

Beaucoup d'orages en août,
Beaucoup de pluie en hiver.

Wenn im August der Nordwind weht,
Das Wetter lang schön besteht.

Si en août le vent du nord souffle,
Le beau temps persiste.

23 août

LA FÊTE VILLAGEOISE (MESSTI OU KILBE)

La fin de la moisson, outre le *Glickhampfele* (cf. 19 août), donne souvent lieu à une fête spécifique, appelée *Arnbrote* (pain de la moisson) ou *Arnegans*, car on mangeait alors une oie farcie. Elle est suivie d'un bal selon la comptine en usage dans le Kochersberg.

Hopp, ihr Büre, uf zuem Donz !
O Käthel, Mejel,
Michel, Jockel, Hons !
Licht wie d'Vejel,
Uf zuem Donz :
Es isch hit Arnegans.

Allez les paysans pour le bal !
Ô Catherine, Marie, Michel,
Jacques, Jean !
Légers comme les oiseaux :
Allez au bal, c'est l'oie de la moisson.

L'ancienne fête patronale, *kilbe* ou *messti* selon les régions, a lieu le plus souvent entre la mi-août et fin septembre. C'est une fête à la fois villageoise et familiale. On invite les parents éloignés, jusqu'à une bonne vingtaine de personnes, des villages voisins. Les préparatifs s'étendent sur plusieurs jours. Durant toute la journée du samedi, on fait de nombreuses pâtisseries : des streusels, des tartes à pâte feuilletée et des kougelhopfs. Les gens d'âge mûr se préparent pour le repas, alors que les jeunes attendent le bal.

Le cérémonial débute par une visite chez le maire, auquel les jeunes gens remettent une grande tarte. En retour, celui-ci leur offre à boire. Puis le cortège se rend sur la place du bal, où a été dressé un arbre de fête décoré de fleurs, de rubans et de douceurs. Pour les enfants, il y a de nombreux stands et manèges, alors que les adultes s'amusent au bal. Cette fête dure trois jours et le dimanche suivant a lieu une fête de clôture avec bal et distractions variées.

24 août

L'INCENDIE DE LA BIBLIOTHÈQUE DE STRASBOURG (1870)

En été 1870, la ville de Strasbourg subit un terrible siège avec des bombardements quotidiens du 13 août au 27 septembre. L'événement le plus traumatisant est l'incendie de la Bibliothèque municipale. Dans la nuit du 24 août, le centre de la ville est soumis à un violent bombardement par des obus incendiaires. Le Temple-Neuf qui abrite depuis des décennies la bibliothèque municipale est frappé de plein fouet. En très peu de temps, l'église des Dominicains avec son superbe orgue Silbermann est incendiée, ainsi que la bibliothèque, le plus riche patrimoine régional. Ont été ainsi détruits de nombreux manuscrits, dont le célèbre *Hortus Delicarium*, des centaines d'incunables, 300 000 volumes et des œuvres d'art rarissimes.

Cet incendie a aggravé le fossé avec les Allemands et est entré dans la saga de la guerre de 1870 en Alsace.

Dictons de la Saint-Barthélemy

Barthélemy est un apôtre très populaire en Alsace. Patron des bouchers et des tanneurs, il est aussi celui de 20 paroisses. Les dictons tournent autour de la pluie, crainte, du tournant de l'année et du départ des cigognes.

Räje am Barthelmee Tüet de Trüwel weh.

Pluie de Barthélemy
Aux raisins nuit.

Nooch Barthelmee ken Storick meh.

Après la Saint-Barthélemy
Plus de cigogne dans son nid.

Bartholomeus bringt uns den herbst,
Wie man sagt, so ist er der erste winderheilige.

Barthélemy nous amène l'automne,
Il est, dit-on, le premier saint de l'hiver.

Bliiwe d'Sterik nooch Barthelmee,
Macht d'r Winter uns nitt weh.

Cigognes après la Barthélemy,
Un hiver doux viendra.

25 août

INCORPORATION DE FORCE (1942)

Le 25 août 1942 est l'un des jours les plus noirs pour la population alsacienne. Le *gauleiter* Wagner publie une ordonnance qui impose l'embrigadement des jeunes Alsaciens dans la Wehrmacht après leur avoir accordé la citoyenneté allemande, y compris ceux qui ont servi dans l'armée française en 1939-1940. Cette mesure, considérée au départ par le *gauleiter* comme un moyen d'affermir le germanisme et le nazisme en Alsace, devient une nécessité militaire.

De 1942 à 1944, vingt et une classes d'âge (1908 à 1928) sont incorporées totalement ou partiellement en Alsace. Les incorporés de force sont évalués à 130 000 personnes dont environ 100 000 Alsaciens et 30 000 Mosellans. Les pertes sont estimées à 32 000 morts et 10 500 disparus (principalement en URSS).

Malgré un encadrement policier très étroit, le mécontentement est général et se traduit par de nombreux incidents, dont le refus de signer le livret militaire, et lors des départs des incorporés (drapeaux français, chants militaires français). Les départs clandestins se multiplient malgré la mise en place d'une zone interdite le long de la frontière franco-alsacienne.

Cette mesure a littéralement traumatisé l'Alsace et provoqué un complexe d'infériorité et de honte après 1945 dans ce qu'on a appelé la génération sacrifiée.

Bataille de Strasbourg

Le 25 août 357, l'empereur Julien défait près de Strasbourg neuf rois alamans qui ont traversé le Rhin. Il parvient à retablir temporairement l'autorité romaine sur l'Alsace.

LA SAINT-LOUIS

Le culte de saint Louis, canonisé en 1297, n'est introduit en Alsace qu'à la suite de l'annexion de la région à la France sous Louis XIII. Plusieurs églises catholiques nouvelles sont dédiées à ce saint, à Sainte-Marie-aux-Mines, à Strasbourg, ainsi que des églises de villes de garnison : Huningue, Fort-Louis, Neuf-Brisach et l'église de la Citadelle de Strasbourg.

Au cours du XVIIIe siècle, le culte de saint Louis s'enracine progressivement. Ce jour devient une fête religieuse appréciée et jour de pèlerinage à Saint-Ludan près de Hipsheim et au Mont Sainte-Odile, où il est fêté par les Prémontrés. De 1814 à 1829, c'est la fête nationale célébrée avec beaucoup de faste : office solennel, *Te Deum*, cortège, banquet, bal, musique et distribution de pain aux pauvres.

Le prénom Louis bénéficie aussi d'une certaine popularité en Alsace depuis le XVIIIe siècle, un peu plus marquée en milieu catholique.

26 août

LA FÊTE DU SUCRE

Depuis la création en 1893 d'une raffinerie de sucre à Erstein, cette bourgade, sous-préfecture de 1871 à 1972, est devenue la capitale du sucre en Alsace, suscitant une importante culture de betteraves à sucre, et dont les paquets de sucre au logo spécifique (une Alsacienne portant la coiffe) se trouvent dans tous les commerces en Alsace.

Depuis des décennies, elle organise fin août une grande fête du sucre. Elle consiste, le dimanche, en un corso fleuri avec un sujet lié au sucre, une douzaine de chars fleuris dont un en sucre, de nombreux groupes musicaux folkloriques internationaux, la reine du sucre et ses dauphines. En début de soirée ont lieu des concerts et un grand bal populaire. Le lendemain lundi a lieu un grand marché annuel.

NAISSANCE DE JEAN HENRI LAMBERT (1728-1777)

Le 26 août 1728 est né le plus grand scientifique alsacien du XVIIIe siècle et l'une des grandes gloires mulhousiennes, Jean Henri Lambert. Spécialiste de l'étude de la lumière, il se passionne aussi pour les mathématiques et l'astronomie. Ses *Lettres cosmologiques* sont des réflexions sur l'infini de l'univers qui valent à ce prodige mulhousien de terminer sa carrière comme membre de l'Académie des Sciences de Berlin. Il laisse une œuvre dans des domaines aussi variés que la musique, la littérature, la religion, les sciences naturelles, la chimie, la métallurgie, la physique et les mathématiques. Dans le domaine mathématique, son nom reste attaché à une projection cartographique encore utilisée de nos jours. Ses travaux sur la géométrie projective et la théorie des parallèles préparent le terrain aux géométries modernes non euclidiennes. Son universalité lui vaut d'être appelé le « Leibniz alsacien ».

La Saint-Zéphirin

Um die Zeit von Zephirin,
Ziehen die warmen Tage dahin.

Quand arrive saint-Zéphirin,
Les jours chauds prennent fin.

27 août

LA FÊTE DU HOUBLON

Parmi les nombreuses fêtes estivales, un petit nombre valorise les produits locaux. C'est le cas de Haguenau, devenue au XIXe siècle la capitale du houblon alsacien, en particulier pour les plants et la commercialisation auprès des brasseurs.

Chaque dernier week-end du mois d'août a lieu la fête du houblon à Haguenau. Depuis des décennies, elle réunit des groupes folkloriques venus de toute l'Europe et, depuis peu, de l'ensemble des continents, sans oublier bien sûr l'Alsace et les autres régions françaises. Le dimanche après-midi a lieu un imposant cortège de tous les groupes à travers les rues, suivi de prestations sur les podiums dressés dans la ville.

La gastronomie demeure bien sûr un élément majeur de ce rassemblement avec la tarte flambée, les petits plats, la bière et le vin d'Alsace. Durant plusieurs soirs, deux grandes salles, la Halle aux Houblons et la *Bierstub* de la salle des Corporations, accueillent des centaines de convives, qui bénéficient d'animations musicales et folkloriques.

LA LÉGENDE DE LA CROIX DITE HABERKREUZ

Près des ruines du couvent de Neubourg, à quelques kilomètres de Haguenau gisent les débris d'une croix de pierre dite *Haberkreuz* (croix de l'avoine).

Son origine provient de l'épisode suivant. Un abbé de Neubourg a su, à force de ruses, accaparer diverses terres appartenant aux communes d'Uhlwiller et de Niederaltdorf. Devant les refus de l'abbé de restituer ces biens, les communes lui proposent de prêter serment devant Dieu que ces terres lui appartiennent légitimement.

L'abbé accepte. Au jour convenu, l'abbé, accompagné de ses moines, se rend sur le site contesté, ainsi que des habitants des deux communes. Il lève la main droite et fait ce serment : « Aussi vrai que le Créateur est au-dessus de moi, mes pieds reposent sur la terre qui est le bien du couvent ».

Mais un serviteur du couvent fend la foule, arrache le bonnet de l'abbé qu'il jette à terre et lui enlève ses souliers. Il retire du bonnet une cuiller à puiser la soupe et constate que ses souliers sont remplis avec de la terre du jardin du couvent. Les paysans furieux s'élancent alors sur l'abbé, ils l'assomment et il expire sous les coups reçus.

Plus tard, en signe d'expiation, les deux communes durent dresser une croix et apporter chaque année au couvent un tribut expiatoire important en avoine et autres céréales.

28 août

Au début de la Guerre de Hollande, à la suite de l'intervention de l'Empire, la frontière de l'Est est menacée, d'autant que les villes de la Décapole tiennent à conserver leur autonomie politique. Louis XIV décide de venir personnellement en Alsace pour faire revenir les villes à la raison. Il entre par le col de Sainte-Marie-aux-Mines pour se rendre à Brisach. À l'approche du roi, un officier, le marquis de Vaubrun, enjoint au Magistrat de Colmar de retirer les canons des remparts, ce que celui-ci fait à contrecœur. Il fait ensuite pression pour faire annuler la prestation annuelle du serment qui mentionne la fidélité à l'empereur, affirmée aussi par l'émission en 1666 de *trutzthaler* qui comportent l'aigle impérial.

1673 : COUP DE FORCE CONTRE COLMAR

Lorsque le lundi 28, le Magistrat sort de la ville pour saluer Louvois, ministre de la Guerre, le marquis de Coulanges s'élance avec 500 cavaliers vers une porte de la ville, force l'entrée et occupe au galop les carrefours, les portes et les principaux édifices. Puis Louvois entre à son tour tandis que les bourgeois, atterrés, s'enferment dans leurs maisons. Le lendemain pénètrent d'importants contingents d'infanterie et les Français emportent à Brisach la totalité de l'armement. Ils font démolir l'ensemble des remparts réalisés par Specklin au XVIe siècle par 4000 paysans aux frais de la ville. Ces mesures provoquent la colère de la population qui soupçonne le Magistrat d'avoir livré la ville et sacrifié ses libertés. Ainsi Colmar, devenu ville ouverte, perd son indépendance et doit se soumettre à la domination française.

LA GORGE AUX NAINS

Dans le Jura alsacien, les habitants bénéficiaient autrefois de l'aide des nains de la montagne, les *Erdmanle* et les *Erdwiwele*. Ils gardent le poupon en l'absence de la mère, coupent la moisson ou calment le bétail affolé en cas d'orage.

Mais quelques jeunes filles sont poussées par le démon de la curiosité : pourquoi les nains portent-ils de longues robes et cachent-ils leurs pieds ?

Un matin très tôt, avant l'aube, elles se rendent à la Gorge aux Nains, devant l'ouverture dans le rocher, pour y répandre du sable fin. Puis elles se cachent dans un bouquet d'arbres. Au premier rayon de soleil, les nains sortent de la grotte pour prendre leur bain de rosée et se coiffer de fleurs avant de se retirer. Les jeunes filles découvrent alors les empreintes sur le sable. Ce sont celles de pieds de chèvre pour les *Erdwiwele* et de pattes d'oie pour les *Erdmanle*. Elles se mettent à rire. Mais les nains, vexés qu'on ait surpris leur secret, ne se montrèrent plus jamais. Ce fut la fin de leur collaboration aux travaux des habitants.

29 août

FÊTE DE LA POMME DE TERRE

Vers la fin du mois d'août ont lieu deux fêtes originales en Alsace bossue.

À Diemeringen, le *Grumbeerefescht* constitue depuis des décennies un événement incontournable. La fête gastronomique conjugue diverses recettes à base de pommes de terre, avec des accompagnements tout aussi diversifiés. Le tout dans une ambiance musicale. Une des originalités est le traditionnel concours de la plus grosse pomme de terre.

À Waldhambach a lieu le *Kneppelfescht*. Des quenelles à base de farine et de produits variés en font une fête pantagruélique sur une thématique festive, gastronomique et musicale. Elle est également un moment incontournable de l'été.

LA PIERRE AUX MARIS

La présence de dolmens et d'autres roches originales à proximité de Labaroche a suscité une coutume disparue au XIXe siècle. Après plusieurs années de vie de couple, les maris, curieux de connaître le degré de fidélité de leurs épouses, vont au lever du jour consulter comme oracle une de ces pierres, placée en équilibre sur une pointe du rocher. Ils s'efforcent de la faire remuer, en ne la touchant qu'avec l'index. Si elle bouge, la fidélité de leur femme est pour eux avérée, mais si elle reste immobile, c'est un témoignage d'inconstance. Mais souvent leurs femmes les suivent et les observent en cachette. Selon la tradition, la présence de ces femmes trouble l'oracle, qui répond alors à tort et à travers.

Recette de la tarte aux mirabelles

La seconde quinzaine d'août est la période des mirabelles.

Une des utilisations préférée est la tarte dont voici une recette traditionnelle.

250 g de pâte brisée ou feuilletée, 1 kg de mirabelles, sucre à volonté.

Foncer de pâte un moule à tarte. Dénoyauter les mirabelles et les ranger en rosace sur la pâte. Faire cuire à four chaud 30 mn. Sucrer à la sortie du four suivant le degré de maturité des mirabelles.

30 août

LA SAINT-FIACRE

Fiacre est un missionnaire irlandais qui a œuvré en France (600-670). Il est le patron des jardiniers et des fleuristes. Ses attributs sont la bêche, le rosaire et la jambe couverte de plaies.

Il existe en Alsace une confrérie Saint-Fiacre, créée en 1752 à Strasbourg. Elle regroupe l'ensemble des maraîchers catholiques de la ville et veille à l'égalité entre les « Français » (francophones) et les « Allemands » (autochtones dialectophones). Jusqu'à la Révolution, la fête annuelle a lieu le 30 août à l'église Saint-André desservie par les Récollets.

À partir du XIXe siècle, la fête a lieu le dimanche le plus proche du 30 août à l'église Saint-Louis (Finkwiller) et, depuis 1867, à l'église Saint-Louis de la Robertsau.

Actuellement, la fête a lieu le second dimanche de septembre. Elle consiste en une célébration religieuse qui a conservé sa solennité avec la bénédiction de la civière des fleurs, puis des fruits, des légumes et du pain. On se rend ensuite au monument aux morts, suivi du verre de l'amitié, d'une vente de tombola, d'un repas pris en commun et d'une fête l'après-midi à l'Orangerie avec tombola et l'ensemble Cæcilia. Aujourd'hui, la confrérie demeure très vivante par la piété des membres, la cohésion professionnelle et son esprit d'ouverture et de fraternité.

LA FÊTE DE WASSELONNE

Le dernier dimanche d'août a lieu le *messti* annuel de Wasselonne. Il consiste en un corso fleuri à partir de 300 000 dahlias, suivi le lendemain d'un marché annuel. Autrefois, il réunissait les agriculteurs du Kochersberg, les artisans et les bûcherons des vallées vosgiennes, qui proposaient leurs produits, en particulier les échelles, à l'approche de la cueillette des fruits.

31 août

NAISSANCE DE JEAN FRÉDÉRIC OBERLIN (1740-1826)

Le 31 août 1740 naît à Strasbourg Jean Frédéric Oberlin, l'une des principales figures protestantes en Alsace. Après de longues études, il est nommé en 1767 pasteur au Ban de la Roche, un poste qu'il occupe pendant 59 ans. Grâce à son activité multiforme, il acquiert une notoriété considérable qui fait connaître ce site perdu dans les Vosges à une grande partie de l'Europe.

Soucieux à la fois du salut et du bien-être matériel de ses paroissiens, il développe l'enseignement, organisant des « poêles à tricoter », ancêtres des écoles maternelles avec Louise Scheppler, créant une école dans chacun des cinq villages de sa paroisse. Il modernise l'agriculture par l'introduction de nouvelles variétés de pommes de terre et de semences de lin de Riga. Il développe l'artisanat et attire des industriels pour créer des emplois. Vers la fin de sa vie, il reçoit beaucoup de visiteurs. Il s'investit beaucoup après 1800 dans les sociétés pour la diffusion de la Bible.

Aujourd'hui, le musée Oberlin à Waldersbach attire de nombreux visiteurs et diverses institutions éducatives portent son nom dont un « Oberlin College » aux États-Unis.

ASSISE DE JUSTICE AU CHÂTEAU DE GUIRBADEN

Le château de Guirbaden, l'un des plus vastes en Alsace, a suscité plusieurs légendes, dont la plus connue est celle des assises nocturnes de justice.

Pendant une semaine par an, toutes les nuits, le bailli du château sort de son tombeau, parcourt les pièces et excite les habitants à la vengeance, pendant que quatre serviteurs remontent d'un caveau le cercueil de la comtesse de Guirbaden, qui est entouré des esprits de tous les résidents du château au moment de sa destruction. On traîne sur la place le valet traître, revêtu d'une chemise rouge. Il est accusé d'avoir ouvert une porte à des soldats lorrains qui ont pris le château. Le tribunal ouvre la séance. Après un bref débat, le valet est déclaré coupable. La comtesse prie alors le bailli de punir la trahison. Aussitôt, le valet est précipité au sol. On sonne la cloche d'alarme. Les assistants se mettent à tourner autour de lui en une farandole et à le piétiner. Tout disparaît aux premières heures du jour. Plus d'un forestier affirme avoir entendu les cris des esprits, dominés par le son déchirant de la cloche d'alarme.

1er septembre

SAINT GILLES

Cet abbé mort en 722 fait partie des quatorze saints auxiliaires. Il est invoqué contre les frayeurs et la panique. Il est patron des forêts et de cinq paroisses. Il tient une certaine place dans les dictons météorologiques. Ce jour est souhaité beau et non pluvieux, d'autant qu'il détermine le temps de tout le mois.

Sankt Gilge warm un hell,
Bringt e scheener Herbst zur Stell.

Saint-Gilles, beau et clair,
Apporte un bel automne.

S'Wetter vun Aegidi
Soll bliewe bis Michaeli

Le temps de la Saint-Gilles
Doit durer jusqu'à la Saint-Michel.

Wenn's an Aegidi raijt,
Ware viel Mattle nit g'maijt
Un viel Ackerle nit g'saijt.

Pluie à la Saint-Gilles,
Beaucoup de prés non fauchés
Et beaucoup de champs non ensemencés.

LA SAINT-ADELPHE OFFICIEUSE

Évêque de Metz vers 400, saint Adelphe est fêté selon les sources soit le 1er septembre, soit le 29 août. En 836, l'évêque de Metz fait transférer son corps à Neuwiller, où ses reliques suscitent un pèlerinage très fréquenté durant tout le Moyen Âge. Son succès entraîne la construction d'une église Saint-Adelphe qui, après la Réforme protestante, est devenue simultanée et est, depuis 1802, entièrement protestante. Depuis 1914, le saint est exclu du propre du diocèse. Une célèbre tapisserie datant des environs de 1500 illustre en 19 tableaux sa vie légendaire. Elle se trouve dans l'église abbatiale. Saint Adelphe est le patron de trois églises en Alsace.

2 septembre

L'ÉVACUATION (1939)

Au début de la Seconde Guerre Mondiale, les populations demeurant à moins de 12 km de la frontière sont évacuées les 1er et 2 septembre 1939. Les habitants n'ont que quelques heures pour préparer leurs affaires. Les familles paysannes se rendent en chariot dans les centres de regroupement. Ils abandonnent leur cheptel et sont embarqués dans des wagons – souvent à bestiaux – qui, après plusieurs journées dans des conditions de transport difficiles et pénibles, arrivent dans le sud-ouest de la France. La ville de Strasbourg ci-dessous) faisant partie de cette zone, la mesure a concerné près de 430 000 personnes. Elle est assez mal vécue par les générations âgées, qui connaissent de sérieux problèmes d'adaptation dans un milieu culturel très différent. Les évacués vivent l'incommunicabilité avec leurs compatriotes sous diverses formes, au niveau de la langue et de la rencontre de deux cultures rurales. Il s'y ajoute le fait que l'accueil est souvent froid : bien des réfugiés sont reçus « comme des trouble-fête et des bons à riens ».

Environ les deux tiers rentrent en été 1940 et le dernier tiers en 1945. La mémoire est inscrite dans les noms de rue des communes concernées (rue de Périgueux, de la Dordogne, de la Haute-Vienne...).

Travaux agricoles en septembre

Dans le potager, on sème les salades d'hiver, les petits oignons blancs, les épinards et le persil, on coupe les branches des asperges pour éviter que les graines ne tombent sur le sol et ne germent. On fait les trous pour planter les arbres. Le vigneron coupe une partie du feuillage pour mieux exposer les grappes à l'air. C'est aussi l'époque de nettoyer les puits, les poulaillers et les pigeonniers. Le fumier, mélangé à des cendres, est transporté dans les champs ou les prés.

3 *septembre*

LA PETITE CLOCHE D'ARGENT ET LES CHIENS

Le comte de Ribeaupierre avait offert à la communauté protestante de Ribeauvillé une petite cloche d'argent d'un timbre clair. Mais chaque fois qu'on la faisait sonner, tous les chiens se mettaient à hurler et à aboyer dans les trois châteaux. Bien plus tard, alors que les châteaux inhabités étaient tombés en ruine, à chaque sonnerie de la petite cloche, les mêmes chiens continuaient à hurler sous la terre, car elle continuait à les inquiéter.

La Révolution française, en confisquant la cloche pour la fondre en monnaie, a mis fin à son timbre argenté et aux aboiements des chiens.

DISPARITION DE FLORENT SAGLIO (1771-1841)

Le 3 septembre 1841 disparaît Florent Saglio, membre de la famille des industriels Saglio, qui joue un rôle majeur comme mécène dans le catholicisme strasbourgeois durant la première moitié du XIXe siècle. Il investit des capitaux dans plusieurs entreprises industrielles et acquiert des immeubles à Strasbourg. Il est député de 1819 à 1824, puis de 1827 à sa mort dans la circonscription de Saverne.

Recette du potage aux pois cassés

Ingrédients : 1 oignon, 1 carotte, 1 branche de céleri, sel et poivre, 150 g de pois cassés, 180 g de beurre, 1 cuillerée de farine, 2 cuillerées de crème fraîche, 2 l de fend blanc (bouillon de volaille), 300 g de pain coupé en dés.

Faire tremper les pois cassés pendant 3 h dans un grand récipient d'eau fraîche. Blanchir à l'eau bouillante 5 mn. Couper carotte, oignon et céleri en petits dés. Les faire cuire avec le beurre. Saupoudrer avec la farine. Ajouter les pois cassés et arroser avec le fend blanc. Faire cuire 1 h. Passer le potage à l'aide d'une passoire. Lier avec la crème et le beurre. Ajouter l'assaisonnement. Présenter des petits croûtons de pain en dés, frits au beurre.

LA LÉGENDE DES MÉNÉTRIERS

Un jour de septembre, un sire de Ribeaupierre croise, au retour de la chasse, une famille de pauvres gens en pleurs. Interrogé, l'homme lui dit avoir cassé son fifre et perdu son gagne-pain. Pendant qu'il jouait, sa femme et ses enfants dansaient et attiraient les habitants des villes et des villages. Le sire, pris de compassion, lui lance une bourse de pièces d'or, lui dit d'acheter un beau fifre neuf et l'invite à venir un jour dans son château pour faire danser ses gens. La famille du ménétrier le remercie avec force bénédictions.

Peu de jours après, le sire voit monter un cortège vers son château de Haut-Ribeaupierre. C'est une foule de joueurs de fifres, de chanteurs ambulants, de montreurs de bêtes avec leurs ours et leurs singes et de comédiens ambulants. Le sire est charmé de les accueillir et l'un d'eux, l'homme à qui il avait donné la bourse, lui offre solennellement un fifre d'or. Le cortège est venu pour le remercier et, désormais, il reconnaît le sire comme son roi. Puis il lui remet une couronne royale. C'est depuis ce jour que les comtes de Ribeaupierre sont devenus rois des fifres et des ménétriers, une fête maintenue jusqu'à aujourd'hui.

LA FÊTE DES MÉNÉTRIERS

Le premier week-end de septembre se déroule à Ribeauvillé la fête des Ménétriers. Cette fête remonte à plusieurs siècles, lorsque les sires de Ribeaupierre accueillaient les ménétriers alsaciens dans leur ville pour leur rencontre annuelle.

La fête, l'une des plus connues en Alsace, consiste en un cortège historique médiéval dans la Grand'rue, composé de chars et de centaines de figurants bénévoles. Il s'y ajoute des fanfares, des cracheurs de feu, un marché médiéval de produits du terroir et plusieurs expositions. À l'issue du cortège, le vin coule gratuitement de la fontaine de l'Hôtel de Ville. Le soir, la fête est clôturée par un bal populaire.

5 septembre

LES SOBRIQUETS

Tous les villages se sont vu attribuer un sobriquet par leurs voisins et certains ont été transformés en comptines, dont voici deux échantillons.

Ze Mittelwihr sin d'Wiwer diir,
Ze Sundhofe sin si wolfeil,
Z'Andelse bekummt m'r si um e Strohseil,
Ze Wihr um e bissel düwedreck
Un z'Colmer schenkt m'r si ganz eweck !

À Mittelwihr les femmes sont chères,
À Sundhoffen elles sont bon marché,
À Andolsheim on les acquiert pour une corde en paille,
À Wihr-en-Plaine pour un peu de fiente de pigeon
Et à Colmar on en fait cadeau !

Zu Bäwle näwe d'r Poscht,
Dert drinkt m'r guede Moscht !
Ze Zelleberrick uf d'r Höh
Dert fange d'Wiwer Lüs un Flöh !

À Beblenheim à côté de la poste
On boit un bon moût !
En haut de Zellenberg
Les femmes attrapent des poux et des puces !

LE COLONEL MAX DE RIBEAUPIERRE

Le comte Maximilien Ier Joseph de Ribeaupierre (1756-1825), colonel propriétaire du régiment d'Alsace, devenu roi de Bavière en 1806 et fondateur de la dynastie des rois de Bavière, est un personnage pittoresque à la veille de la Révolution. Propriétaire du palais connu depuis le XIXe siècle sous le nom de palais du gouverneur militaire, il tient une cour brillante. Aimant la vie et ses excès, il fut régulièrement endetté. À Strasbourg, un épisode, qui reste encore aujourd'hui mémorable, l'a rendu célèbre : son cocher traverse un jour une place où a lieu un marché de poteries. Mais sur son passage, son équipage rafle entièrement les étals, endommageant toute la production potière. Il dédommagea par la suite toutes les victimes de la casse.

6 septembre

NAISSANCE DE JEAN DANIEL SCHŒPFLIN (1694-1771)

Le 6 septembre 1694 naît à Sulzburg, dans le sud du Pays de Bade, Jean Daniel Schœpflin. Professeur d'histoire à l'université de Strasbourg de 1720 à 1771, il produit une œuvre historique marquante : *Alsatia illustrata* (1751-1761) et *Histoire du margraviat de Bade* (1763-1766) réalisée à partir d'archives jusque là inaccessibles. Il devient le père d'une école historique et le créateur de l'école diplomatique, qui a formé les élites politiques européennes. Par une forte présence dans les milieux régionaux, il acquiert une position solide en Alsace.

Il œuvre comme médiateur scientifique entre la France et l'Empire et mène de nombreuses négociations diplomatiques dans l'espace rhénan. Il a de nombreuses relations parisiennes qui lui permettent d'être nommé historiographe du roi, ainsi qu'à la cour de Vienne et dans plusieurs cours rhénanes. Il établit un réseau de relations scientifiques et fait partie de nombreuses académies en Europe.

COMPTINE SUR LA TRAITE DES VACHES

Ehne, dehne, Wassergras,
Unseri Kieh sin alli nass ;
's Maidel het gemulke,
Siewe Geiss un e Kueh ;
Peter schliess d'Tüer züe,
Werf de Schlüssel ewer de Rhin,
Morje soll guët Wetter sin.

Herbe et eau, nos vaches
sont toutes mouillées.
La fillette a trait sept chèvres
et une vache ;
Pierre ferme la porte,
Jette la clé par-dessus le Rhin,
Demain le temps doit être beau.

7 septembre

DÉBUT DE VENDANGES PRÉCOCES (1822)

En 1822, les vendanges débutent beaucoup plus tôt qu'à l'habitude. Le 7 septembre à Ammerschwihr, mais dès le 26 août à Colmar. Un vigneron âgé de 71 ans à Hartmannswiller déclare ne pas « se souvenir d'une vendange aussi précoce », une « vendange remarquablement heureuse (où) il y a eu tant de guêpes qu'on ne pût s'approcher des cuves pendant la vendange ». Cette précocité est liée au développement de la pourriture. Tous les témoignages concordent sur la qualité du vin et son abondance.

Recette du coq au riesling

Parmi les plats régionaux traditionnels figure le coq au riesling, l'un des cépages caractéristiques de l'Alsace.

Ingrédients : 1 coq de 1,5 kg, 4 échalotes, 100 g de crème, 1 jaune d'œuf, 25 cl de riesling, 1 petite tasse de bouillon ou de concentré, 1 gousse d'ail, persil, 1 cuillerée à soupe de farine, 1 verre à liqueur de cognac, 150 g de champignons de Paris, sel, poivre, un peu de muscade, 4 cuillerées à soupe d'huile.

Couper le coq flambé et vidé en quartiers. Dans une cocotte, faire revenir les morceaux de volaille dans l'huile. Assaisonner et laisser dorer sur feu doux (5 mn). Saupoudrer d'échalotes, de persil et d'ail hachés finement, les laisser blondir, flamber au cognac, mouiller avec le riesling et le bouillon. Laisser mijoter à feu doux (30 mn). Puis ajouter les champignons émincés et laisser encore cuire 15 mn. Avant de servir, mélanger la farine, la crème et le jaune d'œuf. Ajouter cette sauce aux morceaux de coq, sans faire bouillir. Rectifier l'assaisonnement. Servir bien chaud avec des nouilles ou des spätzle à l'alsacienne.

8 septembre

LA NATIVITÉ DE LA VIERGE

Cette fête est associée aux hirondelles, aux semailles, aux récoltes des pommes et à la rentrée du regain.

La population était convaincue que les nids des hirondelles protégeaient la maison contre l'orage. Le dicton suivant est très largement diffusé.

An Maria Geburt fliegen d'Schwalben furt.

Le jour de la Nativité les hirondelles nous quittent.

Le regain est en général terminé début septembre, de sorte que sa récolte est désormais très compromise.

S'Ohm wu noch wachst no Mariageburt,
Trajt d'r Bür im Asskerwal furt.

Le regain encore sur pied à la Nativité,
Le paysan peut l'emporter dans un panier.

An Mariageburt
G'hört d'r Aepfel uf d'Hurt

À la Nativité la pomme au cellier.

C'est l'époque des semailles, de sorte qu'on a utilisé l'expression *Unser Frauentag in der Saat* (Notre-Dame dans les semailles). Autrefois, certains paysans pieux mêlaient à la semence quelques grains consacrés tirés de la touffe de plantes bénie par le prêtre.

Recette de la tarte aux quetsches

Le mois de septembre est celui des quetsches, un fruit très populaire en Alsace, utilisé surtout pour les tartes, la compote, les pruneaux et la distillation.

Pour la tarte : 250 g de pâte levée ou brisée, 1 kg de quetsches, 100 g de sucre, cannelle en poudre, sucré glacé.

Foncer de pâte une tourtière beurrée, couper les quetsches dénoyautées en quarts et les disposer en cercles concentriques sur la pâte. Saupoudrer de 100 g de sucre et de cannelle et faire cuire à four chaud 30-40 mn. Démouler sur une grille et saupoudrer de sucre et de cannelle.

9 *septembre*

LE BON ROI DAGOBERT

Le 10 septembre était autrefois le jour de la saint Dagobert, roi franc de 623 à 638. Il occupe une place importante dans l'histoire légendaire de l'Alsace. Depuis le Xe siècle, il apparaît dans presque toutes les vies de saints et diverses chroniques. En 1507, le prédicateur Geiler de Kaysersberg parle de « belle légende » qui présente Dagobert comme l'idéal-type du bon roi médiéval.

Si ses rapports avec l'Alsace ne peuvent être établis par des textes authentiques, les séjours de son père Clotaire II sont bien attestés dans le château de Marlenheim. On lui attribue des donations à l'ermite Florent à Haslach et le palais de Kirchheim, ainsi qu'à l'église de Strasbourg et au monastère de Wissembourg. Enfin, il aurait fait don à l'abbaye de Munster de sa couronne royale, de son sceptre et de son épée.

Il est parfois confondu avec Dagobert II, mort en 679, à qui on a attribué la plupart des fondations religieuses de l'époque mérovingienne, alors qu'on ignore tout des rapports qu'il peut avoir eus avec l'Alsace.

Dicton à la Saint-Gorgon

Isch's an Sankt-Gorgon schön,
Werd man's 40 Tag se sehn.

S'il fait beau à la Saint-Gorgon,
Il le restera 40 jours durant.

10 septembre

NAISSANCE DE JOSEPH REY (1899-1990)

Le 10 septembre 1899 naît à Colmar Joseph Rey, maire de Colmar de 1947 à 1977. C'est un grand acteur politique dont les choix sont ceux d'un Alsacien, d'un Français et d'un Européen.

Patriote français, il perd sa place chez *Alsatia* dans les années 1920 pour avoir préféré une attitude « nationale » au régionalisme « autonomisant » de l'abbé Haegy. Sous l'Occupation, il passe trois ans dans les geôles nazies pour avoir aidé des prisonniers français évadés. Après 1945, il est parmi les premiers à se lancer dans la réconciliation franco-allemande. Comme maire, il modernise la ville par une forte activité de constructions : quartiers Ouest, zone industrielle, aérodrome, port rhénan de Colmar Neuf-Brisach et rénovation des anciens quartiers du centre. Il contribue également au développement du tourisme et à la mise en place de la Foire régionale des vins d'Alsace.

LE SIÈGE DE GUIRBADEN

Situé dans les environs de Rosheim, ce château, l'un des plus vastes en Alsace, se trouve un jour menacé par un siège. Les assiégés ont alors recours à un stratagème. Les vivres étant sur le point d'être épuisées, ils font manger le contenu du dernier sac de froment à la dernière vache, puis la jettent par-dessus le mur dans le camp ennemi.

Trouvant dans l'estomac de la vache les grains de froment, les assiégeants pensent que ceux du château ont encore d'importantes réserves de vivres et décident alors de lever le siège.

11 septembre

L'ÉVACUATION DES MALADES, VIEILLARDS, FEMMES ET ENFANTS (1870)

Le 11 septembre 1870 représente un épisode célèbre pour la population strasbourgeoise soumise depuis le 15 août à un bombardement intensif (cf. 24 août). Ce jour, une délégation suisse, composée de Bâlois, Bernois et Zurich, se présente, avec l'accord de von Werder, chef de l'armée des assiégeants, à la Porte Nationale. Ils emmènent des malades, des vieillards, des femmes et des enfants en trois convois pour les mettre à l'abri des bombardements. L'épisode est illustré par une toile de Touchemolin conservée au Musée historique. Cet épisode confirme aussi la solidarité entre l'Alsace et la Suisse attestée en 1576 (cf. 20 juin), puis en 1945. Cette venue a permis de communiquer des informations sur le désastre de Sedan et la proclamation à Paris de la République.

JACQUES PEIROTES (1869-1935)

Le 11 septembre 1869 naît à Strasbourg Jacques Peirotes. Typographe, il entre dans la vie politique et syndicale comme social-démocrate. Directeur politique du journal *Freie Presse*, il devient en 1906 chef du parti en Alsace. Porte-parole des socialistes au conseil municipal et chef de son parti au Landtag, il est élu député en 1912. Maire de Strasbourg de 1919 à 1929, il met en place un socialisme municipal avec la création d'un parc d'habitat social très moderne comptant près de 3 000 logements sociaux de grande qualité. Il est député de 1924 à 1932.

12 septembre

Travaux de septembre

Répandre le fumier. Continuer à semer des épinards, du persil, des oignons, des carottes, de la chicorée, des raves et de gros radis blancs, couper la chicorée d'hiver. Commencer à préparer les trous pour les arbres que l'on veut planter en automne. Planter à la fin du mois les bulbes de jacinthes, tulipes, anémones, crocus et jonquilles. Semer les graines de renoncules, d'iris et de pavots.

Dictons du mois

Le mois de septembre est souhaité chaud, pluvieux pour le paysan, mais ensoleillé pour le vigneron. C'est aussi un mois de vent et de brouillard.

September warm un klar,
Verheisst e güet nächstes Jahr.

Septembre chaud et clair,
L'année qui suit sera bonne.

Was d'r Augst nit kocht,
kan September nit brote.

Ce qui en août ne cuit pas,
Septembre ne le rôtit pas.

September klar,
Fruchtbar Jahr.

Septembre clair,
année prospère.

September nit nass,
Voll werd's Fass.

Septembre pas mouillé,
pleins seront les tonneaux.

September Rage, Dem Bür sin Sage ;
Dem Wintzer Gift wenn er ihn trifft

En septembre pluie,
pour le paysan est bénie ;
Mais pour le vigneron,
c'est du poison.

Wenn d'r Wind iwwer d'Hawerstupfle geht,
D'r Winter vor em Hintertüerel steht.

Quand sur le chaume d'avoine passe le vent,
Déjà l'hiver à la petite porte attend.

13 septembre

ORDONNANCE SUR LA PRESSE (1945)

Après la Libération, les autorités françaises imposent en Alsace des mesures autoritaires contre la langue allemande. L'ordonnance du 13 septembre 1945 réglemente à titre provisoire l'usage de la langue allemande. L'article XI décrète que « Seront seuls autorisés à paraître les journaux et périodiques de langue française ou bilingues. Toute publication bilingue doit contenir une proportion de texte en langue française qui ne pourra être inférieure à 25 %. En dehors des petites annonces, tout texte publicitaire ainsi que les communications d'état civil doivent être publiés en français. Les rubriques sportives et les rubriques destinées à la jeunesse seront obligatoirement publiées en français». Pour la première fois en Alsace, l'édition de journaux portant des titres en langue allemande ou rédigés exclusivement dans la langue régionale est interdite. Il en résulte une érosion de la presse bilingue, aujourd'hui réduite à la portion congrue en Alsace. L'article XI est abrogé en 1984, mais cette suppression n'a que peu d'effets à l'heure actuelle.

Recette du biscuit alsacien à l'ancienne

Préparation et cuisson : 1 h 1/4.

Ingrédients : 250 g de sucre, 100 g de fécule, 100 g de farine, 1 cuillerée à café de levure chimique, 2 œufs entiers, 2 jaunes d'œuf et 2 blancs d'œuf, 1 cuillerée à soupe de jus de citron.

Battre le sucre, les deux œufs entiers et les deux jaunes d'œuf en mousse (20 mn). Ajouter avec précaution farine, fécule, levure chimique et jus de citron à ce mélange. Battre les blancs d'œufs en neige ferme et les ajouter délicatement en soulevant la pâte. Beurrer le moule et mettre sur le fond un papier sulfurisé découpé à la grandeur nécessaire. Y verser la pâte.

Cuire à four modéré (thermostat 5-6) environ 30 à 45 mn.

14 septembre

SAINT MATERNE

Le 14 septembre est la fête de saint Materne, le plus ancien saint fêté en Alsace. Selon la légende, forgée à Trèves fin IXe début Xe siècle, les trois saints, saints Euchaire, Valère et Materne auraient été envoyés par l'apôtre Pierre en Gaule et en Germanie pour y prêcher le message du salut. Materne, alors sous-diacre, serait mort d'une fièvre maligne à Ehl, mais il aurait été ramené à la vie 40 jours plus tard par la vertu de la crosse épiscopale de saint Pierre, qu'Euchaire serait allé chercher à Rome. Ce miracle aurait entraîné la conversion de nombreux païens, Materne aurait ensuite été évêque pendant 40 ans à Trèves, où il serait mort.

Selon l'auteur de la chronique d'Ebersmunster (XIIe siècle), Materne aurait détruit un temple dédié à Mercure à Ebersmunster, qu'il aurait remplacé par un sanctuaire dédié à saint Pierre. Il aurait converti de nombreux Strasbourgeois et fondé les églises de Saint-Pierre-le-Vieux (la première à Strasbourg), d'Ehl et du Dompeter près d'Avolsheim. Depuis lors, Materne est réputé avoir été l'évangélisateur de la Basse-Alsace.

Deux faits sont avérés. La Basse-Alsace semble avoir été gagnée au christianisme dès la première moitié du IVe siècle et un Materne est le premier évêque connu de Cologne. En 313, il est appelé à Rome par l'empereur Constantin, dont il semble avoir été un homme de confiance, et l'année suivante il participe au concile d'Arles.

Wenn's ragnet am Matterlistag,
So ragnet's noch 40 Tag.

Pluie de la Saint-Materne
Dure 40 jours.

15 septembre

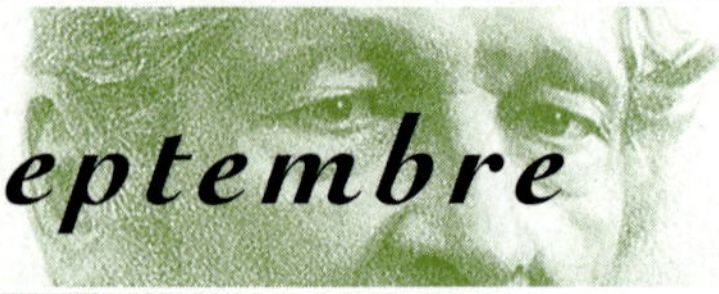

NAISSANCE DE CHARLES HENRI EHRMANN (1792-1878)

Le 15 septembre 1792 naît à Strasbourg Charles Henri Ehrmann, professeur d'anatomie à la faculté de Médecine de 1837 à 1867 et membre d'une lignée de médecins fort distingués. Directeur du musée anatomique qu'il a beaucoup enrichi, chirurgien très recherché, il est membre de nombreuses sociétés savantes en France et à l'étranger, ainsi que du Consistoire Supérieur.

Recette des truites au riesling

Ingrédients : 6 belles truites fraîches, 20 cl de crème, 3 échalotes, 80 g de beurre, 1 grand verre de riesling, sel, poivre, quelques champignons de Paris à grosses têtes.

Ébarber, vider les truites. Les laver et les égoutter, puis les assaisonner extérieurement. Les dresser dans un plat beurré (30 g) allant au four et au fond couvert d'échalotes finement hachées, un peu salées et poivrées. Faire cuire les champignons nettoyés et lavés, à blanc.

Couvrir les truites avec le riesling et un peu de jus de cuisson des champignons et laisser cuire jusqu'à ébullition, d'abord sur le feu, puis 15 mn à four chaud (thermostat 6), en protégeant les poissons avec un papier sulfurisé légèrement beurré. Après cuisson, sortir délicatement les truites, en enlever la peau et les tenir au chaud. Laisser réduire le jus de cuisson, jusqu'à ce qu'il épaississe un peu et le lier avec la crème.

Il faut obtenir une sauce consistante.

À défaut, laisser bien mijoter encore quelques instants. Rectifier l'assaisonnement et hors du feu y incorporer le reste du beurre. Verser cette sauce bien chaude sur les poissons et garnir avec les chapeaux de champignons gardés au chaud. En accompagnement, quelques pommes vapeur, persillées.

16 septembre

SAINTES EINBETH, WORBETH ET VILBETH

Il s'agit de trois saintes légendaires, dont la vie demeure pratiquement inconnue. Elles seraient de la compagnie de sainte Ursule. Il est probable qu'elles aient richement doté l'église de Saint-Pierre-le-Vieux où leurs corps reposent sous le maître-autel.

Leur culte tire sa source du tombeau, ouvert au bout de plusieurs siècles pour y recueillir leurs reliques. Les débuts du culte ne peuvent être établis avec certitude, mais la première trace écrite date du XIVe siècle. Il se développe ensuite dans le sud-ouest de l'Empire, la Suisse et la vallée rhénane, en Alsace à la chartreuse de Molsheim (1646) qui possédait des reliques.

De 1865 à 1914, les trois saintes figurent dans l'Ordo diocésain de la ville de Strasbourg. Elles sont invoquées contre la peste et les maladies contagieuses.

LA CHASSE INFERNALE

La chasse, qui débute en général en septembre, a toujours occupé une grande place en Alsace et suscité de nombreuses légendes. Ainsi, la forêt d'Obermodern, située au-dessus du village vers le sud-ouest, a-t-elle une mauvaise réputation, car elle serait pleine de fantômes et d'esprits qui égarent les gens. En septembre, le chasseur sauvage, qui vient du Nord, y passe au-dessus des cimes et met ensuite ses chevaux à paître sur la pente qui descend vers Uttwiller.
Au milieu du tapage déchaîné, le piéton solitaire s'entend parfois appeler par son nom. S'il a le malheur de répondre, il est saisi par les puissances des ténèbres et s'égare toute la nuit dans la forêt. Pour se mettre à l'abri, le piéton doit prendre son mouchoir, blanc de préférence, l'étaler à terre et se placer dessus.

Cette tradition orale, collectée par Stöber, n'est plus connue dès les années 1940.

Dictons

Sankt-Nelli, E Mann well i !

Saint-Cornélien, je veux un mari !

Ludmilla, das brave kind,
Bringt gern Regen und Wind.

Ludmilla, la pieuse enfant,
Nous donne pluie et vent.

17 septembre

SAINT-DIZIER

Saint Dizier est un personnage mal connu du VIIe siècle. On ignore de quel diocèse il fut l'évêque. Il est connu par la *Passion des saints Dizier, évêque, et Rainfroy, diacre* rédigée au IXe siècle. Il entreprend un long pèlerinage à Rome, en passant par l'Ortenau, puis à Delle. Il est assassiné près de ce lieu un 17 septembre, entre 661 et 675, ou au début du VIIIe siècle, sur un site devenu depuis Saint-Dizier qui fera partie de l'Alsace jusqu'en 1871. Il y subsiste le tombeau du saint, un important monument de l'art mérovingien. Le site est offert par le comte Eberhard d'Eguisheim au monastère de Murbach.

Son culte débute très tôt en raison de miracles qui se produisirent sur sa tombe. Le saint est placé dans le propre de Besançon et de Strasbourg, où il est supprimé en 1914. Saint Dizier est le patron de Willer sur Thur. Il est invoqué pour les débiles mentaux et les faibles d'esprit.

An Sankt-Lambertius,
Nimm d'Grumbeere herus.

À la Saint-Lambert,
cherche tes pommes de terre.

LA SAINT-LAMBERT

Dicton

Bebelt's an Sankt-Kleophas,
Wird d'r Ganze Winter nass.

Tonnerre à Saint-Cléophas,
Tout l'hiver mouillé sera.

18 *septembre*

SAINTE RICHARDE

Dans le panthéon des saints régionaux, Richarde, née vers 840, décédée un 18 septembre avant 900, tient une place originale par sa position sociale. Fille d'un comte d'Alsace, elle épouse en 862 Charles III, surnommé le Gros. Celui-ci réunit tous les territoires de l'ancien Empire d'Occident de Charlemagne : Germanie, Italie, Lotharingie et Francie occidentale (devenue plus tard la France). En 882, le couple est couronné empereur et impératrice par le pape.

Vers 880, Richarde fonde sur ses terres à Andlau un monastère pour femmes et jeunes filles. Selon la légende, une ourse que Richarde rencontre à l'entrée d'une vallée, lui en indique l'emplacement. L'ourse se laisse caresser la tête, puis Richarde chauffe contre son sein son ourson mort et parvient à le réveiller. Elle fait édifier un couvent sur ce site. Le jour de la consécration du couvent, les ours de la vallée d'Andlau viennent rôder respectueusement autour de l'édifice. Richarde est représentée accompagnée d'un ours grattant la terre pour lui indiquer l'emplacement idoine du futur monastère, selon une vision qu'elle a en priant. Richarde est présente dans les églises de Marlenheim et de Hachimette. L'ourse est représentée à la fois sur la frise de l'église romane d'Andlau et les armoiries de la bourgade. L'abbaye, composée de chanoinesses nobles, connaît un remarquable développement au Moyen Âge et contribue à un enracinement durable jusqu'en 1789.

TREMBLEMENT DE TERRE (1601)

Le 18 septembre 1601, un tremblement de terre, dont l'épicentre se situe en Suisse centrale, affecte fortement l'Alsace jusqu'à Haguenau. À Colmar, les cloches se mettent à sonner, à Sélestat des encadrements de fenêtres se fendent et se tordent, tandis qu'à Heiligenstein le mobilier des maisons se met à bouger tout seul.

19 septembre

Recette de la tarte aux champignons

Ingrédients pour la pâte brisée : 250 g de farine, 125 g de beurre, 1/2 verre d'eau, 1 pincée de sel.

Faire une pâte levée avec ces ingrédients et laisser lever 1 h.

Ingrédients pour la garniture : 250 g de champignons émincés, 2 tranches de jambon cuit, 100 g de beurre, 1 cuillerée de jus de citron, 1 tasse de gruyère râpé, 1 bonne cuillerée de farine, 1 pincée de noix de muscade, râpée, sel, poivre, 1/2 l de lait.

Foncer une tourtière beurrée d'une abaisse de pâte brisée. Faire un roux rond avec 50 g de beurre et la farine. Y verser doucement le lait en tournant. Incorporer peu à peu le gruyère râpé et tourner jusqu'à ce que la sauce devienne consistante. Si elle est trop épaisse, y incorporer un peu de jus de cuisson des champignons, puis ces derniers, le jambon coupé en petits dés et une noix de beurre. Mélanger vigoureusement le tout.

Verser ce mélange sur la pâte dans le moule. Saupoudrer la tarte du reste de gruyère râpé et de noisettes de beurre. Laisser dorer et gratiner 25 à 40 mn à four bien chaud (thermostat 7). Servir comme entrée chaude.

Dictons de septembre

**Dunner's im September noch,
Werd d'r Schnee um
Wiehnacht hoch.**

*Si en septembre il tonne,
La neige à Noël sera haute.*

**Viel Nebel im Herbscht, viel
Schnee im Winter.**

*Beaucoup de brouillards en
automne,
Beaucoup de neige en hiver.*

**Warmer Herbscht, Langer
Winter.**

Automne chaud, hiver long.

**Dunnert's im September,
viel Obst, Hopfe un Korn.**

*Tonnerre en septembre,
Beaucoup de fruits, houblon et blé.*

**Isch im Herbscht s'Wetter
hell,
Kumme Wind un Winter
schnell.**

*En automne temps clair,
Le vent et l'hiver seront précoces.*

LE TRAIN À STRASBOURG (1841)

Le 20 septembre 1841, est inaugurée l'arrivée du train à Strasbourg. La ligne Strasbourg-Bâle, construite par l'industriel Nicolas Kœchlin entre 1838 et 1840, se heurte au problème de la station terminale qui doit rester hors les murs. La gare, les hangars, les ateliers et les quais sont établis à Kœnigshoffen et inaugurés dans la liesse. Après de longs débats, la gare définitive est aménagée au Marais-Vert et inaugurée avec la ligne Paris-Strasbourg, le 18 juillet 1852 par le futur Napoléon III.

L'ÉTAT CIVIL (1792)

Le 20 septembre 1792, l'Assemblée législative vote une loi qui institue l'état civil pour remplacer les registres paroissiaux tenus séparément par chaque communauté religieuse. Les nouveaux registres de naissance, de mariage et de décès doivent être tenus en deux exemplaires et ouverts au 1er janvier 1793. Mais s'il n'y a que peu de problèmes pour son application dans les villes, en revanche, dans les petites communes, les personnes aptes à tenir la plume sont extrêmement rares, de sorte que, pendant les premières années, les registres sont très mal tenus : lacunes, écriture indéchiffrable et rédaction incohérente. Malgré ces imperfections initiales, l'état civil constitue l'une des grandes réalisations durables de la Révolution.

21 septembre

LA LÉGENDE DE SAINT LANDOLIN

Les reliques de ce saint originaire d'Écosse après son assassinat ont donné naissance à un monastère à Ettenheimmüster, situé en pays de Bade. Après l'incendie de son église, les moines parcourent tout le diocèse de Strasbourg avec les reliques du saint. Partout, ils invitent à la prière et accordent des indulgences pour les dons reçus en faveur de la reconstruction.

À Rouffach, ils sont accueillis au son des cloches de toutes les églises et des couvents par une foule nombreuse. Les moines chantent la légende et les miracles du saint dont ils portent les reliques sur leurs épaules.

C'est alors que se produit un incident. Un chevalier monté sur un cheval plein de feu sort brides abattues de la ville en jetant des regards méprisants sur la foule. En entendant le nom du saint, dont les moines chantent les œuvres miraculeuses, il part d'un bruyant éclat de rire et profère des paroles injurieuses. Prétendant traverser la foule, il tombe sur le sol, les membres brisés, se roulant dans la poussière et vomissant des injures et des blasphèmes.

Après s'être calmé, il change totalement d'attitude. Il regrette son péché et promet un comportement plus chrétien, mais aussi de donner tous ses biens à saint Landolin. Aussitôt, il se relève en bonne santé. Il remet tous ses biens à l'abbaye d'Ettenheimmünster, qui conserva cette donation pendant plusieurs siècles sous le nom de « bien de Saint-Landolin ». Au début du XVe siècle, elle appartient en usufruit à la famille de Berler, famille de notables qui a donné au moins un bourgmestre à la fin du XVe siècle et un chroniqueur, Materne, au XVIe siècle.

Vue pittoresque de Rouffach

Dictons de la Saint-Matthieu

L'apôtre saint Matthieu, dont c'est le jour, est bien présent en Alsace. Représenté avec l'ange, il est le patron de cinq églises a suscité plusieurs dictons.

Tritt Matthäus in, Muess d'Saat fertig sin.

Quand Matthieu arrive,
Finies les semailles.

Wenn Matthäus weint stat lacht,
Er aus dem Wein oft Essig macht.

Si Matthieu pleure au lieu de rire,
Le vin en vinaigre souvent vire.

22 septembre

LA LÉGENDE DU CHAPERON ROUGE

À Barr vivait un farinier surnommé le Chaperon Rouge à cause de son bonnet rouge. Il passait pour tricher sur le poids de sa marchandise. Aussi dut-il revenir comme fantôme après sa mort. Comme il inquiétait des voisins, on fit venir des capucins qui parvinrent à le conjurer, puis ils le fourrèrent dans un sac et le portèrent dans les bois du Rothmannsberg. C'est là qu'il fait désormais des siennes. Il taquine les passants et, par des bruits de hache et de scie, trompe les forestiers en leur faisant croire que le bois est plein de braconniers.

SAINT MAURICE

Bien que sans lien territorial avec l'Alsace, saint Maurice tient une place non négligeable dans la piété populaire. Il est le patron de douze paroisses bas-rhinoises, dont la commune de Saint-Maurice dans le Val de Villé, et de quinze haut-rhinoises. Il est le patron des pêcheurs et des couteliers, et est aussi invoqué contre les douleurs de la goutte.

Maurice est le chef de la Légion thébaine, composée de 6 666 hommes originaires de Thèbes en Haute-Égypte. Tous sont martyrisés en 286 près du lac Léman. Il est souvent représenté avec la peau noire (*maurus*), en chevalier avec son armure. Il est à la fois le patron des guerriers et des vaincus. Aussi, lors de la création par Henry Dunant de la Croix-Rouge, celle-ci s'appela-t-elle d'abord croix de Saint-Maurice.

Dictons météorologiques

Zeigt sich klar Mauritius,
Viele Stürme er bringe muss.

Quand Maurice se fait clair,
Il vient avec beaucoup d'ouragans.

Isch Sankt-Moritz hell un klar,
Sturmt d'r Winter, das isch war.

À Saint-Maurice temps clair,
C'est la tempête pour l'hiver.

G'witter am Mauritius,
Macht wenig Schade un Verdruss.

L'orage à la Saint-Maurice,
Cause peu de dégâts et de soucis.

23 septembre

NAISSANCE DE JOSEPH GUERBER (1824-1909)

Le 23 septembre 1824 naît à Wissembourg Joseph Guerber, devenu avec son frère Victor l'une des personnalités marquantes du clergé alsacien. Journaliste très actif, en particulier au *Volksfreund*, hostile au libéralisme, il défend le pouvoir temporel du pape et le dogme de l'infaillibilité pontificale. De 1873 à 1898, il est député au Reichstag de la circonscription de Ribeauvillé. Dans le domaine social et politique, il défend des idées plutôt traditionalistes.

NAISSANCE DE LA DÉCAPOLE (1354)

En 1354 est créée la Décapole, une alliance entre les dix villes impériales (*gemeine Reichsstädte*), menacées dans leurs privilèges en raison de l'absence d'un pouvoir impérial fort. Elle est instituée par l'empereur Charles IV lui-même le 28 août 1354 et confirmée par un document du 23 septembre qui émane des bourgmestres et des bourgeois.

La ligue regroupe Wissembourg, Haguenau, Rosheim, Obernai, Sélestat, Colmar, Turckheim, Kaysersberg, Munster et Mulhouse. Lorsque cette dernière s'allie en 1515 aux cantons helvétiques, elle est remplacée par Landau. Pendant plus de 250 ans, la Décapole est un facteur de stabilité, d'ordre et de prospérité pour ses membres et pour l'Alsace, dans les domaines politique et économique, par des mesures de réglementation économique et monétaire. Son action consiste aussi dans l'arbitrage de conflits internes ou avec des tiers. Face aux seigneurs, elle intervient souvent avec énergie, imposant une justice collective qui remplace l'arbitraire. Elle réussit à surmonter les crises qui l'ébranlent périodiquement. C'est le roi de France qui, par l'annexion en 1673 des cités, met fin à la Décapole, qui entre alors dans la mémoire collective.

24 septembre

NAISSANCE DE CHARLES RUCH (1873-1945)

Charles Ruch, né le 24 septembre 1873 à Nancy, est évêque de Strasbourg de 1919 à 1945. Sous son épiscopat, le diocèse connaît un véritable âge d'or en termes de vocations sacerdotales. Il frappe par son ardeur et son ascétisme et exerce une forte influence par sa foi et sa piété. Il passe pour un grand patriote et défend avec vigueur le statut religieux et scolaire. Mais son attitude lors de la crise autonomiste lui vaut une certaine réprobation des milieux régionalistes du parti UPR. Il est très attaché au Mont Sainte-Odile, mais assez réservé vis-à-vis des idées théologiques et pastorales enracinées dans la sphère liturgique germanique. Durant la guerre, il est installé à Périgueux, d'où il revient malade en 1945.

LA FOIRE AUX OIGNONS À BRUMATH

Le dimanche précédant la Saint-Michel a lieu à Brumath la foire aux oignons qui attire des milliers de visiteurs du Kochersberg et du Ried. L'origine de cette foire remonte très loin dans le temps. Des dizaines de producteurs d'une vaste région viennent proposer leurs produits: oignons, échalottes et aulx, pour constituer la réserve de l'hiver. Il s'y ajoute une grosse braderie, une belle exposition florale, un concert de la musique municipale et souvent une exposition de peinture.

Recette de la tarte à l'oignon

La spécialité à Brumath, et dans toute l'Alsace, est la tarte à l'oignon (Zewwelküche).

Ingrédients : 250 g de pâte brisée, 500 g d'oignons, 100 g de lardons fumés, 2 dl de crème, 2 dl de lait, 2 jaunes d'œufs, 50 g de farine, sel, poivre, noix de muscade.

Garnir la pâte d'une fondue d'oignons émincés revenus doucement avec les lardons dans du beurre. Battre la crème, le lait et les œufs, ajouter la farine, le poivre et la noix de muscade râpée. Recouvrir les oignons de ce mélange. Faire cuire à four chaud 25 mn environ.

BOMBARDEMENT DE STRASBOURG (1944)

Le 25 septembre 1944, la ville de Strasbourg connaît un nouveau bombardement meurtrier qui fait 574 morts, dont la femme et les deux enfants du chef d'orchestre Fritz Munch, 554 blessés et endommage plus de 5 000 bâtiments. Sont touchés Lingolsheim, Ostwald, Bischheim et Neudorf. Le centre de Strasbourg est sévèrement atteint pour la seconde fois. L'église Saint-Étienne est détruite, sauf la croisée et le chœur, l'église Saint-Jean disparaît dans les flammes, tout comme le Conservatoire, alors que le Palais du Rhin, la Poste Centrale et la mairie sont fortement touchés. Les immeubles de plusieurs dizaines de rues et le quartier de la Gare ont beaucoup souffert.

JEAN DOLLFUS (1800-1888)

Le 25 septembre 1800 naît à Mulhouse Jean Dollfus, l'un des grands acteurs de la vie économique mulhousienne au XIXe siècle. Il dirige pendant des décennies l'entreprise DMC, dont il fait l'une des plus importantes en France. Il donne un essor considérable à la commercialisation. Il est également à l'origine de plusieurs innovations. Il est l'un des principaux avocats du traité de libre-échange avec l'Angleterre (1860). Sur le plan social, il soutient la création de la première cité ouvrière, réalisée entre 1853 et 1869, et de plusieurs œuvres sociales dont l'hospice civil de Mulhouse. Sur le plan politique, il est conseiller général de 1862 à 1870, maire de 1853 à 1869 et député au Reichstag de 1877 à 1887.

26 *septembre*

JEAN ULRICH METZGER (1752-1836) ET CHARLES MUNCH (1891-1968)

Le 26 septembre voit la naissance de deux grandes personnalités. Le 26 septembre 1752 naît à Colmar Jean Ulrich Metzger, qui joue un rôle politique important de 1789 à 1815 comme membre du directoire du Haut-Rhin, de 1797 à 1805 comme député et en 1798 comme acteur du rattachement de Mulhouse à la France. Il est un acheteur important de biens nationaux dans le département. Il joue un rôle majeur dans l'élaboration des Articles Organiques en 1802 et il devient membre du Directoire de l'Église de la Confession d'Augsbourg. Homme d'affaires et agronome, il développe la culture de la garance.

Le 26 septembre 1891 naît à Strasbourg Charles Munch (ici à droite), l'un des plus grands musiciens français du XXe siècle et directeur d'orchestres prestigieux : Société des concerts du Conservatoire de Paris (1938-1946), Orchestre national de France, Boston Symphony Orchestra (1949-1962) et Orchestre de Paris. Il fait des tournées triomphales à travers le monde. Il laisse une abondante discographie et réalise près de 75 créations.

SAINTE EUGÉNIE

Nièce et successeur de sainte Odile comme abbesse de Hohenbourg pendant 15 ans, décédée en 736. Sœur de sainte Attale, sainte Eugénie est enterrée dans la chapelle Saint-Jean, où son tombeau est attesté en 1521 à côté de celui de sainte Odile. Il est profané en 1622 et ruiné par les Suédois en 1632. Des reliques parviennent en 1624 à Willgottheim et à Obernai. Une partie en est prélevée en 1856 pour le Mont Sainte-Odile, où elle est conservée dans une niche de la chapelle Saint-Jean. Son culte est répandu en Allemagne du Sud. Il inspire des hagiographes de l'impératrice Eugénie sous le Second Empire.

Son nom est parfois associé à celui de sainte Roswinde, une sœur de sainte Odile qui n'a jamais existé, mais dont le culte est attesté. Elle figure dans une litanie ancienne du diocèse de Strasbourg et est fêtée au Mont Sainte-Odile. Au début du XVIe siècle, elle est mentionnée par Jérôme Gebwiler. Son mythe, conforté par la découverte en 1663 d'un tombeau anonyme qui lui est attribué mais sans véritable preuve, s'est maintenu jusqu'au XXe siècle.

27 septembre

SAINTS CÔME ET DAMIEN

Ce sont deux frères médecins originaires d'Asie Mineure, décapités en 303. Ils sont les patrons des pharmaciens et des médecins, représentés avec le caducée et divers instruments professionnels. Ils sont patrons de trois églises, dont la commune de Saint-Côme. Il existait autrefois un pèlerinage à Itterswiller le 27 septembre pour les personnes atteintes d'un mal de gorge et de poitrine.

Ils n'ont suscité qu'un seul dicton annonçant la réduction du jour.

Cosman un Damian Zende d'Liechter an.

Côme et Damien rallument les lampes.

LE SIEGE DE STRASBOURG (1870)

Le 28 septembre 1870, se termine le siège de la ville, débuté le 13 août. Il se caractérise par un terrible bombardement quotidien. Le centre de la ville est systématiquement visé, parfois par des bombes incendiaires (dont, le 24 août, le Temple-Neuf et la bibliothèque). Les principaux édifices publics, le palais de justice, la gare, le théâtre et la préfecture sont détruits. Le général prussien von Werder, surnommé *Mörder* (assassin), pratique des bombardements de terreur sur des objectifs civils pour faire pression sur les autorités. La population se réfugie dans des abris et des églises et subit un traumatisme quotidien : des morts, des blessés, des incendies et un début de famine. Face à la menace d'un assaut imminent, la population est à bout : plus de 200 morts, 3 000 blessés ou estropiés, 10 000 personnes sans abri et 500 immeubles détruits.

La réalisation de deux brèches par les Prussiens incite le 27 le général Uhrich à offrir la capitulation de la place, signée dans un wagon de marchandises, alors que les habitants atterrés sont sortis des caves. Certains, excités, parcourent les rues en appelant à l'émeute patriotique. Le 28, à 5 heures, le canon se tait, les troupes allemandes entrent dans la ville, à deux jours du 189e anniversaire de l'occupation de la ville par les soldats de Louis XIV.

28 septembre

L'ÉVÊQUE WIDEROLF MANGÉ PAR LES SOURIS

Vers l'an 1000, sainte Attale fait beaucoup de miracles à l'église Saint-Étienne de Strasbourg. L'église bénéficie d'importantes offrandes, au détriment de la cathédrale, ce qui déplaît fort à l'évêque Widerolf. Celui-ci projette d'aller déterrer le corps de sainte Attale. Un vicaire de Saint-Étienne, alerté du projet, cache le corps. L'évêque, contrarié, enlève au couvent de Saint-Étienne une partie de ses biens. Mais il est alors l'objet de la colère divine. Sa demeure est envahie par une foule de souris et de rats qui ne cessent de le mordre. Il s'enfuit sur un navire, mais se fait rattraper par les souris qui rongent sa chair. Il meurt après avoir confessé ses turpitudes.

LA FÊTE DES VENDANGES DE BARR

Depuis 1953, Barr organise fin septembre et pendant trois jours une grande fête qui coïncide souvent avec le début des vendanges. Elle consiste le vendredi soir en l'élection de la reine des vendanges et un dîner. Le samedi a lieu dans la journée un marché aux puces dans le centre ancien. En soirée, ouverture des fontaines de vin nouveau, accessibles toute la journée du dimanche, un concert de gala et une soirée dansante. Le dimanche, cortège des chars et groupes et dégustation du vin nouveau aux fontaines.

29 *septembre*

LA SAINT-MICHEL

Si saint Michel, l'un des trois archanges, n'est pas un saint régional, le jour de sa fête tient une grande place dans l'année du monde rural, en particulier pour les fêtes et les dictons météorologiques.

Nombreux sont les villages dont la fête annuelle (*messti*, *kirbe*) a lieu le dimanche précédant la Saint-Michel. De même, plusieurs bourgades ont fixé leur foire ce dimanche. La plus connue est le marché aux oignons (*Ziwelmarik*) de Brumath qui attire chaque année des milliers de curieux.

Les dictons météorologiques évoquent le tournant, la transhumance en montagne et les vendanges.

Am Michelstaj fangt d'r Michelsummer an.

À la Saint-Michel débute L'été de la Saint-Michel.

Am Michelstaj zindt m'rs Liecht wider an.

À la Saint-Michel, on rallume la chandelle.

Am Michelstaj kummt's Viej vu de Barri àwe

À la Saint-Michel, le bétail redescend de la montagne.

Am Michelstaj geht d'Weid uf.

À partir de la Saint-Michel, droit de vaine pâture.

(En usage en Haute Alsace, car en Basse-Alsace elle débute dès le début de septembre.)

**Am Kànnsdi geblicjt,
Am Micheli gherbscht.**

*Fleuri à la Saint-Jean,
Cueilli à la Saint-Michel.*

**Michaeliwin, Herrewin ;
Gàllewin, Büürewin.**

*Vin de la Saint-Michel, vin de seigneur.
Vin de la Saint-Gall (16 octobre), vin de paysan.*

Les traditions orales évoquant l'archange saint Michel en Alsace sont rares.

En 1261, l'évêque de Strasbourg, au tempérament beaucoup plus guerrier que religieux, assiège la ville de Sélestat sérieusement menacée. Lorsque la première porte est enfoncée, une armée composée de milices des villes de la Décapole, surgit. Son chef, Conrad de Lichtenberg, s'élance contre Berchtold qui parvient à briser son épée et s'apprête à le transpercer. L'archange saint Michel, tout flamboyant, les ailes déployées le visage courroucé, descend alors du ciel. Il souffle sur Berchtold, jeté à terre comme un fétu de paille. Les milices reprennent courage, s'élancent sur l'évêque qu'ils transpercent (mais il parvient à se sauver), cependant que ses soldats, apeurés par le prodige, s'enfuient. Les villes gardent une grande reconnaissance à saint Michel et beaucoup de chapelles lui sont consacrées.

Aujourd'hui, également le patron des escrimeurs, saint Michel est l'un des saints les plus répandus en Alsace.

30 septembre

L'ANNEXION DE STRASBOURG (1681)

Le 30 septembre 1681, la puissante et fière ville libre d'Empire, menacée par une armée de 30 000 hommes, se voit contrainte de passer aux mains de Louis XIV. Après avoir annexé le reste de l'Alsace à travers des « réunions » prononcées par la Chambre souveraine de Brisach, le ministre Louvois enjoint au Magistrat de Strasbourg de se soumettre, sinon la ville sera « détruite à fond par le fer et le feu ». Le texte d'un accord de capitulation est mis au point pendant la nuit, et ratifié par Louvois dans la matinée du 30. La ville, devenue royale, conserve ses institutions, le pont du Rhin, la liberté du culte protestant, mais la cathédrale est rendue au culte catholique. La ville reçoit une garnison et Vauban entreprend la construction d'une citadelle.

Cette annexion modifie profondément le caractère et la structure de la ville, désormais réduite à la fonction d'une ville administrative et de garnison soumise au contrôle tatillon du pouvoir central à travers l'action d'un prêteur royal.

Recette de la soupe aux oignons

Ingrédients : 125 g de pain rassis, 2 grands oignons, 1 cuillerée de graisse, 60 g de gruyère.

Faire fondre les oignons finement émincés dans la graisse chaude. Y ajouter le pain coupé en fines tranches, l'eau froide pour la soupe et le sel. Faire cuire la soupe pendant 1 h. La faire passer et faire recuire pendant 5 mn avec du gruyère râpé.

Le pain peut être remplacé par des pommes de terre râpées.

1er octobre

LE DRAME DE L'OPTION (1872)

Le traité de Francfort (10 mai 1871) autorise les Alsaciens-Lorrains qui désirent conserver la nationalité française à opter pour la France, c'est-à-dire à émigrer avant le 1er octobre 1872. À partir de juillet 1872, une véritable fièvre s'empare des populations de certaines zones, notamment celles proches de la nouvelle frontière. Le 30 septembre est le dernier jour possible pour les départs. La population est confrontée à un problème de conscience : rester, ce qui signifie se voir imposer la nationalité allemande, ou partir, ce qui implique l'exil, une séparation définitive d'avec la famille et les proches demeurés au pays natal, et pour certain un avenir professionnel incertain.

L'option a concerné plus de 50000 Alsaciens, constitués principalement de cadres, d'intellectuels, de membres de professions libérales, 25 % de citadins des trois grandes villes et 50 % de futurs conscrits désirant échapper au service militaire prussien. C'est une grave perte de substance pour l'économie et la vie culturelle.

Cet épisode a pris par la suite une forte charge émotive dans l'imagerie et la littérature *(La dernière classe, Le tour de France de deux enfants)*.

ÉLECTION DE RODOLPHE, ROI DE GERMANIE (1273)

Le 1er octobre 1273 marque une date capitale dans l'histoire de la Haute-Alsace. Ce jour-là, le comte de Habsbourg Rodolphe Ier, isu d'une famille d'origine suisse qui est devenue landgrave de Haute-Alsace au XIIe siècle, est élu roi de Germanie. Il détient alors la majeure partie de la Haute-Alsace. Par cette élection, il va devenir le fondateur de la puissance des Habsbourg qui, ayant conquis l'Autriche, vont devenir jusqu'en 1918 la dynastie la plus puissante en Europe et à laquelle la Haute-Alsace demeure intégrée jusqu'en 1648 : c'est l'Alsace habsbourgeoise ou autrichienne.

2 octobre

LE MOIS D'OCTOBRE

Travaux du mois

On plante la salade pommée d'hiver, les petits oignons blancs. On plante en massifs les pensées et myosotis, pour qu'ils puissent s'enraciner avant les froids. Cueillir les poires et les pommes, hormis les espèces tardives qu'il faut laisser jusqu'à la gelée. Conserver les fruits dans un endroit privé d'air et de lumière. Le cultivateur commence à semer les céréales d'hivers, il sèche des pruneaux. Il faut se hâter si on veut encore semer des épinards, pour en avoir en mai, et le dernier cerfeuil, pour qu'il lève avant les fortes gelées. On sème à l'abri des raves pour novembre et décembre. Vers la fin du mois, on sème de la laitue crépue pour janvier.

Octobre est le mois des vendanges *(Weinmonat)*, mais limitées à la première quinzaine, et celui des vieilles filles.

Les dictons sont assez nombreux.

Uf e Oktober Warm un fin,
Kummt e scharfer Winter drin

À un octobre doux et fin,
Succède un hiver dur.

Boïje im Oktober d'Omeise hoch,
kummt e grossi Kälte nooch.

Hautes fourmilières en octobre,
Un grand froid va suivre.

Warmer Oktober bringt fürwahr
Uns ein sehr kalter Februar

Un octobre chaud, c'est sûr,
Nous annonce un février dur.

Recette de la tarte aux pommes à l'alsacienne

Ingrédients : 250 g de pâte brisée, 1 kg de pommes, 2 œufs, de la crème, 125 g de sucre, cannelle en poudre, 1 sachet de sucre vanillé.

Foncer une tourtière beurrée. Éplucher les pommes, les couper en quartiers, les inciser et les disposer concentriquement sur la pâte. Les saupoudrer de sucre et de cannelle. Faire cuire à four très chaud environ 25 mn. Lorsque les pommes sont cuites, on les recouvre du mélange d'œufs, de crème, de sucre et de sucre vanillé. Terminer la cuisson (20 mn environ). Après cuisson, démouler la tarte sur une grille et saupoudrer de sucre glace et de cannelle. Elle peut se déguster tiède ou froide.

Cette recette peut s'appliquer à divers fruits, tels que les poires, les cerises, les mirabelles ou les myrtilles.

3 octobre

SAINT LÉGER

Saint Léger, évêque d'Autun, assassiné le 3 octobre 677, est apparenté aux ducs d'Alsace. Il est un cousin de Bereswinde, épouse du duc d'Alsace Adalric, ce qui lui valut un culte posthume en Alsace. Dès 728 au moins, Léger apparaît comme un saint familial de la dynastie des Étichonides. Il devient le patron de l'abbaye de Murbach, une fondation favorisée par le duc Eberhard, neveu de sainte Odile, de l'église de Guebwiller, l'une des grandes réalisations de l'art roman en Alsace, et de l'abbaye de Murbach. À partir de ces deux centres, le culte de saint Léger, propagé par les Bénédictins, se diffuse largement en Alsace, en particulier dans le Haut-Rhin avec dix-neuf références, contre seulement cinq dans le Bas-Rhin.

Il est représenté en évêque, les yeux crevés avec une épine.

Ce saint n'a donné naissance qu'à un dicton.

Fallt's Laub uf Sankt-Leodegar,
So isch's nächste Johr fruchtbar.

Feuilles tombées pour la Saint-Léger,
Riches récoltes pour l'année suivante.

LA PAIX D'AUGSBOURG (1555)

Le 3 octobre 1555 est signée la Paix d'Augsbourg entre l'empereur du Saint-Empire et les 390 principautés et villes allemandes. Elle met fin aux troubles et incertitudes issues de la Réforme de Luther et fixe dans tout l'Empire ainsi qu'en Alsace la carte de la géographie confessionnelle qui dans les campagnes, hormis de légères retouches sous le règne de Louis XIV, est demeurée stable jusque vers 1914. Chaque prince impose sa confession à l'ensemble de ses sujets. Si le catholicisme reste majoritaire (environ les deux tiers de la population), les protestants, luthériens à 85 %, sont nombreux, surtout au nord de Strasbourg avec le comté de Hanau-Lichtenberg, la baronnie de Fleckenstein et les comtés de La Petite-Pierre et de Nassau-Sarrewerden (Alsace bossue).

NICOLAS DELSOR (1847-1927)

Journaliste et homme politique, Nicolas Delsor est très représentatif des prêtres de l'époque du Reichsland. En 1882, il reprend la *Revue catholique d'Alsace* dont il fait la tribune du clergé alsacien et lui assure un bon niveau intellectuel. En 1899, il lance l'*Elsässische Volksbote*, où il se fait remarquer par sa verve et son esprit satirique, notamment contre l'administration allemande. Bien que francophile, il se fait expulser par les autorités françaises de Lunéville à Noël 1903. Excellent orateur, il est député de la circonscription de Molsheim au Reichstag de 1898 à 1918 et, de 1911 à 1918, au Landtag, où il intervient surtout sur les questions touchant la liberté de l'Église et l'enseignement confessionnel. En 1919, il joue un rôle important dans la fondation du parti catholique UPR, dont il devient vice-président. Il est élu sénateur en 1920 jusqu'en 1927.

Recette des pommes flambées au kirsch

Préparation et cuisson : 30 mn.

Ingrédients : 1 kg de petites pommes, jus d'un citron, 200 g de sucre, 1 verre d'eau, 1 dl de kirsch.

Peler et épépiner les pommes, les faire pocher entières dans le sirop (eau, sucre, jus de citron). Après cuisson, les disposer sur le plat de service et les garder au chaud. Laisser réduire le jus de cuisson pour obtenir un sirop épais, le verser sur les pommes, saupoudrer d'un peu de sucre, verser le kirsch sur les pommes bien chaudes et les flamber. Servir chaud.

5 *octobre*

LOUIS XV À STRASBOURG (1744)

De 1681 à 1744, aucun roi n'est venu à Strasbourg. Le 5 octobre 1744, Louis XV entre dans la ville, donnant lieu à des fêtes exceptionnelles. Le matin, un cortège composé de plus de 1 200 hommes se rend à la limite du territoire de la ville. Ces quatre escadrons de cavalerie et trois bataillons d'infanterie comprennent l'élite de la bourgeoisie en grande tenue. Chaque invité a un étendard blanc semé, d'un côté, de fleurs de lys d'or et, de l'autre, orné de la Vierge, protectrice de la ville, à quoi s'ajoutent des musiciens.

À son arrivée, le carrosse du roi est salué par les acclamations et la musique, puis le souverain reçoit les trois clés de vermeil de la ville. L'entrée se fait au son des cloches et de l'artillerie. Après avoir franchi un arc de triomphe, il gagne la cathédrale en traversant des rues sablées jonchées de verdure et tendues de tapisseries. Une foule innombrable se presse le long des rues. À l'entrée de la cathédrale, il est reçu par le cardinal de Rohan.

Après un office, le roi gagne le palais épiscopal. Du côté de l'Ill est mis en place un important décor et une remarquable scénographie lacustre. Le soir, toute la ville est illuminée et un magnifique feu d'artifice est tiré. Le roi est resté jusqu'au 10 octobre. Ces fêtes ont été immortalisées à travers les gravures réalisées par J.M. Weis, graveur de la ville.

Dicton

Wenn Sankt-Plazid kummt her,
Isch d'r Obstgarte leer.

À la Saint-Placide,
Le verger est vide.

6 octobre

SAINTE FOY

Sainte Foy est martyrisée à l'âge de 13 ans à Agen en 303. Son culte est introduit en Alsace en 1094 par des moines venus de Conques (Aveyron), autrefois un grand centre de pèlerinage. Ces moines, attirés par Hildegarde de Büren, fondent à Sélestat un prieuré dans lequel ils déposent quelques reliques de la sainte. Aujourd'hui s'y trouvent deux reliques obtenues au XIXe siècle par le prêtre Mury. L'église actuelle, romane, date du XIIe siècle.

NAISSANCE DE JEAN-FRANÇOIS REUBELL (1747-1807)

Le 6 octobre 1747 naît à Colmar Jean-François Reubell. Après une brillante carrière d'avocat, il s'engage dans la vie politique sous la Révolution. Député en 1789, président de l'Assemblée nationale en 1791, il devient en 1795 membre du Directoire jusqu'en 1799, soit le seul Alsacien ayant eu rang de chef de l'État français (collégial il est vrai). Comme ministre des Affaires étrangères, il contribue fortement à l'annexion de la Belgique et de la rive gauche du Rhin. Après le coup d'État de Bonaparte, il se retire de la vie publique. Accusé de corruption, il connaît une vieillesse difficile en raison de la conduite dépensière d'un de ses fils. Il crée le département du Haut-Rhin, dont il est le premier administrateur. Il est l'un des «pères fondateurs» de la République.

L'ORIGINE DE SÉLESTAT

La légende fait remonter l'origine de Sélestat au temps des géants. L'un des plus puissants d'entre eux, Schletto, creusa lui-même la vallée de la Lièpvre. Il lançait dans la plaine les arbres et les rocs, arrachés à la montagne, dont il se servit pour bâtir un énorme château, à la place où s'élève maintenant Sélestat.

Sous la porte de l'hôpital, on a montré pendant des siècles un fragment de squelette géant, indiquant une taille d'au moins 20 pieds. La population l'attribuait au géant Schletto.

7 octobre

LE CHARIOT D'OR

Derrière l'une des montagnes de la vallée de Munster se trouve un plateau couvert de mousse. Autrefois, il y avait là un lac profond, habité par des esprits qui y tenaient cachés de grands trésors.

Périodiquement, un magnifique chariot en or pur s'élevait des profondeurs de l'eau et roulait jusqu'à la rive rocheuse. Pour l'acquérir, il fallait le conduire un peu au-delà de la rive à condition de ne prononcer aucun mot.

Sept frères décident de s'en emparer. Sur place avant minuit, ils ne tardent pas à voir le chariot d'or s'élever au-dessus des vagues. Lorsque le chariot s'approche du rivage, les frères se saisissent du timon d'or. Alors qu'ils ont déjà fait remonter au chariot une partie de la pente, une pierre roule et arrête l'une des roues. L'un des frères s'écrie alors : « Je le ferai bien sortir de là, tirez ! hardi ! » À peine ce mot est-il prononcé que les sept frères se sentent violemment saisis par des mains invisibles et jetés dans le chariot qui descend la pente vers le lac. Ils sautent juste à temps pour ne pas être engloutis.

Le choc passé, furieux d'avoir perdu cette fortune par le manque de contrôle de l'un d'eux, ils se mirent à récriminer sans arrêt contre lui, puis l'excitation les entraîne aux menaces et finalement aux coups. Le coupable est assommé, puis tué par ses propres frères. Le meurtre déclenche une nouvelle querelle, débouchant sur des coups. Les six meurtriers s'entretuent tour à tour, si bien qu'à la fin il n'en resta plus qu'un seul en vie, lequel, pris de remords et de désespoir, alla se pendre à un arbre.

Dicton météorologique

Regnet's an Sankt Dionys,
Regnet's im Winter g'wiss.

S'il pleut à la Saint-Denis,
Il pleuvra en hiver, c'est sûr.

8 octobre

TRAÎTRE DE RIQUEWIHR

Périodiquement, au cours du Bas Moyen Âge, le bourg de Riquewihr est menacé d'un coup de main par les princes-évêques de Strasbourg, établis à Zellenberg, situé à proximité.

Lors d'un siège, le bourgmestre disparaît. Des guetteurs prétendent le lendemain l'avoir vu en pleine conversation avec les assiégeants.

Une nuit, un guetteur aperçoit une troupe silencieuse qui s'avance avec à sa tête le bourgmestre. Celui-ci hèle le veilleur pour lui proposer cent écus d'or en échange de l'ouverture de la poterne. Le guetteur ouvre doucement la porte, réclame l'argent, reçoit une bourse et invite le bourgmestre à entrer. Mais dès qu'il a franchi la porte, il referme brusquement la porte au verrou. Les troupes épiscopales crient violemment, tandis que le veilleur se saisit du traître et le conduit au Magistrat qui, réveillé en sursaut, fait sonner le tocsin.

Ils condamnent l'infâme à mort. Ils l'installent dans une cave en lui remettant un crucifix, une chandelle et un verre d'eau. Puis ils murent la cave, de sorte que personne ne puisse entendre gémir le bourgmestre durant sa mort lente.

Comptines

Es werden wenig Männer sein,
Die die Weiber hassen und den Wein.

Il y a peu d'hommes qui détestent
À la fois les femmes et le vin.

Guter Wein verdirbt den Beutel,
Schlechter Wein den Magen.

Le bon vin ruine la bourse,
Le mauvais vin l'estomac.

9 octobre

DISPARITION D'ADRIEN DE LEZAY-MARNÉSIA (1769-1814)

Le 9 octobre 1814 disparaît Adrien de Lezay-Marnésia, préfet du Bas-Rhin de 1810 à 1814. Après quelques années passées dans l'armée et un exil en Suisse, il se met au service de Napoléon. Préfet de Rhin-et-Moselle à Coblence de 1806 à 1810, il est transféré dans le Bas-Rhin. Pendant quatre ans, il se consacre particulièrement à la modernisation de l'agriculture, à l'aménagement des voies de communication, à la santé publique et aux questions religieuses. Ayant constaté à Coblence, le succès des écoles de formation de maîtres d'école, il fonde à Strasbourg en 1810 la première École normale d'instituteurs sur le territoire français actuel. Il sait développer le culte de son maître, notamment en sollicitant les communes, au moment de la naissance du roi de Rome, d'édifier des bancs napoléoniens, dont certains subsistent de nos jours. Il meurt de façon accidentelle. Lors d'un déplacement, sa calèche verse dans le fossé. Le fourreau de son épée traverse son corps, le blessant mortellement. Sous Napoléon III, une souscription sollicitée par le préfet des communes du département finance la réalisation d'une statue, réalisée par Grass, et inaugurée en 1857. Elle est située à l'angle du quai portant son nom.

SAINT DENIS

Premier évêque de Paris au IIIe siècle, mort martyr, il est l'un des 14 saints auxiliaires. Patron de quatre églises en Alsace, on l'invoque contre les influences du démon.

10 octobre

LE MONT SAINTE-ODILE (1853)

Le 10 octobre 1853, l'évêché de Strasbourg acquiert le Mont Sainte-Odile. Au lendemain de la Révolution, ce pèlerinage majeur en Alsace et haut-lieu de la mémoire de sainte Odile, devenue patronne de l'Alsace en 1807, change plusieurs fois de propriétaire. Finalement, le nouvel évêque André Raess décide de l'acquisition du site par une souscription à travers tout le diocèse.

L'évêque délègue ses pouvoirs à l'abbé Schir qui se dévoue corps et âme à sa tâche. Il constitue un groupe de frères et y associe des sœurs de Reinacker. Cette nouvelle impulsion incite Gustave Brion à peindre les remarquables tableaux *Les Pèlerins de Sainte-Odile* (1863) et *Campements des pèlerins de Sainte-Odile* (1877). Pour promouvoir le sanctuaire, compose un guide et un album de vingt vues. Après 1870, le sanctuaire symbolise la résistance à l'annexion à l'Allemagne.

LE MAENNELSTEIN

Le Maennelstein est le point le plus élevé du Mont Sainte-Odile qui culmine à 833 m.

Une tradition encore vivante du temps de Stöber (XIXe siècle) raconte que dans la nuit des temps, toute la vallée du Rhin supérieur entre Vosges et Forêt-Noire formait un immense lac. À cette époque, il existait de forts anneaux de fer fixés aux rochers, auxquels on attachait les amarres des navires. Selon la légende, le Maennelstein était alors l'un des principaux points d'abordage.

Dans les années 1820, la sœur de l'inspecteur Jean Bœckel déclare être montée avec un groupe d'élèves au Maennelstein. À cet endroit, le curé de Barr leur montre encore les anneaux. Pour cela, il se couche sur le ventre, se penche un peu au-dehors du grand rocher et touche les anneaux avec sa canne. Tous les présents les ont nettement entendu sonner. Mais seules quelques filles plus courageuses que la narratrice prétendent les avoir vus.

11 octobre

Recette du Gumbisch, choux verts frisés confits

Ingrédients pour 4 personnes : 1 kg de Gumbisch, 4 saucisses blanches ou paysannes, 400 g de lard frais, 400 g de lard fumé, 2 feuilles de laurier, 10 baies de genièvre, 2 pommes de terre par personne, 1 oignon, 2 cuillères à soupe d'huile, 20 cl d'eau, 10 cl de vin blanc.

Bien rincer les têtes de chou coupés en quartiers à l'eau chaude. Égoutter. Émincer l'oignon et le faire revenir dans l'huile. Ajouter la moitié du Gumbisch, poser le lard dessus, répartir les condiments et recouvrir de Gumbisch. Ajouter l'eau et le vin. Laisser mijoter 1 h 10 mn. Vérifier la cuisson du lard. S'il est cuit avant le légume, le sortir et le remettre 10 mn avant de servir.

30 mn avant la fin de la cuisson, ajouter les pommes de terre épluchées. Faire également chauffer l'huile dans une poêle et y faire griller les saucisses. Dresser le Gumbisch, le lard, les saucisses et les pommes de terre sur un plat de service et servir chaud.

Comptine

Mariannele, Mariannele,
wo esch dann dinner Mann ?
Im Dannewald, im Dannewald,
dort sitzt er in de Pfann.
Hett lideri, laderi Hessele an,
mit hundertdöysisch Bandele dran,
Mariannele, Mariannele,
dort isch jo dinner Mann !

Marianne, Marianne,
Où est donc ton mari ?
Dans la forêt de sapins,
Il est assis dans la poêle.
Il porte des pantalons de cuir
En mauvais état,
Avec 100 000 rubans,
Marianne, Marianne,
Ton mari est là-bas !

12 octobre

LE BRETZEL DE BOUXWILLER

Au XVe siècle, un boulanger d'Ingwiller, Doreback, est arrêté et jeté dans une tour du château à Bouxwiller par ordre du comte Jacques le Barbu de Lichtenberg (1416-1480) pour avoir calomnié sa maîtresse Barbe d'Ottenheim. Émue, la jeune femme intervient en sa faveur. Le comte consent à le libérer : que Doreback parvienne seulement à imaginer et réaliser un gâteau qui permette d'avoir grâce à lui trois visions simultanées du soleil.

Un ami du prisonnier, Jörg Beilstein d'Uttwiller, d'une grande force physique, en passant devant la prison, entend des gémissements à fendre l'âme. Jörg reconnaît la voix de son ami, parvient à démonter et enlever l'un des barreaux, le tord, le replie en forme de huit, aménage trois grands orifices et, l'invention réalisée, la transmet aussitôt au détenu. Libéré peu après, Doreback retourne à Ingwiller, confectionne le nouveau gâteau à trois trous en série et se constitue une jolie fortune grâce à ce produit devenu le bretzel.

Cette légende, très connue en Alsace, correspond à des événements qui se sont déroulés lors de la liaison du comte avec Barbe.

Comptine

Ene dene Dickmadam,
Dickmadam fahrt Isebahn.
Isebahn kracht,
Dickmadam lacht.
Eins, zwei, drei
Un dü bisch frei.
Ene dene, grosse madame

Grosse dame prend le train.
Le train craque,
Grosse dame rit.
1, 2, 3 et tu t'en vas.

Cette comptine en usage dans la vallée de la Doller perpétue le souvenir d'une ancienne voie ferrée locale et ironise sur la dame à l'ampleur bien alsacienne, un sujet qui a fait carrière dans la satire enfantine.

13 octobre

SAINT SIMBERT

Issu d'une famille aristocratique, Simbert est formé au monastère de Murbach où il devient abbé, avant d'être nommé, par Charlemagne, évêque d'Augsbourg en 778. Jusqu'en 792, il cumule les deux fonctions. Comme abbé, il rédige de nouvelles règles plus contraignantes pour les moines. Il meurt le 13 octobre 807. Il est canonisé en 1450. Une partie de ses reliques est transférée en 1624 à Murbach. Il est entré dans le calendrier des saints du diocèse de Strasbourg en 1865, mais, à la différence d'Augsbourg, il ne connaît pas de véritable culte en Alsace, ni de dicton météorologique.

LES COUTUMES DES VENDANGES

La vendange représente le moment annuel fort pour le vigneron. Chaque année, le jour d'ouverture est fixé par les autorités locales et le matin du premier jour, on fait sonner la *Herbstglöckel*. Les journées se passent en général dans la bonne humeur. Les jeunes filles venues pour la première fois sont soumises à la coutume du frottement des vendanges. Les jeunes gens leur frottent la figure avec un mélange de jus de raisin collant et de suie. Le patron est soucieux de ne rien perdre des grains.

Kinder, hewe d'Beerle uff,
D'Beerle gan d'r Win !
Bucke ejch jetz druff un druff,
Wann ihr bravi Kinder sin !

Enfants, ramassez les grains,
Ce sont les grains qui donnent le vin !
Baissez-vous sans arrêt
si vous êtes des enfants sages !

Les plaisanteries sont fréquentes sur l'autre sexe.

Die Wiewele, die Wiewele,
Mit de siesse Triwele,
Je siesser as die Triwele sind,
Je luschtiger as die Wiewele sin !

Les femmes avec les raisins sucrés,
Plus les raisins sont sucrés
Plus les femmes sont gaies !

La réponse ne se fait pas attendre :

Die Mannele, die Mannele,
Mit de volle Kannele,
Je veller as die Kannele sin,
Je luschtiger as die Mennele sin.

Les hommes avec leurs pichets pleins,
Plus les pichets sont pleins,
plus les hommes sont gais.

Les vendanges se terminent par un grand repas, le *Herbschtbrot*, suivi d'un bal.

14 octobre

LE VIN NOUVEAU

Une tradition régionale très répandue est celle du vin nouveau. Lors des vendanges, les restaurants et winstubs, situés dans la zone du Vignoble, le long de la Route du Vin mise en place en 1951, proposent durant près de deux mois du " vin nouveau " sous la forme de vin doux (*nejer siesser*), soit du jus de raisin, et de vin bourru (*risser*), en cours de fermentation.

Le vin est accompagné d'une assiette de noix fraîches et de pain paysan tranché. Ce rite attire chaque dimanche des milliers de citadins dans le Vignoble.

Oktober Sonnenschein,
Schüttet Zucker in den Wein

Le soleil d'octobre, dans le vin verse du sucre.

LE LUTIN MIKERLE

Le lutin Mikerle, au corps d'argent, est le roi des animaux de la forêt dans la vallée de Guebwiller. Il chatouille avec des brins d'herbe le nez des ours qui le protégent. Les serpents l'amusent au moyen de contorsions multiples. Les loups le portent sur leur dos avec la vitesse du vent et les biches lui font boire leur lait.

Toujours gai et facétieux, il aime plonger avec les truites dans les torrents.

Mais un jour, une théorie de filles dansantes vient à traverser la forêt. Elles font signe à Mikerlé de les suivre. Il ne tient pas compte des avertissements des animaux qui le supplient de rester avec eux. Il suit les filles qui descendent dans la plaine. Mais leur marche est trop rapide pour Mikerlé, handicapé par ses petites jambes.

Il finit par s'arrêter, épuisé. Il lui semble entendre les plaintes lointaines de la forêt. Il se sent fondre sous l'ardeur du soleil et bientôt, il ne reste à sa place qu'une goutte d'eau, une larme de regret.

15 octobre

SAINTE AURÉLIE

Sainte Aurélie ne peut être fixée valablement par aucune source. Selon la légende, elle serait une compagne de sainte Ursule et d'origine britannique. Après un voyage à Rome, elle aurait vécu aux portes de Strasbourg et serait décédée un 15 octobre. Une église aurait été construite en son honneur au Ve siècle, dans l'ancien cimetière gallo-romain, puis au IXe siècle, l'évêque Ruthard en aurait construit une nouvelle sur le même site. Il ordonna que tous les chanoines de Saint-Thomas se rendent chaque année en procession à la veille de sa fête à l'église Sainte-Aurélie pour y chanter la première vêpre, une coutume maintenue jusqu'à la Réformation.

Son culte remonte très loin. Son nom et sa fête sont attestés dès le début du IXe siècle. Sa tombe attire de nombreux pèlerins et jouit d'une grande renommée pour ses miracles. La crypte abritant les ossements de la sainte est, du XIe au XVIe siècle, le but de la procession du lundi des Rogations.

La crypte et la tombe, richement restaurées en 1490, ont été profanées en 1524 et les reliques dispersées. Mais son culte s'est maintenu en Alsace.

NAISSANCE DE LA SOGENAL (1881)

Le 15 octobre 1881, des industriels en majorité bas-rhinois créent la Société Générale Alsacienne de Banque (Sogénal) pour reprendre les trois succursales que la Société Générale a dû abandonner sous la pression du gouvernement allemand en Alsace. Les 15 millions de francs du fond social sont fournis, pour un tiers par la Société Générale, pour deux tiers par les industriels alsaciens. Le premier conseil d'administration comprend notamment Alfred Herrenschmidt, président, le brasseur Schutzenberger, Édouard de Turckheim (De Dietrich et Cie) et deux membres de la famille Schlumberger.

Très vite, cette banque devient l'un des piliers du paysage bancaire et de l'économie régionale, où elle joue un rôle majeur depuis bientôt 120 ans.

16 octobre

SAINT GALL

Fondateur et abbé de l'abbaye suisse qui portera par la suite son nom, saint Gall est mort le 16 octobre 646. Très populaire en Alsace, où il est le patron de 12 paroisses, dont 5 en Alsace bossue, dans le Bas-Rhin et 7 dans le Haut-Rhin. Il est généralement représenté portant un bâton de pèlerin et un pain. Il est surnommé l'apôtre des Alamans. Près de Marmoutier, se trouve un pèlerinage symbolisé par une chapelle Saint-Gall, où a lieu le 16 octobre la bénédiction du *Gallusbrot* (pain de Gall) destiné au bétail.

Dictons

C'est l'un des jours les plus marquants de l'ancien calendrier agricole. Il annonce la fin des travaux et l'approche de l'hiver, mais prédit aussi le temps à plus long terme.

Zu St. Galle ist nichts mehr halli.

À la Saint-Gall, plus rien n'est saint.

Les récoltes encore présentes dans les champs et sur les vergers sont désormais à tout le monde.

Sankt Galle
Lasst Schnee falle ;
Trieb Küeh in Stall
un d'Aepfel in de Sack.

Saint Gall laisse tomber de la neige,
Les vaches vont à l'étable
Et les pommes dans le sac.

C'est aussi la fin des vendanges

Muss Gallus Buttenträger sein,
so gibt es keinen guten Wein

Si Gallus doit porter la hotte,
le vin ne sera pas bon.

Michaeli-Win, Git Herre-Win ;
Galle-Win git Büre-Win.

Vin de la Saint-Michel,
vin de seigneur,
Vin de la Saint-Gall,
vin de paysan

Wenn Gallus kommt, hau ab din Kohl,
Im Winter schmeckt er recht wohl.

À Saint-Gall, coupe ton chou,
En hiver il a très bon goût.

Regnet's am Sankt-Galletag,
E nasses Friehjohr folge mag.

À la Saint-Gall de la pluie,
Un printemps mouillé suit.

Comptine

Hopsa Lissele, lipf din Fiess,
Wenn ich mit der danze müess !
Mit dir danze kann ich nit,
wenn de d'Fiess nit lipfe witt.

Hopsa petite Lise, soulève tes pieds
Quand je dois danser avec toi !
Je ne peux danser avec toi,
Quand tu ne veux soulever
tes pieds.

17 octobre

NAISSANCE DE FRÉDÉRIC HARTMANN (1772-1861)

Le 17 octobre 1772 naît à Colmar Frédéric Hartmann. Il prend la succession de son père André, fondateur de l'entreprise textile Hartmann à Munster, qui a connu une belle prospérité avec plus de 2 000 salariés en 1826. Ouvert aux questions sociales, il est le co-fondateur en 1818 d'une société départementale d'assurances mutuelles contre l'incendie, puis de la Chambre de commerce de Mulhouse.

Il joue un rôle politique actif: membre du Conseil général du Haut-Rhin de 1833 à 1861, député de 1830 à 1837 et de 1839 à 1845, date à laquelle Louis-Philippe, dont il devient un conseiller écouté, le nomme Pair de France. Ses contemporains lui attribuent une «volonté de fer», alors que sa devise est «servir la liberté et la prospérité de mon pays». Bienfaiteur de la ville et de la vallée, il paie de ses deniers la construction du nouveau bâtiment de l'école de Munster, ainsi que celle de la route de la Schlucht en association avec son frère Henry. La famille continue à diriger l'entreprise jusqu'au milieu du XXe siècle et plusieurs de ses membres exercent également des mandats politiques (maire, député).

LE SCHWÖRTAG (1334)

Après une rixe entre les deux familles Zorn et Mullenheim, les bourgeois fomentent une révolution, à la suite de laquelle sont publiés le 17 octobre 1334 de nouveaux statuts qui créent la cérémonie du *Schwörtag* (jour du serment) qui a lieu tous les ans le deuxième mardi de janvier jusqu'en 1789. Ce jour-là, tous les bourgeois se rendent dans leurs poêles respectifs. Puis ils vont en cortège, bannière en tête, vers la place de la cathédrale. Là, du haut d'une estrade où a pris place le nouveau Conseil, lecture est faite par le greffier de la ville de la charte de serment. Tous les présents, main levée, jurent alors obéissance à leurs magistrats, puis ceux-ci, en place pour un an, jurent de respecter les lois en vigueur dans la ville. Ces serments d'obéissance contribuent à développer le sens civique des Strasbourgeois.

18 octobre

TREMBLEMENT DE TERRE (1356))

Parmi les nombreux tremblements de terre qui ont affecté l'Alsace, l'un des plus importants est celui du 18 octobre 1356. Son épicentre se trouve dans le Jura, proche de Bâle. Il détruisit de nombreuses maisons, en particulier bien des châteaux du Sundgau. Plus au nord, les effets sont mal connus. Les chroniques de Strasbourg lui accordent une large place et signalent différents dégâts : destruction de cheminées, chute de tuiles faîtières, portes et fenêtres abîmées.

NAISSANCE DE FRÉDÉRIC HOFFET (1906-1969)

Le 18 octobre 1906 naît à Courcelles-Chaussy Frédéric Hoffet, pasteur, puis avocat, connu surtout comme esprit indépendant qui ne craignait pas de déranger les idées reçues. Son œuvre, centrée sur les problèmes de son temps, va du pamphlet à la sociologie religieuse. Il se rend célèbre par sa *Psychanalyse de l'Alsace* qui suscite un écho immense et qui connaît des rééditions durant plusieurs décennies.

Dictons météorologiques

La Saint Luc annonce le repos de la nature et la rentrée universitaire.

Nooch Sankt Luks Macht d'r Vogel kei Mucks
(Haute-Alsace)

Après la Saint-Luc
L'oiseau se tait.

19 octobre

UNE VENDANGE PLÉTHORIQUE (1804)

Le 19 octobre 1804 débutent des vendanges pléthoriques et d'assez bonne qualité. Les grappes sont si épaisses que toutes ne peuvent acquérir une maturité complète. À la Toussaint, on n'en est encore qu'à la moitié des vendanges. Selon la chronique Bessler, « le vin a été bon et agréable. Cependant dans la plaine, où il y en a de trop, il est un peu plus acide ». Selon l'abbé Holdt, « on n'a jamais vu de mémoire d'homme de vendanges plus complètes. Aussi le vin a-t-il partout considérablement diminué de prix. Le vin s'est bonifié dans les tonneaux ». Selon le préfet du Haut-Rhin, «depuis 1783, on ne se rappelle plus avoir vu une vendange aussi complète; partout les cuves et les tonneaux manquaient».

Recette des choux rouges aux pommes et aux marrons

Ingrédients : 1 chou rouge, de la graisse d'oie ou de l'huile, 2 grosses pommes reinettes, 1 feuille de laurier, 2 clous de girofle, 1 verre de vinaigre e vin, sel, poivre, une boîte de marrons au naturel.

Couper le chou lavé et débarrassé du trognon, en fines lanières. Faire revenir l'oignon émincé dans la matière grasse, recouvrir du chou émincé, ajouter les clous de girofle, la feuille de laurier, le vinaigre, le sel et le poivre, mouiller avec de l'eau et du vinaigre. Couvrir et laisser cuire doucement. Éplucher les pommes, les ajouter 30 mn avant la fin de la cuisson, sans mélanger et chauffer délicatement les marrons, dans un peu d'eau ou de vin pour ne pas les abîmer. Rectifier l'assaisonnement et dresser le chou sur le plat de service, entouré des marrons et des pommes. Ce légume peut accompagner un rôti de porc, d'oie, de canard, ou des roulades de bœuf, une saucisse fumée cuite ou des cervelas rôtis.

20 octobre

SAINT WENDELIN

Écossais de souche princière, il exerce son activité missionnaire au VIIe siècle, d'abord comme berger, puis comme bénédictin, entre la Moselle et la Sarre, autour du site devenu la ville Saint-Wendel, le centre de son culte.

Il est le patron des bergers, des paysans et de leur bétail. Sur la rive droite du Rhin, à Nussbach dans l'Ortenau, qui, avant 1789, faisait partie du diocèse de Strasbourg, subsiste une procession célèbre le dimanche suivant le 20 octobre. Saint Wendelin est le patron de sept paroisses haut-rhinoises et quatorze bas-rhinoises, en particulier Saint-Wendelin à Hochfelden.

Dictons

D'r Wendel saijt zum Galle :
« Hesch dü d'Ardäpfel alle ?
Hesch dü no nit alle,
Grab sie üss alle,
Sunscht kummt d'Urschel
Un g'friert si der alle. »

Wendelin dit à Gall :
« As-tu (rentré) tes pommes de terre ?
Si tu ne les as pas toutes,
Va les arracher bien vite,
Sinon Ursule viendra
Et te les gèlera. »

L'ÉVÊQUE WERNER (+1028)

Le 20 octobre 1028 disparaît l'évêque Werner Ier de Strasbourg, évêque de 1001 à 1028. En 1007, un terrible incendie détruit la cathédrale. Il prend l'initiative de la reconstruire à partir de 1015 en lui conférant des dimensions imposantes. L'empereur Henri II lui confie des missions diplomatiques en Hongrie, puis à Byzance.

21 octobre

FRÉDÉRIC ECCARD (1867-1952)

Le 21 octobre 1952 disparaît à Genève Frédéric Eccard. Avocat et parlementaire, il joue un grand rôle en Alsace entre 1919 et 1939. Établi dans l'un des grands cabinets d'affaires, il est actif avant 1914 dans le milieu francophile avec Pierre Bucher. Installé à Paris de 1914 à 1918, il adopte en 1919 une attitude nettement jacobine et assimilatrice. Il est nommé professeur à la Faculté de droit, co-fondateur avec Frey du Parti républicain démocrate, sénateur (1920-1935) et vice-président du Directoire de l'Église de la Confession d'Augsbourg. Il est le rapporteur habituel au Sénat des grandes lois d'introduction de la législation française en Alsace. Mais il se coupe progressivement des réalités alsaciennes, de sorte qu'il ne comprend pas les préoccupations de ses coreligionnaires ruraux attachés à la double culture. Il se bat au Consistoire supérieur pour étouffer ou adoucir les motions en ce sens afin de ne pas blesser le recteur. Cette attitude jacobine lui vaut d'être battu aux élections sénatoriales de 1935.

SAINTE URSULE

Invoquée contre les tentations du diable, son rôle se borne à rappeler l'approche de l'hiver.

Ursula zindet de Nähjere s'Liecht an.

Ursule allume la lumière aux couturières.

Sankt-Ursulas Beginn zeigt auf den Winter hin.

Sainte-Ursule nous montre que l'hiver approche.

Cordula und Ursula Wann d'Herbschtsaat fertig ha.

À Sainte-Cordule et Ursule, Finies les semailles d'automne.

An Ursula müess s'Krüt nin, Sunscht schneje Simon un Judi drin.

À Sainte-Ursule, rentre tes choux, Sinon Simon et Jude (28) y neigeront dedans.

22 octobre

Recette du faisan

Pendant la saison de la chasse, le faisan est très apprécié pour sa viande.

Ingrédients : 2 faisans assez jeunes, 2 à 3 bardes fines de lard, 1 oignon, 1 poignée de chanterelles ou de morilles, 20 à 30 baies de raisin muscat, 200 g de beurre, 1 bouquet garni (thym, persil, marjolaine), une dizaine de grains de poivre, 1 petit verre de muscat d'Alsace, 1 tasse de crème, sel.

Barder et parer les deux faisans vidés, flambés et lavés. Surtout bien barder la poitrine. Faire blondir les oignons avec la moitié du beurre et y poser les faisans. Faire bien dorer ces derniers, disposer autour la poignée de chanterelles hachées, les foies écrasés, le bouquet garni, le poivre et une dizaine de baies de raison muscat. Bien laisser revenir la viande puis verser la moitié du vin muscat et laisser mijoter pendant 3/4 h. Retirer les faisans et les disposer sur un plat chaud après avoir enlevé les bardes et les fils. Ajouter les bardes au fond de cuisson qu'on passera au tamis avec oignons, champignons, baies de muscat, etc.

Remettre le restant du beurre frais dans la poêle et le fond de cuisson, y verser le reste du vin blanc, laisser réduire, vérifier l'assaisonnement et ajouter la tasse de crème. Disposer autour des faisans les restes des grains de muscat et servir la sauce en saucière après en avoir nappé les faisans et les grains de raisin. Servir avec pommes paille ou purée de pommes de terre.

DICTONS D'OCTOBRE

Im Oktober schon Frost und Schnee,
Tut der Winter nicht allzu weh.

Gelée et neige en octobre,
L'hiver ne sera pas trop dur.

Ist der Oktober kalt und klar,
Erfrieren die Rauben fürs nächste Jahr.

Octobre froid et clair,
le froid tuera les chenilles.

Oktoberhimmel voller Sterne,
Hat warme Ofen gerne.

Ciel d'octobre très étoilé
Aime des poêles très chauffés.

23 octobre

MORT DE JOSEPH VICTOR ROSSÉ (1892-1951)

Le lendemain, 24 octobre 1951, meurt en prison, dans le Lot, Joseph Victor Rossé, un important acteur de la vie politique haut-rhinoise, et l'une des nombreuses victimes de la période douloureuse entre 1914 et 1945. Après 1918, il se consacre à la défense du statut des fonctionnaires du cadre local. En 1926, il devient rédacteur en chef de l'*Elsässer Kurier* et directeur politique en 1932. Il y milite pour une plus large autonomie, ce qui lui vaut les soupçons des autorités françaises qui l'accusent de complot. Condamné à un an de prison au procès de Colmar, son élection comme député est invalidée. Il défend alors une politique de *Volksfront* avec les partis autonomistes. Député de 1932 à 1940, il s'appuie sur le groupe de presse *Alsatia*. Après 1933, il poursuit la politique de rapprochement franco-allemand et se montre pacifiste, ce qui lui vaut d'être arrêté en octobre 1939. Sous l'occupation nazie, il tente de louvoyer entre les autorités nazies et le régime de Vichy, où il se rend à plusieurs reprises. Il entre en contact avec la résistance allemande. Après la Libération, il est jugé à Nancy en 1947 et condamné à 15 ans de travaux forcés.

La Saint-Séverin

Wenn's Severin gefällt,
Bringt er mit d'erscht Kält.

Si Séverin le veut bien,
Avec le premier froid il vient.

LA LAITIÈRE FANTÔME

À Colmar, dans la rue des Augustins, existe encore au début du XIXe siècle la maison qu'habitèrent au XIIIe siècle les gens de la suite de Rodolphe de Habsbourg qui vint à différentes reprises dans la ville. Dans cette maison, circulent toutes sortes d'esprits. Celui qu'on prétend voir le plus souvent est une laitière qui, de son vivant, falsifiait son lait. Elle revient maintenant souvent à la fontaine située dans la cour pour y puiser de l'eau avec une cruche.

24 octobre

LES TRAITÉS DE WESTPHALIE (1648)

Le 24 octobre 1648 constitue une date charnière dans l'histoire de l'Alsace. Ce jour-là, sont signés à Münster et à Osnabruck les traités de Westphalie, auxquels seuls deux Alsaciens sont associés, Marc Otto pour la ville de Strasbourg et Jean Balthasar Schneider de Colmar comme député de la Décapole.

Les traités mettent fin à la Guerre de Trente Ans qui a profondément dévasté l'Alsace. Ils constituent une date capitale et une rupture profonde dans l'histoire de la province. Après plus d'un millénaire passé dans l'obédience germanique, l'Alsace connaît l'installation du roi de France, qui obtient les terres et seigneuries détenues jusqu'ici par les Habsbourg, soit environ 80 % du département actuel du Haut-Rhin, ainsi que les droits et juridictions détenus par la Maison d'Autriche et l'Empire en Alsace (landgraviat de Haute et de Basse Alsace, préfecture des villes de la Décapole). Mais il s'agit de concepts flous, d'où des dispositions ambiguës, qui incitent Louis XIV à annexer de force à son royaume la totalité des seigneuries et villes d'Alsace entre 1673 et 1681. Ces traités fixent aussi le statut religieux de l'Empire et de l'Alsace, ce qui maintient le *statu quo* territorial des luthériens et des réformés. Ils deviennent la charte des protestants alsaciens, en leur permettant d'échapper à la révocation de l'Édit de Nantes et de disposer d'une protection juridique jamais contestée.

Cette date est entrée dans la mémoire collective. En 1848, c'est une fête de l'union des trois grandes villes reliées par le train. Cette fête se situe dans un contexte de révolution en Allemagne et rencontre un vif succès populaire avec banquets, feux d'artifice et bals. La plupart des discours soulignent la volonté de réconciliation avec les Allemands. À Mulhouse, le directeur d'une banque qualifie les Alsaciens « d'arrière-petits-neveux de l'Allemagne, et fils dévoués de la jeune République », alors que pour Édouard Kratz, maire de Strasbourg, « l'Alsace est aussi française que la Bretagne, la Flandre et le pays des Basques et elle veut le rester ».

À l'occasion du Tricentenaire (1948), les autorités régionales organisent de nombreuses festivités pour affirmer avec force l'adhésion à la France, trois ans après la fin du cauchemar nazi. À Strasbourg, les manifestations sont très diversifiées : plusieurs expositions, séance solennelle à l'université, visite officielle du président de la République, Vincent Auriol. Dans les semaines suivantes, la plupart des villes et bourgades d'Alsace associent à leur fête d'été le thème du tricentenaire, souvent sous la forme d'un cortège historique, de sorte que, pendant trois mois, Strasbourg et l'Alsace vivent dans la mémoire de 1648 et de l'intégration nationale.

Pour les 350 ans en 1998, ont eu lieu un colloque à l'université et une exposition intitulée *L'Alsace au XVIIe siècle* à l'église Saint-Thomas.

25 octobre

FRÉDÉRIC HORNING (1809-1882)

Le 25 octobre 1809 naît à Eckwersheim Frédéric Horning, pasteur à Saint-Pierre-le-Jeune de 1845 à sa mort. Il devient à partir de 1846 le promoteur et principal animateur du réveil luthérien orthodoxe dans le protestantisme alsacien. Il combat avec vigueur les tenants du libéralisme et du piétisme. Animateur d'une équipe active de pasteurs et de laïcs, il répercute son mouvement dans un très grand nombre de paroisses rurales.

Il livre son combat sur plusieurs fronts. De 1848 à 1852, il s'oppose au moyen de pétitions à la tentative d'établir en France une Église protestante « unie ». Il crée dans ce but la Société évangélique luthérienne des Missions de France, dont la vitalité se manifeste dans les très populaires Fêtes des Missions. En 1863, il publie un *Recueil de cantiques* (1863), fidèle à l'hymnologie luthérienne qui n'obtient que difficilement l'agrément du Directoire. Son action est soutenue par ses prédications puissantes. Célébré comme le champion du luthéranisme en Alsace, il influence durablement les Églises protestantes de la région par le recentrage sur un enseignement doctrinal solide et le renouveau liturgique et hymnologique.

CHRISTOPHE KOCH (1737-1813)

Le 25 octobre 1813 disparaît Christophe Guillaume Koch, historien et juriste. Disciple de Schœpflin, il devient son successeur à l'école des diplomates. Universitaire aux relations européennes, il est membre de nombreuses académies dont Mannheim, Stockholm et Bruxelles. En 1790, il s'engage dans la vie politique et obtient le maintien de leurs biens aux protestants (décret du 17 août 1790). Il est député à l'Assemblée législative (1791-1792), joue un rôle majeur dans l'élaboration des Articles Organiques de 1802, est membre du Tribunat de 1802 à 1807. Il publie plusieurs ouvrages dont *Les Tableaux des révolutions de l'Europe*.

26 octobre

SAINT AMAND

Il est probablement le premier évêque de Strasbourg, qui a vécu dans la première moitié du IVe siècle. Au Moyen Âge, son culte se confond en Alsace avec celui de l'apôtre de la Belgique, évêque de Maastricht au VIIe siècle. Ses reliques, notamment sa boîte crânienne, se trouvent à Rhinau au XIVe siècle et sont transférées, lors du déménagement du chapitre de Rhinau en 1398 à Saint-Pierre-le-Vieux, à Strasbourg, et entreposées au couvent de Sainte-Catherine. Chaque année, elles sont portées le 26 octobre en procession à l'église de Saint-Pierre, où elles sont entreposées par la suite dans une châsse précieuse. Au XVIIIe siècle, les papes Bénédicte XIII et Bénédicte XIV confirment par deux bulles la vénération de ces reliques, une coutume demeurée en usage jusqu'à l'heure actuelle.

Selon une coutume ancienne, saint Amand serait né en Aquitaine de parents nobles. Un jour, il vit saint Pierre qui lui disait d'aller porter la Parole aux rives de l'Ill. À Strasbourg, un grand serpent rampait autour des murailles et prononçait des blasphèmes, se prétendant infiniment plus fort que Dieu. Saint Amand lui donna l'ordre de se laisser couper en morceaux, et il trancha ce monstre en plusieurs parties. Au lendemain de sa mort, le soleil n'apparut pas durant une semaine au-dessus de la ville de Strasbourg.

Il est le patron de deux églises dont celle de Strasbourg-Meinau.

Dicton sur l'école

Änne, dänne, Tintefass,
Gang in d'Schüel un lehr di Sach,
Kummsch m'r heim un kasch m'r nit,
Nimm i's Bangele un wichs di mit.

A, b, encrier, va en classe
Et apprend les leçons,
Si tu rentres sans les savoir,
Je prends le bâton pour te cirer le derrière.

27 octobre

NAISSANCE DE HENRI STROHL (1874-1959)

Le 26 octobre 1874 naît à Brumath Henri Strohl (1874-1959). Après avoir été pasteur pendant 20 ans, il entreprend en 1919 une carrière universitaire à la faculté de théologie où il enseigne jusqu'en 1945 et exerce les fonctions de doyen de 1928 à 1945. Il attire de nombreux étudiants de l'Europe scandinave, centrale et orientale. Très francophile, il se heurte aux étudiants autonomistes. Il contribue au renouveau des études luthériennes par ses deux thèses portant sur la pensée de Luther jusqu'en 1520. Il publie également deux importantes synthèses, *La pensée de la Réforme* (1951) et *Le protestantisme en Alsace* (1950), réédité en 2000. De 1939 à 1945, il joue un rôle capital dans la vie de la Faculté repliée à Clermont, s'occupant notamment de l'hébergement des étudiants.

La recette de la choucroute

Ingrédients : 2 kg de choucroute blanche, 100 g de graisse d'oie, 2 oignons moyens, 1 feuille de laurier, 1 grand verre de vin d'Alsace (riesling), 1/4 de bouillon, 1-2 gousses d'ail, 10 baies de genièvre, sel, poivre, 4-5 grains de coriandre.

La garnison est composée d'une palette de porc salée et fumée, 6 saucisses de Strasbourg, 10 quenelles de foie, 400 g de lard fumé, 1 petit jambonneau, 250 g de saucisse blanche grillée, 750 g de carré de porc salé, 6-8 pommes de terre moyennes.

Laver la choucroute à l'eau froide, l'égoutter, la presser pour en extraire toute l'eau. Faire revenir les oignons émincés dans la graisse (ou de l'huile), ajouter la choucroute, puis un petit sachet de toile de lin renfermant l'ail, les clous de girofle, la feuille de laurier, les baies de genièvre et les grains de coriandre.

Mouiller avec le vin blanc et le bouillon (ou à défaut de l'eau), saler légèrement, poivrer, ajouter le carré de porc salé, le lard fumé et laisser mitonner le tout durant 1 h 30, en surveillant la présence de liquide dans le fond de la cocotte. Poser ensuite les pommes de terre épluchées et lavées sur le dessus de la choucroute, où elles cuiront à la vapeur. Faire pocher la palette de porc et le jambonneau dans l'eau bouillante (1 h 30). Faire rissoler les quenelles de foie et la saucisse blanche dans un peu de matière grasse. Chauffer les saucisses de Strasbourg dans de l'eau frémissante pendant 5 minutes.

Dresser la choucroute sur un plat chaud entourée de toutes les garnitures.

28 octobre

SIMON ET JUDE (THADDÉE)

Simon et Jude, qui font partie des apôtres, devenus martyrs plus tard, bien que sans insertion régionale directe, tiennent une grande place dans la culture populaire et le calendrier régional. Les fidèles s'adressent à eux dans les situations désespérées.

Ils bénéficient d'une grande vogue au début du XXe siècle, où de nombreuses paroisses font installer une statue ou une image de ces deux saints, patrons de trois églises en Alsace.

LA FOIRE DE HABSHEIM

Ce jour-là se tient traditionnellement la foire de Simon et Jude à Habsheim. Durant des siècles, elle a été une grande foire aux bestiaux, l'une des plus importantes en Haute-Alsace, où les éleveurs des alentours venaient vendre ou acheter du bétail. Actuellement, la principale attraction est constituée par un concours départemental de vaches laitières. Divers stands proposent aux visiteurs une large palette de produits et d'objets susceptibles de séduire tous les types de publics.

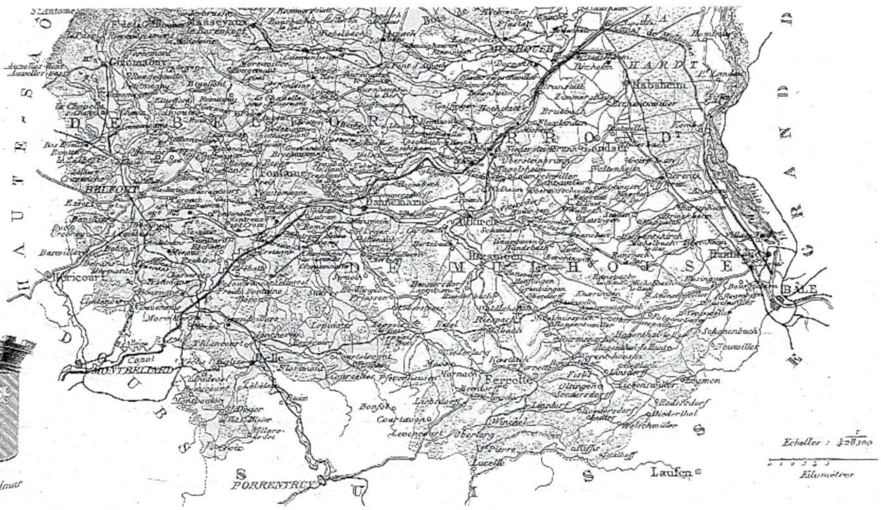

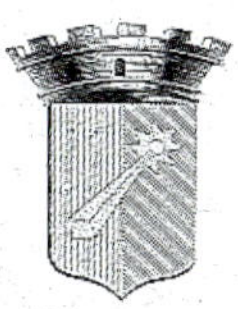

Armes de Colmar

Dictons météorologiques

Simon et Jude sont perçus comme ceux qui annoncent l'hiver, de sorte que ce jour est considéré comme pouvant porter malchance. Aussi était-il d'usage de ne pas prendre de risque ce jour.

Simon un Judi
Hanke Schnee an d'Studi
Wenn Simon un Judas vorbei,
Kommt der Winter herbei.

Simon et Jude
De neige couvrent la plante
Simon et Jude passé,
L'hiver est arrivé.

29 octobre

LE LOYELEKRIEG (1669)

Dans les temps anciens, les querelles de clocher entre localités voisines tenaient parfois une grande place, en particulier la question du bornage des bans communaux et des limites seigneuriales.

L'un des conflits les plus pittoresques est celui entré dans l'histoire sous le nom de Loyelekrieg entre la ville de Colmar, république urbaine et membre de la Décapole, et la commune de Horbourg qui fait partie de la seigneurie wurtembergeoise de Riquewihr. Le conflit est provoqué par une borne près de l'Ill. À deux reprises, les habitants de Horbourg détruisent les marques de triangulation apposées par les Colmariens sur la rive. Le Magistrat tente de régler le différend à l'amiable avec le comte Georges II de Wurtemberg qui fait traîner les choses. Le 29 octobre 1669, une troupe de 200 hommes à pied et 30 cavaliers marche sur Colmar et s'empare d'une redoute avancée. Face à ce coup de force, le tocsin sonne à Colmar. Les bourgeois se regroupent en milice et sortent de la ville. Devant cette troupe nombreuse, les paysans de Horbourg préfèrent se retirer dans leur village. Les Colmariens reprennent leur redoute et y installent plusieurs canons. Pour fêter leur succès, ils vident leurs *loyele*, petits tonneaux portatifs qu'ils ont apportés et que beaucoup de vignerons emportent avec eux aux champs.

La paix est rétablie le 10 novembre, quand les loyele sont vides.

Cette guerre, qui n'a pas fait couler de sang, mais du vin, est devenue proverbiale par la suite et a fait fortune sur les scènes du théâtre dialectal.

LE DOGGELE

Selon la légende en cours à Illzach, le Doggele est une sorte de vampire, aux formes animales indéterminées, qui se pose sur la poitrine des enfants pour les empêcher de respirer.

Pour le tenir à l'écart, on peint sur la porte de la chambre deux triangles et on place deux épées dans le berceau de l'enfant malade.

30 octobre

LE RHIN DEVIENT FRONTIÈRE (1697)

Le traité de Ryswick (30 octobre 1697) qui met fin à la guerre de la Ligue d'Augsbourg constitue une date importante pour l'histoire régionale. Pour la première fois depuis le IVᵉ siècle, le Rhin devient une frontière, à la fois politique, diplomatique et militaire entre la France et l'Empire germanique. La France renonce à ses territoires situés sur la rive droite, Brisach, Fribourg et surtout Kehl qui, depuis le Moyen Âge, relève de la ville de Strasbourg. Cette coupure serait néfaste à la ville et surtout à son port qui se voit plus tard concurrencé par son voisin. L'empereur reconnaît l'annexion de Strasbourg (1681) et les « réunions » opérées entre 1680 et 1682. Le traité fait de l'Alsace une province française et tranche en faveur du royaume les ambiguïtés plus ou moins voulues des traités de Westphalie. Grâce au contrôle des ponts et à la construction de forteresses le long du Rhin, la sécurité de l'Alsace est assurée, mais elle tend à devenir une périphérie et un « finisterre » vu de Paris. Durant près de trois siècles, le Rhin est perçu comme une frontière naturelle qui devient plus tard économique (de 1790 à 1992) et culturelle jusqu'à aujourd'hui.

LE RECULEMENT DES BARRIÈRES (1790)

Depuis son annexion à la France, l'Alsace bénéficie du statut douanier de « province à l'instar de l'étranger effectif », ce qui permet en particulier aux négociants strasbourgeois de continuer leur fructueux commerce de transit dans l'espace rhénan. Mais la Révolution supprime, par souci d'uniformité, toutes les spécificités régionales. Le 30 octobre 1790, l'Assemblée nationale impose le « reculement des barrières » sur le Rhin, afin de faire coïncider frontières politiques et économiques. Si cette loi favorise l'intégration économique dans l'espace national, elle a des conséquences graves pour le commerce strasbourgeois, qui subit un net déclin.

31 octobre

LE CLUB VOSGIEN (1872)

Le 31 octobre 1872, Richard Stieve, juge au tribunal de Saverne crée dans cette ville la première section du *Vogesenverein*, devenu depuis une puissante structure pour la découverte du massif vosgien. Il s'inspire du modèle germanique de l'aménagement touristique de la Forêt-Noire, encouragé par une littérature d'inspiration romantique. Il veut favoriser les randonnées et créer des sentiers dans l'intention de renforcer le caractère allemand des Vosges.

Le succès est très rapide et favorise la collaboration entre Allemands immigrés, à l'origine, et Alsaciens de souche. En 1914, le *Vogesenverein* est solidement implanté avec un réseau dense de sentiers, des bancs, de tables et de belvédères. En 1918, il devient le Club Vosgien et poursuit avec succès son activité pour la découverte et les randonnées, notamment à travers la vente de guides et de cartes et l'entretien de plus de 10 000 km de sentiers. Il compte actuellement 90 sections et plus de 30 000 membres.

SAINT WOLFGANG

Originaire de Souabe et évêque de Ratisbonne de 972 à 994, il est présent en Alsace comme patron des bûcherons et de la paroisse rhénane Wolfgantzen.

Wolfgang Rage
Versprecht e Johr voll Sage.

La pluie de Wolfgang
Promet un an plein de bienfaits.

1er novembre

LA TOUSSAINT

La Toussaint se caractérise en Alsace par la visite familiale au cimetière et le recueillement sur les sépultures parées de chrysanthèmes à l'issue de la messe ou du repas familial. Plus qu'ailleurs, la tenue des tombes est empreinte de rigueur et de sophistication. Les ventes réalisées autour du 1er novembre représentent entre 15 et 20 % du chiffre d'affaires annuel des fleuristes et jardiniers.

Dans la vallée de la Bruche, autrefois, toute la paroisse se rendait en procession au cimetière après les vêpres des morts. Le glas tintait jusqu'à huit heures du soir, pour rappeler à tous le souvenir des morts. Au retour, on mangeait dans les auberges ou en famille des noix et des noisettes qui passent pour éloigner les mauvais esprits. À la tombée de la nuit, les jeunes gens plaçaient au cimetière et en des endroits passants du village des betteraves vidées et découpées pour leur donner l'aspect d'un crâne humain, à l'intérieur duquel ils plaçaient une bougie ou une petite lampe à huile.

Dictons météorologiques

Am Allerheilige isch d'r Alt troirwesummer
awwer er währt nur e pààr Stund.
wenn's vil isch e pààr Täg.

À la Toussaint c'est l'été des vieilles,
Mais il ne dure que quelques heures,
Quelques jours au plus.

Allerheilige klor un hell, Sitzt d'r Winter uf d'r Schwell.

À la Toussaint si le ciel est clair,
Sur le seuil est assis l'hiver.

Wenn's an Allerheilige schnaït,so leg dein Pelz beraït.

À la Toussaint froidure :
Apprête ta fourrure.

2 novembre

JOUR DES TRÉPASSÉS

Le jour des trépassés (*Allerseelen*) est institué en 998 par Odilon, abbé de Cluny. Ignoré par les protestants, il a tenu très longtemps une grande place en milieu catholique.

La veille au soir, des bougies sont allumées sur les tombes catholiques, elles sont autant de prières montant vers le ciel, pour le repos des âmes des défunts, qui demeurent présents dans le monde invisible de l'intercession et de la foi. Les cloches sonnent à 20 heures, une sonnerie qui porte le nom de *s'arme Seele lite* (la sonnerie pour les pauvres âmes), puis, dans le Sundgau, les habitants récitent trois fois le rosaire, tout en ayant plusieurs bougies allumées. Les servants de messe passent ensuite de maison en maison, chantant une ritournelle évoquant les âmes des défunts.

Les jeunes reçoivent des œufs, du beurre, de la viande, du lard, des noix, des pommes, des poires, du vin et parfois de l'argent. Le lendemain, ces victuailles sont partagées ou mangées en commun. Selon les mentalités de l'époque, on pense, d'une part, que les âmes des défunts peuvent d'une manière invisible participer à ces repas de fête et, d'autre part, que la générosité montrée à l'égard des jeunes du village sera comptabilisée dans le ciel au profit des pauvres âmes des défunts.

NATIONALISATION DES BIENS DU CLERGÉ (1789)

Une mesure qui a profondément marqué l'histoire religieuse régionale est le vote, le 2 novembre 1789, par l'Assemblée nationale, de la nationalisation des biens de l'Église. En Alsace, cela entraîne la vente de 15 à 20 % des terres agricoles, la suppression de tous les couvents, une centaine, et leur vente. Certains sont acquis par des industriels et transformés en locaux industriels (Munster, Guebwiller, Masevaux), tandis que d'autres sont laissés à l'abandon ou servent de carrière, ce qui entraîne leur disparition progressive.

Le résultat est une perte considérable de patrimoine architectural, souvent de qualité, ainsi que la disparition d'une partie – de 25 à 50 % – des livres et manuscrits des bibliothèques monastiques, parfois très riches. Cette spoliation est mal vécue par de nombreux catholiques et entraîne leur hostilité à la Révolution, mémoire transmise durant tout le XIXe siècle. On peut voir ci-dessous l'expulsion des capucins de Saverne.

3 novembre

SAINT PIRMIN

Pirmin, d'origine bourguignonne ou francilienne, mort vers 753/754, est surnommé l'apôtre des Alamans et le «patriarche des moines d'Alsace». Il est le fondateur de plusieurs abbayes, dont celle de Murbach en 727. On lui attribue aussi, mais de manière incertaine, celle de Marmoutier et de Neuwiller. Il est le propagateur de la règle bénédictine en Alémanie et en Austrasie, ce qui permettra l'extension de l'influence politique des Francs vers le duché des Alamans. Une partie de ses reliques se trouve à Wissembourg. Il est le patron du Palatinat. À partir de 1597, un pélerinage est attesté à Holtzheim. Depuis 1865, il figure dans le propre du diocèse de Strasbourg. Il est représenté chassant des serpents, figure du diable, du paganisme et de l'hérésie.

SAINT HUBERT

Évêque de Liège, mort en 727, il est le patron des chasseurs et considéré en Alsace comme un saint guérisseur de la rage. Selon la légende, il aurait rencontré un cerf portant entre ses bois l'image du Christ crucifié. En Alsace, les confréries de saint Hubert se développent, ainsi que les ensembles de cors de chasse. Il subsiste plusieurs de ces ensembles, alors qu'il ne reste qu'un seul pèlerinage et confrérie (Wisches).

Il est patron d'une seule paroisse (Seppois-le-Haut).

Au XIXe siècle, des colporteurs proposaient des médailles à l'effigie de saint Hubert, qui avaient pour fonction de préserver de la rage.

NAISSANCE DE BERNARD-FRÉDÉRIC DE TURCKHEIM (1752-1831)

Le 3 novembre 1752 naît Bernard-Frédéric de Turckheim. Banquier, membre de la famille de Turckheim, l'une des plus riches de Strasbourg, il joue un rôle bancaire, politique et religieux majeur de 1800 à sa mort. Il est ministre des Finances du grand-duché de Bade de 1810 à 1814, député en 1815-1816 et en 1819-1824, président de l'Église de la Confession d'Augsbourg de 1826 à 1831. Il est le mari de Lili Schœnemann, célébrée par Gœthe, qui était d'une remarquable beauté et d'une grande vivacité d'esprit.

4 novembre

Les travaux de novembre

Il faut songer aux provisions pour le fourrage des bestiaux, planter et provigner la vigne, couper les saules, émonder les arbres. Préparer le grand fumier sec, pour le répandre sur les légumes qui en ont besoin. Semer des raves pour janvier et février. Piocher la terre à l'entour des arbres fruitiers, couvrir la partie piochée avec du fumier de vache. Rentrer les endives en couche ou en cave. Arracher les derniers choux rouges et autres choux, ainsi que les navets, les carottes, les betteraves, les céleris, les raves. Butter les artichauts pour les garantir du froid. Fumer les carrés d'asperges. Planter les lilas et autres arbrisseaux qui ne craignent pas la gelée.

Recette des crêpes aux pruneaux

Ingrédients : 8 œufs, 200 g de farine, 1 verre à liqueur de kirsch ou de quetsche, une vingtaine de pruneaux secs, 1 pincée de sel, 1 chopine de lait, 50 g de beurre, 100 g de sucre en poudre, 1 cuillerée à soupe de cannelle en poudre, 1 fer à caraméliser.

Cuire les pruneaux secs, les dénoyauter, les réduire en purée épaisse. Laisser tiédir. Pendant ce temps, battre les 8 œufs avec le sel, le kirsch et le lait. Laisser reposer un peu. Beurrer copieusement une poêle assez grande. Verser dans la poêle la moitié de la pâte et faire prendre comme une omelette. La retourner de l'autre côté. Faire glisser de la poêle cette galette ou crêpe épaisse sur le plat de service. Saupoudrer de sucre en poudre et de cannelle. Recouvrir à la spatule cette galette avec la compote de pruneaux. Recommencer à faire une crêpe avec le reste de pâte et de beurre. Poser la galette sur la couche de compote pour avoir une galette fourrée. Saupoudrer le dessus de la galette copieusement de sucre en poudre. Chauffer à la flamme un fer à caraméliser avec manche et quadriller le sucre en poudre à plusieurs endroits pour décorer la surface de motifs décoratifs caramélisés.

5 novembre

Comptine du petit génie partout mal à l'aise

Le génie mal à l'aise est très présent dans le légendaire alsacien. Redouté par les mortels, ceux-ci chargeaient un exorciste de l'enfermer dans une bouteille, mais celle-ci peut se casser et l'aventure recommence.

Isch bin e kleiner Stumpe,
Setz mi uf e Lumpe.
De Lumpe isch z'klei.
Setz mi uf e Stei.
De Stei isch z'kalt.
Geh -n -i i de Wald.
De Wald isch z'finschter.
Geh -n -i ins Minschter.
S'Minschter isch ze hall.
Schlupf i in e Budall.
D'Budall rannt üs.
Kummt e klei Manneli erüs.

Je suis un tout petit bonhomme,
Assis sur un chiffon.
Le chiffon est trop petit.
Je m'assois sur une pierre.
La pierre est trop froide.
Je m'en vais au bois.
Il y fait trop sombre.
J'entre à la cathédrale.
Il y fait trop clair.
Je me faufile dans une bouteille.
La bouteille se renverse.
Il en sort un tout petit bonhomme.

6 novembre

L'AFFAIRE DE SAVERNE (1913)

Le 6 novembre 1913 éclate l'affaire de Saverne. Ce jour-là, le journal catholique de Strasbourg, l'*Elsässer*, rapporte qu'un jeune sous-lieutenant, Forstner, (accompagné ci-contre de son escorte) a injurié les recrues alsaciennes en les traitant de *Wackes* (voyou) et a promis 10 marks de récompense à celui qui lui rapporterait la tête d'un *Wackes*.

Cette campagne provoque dans la population de Saverne une grande émotion. Forstner se voit accorder une patrouille pour l'accompagner dans ses déplacements, ce qui suscite une certaine agitation des esprits. Le colonel du régiment, von Reuter, fait arrêter lors d'un attroupement une trentaine de civils, dont trois magistrats.

L'affaire prend alors une ampleur nationale. Le Reichstag vote un blâme au chancelier, mais les officiers sont soutenus par Berlin, de sorte que le pouvoir civil, qui se juge désavoué, donne sa démission, le *Statthalter* von Wedel, ainsi que les membres du gouvernement d'Alsace-Lorraine. L'affaire, suivie avec attention en France, se termine par la victoire politique des militaires.

Recette de la potée aux navets salés

Ingrédients : 1,5 kg de navets râpés sur un rabot spécial « navet salé » et mis en saumure, 500 g de palette fumée, 1 gros oignon, 2 gousses d'ail, 1 grand verre de sylvaner, 200 g de lard fumé, 150 g de saindoux ou un verre d'huile, sel, poivre.

Laver les navets salés, les égoutter et les presser. Faire revenir l'oignon émincé dans la matière grasse, recouvrir des navets, puis ajouter la viande, le lard et l'ail, mouiller le tout avec le vin et un verre d'eau ou du bouillon. Couvrir la cocotte et laisser mijoter doucement (2 h environ). C'est une potée rustique et savoureuse des repas d'hiver.

7 novembre

LA SAINT-FLORENT

Issu d'une famille de notables gallo-romains, saint Florent est évêque de Strasbourg au cours du dernier tiers du VIe siècle. Sa vie est marquée par deux légendes. Il se serait installé comme ermite sur les bords de la Hasel, dans une cellule où est construite en 1315 une chapelle située à quelques pas d'Oberhaslach. Il aurait mené une vie pieuse et vertueuse et aurait domestiqué des animaux sauvages. La seconde légende concerne une guérison. Le roi Dagobert le convoque à sa cour à Kirchheim pour guérir sa fille Rachtilde aveugle et muette. En récompense pour le miracle de la guérison, le roi fait un don substantiel à Florent, ce qui lui permet de fonder le couvent de Niederhaslach dont les moines ont christianisé les habitants de la haute vallée de la Bruche. Le couvent, en plus de son rôle habituel de centre de piété, de vertu et de travail, est également devenu un foyer de culture et d'art.

Comme évêque, il fonde à Strasbourg une petite communauté de moines se consacrant à la christianisation qui deviendra l'abbaye et l'église de Saint-Thomas où saint Florent est inhumé. Le 7 novembre 810, ses reliques sont transférées à Haslach, là où Florent est le patron titulaire de l'église collégiale depuis le XIe siècle.

Dès le début du IXe siècle, sa fête est célébrée dans tout le diocèse. Ses reliques font très tôt de Haslach un important centre de pèlerinage, ce qui permet d'y construire l'une des plus belles églises gothiques d'Alsace. Le pèlerinage connaît des foules très denses surtout aux XVIIIe et XIXs siècles et Encore actuellement des milliers de pèlerins s'y rendent chaque année le 7 novembre.

LE MUSÉE D'ART MODERNE ET CONTEMPORAIN (1998)

Le 7 novembre 1998 est inauguré en présence de plusieurs centaines de personnes et de toutes les personnalités régionales dont Catherine Trautmann, ministre de la Culture, le Musée d'Art Moderne et Contemporain. Construit par l'architecte Fainsilber, il contient des œuvres de la fin du XIXe à la fin du XXe siècle.

8 novembre

TREMBLEMENT DE TERRE (1802)

Le 8 novembre 1802 a lieu un important tremblement de terre à 23 h 30, ressenti à Strasbourg et à Wissembourg. Selon le témoignage du journal *Strassburger Weltbote*, il se traduit par un tremblement des lits qui fait se lever en sursaut certaines personnes. Il provoque des tremblements et des oscillations, ainsi que de multiples lézardes nouvelles et l'accroissement de lézardes anciennes dans des murs et des cheminées. Ce séisme fait suite à une série de secousses qui se sont produites du 11 au 15 septembre. Le 11, des personnes vacillent dans les rues. Dans les bâtiments, on a l'impression de « la chute d'un poids qui tombe avec violence et remue la maison ».

LA LÉGENDE DE LA CORNE SUSPENDUE AU PILIER

Lors de la construction de la cathédrale de Strasbourg à la fin du XIIIe siècle, des voituriers viennent de très loin pour apporter les pierres de la carrière du Cronthal. Un jour arrive un attelage hongrois avec un auroch énorme, comme on n'en a jamais vu jusque là dans l'espace rhénan.

Les immenses cornes que l'animal a sur le front provoquent l'étonnement général plus encore que sa taille colossale. Très contournées et effilées à l'extrémité, elles ont une longueur totale de six pieds.

La force de l'animal est en rapport avec la taille de ses membres. L'auroch seul tire une charge plus lourde qu'un couple ordinaire de bœufs ou de chevaux. Il traîne avec facilité les blocs de pierre. Après sa mort au bout de bien des années, on suspendit l'une de ses cornes, accrochée par une chaîne contre un pilier de la cathédrale, où elle est demeurée pendant plusieurs siècles, apparemment jusqu'au moment de la Révolution, car l'historien Grandidier, mort en 1787, l'a encore vue.

9 novembre

Das Martinsfest in Deutschland.

Recette de la Martinsgans

Autrefois, l'oie rôtie figurait au menu de la Saint-Martin, un jour de fête.

Ingrédients pour 8 personnes : 1 oie de 5 kg non gavée, 1 l de bière blonde, 1 bouquet garni, des carottes et des oignons.

Pour la farce : 150 g de foies de volaille, 250 g de gésiers d'oies, 250 g de poitrine de porc salée, 100 g de graisse d'oie, 150 g d'échalotes, 2 gousses d'ails, 5 œufs, 3 petits pains au lait, 1 verre de lait, 300 g de marrons cuits, persil, ciboulette, cerfeuil et sauge, sel et poivre.

Parer l'oie vidée et flambée en coupant les ailerons et les pattes. Retirer le cou, sans la peau qui est pliée et cousue.

Préparer la farce : faire revenir dans la graisse d'oie les foies de volaille pendant quelques secondes et les mettre de côté. Dans la même poêle et à couvert, faire suer pendant 30 mn les échalotes émincées et les gésiers.

Passer au hachoir la poitrine de porc, les foies de volaille, le foie de l'oie, les gésiers confits avec les échalotes, les petits pains trempés dans du lait chaud. Puis ajouter les 5 œufs, le persil, le cerfeuil, la ciboulette, la sauge et l'ail. Saler et poivrer. Ajouter les marrons trempés dans l'eau bouillante pendant 15 mn.

Garnir l'intérieur de l'oie avec cette farce. Fermer l'ouverture en la cousant à l'aide d'une aiguille à brider. Poser l'oie dans un large récipient destiné au four, les pattes et le cou en dessous : surélevée, elle ne baignera pas dans le jus. Ajouter la bière et faire cuire à four moyen (thermostat 7). Arroser fréquemment avec le jus de cuisson. Ajouter à mi-cuisson le bouquet garni et les légumes aromatiques. Pour le temps de cuisson, on compte une demi-heure par kg de viande.

L'oie sera servie telle quelle et découpée sur la table accompagnée de chou rouge, chou blanc ou purée de pommes de terre.

10 novembre

NAISSANCE DU PREMIER CONSEIL D'ALSACE (1787)

Le 10 novembre 1787 se réunit pour la première fois l'Assemblée provinciale d'Alsace, premier organe qui rassemble au cours de son histoire des représentants de toute la région.

La moitié des membres (24) sont nommés par le roi sur avis de l'intendant. L'assemblée est formée de 48 membres représentant les trois ordres, à savoir 12 membres du clergé, 12 de la noblesse et 24 du Tiers État, ce qui constitue une composition assez peu représentative de la société alsacienne. Les membres du clergé sont tous des dignitaires séculiers ou réguliers, les nobles sont pour la plupart des militaires issus d'anciennes familles. Le Tiers État est essentiellement constitué de membres du personnel administratif des villes et des seigneurs.

La session plénière, au siège du Directoire de la noblesse de Basse-Alsace (actuel FEC) à Strasbourg, est ouverte le 10 novembre 1787. Elle est consacrée, pour moitié au travail dans quatre commissions, pour moitié à la présentation des rapports des commissions. Les deux grandes préoccupations sont les questions fiscales et la voirie.

Par rapport à d'autres régions, le travail de la session se caractérise par son sérieux, le désir de réformes profondes et le contrôle des agents de la monarchie. Les députés sont unanimes pour souhaiter une répartition plus juste des impositions, des économies dans les travaux publics, une protection du commerce et le bannissement de la mendicité. Ils font preuve d'une conscience régionale authentique, en particulier pour la voirie qui se soucie tant des extrémités Nord et Sud que du Rhin et des vallées vosgiennes. L'Alsace apparaît bien comme une réalité vécue par son élite sociale.

Contrairement au stéréotype des hommes politiques alsaciens, les débats se caractérisent par une relative franchise face aux agents de la monarchie.

Cette session permet une véritable prise de conscience de l'unité régionale, des abus et des problèmes auxquels la province est confrontée. Elle a le mérite de faire bouger les mentalités. On peut seulement déplorer qu'en 1788, le ministre Necker interdit la tenue de la session prévue. Sa disparition empêche de canaliser l'effervescence qui débouche en 1789 sur une explosion.

Depuis, l'Alsace a connu deux types d'assemblée régionale, de 1875 à 1918, et le Conseil régional actuel depuis 1973.

Comptine

Annemeiele, wottsch mich hann ?
Ich bin e braver Zimmermann,
Ich will dr e Hiesele böjje,
s'Hiesele hett e Ställele,
s'Ställele hett e Kiehjele,
s'Kiehjele gitt Millich,
d'Millich hett Rahm,
Rahm gitt e Kiechele,
s'Kiechele kann mr esse,
tüe mich nit vergesse !

Annemarie, est-ce-que tu me voudrais ?
Je suis un brave charpentier,
Je veux te construire une petite maison,
La petite maison a une petite étable,
La petite étable a une petite vache,
La petite vache donne du lait,
Le lait contient de la crème,
La crème permet de faire une petite tarte,
On peut manger la petite tarte,
Ne m'oublie pas !

SAINT MARTIN

Évêque de Tours, mort en 397. Bien que sans attaches directes avec l'Alsace, son culte y est très répandu. Il est le patron de 25 églises dans le Bas-Rhin, dont une commune dans le Val de Villé, et 21 dans le Haut-Rhin, ainsi que des drapiers. Placé au milieu de l'automne, il tient une place majeure dans le calendrier météorologique. Ce jour annonce l'approche de l'hiver et le début du chauffage.

Martin, mach d'Riewe nin,
Sunscht schmisst s'Katri
Schnee nin.

Martin, rentre tes raves,
Sinon Catherine (25 novembre)
va les couvrir de neige.

Sankt-Martin, Fier in's
Kamin.

La Saint-Martin arrivée,
Du feu dans la cheminée.

Autrefois, la Saint-Martin était fêtée dignement sous forme d'un repas où se consommait notamment une oie, la *Martinsgans*.

Martini isch ken dummer
Hans,
Ihm schmeckt d'frisch
gmäschtene Gans.

Martin n'est pas un idiot,
Il apprécie la jeune oie engraissée.

Mais la Saint-Martin était aussi dans la civilisation agraire d'autrefois le jour de paiement des rentes et des intérêts, ce qui affolait bien des débiteurs.

NAISSANCE DE MARTIN BUCER (1491-1551)

Le 11 novembre 1491 naît Martin Bucer à Sélestat. D'abord dominicain, il est le Réformateur de la ville de Strasbourg. Il élabore sa confession de foi (*Tétrapolitaine*) et organise l'Église sur le plan institutionnel, liturgique et dogmatique. Il joue un rôle actif dans la genèse de la Réforme en Allemagne du Sud et en Hesse. En 1549, il est exilé sur ordre de l'empereur et finit sa vie à Cambridge.

SAINT IMIER

Selon le récit hagiographique de sa *Vita*, il aurait vécu dans la seconde moitié du VIe siècle. Né en Ajoie, il édifie, après son retour de pèlerinage en Terre sainte, dans le val de Suze (actuel canton suisse du Jura) une chapelle où il est inhumé après sa mort. Celle-ci est à l'origine de l'établissement bénédictin de Saint-Imier, attesté en 884, et, dont la légende lui attribue la fondation. Il aurait mené une vie très frugale : 3 jours de jeûne chaque semaine, alimentation limitée à du pain d'orge, repos à même le sol.

En Alsace, le saint jurassien est le patron de trois églises haut-rhinoises. Selon un chroniqueur alsacien du XVIe siècle, il aurait été l'abbé fondateur du couvent de Saint-Marc près de Gueberschwihr, ce qui est inexact, car son existence au VIe siècle est très douteuse.

Il fait partie du propre du diocèse de Bâle. Sa tombe est devenue le site d'un pèlerinage important.

Église de Gueberschwihr

LE PONT DE L'OIE

Dans le pays de Hanau, entre Kirrwiller et Bosselshausen existe un petit pont, surnommé le Pont de l'Oie. On prétend y voir une grosse oie blanche qui égare les passants la nuit. Un habitant de Kirrwiller, après avoir rendu visite à une malade à Bosselshausen, s'apprête à rentrer à cheval le soir. On est en hiver, il fait déjà nuit et le sol est enneigé. La malade lui conseille d'éviter le raccourci par le Pont de l'Oie, car il serait hanté.

Néanmoins, en raison de l'heure tardive, il choisit ce chemin. Il arrive à un fossé qu'il ne connaît pas, puis plusieurs autres. Il les franchit et commence à s'étonner. Il lui semble marcher en cercle. Finalement, il se retrouve au point de départ à Bosselshausen. Cette fois, il se fait reconduire par un homme porteur d'une lanterne. À l'approche de Kirrwiller, il rencontre des gens porteurs de lanternes que sa femme a envoyés à sa rencontre, tandis que l'horloge de l'église sonne deux heures.

13 novembre

LES USAGES DE LA SAINT-MARTIN

La Saint-Martin constitue une date charnière dans le calendrier rural traditionnel. C'est le jour de fête (oie), de règlement des baux, fermages et rentes, d'où le dicton *Martin ist ein harter Mann* (un homme dur). Avant 1789, les fabriques d'église recevaient des oies et chapons. Clercs et moines distribuaient ce jour-là des « offrandes de saint Martin » et du vin (*Martinswein*) aux pauvres et aux nécessiteux.

C'est souvent un jour de ripailles avec un feu où on brûle les vieux paniers.

O Martein, Martein !
Der Korb muss verbrennt sein.
Das Geld aus den Taschen,
Den Wein in die Flaschen,
Die Gans vom Spiess,
Da sauf und friss

Ô Martin, il faut brûler le panier,
Sortez l'argent des poches,
Le vin dans les bouteilles,
Retirez l'oie de la broche,
Bois et mange.

D'r Martin Summer dürt drei Tag un e Bissel.

C'est aussi l'été de la Saint-Martin, assez bref,
Trois jours et un peu plus.

Isch's an Martini hell,
So kummt d'r Winter schnell.

Clair à la Saint-Martin,
Déjà l'hiver vient.

Isch's um Martini trocke un kalt,
So het d'r Winter ken Gewalt.

Saint-Martin sec et froid,
L'hiver pas de force.

Dans la majorité des villages du Sundgau, existait une fête Saint-Martin (*Martinikilbe*) à la fin des récoltes.

LES NAINS DE KERBHOLTZ

Au nord-est de Soultzeren se dresse la montagne du Kerbholz au sommet couvert de pâturages, où sont installées des marcairies fabriquant les excellents fromages de Munster en été. Durant la mauvaise saison, les cabanes ne sont pas abandonnées, mais occupées par des nains. Ceux-ci descendent en hiver dans la vallée pour visiter les pauvres et placer sur leurs tables, sans être vus, des pains de beurre frais et d'excellents fromages.

14 novembre

L'AVERTISSEMENT DONNÉ PAR LE BOURREAU

Un soir, un valet de bourreau doit faire un travail dans une maison bourgeoise de Strasbourg. Comme récompense, la servante lui offre du pain et une bouteille de vin. Mais se trouver de nuit face à un homme qui exerce une profession si terrible la fait trembler au point qu'elle casse la bouteille. Le valet lève alors un doigt menaçant et dit à la jeune fille tremblante : « Ma fille, gardez-vous du péché et du crime, sans quoi on pourrait faire à votre cou ce que vous avez fait à cette bouteille ! » La jeune fille se sauve en criant. Mais un an plus tard, elle expie un infanticide sur la place des exécutions. Cette légende, très répandue au XVIIIe siècle, est reprise dans les *Poésies* de Daniel Hirtz, publiées en 1846.

LA MODE AU SERVICE DE LA RÉVOLUTION

À l'automne 1793, le nord de l'Alsace est envahi par des troupes autrichiennes et prussiennes. Devant la gravité de la situation, deux représentants en mission, nommés par la Convention, Saint-Just et Lebas, se rendent à Strasbourg pour galvaniser les troupes, lever un emprunt forcé de 9 millions de livres et éradiquer le germanisme et la culture allemande. Un arrêté du 25 brumaire an 2 (15 novembre) ordonne ainsi aux femmes strasbourgeoises de quitter les modes allemandes « puisque leurs cœurs sont français ». Cet arrêté fut illustré par une estampe devenue aujourd'hui célèbre.

15 novembre

LE MARÉCHAL DE HUNEBOURG

Au début du XIIIe siècle, sire Wernher de Hunebourg, maréchal de l'évêque, est un guerrier cruel dont la ville de Strasbourg a beaucoup à souffrir.

Mais un jour, Dieu a pitié de lui et le change en instrument de ses œuvres, « un loup furieux en un doux agneau ». Regrettant ses nombreux et graves péchés, il se réconcilie à la fois avec Dieu et avec la ville de Strasbourg. Pour prouver son repentir, il fonde à l'extérieur de la ville vers la Montagne Verte en 1225 le couvent de la Trinité.

Le Conseil de la ville offre le terrain au sire Wernher. Toute cette région est alors une sorte d'île couverte de plantes sauvages, de haies, de buissons et de saules, de sorte que le couvent s'appela longtemps Saint-Jean de l'île verte.

Jusqu'à la fin de sa vie, sire Wernher reste un fidèle ami de la ville. Après sa mort, son corps est solennellement déposé devant l'autel de la chapelle fondée par lui.

LA FÊTE DES CONSCRITS

Les conseils de révision, mis en place en 1818, suscitent assez vite une manifestation festive de la classe d'âge concernée. Elle consiste en un habillement spécifique avec chapeau blanc décoré de guirlandes et une traversée du village avec deux à trois musiciens à leur retour du conseil. Le soir a lieu, dans une ambiance exubérante, un grand repas suivi d'un bal. En ville, les conscrits se regroupent par quartiers : jusque dans les années 1950, ceux de la Robertsau et de Neudorf avaient l'habitude de faire une visite au journal *Les Dernières Nouvelles d'Alsace*. Dans les villages, ils étaient souvent chargés d'organiser la kermesse. Après 1918, les jeunes filles de la classe furent associées aux festivités.

Très vite, la fête est immortalisée par les souvenirs de conscription des imagiers-peintres : une pratique qui culmine entre 1835 et 1870 mais qui s'interrompt avec l'annexion allemande.

16 novembre

FORT TREMBLEMENT DE TERRE (1911)

Le 16 novembre 1911 a lieu un tremblement de terre qui affecte une grande partie de l'Alsace. En plusieurs points sont signalés la chute de cheminées (Bischwiller, Mulhouse), de tuiles, l'apparition ou l'agrandissement de lézardes (Ribeauvillé, Zillisheim), des bris de verre. Le temple de Saint-Étienne de Mulhouse et l'église d'Ensisheim sont endommagés.

La population, effrayée, est prise de panique, comme par exemple aux théâtres de Mulhouse et de Bâle. La presse évoque à divers endroits la frayeur des animaux, par exemple à Rhinau pour les faisans et les perdrix, à Hochfelden pour les volailles domestiques, où elles semblent vouloir chercher refuge chez leur maître.

NAISSANCE DE MÉDARD BARTH (1886-1976)

Le 16 novembre 1886 naît à Bœrsch Médard Barth, l'un des grands savants alsaciens de la première moitié du XXe siècle, symbole des clercs et érudits formés dans le moule germanique. Professeur au collège Saint-Étienne de Strasbourg jusqu'en 1939, il se consacre ensuite totalement à la recherche. Ses sujets de travail sont Bœrsch, sa ville natale, l'histoire de la pastorale et des paroisses alsaciennes, les orgues au XIXe siècle, mais surtout les saints en Alsace (Odile, Arbogast, Florent) et le Manuel des églises d'Alsace au Moyen Âge. Dans le secteur profane, il publie *La viticulture en Alsace* et *Incendies et lutte contre le feu en Alsace*.

Une rue de Bœrsch

17 novembre

À MULHOUSE (1918)

Le 17 novembre 1918 marque l'entrée des troupes françaises à Mulhouse. À la veille de l'armistice, le 11, un conseil de soldats est créé à Mulhouse comme dans d'autres villes d'Alsace. Mais la bourgeoisie réagit rapidement. Dès le 10, le maire lance un appel en faveur de la création d'une milice bourgeoise, tandis qu'une tentative de création d'un conseil d'ouvriers a avorté.

C'est le 17 que les troupes françaises pénètrent à Mulhouse dans une atmosphère d'enthousiasme unanime et d'euphorie, à l'exception des immigrés allemands. L'abbé Cetty, qui attend l'arrivée des troupes à l'entrée de l'église Saint-Joseph, sans doute ému par l'importance historique de la journée, meurt d'une crise cardiaque.

Comme pour les autres villes d'Alsace, les jours suivants, cette date marque la fin d'une époque, caractérisée par de profondes mutations, et l'entrée dans une nouvelle ère.

18 novembre

NAISSANCE DE MARC OTTO (1600-1674)

Le 18 novembre 1600, naît à Ulm Marc Otto qui fait, à partir de 1631, une brillante carrière au service de la ville de Strasbourg comme avocat privé du Sénat. Le Magistrat lui confie la représentation des intérêts de la Ville aux négociations des traités de Westphalie. Il parvient à y préserver le *statu quo* pour Strasbourg : république dans le cadre de l'Empire. Par la suite, il s'efforce de maintenir la ville dans la neutralité. Par fidélité à sa ville, il refuse divers postes intéressants que lui propose l'empereur.

À sa mort, il laisse sa fortune à une fondation destinée à accorder des bourses à des étudiants d'origine modeste. Cette fondation Otto, administrée de nos jours par le chapitre de Saint-Thomas, continue à accorder des bourses d'études.

RECETTE DES POMMES DE TERRE MARCAIRES (ROÏGEB)

Ingrédients : pour 6 personnes.
300 à 400 g de lardons fumés finement coupés,
2 kg de pommes de terre épluchées et coupées en rondelles,
200 g d'oignons émincés,
200 g de beurre, du sel et dupoivre.

Poser au fond d'une cocotte en fonte les lardons, couvrir d'une couche d'oignons émincés, disposer quelques noisettes de beurre, saler et poivrer. Alterner ainsi les couches de pommes de terre et les couches d'oignons en terminant par une couche de pommes de terre parsemée de noisettes de beurre. Couvrir et enfourner à 210° (thermostat 7) pendant 1 h 30.

Au moment de servir, mélanger l'ensemble. Les pommes de terre peuvent se désagréger : c'est ainsi qu'elles sont souvent servies dans les marcairies pour accompagner la palette ou le collet fumé, avec une salade verte.

C'est une spécialité des vallées vosgiennes et des fermes-auberges du Haut-Rhin.

☺

19 novembre

SAINTE ÉLISABETH

Épouse du landgrave Louis de Hesse et de Thuringe, morte en 1231, sainte Élisabeth est la patronne des boulangers et l'intercesseur privilégiée des pauvres et des femmes en couches. Elle est représentée en princesse distribuant des aumônes aux mendiants ou portant une corbeille avec du pain et du vin ou avec des roses, car les victuailles qu'elle distribue contre le gré de son mari se changent en roses le jour où elle est surprise. Elle est la patronne de la paroisse de Kingersheim.

L'église Saint-Paul de Strasbourg, construite en 1897 comme église de garnison, est une réplique de la *Elisabeth Kirche* de Marburg, une église gothique du XIIIe siècle.

Sankt Elisabeth zeigt an
Was d'r Winter für e Mann.

Sainte-Elisabeth nous montre
L'homme que sera l'hiver.

Le prénom Elisabeth et le diminutif Lisel étaient très répandus dans le monde rural jusqu'en 1945.

NAISSANCE DE PHILIPPE-JACQUES FRANCK (1715-1780)

Le 19 novembre 1715 naît à Strasbourg Philippe-Jacques Franck. Il est l'une des grandes figures politiques et économiques de Strasbourg au XVIIIe siècle. Il est trois fois *ammeister* et membre du Conseil des XIII de 1768 à sa mort. Il est anobli peu avant sa mort. Il dirige l'une des principales banques de Strasbourg et se fait construire l'un des plus beaux hôtels de Strasbourg au 7 quai Saint-Nicolas. Il tente de lutter contre la pauvreté en créant un hôpital destiné aux pauvres.

L'HOMME AU FAGOT DANS LA LUNE

On donne le nom de l'homme au fagot au personnage qu'on voit sur la lune quand elle est pleine. On dit que de son vivant, c'était un voleur de bois qui a été condamné pour l'éternité à faire des fagots dans la lune. Sur ce sujet, une chanson enfantine est en usage à Strasbourg.

Petit fagotier dans la lune,
Regarde un peu de là-haut !
Hein, ça t'étonne !
Regarde un peu dans toutes
les chambres.
Fais descendre ton échelle.
Descends par là, devant, derrière.
Ne manque pas d'échelon
Si tu veux jouer avec nous
Faut m'attraper Lisette.

20 novembre

LE SAUT DU CERF

Près du pèlerinage de Dusenbach se trouve le Saut du Cerf, un rocher de 40 pieds de haut. Un jour, le sire Anselme de Ribeaupierre, chasseur passionné, lors d'une poursuite d'un beau cerf, se trouve au bord de ce rocher qui surplombe un gouffre. Il ne peut arrêter sa monture et saute dans l'abîme en invoquant la Vierge. Il se sent alors retenu doucement et touche terre sans blessure avec son cheval. En signe de reconnaissance, il construit l'une des deux chapelles de Dusenbach.

Recette des galettes au vin blanc

Ingrédients : 500 g de farine, 300 g de beurre, 50 g de sucre, 2 œufs, 1 verre de vin blanc sec.

Tamiser la farine sur la planche, ajouter le beurre coupé en petits morceaux, ajouter le sucre. Malaxer le beurre, le sucre et la farine avec le bout des doigts. Ajouter de temps en temps du vin pour obtenir une pâte lisse. Quand elle se détache des mains, rouler la pâte et l'abaisser. Découper, à l'aide d'un couteau, des losanges ou des galettes rondes et des croissants à l'emporte-pièce. Beurrer et fariner une tôle et y disposer les galettes. Les dorer à l'œuf battu. Mettre à four bien chaud au thermostat 6, laisser cuire une dizaine de minutes.

Berceuse

Lieber Schutzengel mein,
Lass mich dir empfohlen sein,
Tag und Nacht bitt ich dich,
Beschütz, regier und leite mich !
Hilf mir leben recht und fromm,
Dass ich zu dir in den Himmel komm.

Mon cher ange gardien,
Je me recommande à toi,
Je te prie jour et nuit de me protéger, gouverner et diriger,
Aide moi à vivre de manière juste et pieuse,
Afin de te rejoindre au ciel.

21 novembre

LE LOUP DU KRONTHAL

La légende du loup du Kronthal (au sud de Wasselonne) est célèbre. Autrefois, il valait mieux éviter le Kronthal en hiver les vendredis soirs, après la sonnerie de l'angélus. Celui qui passait outre risquait de faire une bien mauvaise rencontre. C'est le cas d'un homme très sûr de lui. Arrivé à l'endroit le plus étroit de la vallée, il entend soudain un formidable fracas derrière lui, et voit un rocher immense obstruer la vallée, l'empêchant de revenir sur ses pas. Il voit venir vers lui une forme humaine noire accompagnée d'un grand loup. L'homme hurle comme un loup, tandis que l'animal pousse des gémissements. Le promeneur ne peut s'échapper de ce piège.

Le loup se jette sur lui et le déchiquette, ne laissant que quelques os et une mare de sang. On raconte que plusieurs autres promeneurs périrent ainsi, et que seul un géant réussit à s'enfuir et à échapper aux deux poursuivants.

Dictons de novembre

Im November viel nass,
Uf de Wiese viel Gras.

En novembre, beaucoup de pluie,
Dans les prés beaucoup d'herbe.

Zeigt November sich im Schnee,
Bringt er richi Frucht un Klee.

Novembre dans la neige, annonce grains et trèfle en abondance.

Wenn's im November blitzt un kracht,
Im nächste Johr d'r Bür sehr lacht.

Si en novembre l'orage gronde,
L'an suivant sera bon pour le paysan.

November-Schnee Tuet d'r Saat nit weh.

Neige de novembre ne nuit pas aux semences.

Im November d'Sterne sehr hell,
Bedite grossi Kält.

Étoiles brillantes en novembre,
Annoncent de grands froids.

November hell un klar,
Isch ewel für's nächste Johr.

Temps clair en novembre,
Mauvais pour l'année suivante.

22 *novembre*

ENTRÉE DES FRANÇAIS À STRASBOURG (1918)

Depuis 1918, le 22 novembre constitue une date phare à Strasbourg. Après l'armistice du 11 novembre, les troupes françaises pénètrent en Alsace du 16 au 24 novembre.

À Strasbourg, qui connaît du 10 au 21, à l'image des principales villes allemandes, une révolution influencée par les idées marxistes, un comité de réception ourle la ville de tricolore. C'est le 22 que le général Gouraud fait, par la rue Neuve, son entrée dans Strasbourg place Kléber, où il bénéficie d'un accueil très enthousiaste. La population envahit les rues et embrasse les soldats. Les maisons disparaissent sous les drapeaux. Cette véritable fièvre (« l'éblouissement tricolore ») s'explique par l'image d'une France victorieuse, apportant, après quatre ans de privations et d'état de siège, « le pain blanc et le vin » et l'ordre, alors que l'Allemagne ne symbolise plus que le passé, la défaite et la peur de la révolution. C'est un véritable défoulement après quatre années de dictature d'épreuves et de privations.

À partir de 1919, le 22 novembre devient (jusqu'en 1967) la date officielle de la rentrée universitaire solennelle, en présence des plus hautes autorités et des notables de la ville qui contribuent au décorum. Les discours sont des comptes rendus des doyens des diverses facultés et la réception en couleurs chatoyantes des docteurs *honoris causa*. La rentrée de 1919 a lieu en présence du président de la République, Raymond Poincaré, qui a contribué à fonder la Société des Amis de l'Université, un soutien financier toujours présent, et à fixer à l'Université sa mission : devenir à la frontière de l'Est le phare intellectuel de la France.

La date est inscrite aussi dans la toponymie. Le 31 mai 1919, le conseil municipal dénomme la rue Neuve, percée entre 1908 et 1915 entre l'église Saint-Pierre-le-Vieux et la place Kléber, rue du 22 Novembre, pour rappeler l'entrée des troupes françaises par cette rue en 1918 (ce qui explique que de 1940 à 1944 les nazis l'ont dénommée 19. Juni *Strasse* – entrée de la Wehrmacht dans la ville en 1940). En 1949, la Ville et l'association des commerçants de la rue organisent de grandes manifestations à cette occasion : cortège, discours, concours de vitrines, attractions diverses et grande tombola. De plus, les maisons sont abondamment pavoisées et les vitrines richement décorées. Les mâts et oriflammes utilisés en 1918 ont été remis en place et sont encore conservés aujourd'hui.

23 novembre

LA LIBÉRATION DE STRASBOURG ET SA MÉMOIRE (1944)

Le 23 novembre 1944 constitue une date capitale pour les Strasbourgeois. Ce jour marque en effet la libération de la ville de Strasbourg par la 2e DB commandée par le général Leclerc, à l'issue d'une manœuvre devenue un modèle. Le matin du 23, cinq colonnes de blindés se lancent depuis Saverne vers Strasbourg. Seule la colonne de Rouvillois réussit à pénétrer par la place de Haguenau en ville, d'où il envoie son célèbre message, « Tissu est dans iode ». La surprise est complète pour les Allemands et tous les fonctionnaires sont demeurés à leur poste. Néanmoins, dans la matinée, de nombreux Allemands, affolés, se sauvent et parviennent à franchir le pont de Kehl, alors que d'autres se laissent enfermer dans la ville. Leclerc parvient à capturer une partie de l'état-major au palais du Rhin. Mais des poches de résistance résistent jusqu'au 25, date à laquelle le général Vaterrodt consent à signer la capitulation.

Par la suite, ce jour s'inscrit dans la mémoire collective. Chaque année, jusqu'à l'heure actuelle, le 23 ou le dimanche le plus proche donne lieu à d'imposantes festivités, organisées à l'initiative de la ville et de l'amicale des anciens de la 2e DB, qui a donné son nom à une grande artère de la ville. Une statue de Leclerc, réalisée par le sculpteur parisien Saupique et inaugurée le 25 novembre 1951, immortalise le souvenir du libérateur sur la place. Après sa disparition tragique, se développe un véritable culte à Leclerc. Durant les premières années, ont lieu des fêtes imposantes, en présence du général, puis de sa veuve, qui se rend chaque année à Strasbourg. Elles consistent en une soirée récréative la veille, le matin trois cérémonies commémoratives devant le char Zimmer près du pont du Rhin, au cimetière militaire de Cronenbourg et au monument aux morts et en une messe à la cathédrale.

En 1959, à l'occasion du 15e anniversaire de la Libération, le général de Gaulle choisit ce jour pour une visite à Strasbourg.

24 novembre

BENJAMIN CONSTANT DÉPUTÉ DE STRABSOURG (1827)

Les 17 et 24 novembre 1827, Benjamin Constant est élu député de Strasbourg. Grâce à ses talents oratoires, il est alors l'un des porte-parole médiatiques du parti libéral. Dans les années 1820, il entre en relations suivies avec le patriciat industriel de Munster (Hartmann) et de Mulhouse (Dollfus), puis à Strasbourg, où il est bien accueilli par les libéraux pour ses origines protestantes et sa défense de la liberté. Lors des élections de 1827, il est sollicité pour être candidat à Strasbourg. La campagne électorale est triomphale et se caractérise par une succession de manifestations en sa faveur : aubades, concerts, cortèges illuminés sur l'Ill et multiples dîners. Lors du scrutin des 17 et 24 novembre, il est élu (124 voix) face à Jean-Georges Humann (108 voix). Désormais et jusqu'en 1830, il apparaît comme la voix de l'Alsace au Parlement, défenseur du libéralisme politique et économique et des intérêts particuliers de l'Alsace, défense contre le monopole du tabac et pour le transit colonial par le Rhin. Un an plus tard, il est fêté à Brumath, Bischwiller, Barr et Munster et qualifié de « roi de Strasbourg ». Il sait conserver son aura, ce qui lui vaut d'être réélu à Strasbourg (en juin et octobre 1830), peu avant sa mort.

LE CHEVALIER KURT ET LA CHAPELLE D'UNGERSHEIM

Cette légende est tirée des *Annales dominicaines* de Colmar. En 1240, le chevalier Kurt se construit un magnifique château. C'est un homme de guerre détaché de la religion. Il est attiré par les belles pierres de taille de la chapelle d'Ungersheim, qu'il désire voir orner du donjon de son château. Sans hésiter et sans le moindre scrupule, il fait démolir le clocher. Mais le curé et les fidèles, fort mécontents, invoquent Dieu pour punir ce crime. Or, peu après, le chevalier Kurt perd la raison. Au même moment, les pierres volées se disloquent et le donjon se transforme en une ruine informe.

25 novembre

SAINTE CATHERINE

Catherine, martyrisée en 307 à Alexandrie, occupe une grande place dans la religion populaire en Alsace. Elle fait partie des 14 saints auxiliaires. Elle est la patronne des écoliers, des universitaires, des imprimeurs, des charrons et des meuniers.

Avant 1945, c'est l'un des prénoms les plus répandus, au point de prendre parfois une connotation humoristique : la *Dreckkättel* (fille négligée), la Catherine des vendanges si elle a la figure barbouillée (*wie's Kättel im Herbscht*), la *schnell Kathrin* (Catherine, dépêche-toi) pour désigner la diarrhée. Elle est la patronne de sept églises en Alsace.

Elle a inspiré de nombreuses comptines et chansons.

Katrinele, Katrinele,
Geh mit mir in dis Holz
Ich tröj d'r nit
Die Buewe sin ze stolz.

Catherine, viens m'accompagner dans le bois. Je me méfie.
Ils sont trop fiers, les gars.

Katrinele, Steh uf un mach e Liecht
Es tippelt ebs, es täppelt ebs
Mr meint es isch e Dieb
Es isch ken Dieb, es isch ken Dieb
Es isch s'Noochber's Seppele
Der het's Katrinel lieb.

Catherine, lève-toi
Et fais de la lumière
On entend des pas,
On entend du bruit,
Ne dirait-on pas un voleur ?
Non, ce n'est pas un voleur
C'est Joseph, le voisin,
Qui porte Catherine dans son cœur.

LA FOIRE DE SAINTE-CATHERINE À ALTKIRCH

La foire des bestiaux de la Sainte-Catherine a lieu depuis longtemps le jeudi de la semaine du 25 novembre. Une foule de plusieurs milliers de personnes se rendait alors dans la capitale du Sundgau. Aujourd'hui, les animaux sont remplacés par des tracteurs et des machines agricoles. Jusque vers 1950, c'est aussi le jour de l'embauche des servantes et des valets.

26 novembre

DISPARITION DE CHARLES HAUTER (1888-1981)

Le 26 novembre 1981 disparaît Charles Hauter, une grande figure du protestantisme alsacien au XXe siècle. En 1919, il est nommé à la Faculté de théologie bien qu'étant alors de culture entièrement germanique. Il se détache peu à peu du libéralisme théologique pour s'intéresser davantage à l'orthodoxie.

Pendant la guerre, il est interné à Buchenwald, tandis que son fils André est fusillé. Il est doyen de la Faculté de 1945 à 1958. Il joue durant ces années un grand rôle dans les instances ecclésiastiques (Consistoire Supérieur, Chapitre Saint-Thomas). En dehors de deux thèses, il publie peu : il est plus un homme de la parole que de l'écriture. Personnage pittoresque et populaire, il cultive l'accent alsacien et aime les « bons » mots.

LES VEILLEURS DE NUIT

Aux siècles passés, un veilleur de nuit circulait dans chaque localité et récitait une comptine à chaque heure entre 22 heures et 4 ou 5 heures du matin. En voici quelques échantillons.

À 10 heures à Barr.

Höre, Burjer, ich tüe eich kund :
Es isch um die zehnte Stund !
Nahme Fier un Liecht in Acht,
Gott geb eich alle e güeti Nacht !

Bourgeois, attention, je vous informe : il est 10 heures !
Prenez soin du feu et de la lumière
Que Dieu vous accorde à tous une bonne nuit !

À 10 heures à Bœrsch aux membres du conseil municipal

Ehr Herre, was ich eich will sage,
Die Glock hat zen geschlage.
Lösche Fir un Liecht,
Dass eich Gott un Maria behüet !

Messieurs, je veux vous dire
Que la cloche a sonné 10 heures.
Éteignez le feu et la lumière,
Que Dieu et Marie vous protègent.

Vue de Turckheim

Dans le pays de Hanau, les dictons sont marqués par l'esprit biblique.

Ainsi à minuit :

Hört ihr Leut, ich tu's euch sagen,
Unsere Glock hat zwölf geschlagen.
Zwölf Stunden hat ein jeder Tag,
Denke wie man sterben mag !

Écoutez, braves gens, je veux vous dire,
Notre cloche a sonné minuit.
Chaque jour n'a que douze heures,
Pensez qu'on peut mourir.

Cette pratique disparaît partout entre 1871 et 1914. Depuis quelques décennies, la ville de Turckheim a rétabli cet usage pour les touristes, durant l'été, chaque soir à 22 heures.

27 novembre

NAISSANCE DU THÉÂTRE ALSACIEN (1898)

Le 27 novembre 1898 à lieu a Strasbourg la première représentation de la pièce *D'r Herr Maire* de Gustave Stoskopf. Elle connaît un immense succès et constitue l'acte fondateur du Théâtre alsacien. C'est une description de la campagne avec ses rapports de force intra–villageois, ses sous-entendus malicieux et la satire prudente du régime. Le tout est conté avec beaucoup de relief et de fraîcheur dans une langue savoureuse. Durant plusieurs semaines, l'événement alimente des articles de presse.

Le succès de cette pièce entraîne l'éclosion de toute une série d'auteurs (Bastian, Greber, Hanc) et la naissance de théâtres alsaciens dans la plupart des villes moyennes d'Alsace. Ils touchent un public populaire, car les pièces sont ancrées dans le terroir.

SAINT COLOMBAN

Missionnaire venu d'Irlande, fondateur de plusieurs couvents, dont Luxueil, il meurt en 615. Sa règle monastique est observée avant l'introduction de celle de saint Benoît dans plusieurs couvents en Alsace, dont Honau, Saint-Thomas et Saint-Pierre-le-Jeune à Strasbourg. Il est représenté en évêque, accompagné d'un ours. Il n'est le patron que d'une seule église, Bisel dans le Sundgau. Au Moyen Âge, des reliques sont attestées à Murbach, à Wissembourg et à Saint-Pierre-le-Jeune. Il fait partie du propre de l'évêché de Strasbourg de 1822 à 1914.

LÉGENDES DU CHEMIN DE FER

L'arrivée du chemin de fer en Alsace en 1839 suscite dans les mentalités rurales beaucoup de méfiance. Il est perçu comme un monstre inquiétant et crachant le feu. Le sifflet de la locomotive est considéré comme celui du diable. Toute l'invention est son œuvre et les constructeurs lui auraient vendu leur âme. À chaque arrêt du train aux stations importantes, « il manque un voyageur que le diable a pris pour se payer ».

On attribue aussi au chemin de fer la maladie des pommes de terre. On pense que les plants sont empoisonnés par la vapeur et la fumée émises par les locomotives.

28 novembre

L'ANGE PROTECTEUR

Schutzengel halte treue
Wacht,
Schütz unsre Kinder Tag und
Nacht.

Ange protecteur, assure une garde fidèle,
Protège nos enfants jour et nuit.

Recette des galettes de pomme de terre

Ingrédients : 1 kg de pommes de terre, 2 gros oignons, persil haché, 4 œufs, 1 cuillerée à soupe d'huile, 1 cuillerée à soupe de persil, ciboulette, sel, poivre, noix de muscade.

Éplucher les pommes de terre. Râper sur une râpe à grille fine. Verser les pommes de terre râpées dans une passoire. Les égoutter. Mettre les pommes de terre dans une terrine. Ajouter les œufs entiers, puis les oignons hachés, le persil, la muscade, la ciboulette, le sel et le poivre.

Bien mélanger fortement. Faire chauffer de l'huile dans une poêle. Verser une cuillerée de la purée de pommes de terre en forme de petites galettes. Les faire griller des deux côtés.

Les galettes se mangent croustillantes, avec une salade verte ou une salade de concombre, ou de compote de pommes pas trop sucrée. Précédées d'un potage, les Grumbeerekiechle constituent le menu d'un jour sans viande ou celui d'un dîner campagnard.

Comptine

Eins, zwei, drei, vier, fünf,
Sechs, sewe, acht, nien,
Geh in's Gässel nin.
Im Gässel isch e Hüs,
Im Hüs isch e Garte,
Im Garte isch e Baum,
Im Baum isch e Ei,
Im Ei isch e Dutter,
Im Dutter isch e Has,
Der springt dir uf d'Nas !

Un, deux, trois, quatre, cinq,
Six, sept, huit, neuf,
Entre dans la ruelle.
Dans la ruelle il y a une maison,
Dans la maison il y a un jardin,
Dans le jardin il y a un arbre,
Dans l'arbre un œuf,
Dans l'œuf un jaune d'œuf,
Dans le jaune d'œuf un lapin,
Qui te saute au nez.

29 novembre

LE LOUP DE LANDERSEN

Un jour, un vieux paysan monte au-dessus de Landersen dans la vallée de Metzeral, afin de nettoyer les fossés qu'il a creusés pour capter l'eau. À son retour dans la vallée, la nuit descend déjà sur les montagnes. Il aperçoit dans la forêt deux lumières vertes qui s'immobilisent, puis avancent, puis s'immobilisent à nouveau. Le cœur du vieux paysan se met à battre plus vite : que faire seul dans la nuit en forêt. Il n'a comme arme que sa pioche qui lui a servi à nettoyer les rigoles. Il se souvient avoir entendu dire que les loups ont peur du feu. Il prend sa pioche et frappe les cailloux du chemin, faisant voler des étincelles dans l'obscurité. À chaque coup frappé, il hurle comme un beau diable, injuriant le loup de tous les noms possibles. C'est ainsi qu'il rentre chez lui, sans avoir été inquiété par le loup.

Comptine du Ried

Anne danne diss.
D'Müater kocht Ris.
Haw i welle schlacke,
Kummt se mit em Stacke.
Bin i züe d'r Magd,
Het si mi verklagt.
Bin i züem Knacht,
Het er gsait : s'gschejt d'r racht.
Bin i züem Grand-papa,
Her 'r gsait : Ha ha ha !
Anne danne dis.

Ma mère cuisait du riz.
Je voulus en lécher.
Elle s'amena avec un bâton.
J'allai trouver la servante.
Celle-ci me dénonça.
Je me rendis chez le valet,
Qui décréta c'est bien fait pour toi.
J'allai trouver grand-papa,
Qui me dit Ha ha ha.

30 novembre

LA SAINT-ANDRÉ

Le jour de la Saint-André a tenu une grande place en Alsace. Saint André est le saint protecteur des jeunes filles qui cherchent à se marier. Pour connaître leur futur mari, les jeunes filles utilisent différentes techniques de divination qui sont pratiquées jusque dans les années 1930.

Dans certaines régions, on coupe des rameaux d'arbres fruitiers dans le verger et on les dépose dans un vase placé dans la *Stube* bien chauffée, afin qu'ils fleurissent la veille de Noël, et que, selon leur intensité de floraison, ils indiquent le temps qu'il va faire au cours de l'année à venir, et si les récoltes seront bonnes ou mauvaises. Ce jour concentre sur lui un certain nombre de coutumes, de pratiques et de croyances qui sont liées à des rites de passage, car c'est souvent le premier jour de la nouvelle année liturgique.

Andrees, Bitterbees.

Saint-André, très méchant (rigoureux).

Andreese-Schnee Tuët im Weize Weh

Neige de Saint-André Fait du mal au blé.

Noch Sankt Andrees Macht de Winter schun Stœss.

Après la Saint-André L'hiver vient en force.

LE TEMPS DE L'AVENT

Wenn's am Advant stark dufte tat, ass Hirscht un Baim nacht wiss sin, drno tat's vil Obst gah.

S'il y a beaucoup de brouillard au cours de l'Avent, et que les buissons et les arbres sont bien blancs, Alors il y aura beaucoup de fruits (règle connue surtout dans le Sundgau).

Wenn Winde wehen in Advent so wird uns viel Obst gesendt.

Quand les vents soufflent en Avent Beaucoup de fruits nous seront donnés.

1er décembre

Recette des bredle au chocolat

Ingrédients :

5 œufs,
165 g de chocolat à faire fondre au bain-marie (sans faire bouillir),
210 g de beurre ramolli,
165 g de sucre,
85 g de noix hachées,
85 g de farine.

Battre le sucre avec les œufs entiers, puis ajouter le chocolat et le beurre, puis les noix et la farine.

Couler cette pâte sur une plaque à rebord. Faire cuire dans un four à 175° (thermostat électrique 5 1/2) pendant 15 mn. Surveiller la cuisson. Quand c'est cuit, une petite pellicule se forme sur la pâte. Ne pas laisser noircir. À l'intérieur, cela doit rester mou. Tourner la plaque en cours de cuisson. Lorsque c'est cuit, éteindre le four, et attendre encore 2 à 3 mn, avant de sortir la plaque du four. Avec un couteau, découper en lanières horizontales, puis verticales, pour obtenir de petits dés.

NAISSANCE DE HANS HAUG (1890-1965)

Le 1er décembre 1890 naît Hans Haug, conservateur, puis directeur des musées de Strasbourg de 1944 à 1965. Par ses talents divers, il occupe une place de premier rang dans la vie culturelle et artistique de Strasbourg. Il enrichit de nombreuses œuvres françaises le musée des Beaux-Arts et crée le musée de l'Œuvre Notre-Dame. Il organise de nombreuses expositions et réalise une œuvre considérable de dessinateur : paysages, portraits et caricatures. Historien d'art, il rédige de nombreuses publications, centrées en particulier sur l'architecture, les arts céramiques de la famille Hannong et le XVIIIe siècle en général.

2 décembre

LA CROYANCE À LA SURVIVANCE DE NAPOLÉON

Après 1815, se développe en Alsace un véritable mythe napoléonien, de sorte que beaucoup de personnes n'ont pas voulu croire à sa mort en 1821. Bien des Strasbourgeois prétendent avoir rencontré dans la nuit du 2 décembre (anniversaire du couronnement, en 1804, et de la victoire d'Austerlitz, en 1805) un homme à cheval coiffé d'un bicorne précédé d'un bataillon et suivi d'un cortège de généraux également à cheval. Certains passants attardés disent avoir rencontré ce cortège qui contournait les remparts pour n'avoir pas à faire avec les sentinelles.

Mois de décembre

Le mois de décembre, aux journées les plus courtes, vit dans l'attente de Noël par les préparatifs de fête, achats de cadeaux et fabrication des Bredle, de gâteaux spécifiques à la vallée du Rhin supérieur et dont le lecteur trouvera quelques échantillons dans les pages suivantes.

Dans les dictons météorologiques, on souhaite un temps froid et neigeux, et on redoute la douceur.

Dezember kalt mit Schnee
git Korn und Klee.

Décembre froid et neigeux
Promet du blé et du trèfle.

Dezember warm
Macht d'Büeire arm
Dass Gott erbarm.

Un décembre doux
Appauvrit les paysans.
Que Dieu ait pitié de nous.

Ist der Dezember veränderlich
und lind,
so bleibt der ganze Winter ein
Kind.

Si en décembre le temps est
variable et doux,
Tout l'hiver demeure un enfant.

3 décembre

NAISSANCE DE XAVIER HAEGY (1870-1932)

Le 2 décembre 1870 naît à Hirsingue Xavier Haegy, l'un des grands acteurs du parti et de la presse catholiques à partir de 1900. Il milite pour l'autonomisme régional aussi bien sous la domination allemande que française. Il dirige l'*Elsässer Kurier* à Colmar de 1900 à sa mort. En 1918, il devient président de la Société d'édition de la Haute-Alsace, le principal groupe de presse catholique d'Alsace.

Soucieux de développer le syndicalisme chrétien, il établit des relations étroites avec la Centrale sociale de Mœnchen-Gladbach (Rhénanie). Il y envoie de nombreux jeunes en stage de formation. Après 1918, il crée des cours chrétiens sociaux de vacances pour former les jeunes ouvriers aux problèmes sociaux.

Il est assez vite rattrapé par la politique et la démocratie chrétienne qui, pour lui, demeure cléricale. Il contribue à la création d'un parti du Zentrum, mais spécifique à l'Alsace, et s'engage dans la vie politique : conseiller général en 1906, député au Reichstag en 1912 où il défend avec vigueur les intérêts alsaciens. Après 1918, il devient l'une des grandes figures du parti catholique, l'UPR, et s'oppose fermement à la politique jacobine. Il est partisan d'un régionalisme qui maintient les institutions scolaires et religieuses ainsi que l'allemand. En 1929, il se rallie à une politique de *Volksfront* pour défendre le particularisme alsacien.

Comptine

E scheens Kumplement,
Der Kaffee isch verbrennt,
D'Milich isch ins Fier g'loffe,
D'Mamme kann ken Kaffee koche.

Un joli compliment,
Le café a brûlé,
Le lait a débordé dans le feu,
Maman ne sait pas faire le café.

4 décembre

SAINTE BARBE

Sainte Barbara ou Barbe a joué un rôle très important dans la piété populaire en Alsace. Depuis le XIVe siècle, elle fait partie des quatorze saints auxiliaires à invoquer en cas de détresse. Elle est la patronne des artilleurs, des mineurs et des chirurgiens. Elle est invoquée en cas d'agonie et de décès.

Le jour de la Sainte-Barbe, on coupait des rameaux d'arbres fruitiers, de diverses essences, pour les mettre dans un vase posé sur le poêle en faïence. Ils portent les noms de *Barbarazwig* (branche).

Selon leur qualité de floraison, ils vont indiquer les récoltes de fruits de l'année à venir.

Auf St. Barbara die Sonne weicht auf Luzia sie wieder herschleicht

Le soleil disparaît à la Sainte Barbe Pour réapparaître à la Sainte-Lucie. (13 décembre)

Geht Barbara im Klee, kommt das Christkind im Schnee.

Si on marche dans le trèfle à la Sainte-Barbe, Noël sera enneigé.

LE PATRON DES SAPEURS-POMPIERS

Le jour de la Sainte-Barbe ou le dimanche le plus proche, toutes les amicales de pompiers organisent leur fête annuelle en l'honneur de leur patronne. En Alsace, les corps de pompiers bénévoles sont nettement plus nombreux que dans le reste de la France. Presque chaque village a son corps. La création remonte en général à l'époque du Reichsland et elle s'inscrit dans un esprit associatif plus poussé qu'ailleurs. Dans le seul département du Bas-Rhin, on compte en 2000 près de 10 000 pompiers bénévoles à côté de 300 professionnels installés à Strasbourg et dans les villes moyennes. Dans le Haut-Rhin, en 1999, on recensait 8 500 pompiers dont 6 367 bénévoles répartis en 349 corps. La fête consiste le plus souvent en des ripailles largement arrosées, un spectacle, des morceaux de musique, une tombola, le tout suivi d'un bal.

Une gelée exceptionnelle

En 1804, le 4 décembre connaît une gelée exceptionnelle dans la majeure partie du vignoble alsacien, en particulier dans le partie nord du Haut-Rhin, d'où un retard de la floraison en 1805 et une production limitée au dixième de celle de 1804.

5 décembre

Attale est fille d'Adalbert, duc d'Alsace, et nièce de sainte Odile qui l'initie à la vie monastique. Vers 718, elle devient la première abbesse du couvent prévu pour 30 moniales que son père vient de fonder sur le site de Saint-Étienne à Strasbourg.

Après sa mort, de nombreux miracles la font classer au rang des saints, comme l'attestent une *Vita* de la fin du XIIIe siècle et des témoignages de son culte dès le Xe siècle, demeuré confiné au diocèse de Strasbourg. Selon une légende du XIIIe siècle, l'évêque Wiederold (991-999) a voulu

SAINTE ATTALE (690-741)

dérober le corps de sainte Attale. Mais un diacre, averti par une voix céleste, retira de nuit les ossements du cercueil pour les dissimuler. Furieux, l'évêque fit fermer l'église. Mais il subit un châtiment terrible. Son corps encore vivant fut rongé par des vers et des souris. L'église Sainte-Madeleine de Strasbourg conserve depuis 1804 un reliquaire constitué d'un grand morceau de cristal de roche dans lequel une main de sainte Attale est enclose, sertie dans un reliquaire précieux des XIIe et XVe siècles. L'église Saint-Étienne conserve une tenture du XVe siècle qui relate en six scènes la légende de sainte Attale.

FONDATION DE DEUX INSTITUTIONS DURABLES (1855 ET 1902)

En 1855 est fondée la Société pour la Conservation des Monuments historiques à l'initiative de Louis Spach, archiviste du Bas-Rhin, avec le soutien du préfet Migneret. Les membres sont, d'une part, des notables liés au régime et, d'autre part, des savants moins engagés politiquement. Elle joue depuis un rôle majeur dans le sauvetage et la défense du patrimoine régional, dû au dynamisme de la commission des fouilles, à l'importance des collections réunies et à la qualité de ses publications. Aujourd'hui, elle continue de tenir une place importante par ses conférences, sa publication annuelle et ses sorties sur le terrain.

Le 5 décembre 1902 est créée la Faculté de théologie catholique par une convention signée entre le Saint-Siège et le gouvernement impérial. Elle est le résultat de longues négociations. Elle est voulue par les autorités allemandes, afin de former les séminaristes dans un moule allemand, car le Grand Séminaire demeure un bastion de la francophilie. Elle est maintenue en 1919 et constitue jusqu'à aujourd'hui la seule faculté de théologie catholique d'État en France. Parmi les premiers professeurs figurent des personnages éminents, dont Eugène Muller, député puis sénateur de 1919 à 1940, et Michael Faulhaber, devenu plus tard archevêque de Munich, cardinal et résistant au nazisme.

6 décembre

LA SAINT-NICOLAS

Saint Nicolas, patron de la Lorraine, est vénéré en Alsace depuis 1100. C'est un personnage très populaire, entouré de légendes et de miracles. Il est l'un des patrons les plus fréquents dans le diocèse : 17 églises dans le Bas-Rhin et 18 dans le Haut-Rhin. Sa fête est associée aux festivités des enfants. À Strasbourg, ils faisaient autrefois des cortèges dans les rues. À Mulhouse, jusque vers 1914, ce jour-là avait lieu un grand marché, caractérisé en particulier par la vente de *Schnackla*, des brioches en forme d'escargot.

Dans certaines localités, les enfants récitent des rimes pour l'inviter à entrer.

Lieber Nikolaus komm in unser Haus,
leer dein Säcklein aus Lieber Nikolaus.

Cher Nicolas viens dans notre maison,
vide ton sac chez Nicolas.

Entré dans la maison, saint Nicolas, après s'être assuré que les enfants aient été sages et après les avoir touchés avec un rameau d'arbre, rite de fertilité pour rendre fécond et plein de vie, distribue des cadeaux : des pommes, des poires, des noix, des noisettes, des pains d'épice et parfois des jouets, en particulier des poupées. Les fruits offerts ont une signification rituelle extrêmement précise. Ils symbolisent l'abondance et constituent des dons funéraires, en relation avec le monde des esprits qui rôdent autour des maisons. Les pains d'épice, apparus dès le Moyen Âge, tiennent une place importante à Noël.

Une des fonctions de saint Nicolas est de protéger les jeunes gens qui cherchent à se marier. Il est le patron des navigateurs et des boulangers.

Dictons

Ils évoquent tantôt le froid et la neige ou à l'inverse la pluie et la douceur.

Tüet's uf Nikolai schneje,
Wurd vil Schnee im Winter keje.

S'il neige à la Saint-Nicolas,
Hiver neigeux il y aura.

Am Niklaus Raje Se
Verfriere d'Rawe

S'il pleut à la Saint-Nicolas,
Le vignoble gèlera.

Sankt Nikolaus beschert die Kech
Gibt aber nicht den Strick dazu.

Saint Nicolas fait des cadeaux à la vache
Sans lui donner les moyens de les gérer.

7 décembre

HANS TRAPP

Saint Nicolas est en général accompagné d'un acolyte, le Hans Trapp, un personnage inquiétant, qui incarne l'aspect sombre et nocturne de cette période aux nuits longues. Il porte, selon les régions, d'autres noms plus ou moins étranges. *Rübelzs* (qui porte des fourrures d'animaux), *d'r Bels* (le méchant), *Müllewitz* (lutin).

Il apparaît sous des formes variées, mais toujours comme un homme dur, parfois méchant, affublé d'un grand chapeau, parfois des cornes, d'un manteau noir et tenant un grand bâton. Il fait beaucoup de bruit avec ses chaînes, ses sabots et parfois des cloches. À son entrée dans la maison, les enfants promettent de rester sages, puis il leur remet des friandises (fruits, biscuits, *bredele*).

Il semble avoir été un personnage historique, Hans von Trotha, mort en 1503, un chevalier au service de l'électeur palatin, qui a fait bien des misères à la ville de Wissembourg. Après sa mort il aurait été peu à peu transformé en épouvantail pour enfants. Les premières mentions écrites remontent au XVIIIe siècle en Alsace. Selon une autre piste, plausible, ce serait la juxtaposition du prénom Hans (qui désigne très souvent l'Alsacien moyen) et du verbe *tappe* (marcher lourdement), soit un personnage lourdaud. C'est un masque de l'hiver qui a pour fonction de chasser les influences négatives, de distribuer des dons et de protéger par son bruit la communauté des vivants. Il est souvent accompagné d'un âne (*Peckeresel*) qui porte sur son dos les sacs contenant les cadeaux pour les enfants.

NAISSANCE DE JEAN-GUILLAUME BAUM (1809-1878)

Le 7 décembre 1809 est né à Flonheim (Hesse rhénane), Jean-Guillaume Baum, devenu un des grands historiens de la Réformation à Strasbourg. Il a fait œuvre de pionnier par ses publications fondées sur une documentation de première main. Il a publié en particulier un *Capito und Butzer* (1860), un *Theodor Beza* (1843-1852) et participé à la publication des Oeuvres de Calvin (1863-1880). Il a été pasteur à Saint-Thomas et au Séminaire protestant. Grâce à son rayonnement, il est devenu le chef du courant libéral.

8 décembre

LA PRISE DE BRISACH (1638)

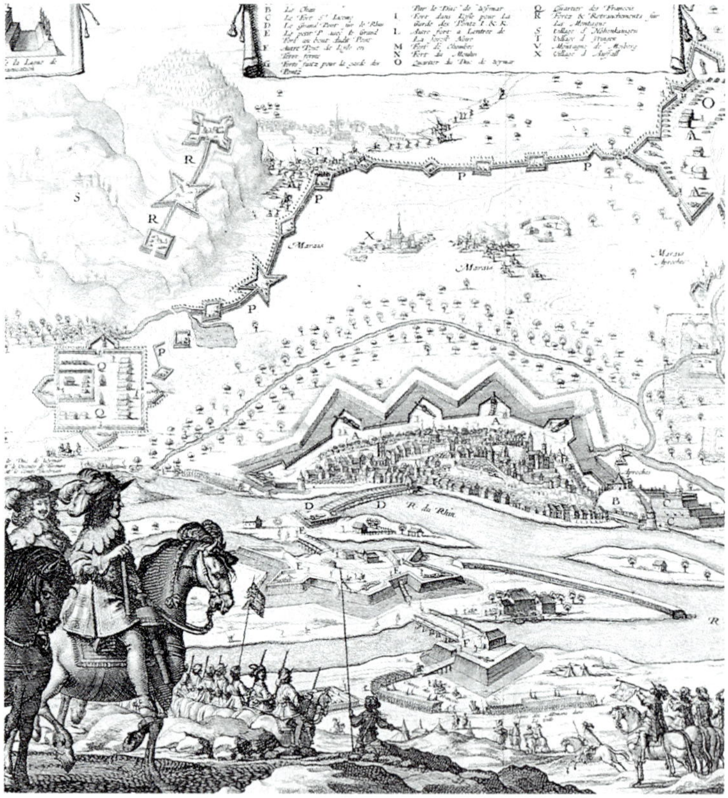

Le 8 décembre 1638, la place-forte de Brisach, l'une des plus connues dans la vallée du Rhin Supérieur et considérée comme imprenable, se rend après un siège de huit mois, d'avril à décembre. Le général Bernard de Saxe-Weimar a fait creuser une tranchée circulaire face à une garnison héroïque décimée par le typhus et une famine extrême qui provoque des actes de cannibalisme. Le chute est considérée par les contemporains comme l'un des faits les plus marquants de l'histoire militaire du temps et a suscité toute une littérature.

La ville passe en 1639 et jusqu'en 1697 sous souveraineté française. Elle représente aux yeux de Richelieu l'une des trois clés de la France. En 1674, elle devient le siège du Conseil Souverain d'Alsace et l'un des pivots essentiels de la défense des frontières. Elle constitue à la fois une barrière et une porte d'entrée face à l'Autriche. Lorsque le traité de Ryswick fait du Rhin la frontière de la France, celle-ci doit évacuer Brisach et construit de 1701 à 1703 la forteresse de Neuf-Brisach.

L'Immaculée Conception

Elle est la patronne de huit paroisses et a suscité un dicton qui souhaite voir les prés enneigés.

An Maria-Empfängnis,
Seht me gern d'Matte wis.

NAISSANCE DE CHARLES GRAD (1842-1890)

Le 8 décembre 1842 naît Charles Grad. Écrivain scientifique très fécond, il publie une soixantaine d'ouvrages et collabore à de nombreux quotidiens et périodiques. Très attaché à la défense des intérêts de l'Alsace après 1870, il est député au Reichstag de 1877 à 1890, où il intervient régulièrement. C'est un homme profondément religieux.

9 décembre

La Foire de Noël (du Petit-Jésus), à Strasbourg.

LE MARCHÉ DE NOËL

Durant toute la période de l'Avent, une curiosité de Strasbourg, son *Christkindelmärik* place Broglie, propose au visiteur des friandises, des sapins, des éléments de décoration de sapin de Noël, sans oublier le vin chaud et les nombreux jouets et objets censés avoir un lien avec Noël.

Il remonte à 1570, année où il a remplacé le marché de Saint-Nicolas. Il se tenait trois jours avant Noël devant la cathédrale, puis a été transféré en 1830 sur l'actuelle place Kléber. Depuis 1870, il se tient place Broglie et dure toute la période de l'Avent. Depuis, il a imprégné toutes les générations de Strasbourgeois. Les enfants viennent pour admirer les décorations, les jouets et goûter les friandises.

Depuis une dizaine d'années, il s'étend sur la place de la Cathédrale et sur la place Kléber. Avec l'opération *Strasbourg capitale de Noël*, le marché devient une attraction pour toute la France de l'Est (plusieurs dizaines d'autocars par jour) et Paris (plusieurs vols quotidiens supplémentaires en week-end).

De Strasbourg, le concept du marché s'est étendu à l'ensemble de l'Alsace, où l'on en recense une quarantaine en 2000, mais avec un sérieux risque de voir la dimension commerciale et marketing remplacer « l'authenticité », sauf à Kaysersberg, qui a su préserver son cachet spécifique.

10 décembre

LOUIS RATISBONNE (1779-1855)

Le 10 décembre 1779 naît à Fürth en Franconie Louis Ratisbonne, l'un des grands acteurs juifs de Strasbourg entre 1815 et sa mort. En 1830, il devient le directeur de la banque Les Frères Ratisbonne. Il joue un rôle majeur dans trois organismes strasbourgeois comme administrateur-fondateur de la Caisse d'épargne de Strasbourg (1834), de la Banque de Strasbourg (1844) et de la Banque de France installée à Strasbourg en 1846. Il est conseiller municipal et quelque temps adjoint au maire. Il préside le Consistoire israélite de Strasbourg et du Bas-Rhin de 1830 à sa mort. Il s'investit beaucoup dans les œuvres sociales, en particulier à l'école israélite des arts et métiers, à laquelle il lègue sa maison. Il fonde l'hospice Elisa.

Recette des bredle grand'mère (petits gâteaux avec meringage)

Ingrédients : pour la pâte 500 g de farine, 250 g de beurre ramolli, 6 jaunes d'œuf, 125 g de sucre. Pour le dessus : les blancs d'œuf, 250 g de sucre, 250 g d'amandes ou noix moulues.

Faire une pâte avec les ingrédients, puis l'étaler au rouleau et découper des disques avec un petit verre.

Battre les blancs d'œuf en neige très ferme, en ajoutant le sucre petit à petit, puis incorporer délicatement les amandes ou les noix. Déposer une petite cuillerée de ce meringage sur chaque petit disque.

Cuire pendant 15 mn à four chaud (200° thermostat 6-6 1/2 pour un four électrique).

La turquoise et le rubis en décembre

Selon la croyance populaire, la turquoise et le rubis ont des vertus particulières en décembre. Le rubis exercerait une influence bénéfique sur le sang, tandis que la turquoise confère des vertus magiques.

11 décembre

Recette des Spritzbredle (petits gâteaux de Noël)

Ingrédients : 750 g de farine, 250 g de beurre (ramolli à température ambiante pendant deux heures), 250 g de sucre, 2 œufs, 1 sachet de sucre vanillé, 1 paquet de levure chimique et (facultatif) une cuillère de schnaps ou un zeste de citron râpé.

Mélanger, d'une part, la farine, la levure et le beurre ramolli et, d'autre part, battre ensemble les œufs, le sucre et le sucre vanillé. Mettre les deux préparations ensemble et travailler jusqu'à obtenir une pâte lisse. Si la pâte est trop dure, ajouter du schnaps ou un zeste de citron râpé.

Avec une douille à embout cannelé remplie de pâte, former soit des bâtonnets de la longueur d'un doigt, soit des S, soit des cercles. On peut aussi disposer des cerises confites à l'intérieur de cercles.

Disposer les bâtonnets, les S et les cercles sur une plaque beurrée et cuire à four moyen (thermostat 5) pendant 10 à 15 mn, jusqu'à ce qu'ils soient dorés. Surveiller la cuisson.

Deux dictons météorologiques

Wenn an Vollmond Nordwind weht,
kommt meist ein langanhaltender Frost.

Si le vent du Nord souffle lors de la pleine lune,
Il annonce souvent un gel durable.

Fliesst im Dezember noch der Birkensaft,
dann kriegt der Winter keine Kraft.

Si en décembre le bouleau a encore de la sève,
L'hiver ne connaîtra pas une forte rigueur.

Berceuse

Schlof, Kindele schlof !
Am Himmel gehn die Schof,
D'Müeter schüttelt's Baimele,
Do fallt herab e Traimele,
Schlof, Kindele schlof !

Dors, bébé, dors !
Les moutons se déplacent dans le ciel,
La mère secoue le petit arbre,
Il en tombe un rêve,
Dors, bébé, dors !

12 décembre

NAISSANCE DE CONRAD GÉRARD (1729-1790)

Le 12 décembre 1729 naît à Masevaux Conrad Gérard. Diplomate, il signe en 1778 un traité d'amitié, de commerce et d'alliance avec les États-Unis. Il est le premier ambas- sadeur de France auprès des États-Unis en 1778. À son retour, il est nommé en 1781 prêteur royal à Strasbourg. Dernier politique à exercer cette fonction, il se montre soucieux de maintenir les structures anciennes, s'intéresse au jardin botanique et acquiert pour la ville le château dit jardin d'Angleterre.

Recette de la poitrine de veau farcie

Ingrédients : 1,2 kg de poitrine de veau, 200 g de hachis de bœuf, 200 g de chair à saucisse, 2 gros oignons ou 3 échalotes, 60 g de beurre, un peu d'huile et quelques lardons, persil, 1 pincée de coriandre moulu, noix de muscade, 1 œuf, 2-3 carottes, 1 tomate, 1 cuillerée de farine, 1 verre de vin blanc ou un peu de bouillon, 1 verre d'eau.

Hacher finement les oignons (ou échalotes) et le persil, laisser revenir le tout dans le beurre. Mélanger le hachis, la chair à saucisse, l'œuf, les oignons, le persil, saler et poivrer. Ajouter une râpure de muscade et le coriandre moulu. Enlever les os de la poitrine, la fendre au milieu et dans le sens de la longueur avec un couteau tranchant pour obtenir une poche, saler un peu l'intérieur et l'extérieur, farcir. Recoudre la poche avec du fil blanc et ficeler le rôti si nécessaire. Mettre la viande recousue dans une cocotte, avec de l'huile et du beurre dans lesquels on peut faire rissoler quelques lardons. Ajouter les os, les carottes coupées en rondelles, une échalote émincée, la tomate. Laisser dorer puis mouiller avec un peu de bouillon ou un verre de vin blanc et un verre d'eau. Laisser cuire à petit feu en couvrant environ 1h et demie en mouillant régulièrement avec du bouillon ou le jus de cuisson.

Lorsque la poitrine est cuite, la réserver au chaud. Rectifier l'assaisonnement de la sauce. Y incorporer si nécessaire une cuillerée à café de farine délayée dans un peu d'eau ou de bouillon. Laisser réduire 5 mn puis servir la poitrine de veau farcie, coupée en tranches, arrosée de son jus de cuisson, entourée de rondelles de carottes, de petites quenelles de farce cuites dans la cocotte (en cas de surplus), accompagnée d'une purée de navets et de pommes de terre, d'une salade verte ou d'autres légumes à volonté.

SAINTE ODILE, PATRONNE D'ALSACE

Odile, abbesse de Hohenbourg (le terme Mont Sainte-Odile n'apparaît qu'à la fin du XVe siècle) vers 660-720, est la fille du duc Adalric, membre d'une grande dynastie aristocratique. Dans sa biographie, il est difficile de séparer l'authentique du légendaire. Née aveugle, elle recouvre la vue lors de son baptême. Selon la *Vie de sainte Odile* (Xe siècle), Odile est consacrée « vierge du Christ » dès son baptême qui a eu lieu à Baume-les-Dames. Après son retour à Hohenbourg, elle attire de nombreux disciples et pèlerins et devient la mère spirituelle de près de 130 moniales.

Depuis le Moyen Âge, une abondante légende hagiographique s'est superposée à sa biographie historique. Elle est célébrée dans moult chants et dans l'art. Le site, vendu sous la Révolution, est depuis 1853 propriété de l'évêché et principal lieu de pèlerinage en Alsace, en particulier le lendemain de la première communion. Depuis 1807, sainte Odile est la patronne de l'Alsace. Après 1870, elle symbolise la résistance à l'annexion à l'Allemagne. La célébration du 12e centenaire de sa mort en 1920 constitue une apothéose. Depuis 1931, est assurée une adoration perpétuelle dans la chapelle du pèlerinage. Le site attire près d'un million de pèlerins et touristes par an. La zone de recrutement des pèlerins comprend, outre l'Alsace, une partie de la Lorraine, le Palatinat, le Pays de Bade, la Souabe et une partie de la Suisse. Elle est la patronne de 9 paroisses en Alsace.

SAINTE LUCIE

Le même jour a lieu la fête de sainte Lucie qui, avant la réforme du calendrier en 1582, tombait pendant les fêtes de Noël. Cette vierge martyre (304), patronne des tailleurs, marque dans la culture populaire les jours les plus courts.

Sankt Lucia kürtzt den Tag,
Soviel sie ihn kürtzen mag.

Sainte-Lucie raccourcit les jours,
Autant qu'elle peut le faire.

La Sainte-Lucie trouve aussi la froidure.

Kummt d'heilige Lucia,
Findet sie schon Kälte da.

Elle est invoquée contre les affections de la vue et de la gorge. Patronne de Niederhergheim, autrefois centre de pèlerinage.

14 décembre

NAISSANCE DU BARABLI (1946)

Le 14 décembre 1946 a lieu la première représentation du Barabli dans la salle de l'ancien cinéma de l'Aubette. Le public découvre à cette occasion plusieurs talents, avec Robert Breysach (De Désiré), René Wieber (Salut Paul), Alfred Litzelmann, Félice Haeusser et Dinah Faust.

En deux semaines, 5 000 personnes applaudissent le spectacle, La critique, très élogieuse, relève avec satisfaction la présence d'une équipe jeune qui a su éviter en dialecte la vulgarité et les fautes de goût. Le public apprécie les baleines qui pourfendent pas mal de baudruches « et l'humour alsacien par son rire, donc son adhésion ». En raison d'un « triomphe inégalé », le spectacle se poursuit pendant plus de trois mois.

Par son sens de la psychologie alsacienne en ces années difficiles, il parvient au moyen du rire et de la satire à décomplexer peu à peu les Alsaciens. Chaque année, il crée une nouvelle revue jusqu'en 1988, attirant toujours plusieurs dizaines de milliers de spectateurs.

NAISSANCE DE L'ÉLECTRICITÉ DE STRASBOURG (1899)

Le 14 décembre 1899 est créée l'Electricité de Strasbourg, une société anonyme, par un accord entre l'AEG, la grande firme allemande d'électricité, qui apporte à la nouvelle société l'usine thermique et le réseau de distribution établis à Strasbourg, et la Ville de Strasbourg. Elle est à l'origine du développement des installations électriques dans la ville et les environs. Neuf ans plus tard, la société devient une Société mixte, dans laquelle la ville détient désormais 50,02 % du capital. Cette structure lui permet en 1946 de conserver son autonomie, qu'elle a su préserver jusqu'à aujourd'hui, malgré la cession par la ville en 1954 de ses parts à EDF.

15 décembre

EULOGE SCHNEIDER EXPOSÉ PLACE D'ARMES (1793)

Le 15 décembre 1793, Euloge Schneider (1756-1794) est exposé sur la place d'Armes (Kléber) attaché à la guillotine et soumis aux quolibets des Strasbourgeois, enfin soulagés.

Cet ecclésiastique franconien, venu à Strasbourg en 1791, au tempérament emporté, s'engage très vite dans l'aile jacobine de la Révolution. Nommé accusateur public en février 1793, il se signale comme agitateur, perturbateur de la tranquillité publique et renonce à toute fonction ecclésiastique. En novembre et décembre 1793, il entreprend une tournée dans le département, accompagné d'une guillotine. Chaque étape est marquée par des exécutions. Le 12 décembre, il fait publier à Barr avec beaucoup de faste les bans de son prochain mariage. Il revient à Strasbourg le 14 décembre, où il est arrêté le même jour sous prétexte d'étalage d'un faste abusif. En réalité, il est soupçonné en tant qu'Allemand d'être stipendié par l'ennemi pour saboter la Révolution.

En 39 jours d'activité, le tribunal révolutionnaire fait comparaître 322 personnes, en acquitte 50, inflige plus d'un million de livres d'amendes, de nombreuses peines de prison, prononce 12 condamnations à la déportation et 33 condamnations à mort. De plus, il révoque des juges de paix et des municipalités entières pour les remplacer par ses clients. Envoyé à Paris, il est condamné à mort le 12 germinal an 2 et guillotiné le même jour. Son souvenir traumatisant s'est maintenu dans les campagnes jusqu'en plein XXe siècle.

Comptine d'hiver

Im Winter, wenn's kalt isch,
Do schafft m'r nit viel ;
Mer sitzt hinterem Ofe,
Un halt güeti Wil.

Wenn d'Maidle so spinne,
Sin d'Buewe oj do,
Si singe un jodle,
Un sin derbi froh.

En hiver, quand il fait froid,
On travaille bien peu ;
On se met à côté du feu,
Et l'on se sent bien.
Quand les filles viennent filer,
Les garçons sont aussi là,
Ils chantent et viennent jodler,
Et sont heureux de vivre.

16 décembre

SAINTE ADÉLAÏDE (931-999)

Sainte Adélaïde (*Adelheid*), fille du roi de Bourgogne Rodolphe II, est la fondatrice de l'abbaye de Seltz, où elle décède le 16 décembre 999. Elle épouse successivement le roi d'Italie Lothaire II (947), et Othon Ier (951), devenu empereur en 962. Elle exerce la régence sous la minorité de son petit-fils Otton III de 991 à 994 après la mort de sa belle-fille Theophano.

En 968, elle reçoit de son mari un vaste domaine en Alsace du Nord, sur lequel elle fonde en 991 l'abbaye clunisienne de Seltz qui s'étend sur les deux rives du Rhin. Elle place l'abbaye sous la protection papale et obtient en sa faveur des privilèges importants. Elle aide l'abbé Mayeul de Cluny à propager dans l'Empire la réforme monastique. Elle se retire en 994 à Seltz où elle meurt. Elle fait un important don au prieuré Saint-Pierre de Colmar et au monastère d'Erstein.

L'abbé Odilon de Cluny rédige sa biographie.

L'évocation de sa mort est introduite dans les couvents de l'ordre de Cluny. Une partie de ses reliques est conservée au couvent de Seltz transformé par le pape Sixte IX en chapitre collégial et supprimé en 1575 par l'électeur palatin Frédéric III.

Recette des Schwowebredle

Ingrédients : 250 g de beurre, 1 œuf, 250 g de sucre, 10 g de cannelle, 125 g d'amandes moulues, zeste râpé et jus d'un demi-citron, 375 g de farine.

Faire rapidement une pâte, en mélangeant tous les ingrédients, comme pour une pâte à tarte. Laisser reposer une nuit. Le lendemain, étaler au rouleau, découper des formes différentes. Badigeonner avec un jaune d'œuf.

Faire cuire à four chaud (thermostat 6 à 7 sur four électrique), jusqu'à ce qu'ils soient dorés (10 à 15 mn).

17 décembre

Dictons en décembre

Les dictons soulignent le besoin de froid et de neige en ce mois.

Uf Winter's Zucht Folgt güeti Frucht.

A dur hiver, suit bonne récolte.

**Die Erde muss ihr Bettuch haben,
Soll sie der Winterschlummer laben.**

*La terre doit de neige se couvrir,
Si du sommeil hivernal elle veut jouir.*

**Sturm im Dezember un Schnee,
So schreijt d'r Bür Juhé.**

*En décembre tempête et neige,
Le paysan crie Juhé.*

Trockener Dezember Kündet trockener Sommer.

Décembre sec annonce été sec.

Comptine

**'S Beeremaidel isch züe uns kumme,
Het m'r alli Beere g'numme,
Bis uf eini, das isch noch so ne kleini,
Die will i oj nit !**

*La fille des poires est venu chez nous,
Elle m'a pris toutes les poires,
Sauf une toute petite que je ne veux pas non plus !*

Recette des macarons aux noix

Ingrédients : 500 g de cerneaux de noix hachés, 50 g de sucre, 6 blancs d'œuf, 30 g de cannelle en poudre, 1 petite pincée de vanille en poudre.

Piler noix et sucre. Ajouter la cannelle et la vanille. Battre les blancs d'œuf en neige très ferme. Les incorporer doucement aux noix. À l'aide d'une cuillère à café, disposer de petits tas de pâte sur une tôle paraffinée. Cuire à four moyen (thermostat 4).

18 décembre

LE LOUP ET L'IMAGINAIRE

Même si le loup a disparu matériellement de nos régions depuis la fin du XIXe siècle, il continue de hanter l'imaginaire des enfants comme des adultes, les peurs et les cauchemars. Il est perçu comme un carnassier, avide de proies. Il est associé à la faim et subsiste dans la toponymie de deux communes, Wolfisheim et Wolfskirchen, mais aussi dans des comptines.

Wolf wolf fress mi nit,
Hundert Thaler gewi der nit,
zeh will i d'r gewe,
loss mi nur am Lewe.

Loup loup ne me dévore pas,
Cent écus tu n'auras pas,
Je veux t'en donner dix,
Laisse moi seulement en vie.

Chez les adultes, il est en général associé aux angoisses des ténèbres, de la nuit noire et menaçante, surtout pour les promeneurs solitaires.

Comptine d'hiver

Gib numme acht im Winter,
Do derfe d'kleini Kinder,
Wenn's dunkel wird nim nüs ;
Do lauft d'r Wolf um's Hüs,
Um d'Kinder wu -n -r find't,
Die fresst'r uf ganz g'schwind.

Fais attention en hiver,
Les petits enfants n'ont plus
le droit de sortir
quand la nuit tombe ;
Le loup tourne autour de la maison
Et les enfants qu'il croise,
Il s'empresse de les manger.

19 décembre

TRAITÉ DE COLMAR AVEC LA SUÈDE (1632)

En février 1628, les protestants doivent quitter Colmar. Après l'entrée de troupes suédoises en Alsace en 1632, elles entreprennent, sous la direction du rhingrave Otto Louis le siège de la place qui dure un mois. Le 19 décembre 1632, les corporations acceptent la reddition. Colmar passe sous la protection suédoise tout en conservant son autonomie et ses privilèges. Le culte protestant est rétabli et le culte catholique maintenu. Lors des élections qui suivent, le Magistrat est composé en majorité de protestants. Cette alliance dure deux ans, jusqu'à la défaite des Suédois à Nördlingen. Ceux-ci abandonnent alors l'Alsace et sont remplacés par les Français qui prennent la protection des places alsaciennes, dont Colmar.

LE CHRISTKINDEL

Si aujourd'hui le Père Noël, d'origine américaine, a acquis en Alsace le monopole des distributions de cadeaux, ce rôle est tenu, au moins depuis le XVIe siècle, par le *Christkindel* (enfant Jésus), souvent accompagné du Hans Trapp. Selon A. Stœber, « le Christkindel se manifeste par un tintement de sonnette, et entre dans la chambre où se trouvent les enfants, les parents, ainsi que l'arbre de Noël. Il est tout habillé de blanc, un voile couvre son visage afin de le rendre méconnaissable, dans une main il tient une corbeille contenant des friandises, dans l'autre une verge, la Ruet avec laquelle il fait mine de toucher les enfants ». Cette description correspond à l'usage du pays de Hanau durant la première moitié du XXe siècle. Les enfants récitent une comptine, le *Christkindel* leur remet des friandises, puis les enfants le remercient. Le *Christkindel* apparaît d'abord en milieu protestant. Il est toujours décrit comme une jeune femme déguisée. Peut-être s'agit-il de sainte Lucie, fêtée dans le calendrier julien (jusqu'en 1582) le 23 décembre. En tout cas, c'est un personnage céleste issu du monde divin qui rappelle la naissance du Christ.

20 décembre

NAISSANCE DE ROBERT HŒFFEL (1901-1984)

Le 21 décembre 1901 naît à Bouxwiller Robert Hœffel, neveu de Jean (cf. 15 mars). Il est la figure de proue des organisations sociales, coopératives et mutualistes de l'agriculture alsacienne après 1945. Il s'est imposé par sa clairvoyance et l'efficacité de ses interventions en haut lieu. Dès 1945, il fonde la CGA, la FDSEA et la Caisse régionale du Crédit Agricole du Bas-Rhin, face au puissant Crédit Mutuel, qu'il préside jusqu'en 1972. Il s'investit beaucoup, avec passion et ténacité, dans la prospection en tenant de nombreuses réunions publiques. Il assume des responsabilités au plan national au titre du Crédit Agricole. Défenseur vigilant du régime local d'assurance-accidents agricoles, il en préside la Caisse de 1953 à 1973. Il est directeur du Chapitre Saint-Thomas et membre du Consistoire Supérieur de l'Ecaal. Sur le plan politique, il est maire de Handschuheim de 1937 à 1965 et membre du Sénat de 1948 à 1959, comme membre du RPF. Très apprécié pour son souci d'équité et d'ordre, c'est une forte personnalité par son éthique et son ouverture sur le monde.

Services d'entraide mis à la disposition des sinistrés, à la mairie de Strasbourg

L'INONDATION DE DÉCEMBRE (1882)

En décembre 1882, les hautes eaux provoquent, malgré les travaux réalisés de 1842 à 1876 par Tulla, la rupture des digues sur plusieurs points. Les flots du Rhin se précipitent par le Rheingiessen en creusant de larges brèches dans les routes de Kehl et de la Citadelle.

Toute l'agglomération de Neudorf et du Neuhof est noyée sous les eaux. Les communications se font par bateaux et des ménages doivent abandonner leur foyer. Les rues Praechter et Saint-Guillaume sont inondées, ainsi que le Contades et la plupart des nouveaux quartiers. Seuls les quartiers du vieux Strasbourg émergent encore.

LA FÊTE DE SAINT THOMAS

La fête de ce saint correspond exactement au solstice d'hiver, donc à la nuit la plus longue, conforme à ce personnage qui a douté de la résurrection du Christ et est resté longtemps dans les ténèbres de l'incroyance, avant d'être illuminé par la lumière de Noël.

Thomas n'a que faiblement pénétré la culture populaire. Pas de patronage, à l'exception de la vénérable église Saint-Thomas de Strasbourg, devenue après la Réformation la « cathédrale protestante », et du chapitre Saint-Thomas, qui a subsisté comme un chapitre protestant (cas unique en France) et comme Fondation.

Les dictons sont rares. À cette époque, les jours sont de plus en plus courts et il faut des bûches pour le chauffage.

Am Thomas Tag
Sin d'kurtzte Tag
Das Schitel wird bal kumma.

À la Saint-Thomas
Les jours sont au plus bas
La bûche sera bientôt là.

LE PREMIER RECTEUR À STRASBOURG (1810)

Le 21 décembre 1810 est nommé, dans le cadre de la nouvelle Université, le premier recteur à Strasbourg : Louis Bernard de Montbrison (1768-1841), gendre de la baronne d'Oberkirch (cf. 5 juin). De 1810 à 1818, il met en place les nouvelles facultés et réforme tout le système scolaire alsacien. Il œuvre en faveur de la francisation mais avec modération. Durant sa retraite, il contribue à l'édition des Mémoires de sa belle-mère.

Recette des Nussbredele (aux noix)

Ingrédients : 3 œufs entiers, 250 g de sucre, 325 g de noix moulues, 100 à 125 g de chocolat râpé.

Battre les œufs entiers avec le sucre.
Ajouter les noix moulues et le chocolat râpé.
Sur une tôle beurrée, faire des petits tas avec une petite cuillère. Cuire au four électrique (thermostat 4 1/2) pendant 20 mn.

22 décembre

CE JOUR FUNESTE À HAGUENAU (1676)

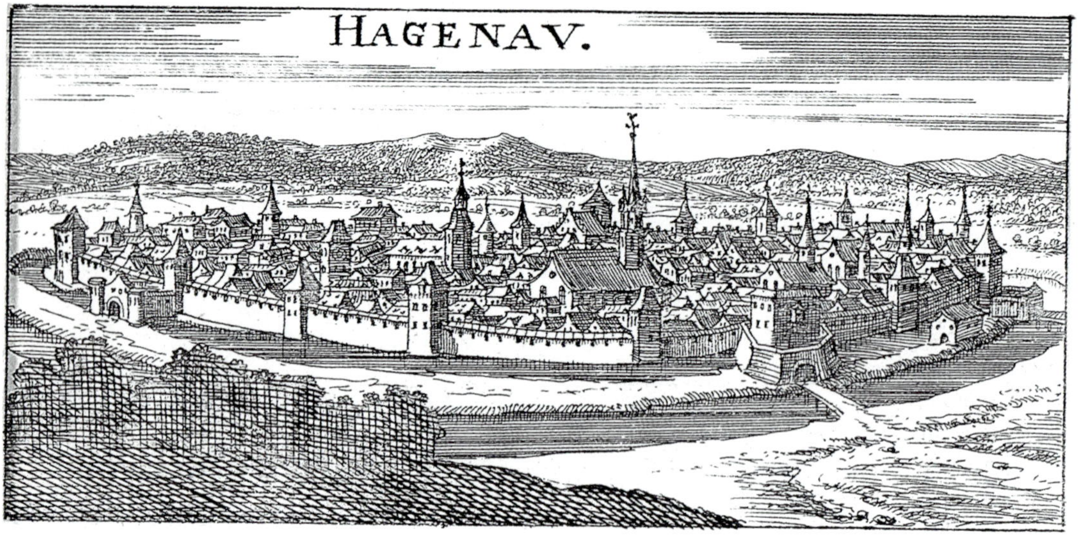

En 1676, les autorités françaises engagent au nord de l'Alsace une politique de la « terre brûlée » destinée à empêcher l'incursion d'une armée ennemie. Le maréchal de Luxembourg propose à Louis XIV de raser la ville. Celui-ci charge Montclar d'exécuter cette décision. Le 22 décembre 1676, l'armée française détruit toute l'enceinte et fait sauter les tours et les maisons solides de la ville. Après avoir chassé la population, qui se réfugie à Bischwiller, La Brosse incendie le reste des habitations hormis les couvents et les deux églises. L'année suivante, une partie des habitants étant retournée vivre dans les ruines, des frictions ont lieu avec des patrouilles françaises. Le maréchal de Créqui ordonne alors à ses troupes d'« achever de réduire en cendres » ce qui a résisté au premier incendie. Ce n'est qu'en 1678, après le retour de la paix, que la reconstruction est autorisée. Ces deux incendies expliquent pourquoi la ville n'a guère pu conserver de patrimoine architectural civil antérieur à 1678.

ANDRÉ-MARCEL BURG (1913-1987)

Le 22 décembre 1913 naît à Fegersheim André-Marcel Burg, dernier prêtre d'une longue lignée d'érudits historiens. Il est conservateur des musées, archives et bibliothèque de la ville de Haguenau de 1946 à 1980. Il dirige les Archives de l'Église d'Alsace et la Société d'histoire et d'archéologie de Haguenau. Il est l'auteur d'une centaine de publications consacrées à Haguenau et à l'histoire religieuse de l'Alsace.

Un dicton

Grünen am Flaviustag Feld und Wiesen,
Wird sie, zu Ostern, Frost verschliessen.

Si à la Saint-Flavien champs et prés sont verts,
Le froid les fermera à Pâques.

23 décembre

Recette des Butterbredele (petits fours de Noël au beurre)

Ingrédients : 1 kg de farine, 500 g de sucre, 500 g de beurre ramolli à température ambiante, 4 œufs, un jus de citron, une pointe de levure chimique.

Mélanger d'abord la farine, la levure et le beurre, puis battre séparément le sucre avec les œufs. Mélanger les deux préparations et ajouter le jus de citron. Bien malaxer le tout. Laisser reposer la pâte pendant deux heures.

Au rouleau, faire une abaisse mince, puis découper des formes variées. Ensuite dorer les gâteaux au pinceau avec du jaune d'œuf. Préférer les formes de Noël (sapin, cloche, étoile, hotte, etc.).

Faire cuire sur une tôle beurrée de 5 à 10 mn (thermostat 5 à 6).

Dicton

Jeder Monat hat sein Gemüse,
Im Dezember iss Sauerkraut und Rübe.

Chaque mois a ses légumes,
En décembre, mange choucroute et raves.

NAISSANCE DE RUDOLF SCHWANDER (1868-1950)

Le 23 décembre 1868, naît à Colmar Rudolf Schwander, maire de Strasbourg de 1906 à 1918. Grand bâtisseur, il réalise la cité des pavillons-jardins du Stockfeld et la Grande Percée (rue du 22 Novembre). Il met en place un système d'économie mixte pour l'Électricité et le Gaz de Strasbourg et pour la Compagnie des transports strasbourgeois. Il gère avec talent l'approvisionnement de sa ville de 1914 à 1918 et crée en 1915 la Laiterie centrale. Nommé *Statthalter* d'Alsace-Lorraine en octobre 1918, il quitte l'Alsace après l'armistice. Il joue un rôle éminent sous la République de Weimar et participe à la fondation d'associations d'Alsaciens-Lorrains dans le Reich. Ayant pris sa retraite en 1930,il s'est tenu à l'écart sous le régime nazi.

24 décembre

LA NUIT DE NOËL ET SES COUTUMES

Noël tient en Alsace une place particulière. C'est la fête familiale par excellence. Tous les magasins et lieux de loisirs ferment à 17 heures pour permettre aux habitants de passer la soirée en famille, réunie autour de l'arbre de Noël et des cadeaux déposés à ses pieds avant de se rendre, pour les chrétiens, à la messe de minuit ou à l'office protestant.

L'arbre de Noël est l'un des symboles de Noël. Il apparaît pour la première fois à Sélestat en 1521. À partir du XVIIe siècle, il est décoré avec des pommes, des sucreries et des fils dorés, puis des bougies et, au XIXe siècle, des boules en verre.

La crèche de Noël est bien connue et diffusée en Alsace. Pendant la nuit de Noël, on mettait souvent une grosse bûche de bois dans le poêle (*Wihnachtsklotz*). Elle devait brûler une bonne partie de la nuit. Ses cendres étaient soigneusement conservées. Elles protègent les habitants de la maison contre la foudre. On les répandait aussi dans le jardin et les champs, car on leur attribuait la vertu de promouvoir la fertilité de la nature et de produire de bonnes récoltes.

Dans les campagnes, peu avant minuit, le paysan se rendait à l'étable pour donner une ration supplémentaire de fourrage au bétail : c'est la *Wihnachtshampfel* (poignée de Noël) qui doit rehausser l'ordinaire de l'alimentation en ce jour de fête.

Le soir du 24 décembre, on déguste les diverses variétés de Bredle qui ont été préparées pendant l'Avent : *Anisbredle*, *Schwowebredle*, *Butterbredle*, *Nusshifele*, *Hirzhernle*, ainsi que les pains d'épices (*Lebkuchen*), dont les moules imprimaient des thèmes religieux, les *Springerle* à base d'anis, le *Christstolle*, un gâteau, et les *Berawecke* (pain aux poires), des gâteaux à base de fruits séchés.

25 décembre

JOUR DE NOËL

Le jour de Noël est l'un des grands jours de fête, ce qui incita avant 1789 les autorités ecclésiastiques à limiter les repas et les boissons.

Dans la vallée de Munster, on mangeait des lièvres et des bonhommes en brioche (*Haselerun Manneler*). L'après-midi, les enfants se rendaient chez parrains et marraines pour y chercher un gâteau (*waschtla*) qui contenait des piécettes d'argent.

Dictons météorologiques

Le jour de Noël est souhaité froid, venteux et neigeux, alors qu'on redoute un temps humide, pluvieux et doux.

**Isch d'Chrischtnacht klor,
kummt e guets Johr.**

*Nuit de Noël étoilée,
Promet une bonne année.*

**Wihnachte klor, Guets
Winjohr.**

*Noël clair, bonne année
pour le vin.*

**Wihnachte im Schnee,
Oschtere im Klee.**

Noël en blanc, Pâques en vert.

**Isch's windig an de
Wienachtstage,
So solle d'Baim viel Obst
trage.**

*S'il y a du vent à Noël,
Les arbres seront chargés de fruits.*

**Wihnachte ficht un nass,
Gitt lääri Schiire un Fass.**

*Noël humide,
Granges et tonneaux vides.*

**Griene Wihnachte, Wissi
Oschtere.**

Noël vert, Pâques blanches.

26 décembre

LA SAINT-ÉTIENNE

Le jour de la Saint-Étienne est demeuré en Alsace un jour férié. Il inaugure dans la société rurale traditionnelle une nouvelle année économique. Dans les fermes, servantes et valets faisaient leurs bagages, car le contrat qui les liait à leur patron prenait fin ce jour, d'où l'ancienne dénomination encore connue *d'r Bendelesdàj*. Il marque aussi le début des douze jours qui relient Noël à l'Épiphanie, les *Lostage*. Chaque jour correspond à un mois de la nouvelle année et indique le temps du mois qu'il représente.

Au Moyen Âge, on les nommait les *Wihen Nächte* (nuits sacrées) qui marquent le passage de la vieille année vers la nouvelle. C'est alors que se manifeste le chasseur sauvage, qui vient soit seul, soit accompagné de son cortège de fantômes et de démons. Il est généralement décrit comme un personnage sombre et inquiétant, coiffé d'un grand chapeau noir à larges bords et vêtu d'un grand manteau. Le cortège est composé de démons et de revenants et passe une nuit terrifiante avec des bruits étranges : cliquetis d'armes, aboiements de chiens, cris d'oiseaux.

LA BATAILLE DU GEISBERG (1793)

En décembre 1793, l'armée française du Rhin, réorganisée et commandée par Lazare Hoche, reprend l'offensive dans le nord de l'Alsace face aux Prussiens et aux Autrichiens qui ont occupé toute la région en octobre. Mais Wurmser, général autrichien, entreprend une retraite pour permettre à ses troupes, harcelées depuis deux mois, et qui sont dans un délabrement physique et moral proche du découragement, de prendre des quartiers d'hiver. C'est une armée en retraite et abandonnée par une douzaine de généraux et de colonels, dont le chef Wurmser pratique une valse-hésitation, qui se voit attaquée le 26 par les troupes de Hoche. Après l'échec de la cavalerie de Wurmser pour briser l'élan de l'armée du Rhin, l'infanterie française s'élance à l'assaut des pentes du Geisberg qu'elle enlève après une longue résistance. La victoire permet de libérer l'Alsace et de la tenir pendant vingt ans.

Mais le départ des Autrichiens entraîne dans sa foulée l'émigration de plus de 20 000 personnes. C'est la « Grande Fuite », une émigration populaire, provoquée en partie par la panique engendrée par la Terreur, un phénomène qui a profondément marqué l'ensemble de l'Outre-Forêt, ainsi que la ville de Haguenau.

27 décembre

LA SAINT-JEAN L'ÉVANGÉLISTE

Les fidèles catholiques apportaient à l'église des bouteilles de vin qu'on versait dans plusieurs calices et qu'on bénissait sur des autels latéraux. Après la communion et avant la sortie, les fidèles s'approchaient pour boire des calices. Le prêtre prononçait alors la formule *Trinket die Liebe des Heiligen Johannes* (buvez l'amour de saint Jean), un rite qui passait pour protéger contre tout empoisonnement.

Dans de nombreuses localités, il était de coutume de boire en son honneur un vin porte-bonheur nommé *Johannistrunk* (boisson de Saint-Jean), ou *-minne* (amour) ou *-segen* (bénédiction). À Friesen, on prononçait la formule :

Trinket die Stärke des heiligen Stephanus und die Liebe des heiligen Johannes.

Buvez la force de saint Étienne
Et l'amour de saint Jean.

En fait, la consommation de ce vin béni avait lieu les deux jours.

L'ensemble des membres de la famille buvaient de ce vin, réputé guérir les maladies et fortifier la santé, ct protéger efficacement contre les actions maléfiques des mauvais esprits. Il accompagnait ceux qui se mettaient en route.

En rapport avec ce thème d'une boisson vivifiante, on fabrique ce jour un sirop à base d'orange, la *Johannisminne.* On prend une orange dans laquelle on plante 40 clous de girofle, on la met ensuite dans un pot de grès et on la recouvre de schnaps et d'eau sucrée. Ce « filtre », qui est à point à Mardi Gras, passe pour être un puissant fortifiant.

LES FRÈRES MATTHIS (1874-1930/1944)

Le 27 décembre 1874 naissent les frères jumeaux Adolphe (mort en 1944) et Albert (mort en 1930) Matthis au Val de Villé. Ils s'imposent à partir de 1901 comme poètes dialectaux (*Ziwelbaamholz*, *Bissali*...). Ils utilisent une langue archaïsante à forte résonance poétique et éditent divers recueils de poésies dans lesquels ils chantent le vieux Strasbourg de leurs années d'enfance, ainsi que les environs de la ville. Ils sont des pionniers de la poésie dialectale et laissent une œuvre durable.

LE JOUR DES SAINTS-INNOCENTS

C'est le jour des enfants de chœur. Ils élisent la veille un évêque des pauvres. Lors des vêpres, un cortège bruyant formé des enfants de chœur masqués défilent dans les rues, les églises et les couvents, avec en tête l'évêque des écoliers, revêtu des insignes de sa fonction. C'est aussi la fête des Fous, pendant laquelle certaines églises sont profanées.

Dans certains villages, les garçons prenaient les rameaux portant des fleurs, provenant du bouquet de la Sainte-Barbe et passaient dans les rues du village. Chaque fois qu'ils rencontraient des jeunes filles sur leur trajet, ils les touchaient avec ces rameaux. Ce geste qui se veut un acte de fertilisation et de fécondité, porte le nom de *fitze*. En récompense de leur action bénéfique, ils recevaient des friandises.

Lorsqu'un enfant devenait adolescent et qu'il n'avait plus droit à un cadeau pour Noël, la marraine lui offrait ce jour, pour marquer son passage à la vie d'adulte, une poupée de 35 à 40 cm de hauteur, nommée *Docke*, obligatoirement de sexe opposé.

Avant 1940, dans certaines paroisses catholiques, il y avait un office où les enfants de 5 à 13 ans apportaient en procession un don pour la mission qu'ils déposaient sur l'autel central. À la sortie de la cérémonie, chaque enfant déposait dans une boîte un papier sur lequel était inscrit son nom. Celui qui était tiré au sort devenait le roi ou la reine du groupe, tandis que ses parents faisaient un don conséquent pour la mission.

Pendant cette nuit, selon la légende, les âmes des enfants morts non baptisés erraient parmi les vivants, conduits par *Frau Holle*. Chaque enfant est décrit portant dans les mains une cruche remplie de larmes, versées pendant ses longues années de solitude. Si une personne entendait leurs cris et gémissements, s'il en voyait un et pouvait le nommer d'un prénom chrétien, l'enfant était délivré de la malédiction qui pesait sur lui et il pouvait aller agrandir la vaste famille des saints Innocents.

Selon une autre légende, si le soleil brille ce jour et s'il meurt un enfant ce jour, il en mourra beaucoup l'année suivante.

LE FREIHEITSBRIEF DE COLMAR (1278)

Le 29 décembre 1278 est signée à Vienne la charte de la ville de Colmar entre son *schultheiss*, Siegfried de Gundolsheim, et le roi Rodolphe de Habsbourg. Elle s'inspire du droit de Fribourg-en-Brisgau. Elle compte 44 articles traitant du droit constitutionnel, de la procédure, du droit pénal et du droit privé.

Le document vise à renforcer l'autonomie de la ville. Les bourgeois obtiennent le droit de légiférer dans l'intérêt de la cité.

Ce droit paraît si satisfaisant qu'il sert de modèle aux franchises que le souverain ou des archiducs habsbourgeois octroyent à d'autres villes en Alsace (Delle, Ensisheim, Kaysersberg, Mulhouse, Munster et Turckheim) ou dans la Suisse actuelle (Aarau, Neuchâtel et Porrentruy).

LA LÉGENDE DE HERCULE À COLMAR

Lors de ses déplacements en Occident, Hercule se rend avec un troupeau de bœufs des Pyrénées à Bâle en passant par Argentovaria (Horbourg). Il y arrive le soir et veut se reposer de ses fatigues. Il reprend des forces en avalant quelques coupes du meilleur vin, ce qui a pour effet de l'endormir. À son réveil, il se hâte pour rattraper le temps perdu, mais dans la précipitation, oublie sa massue. Celle-ci est longtemps conservée comme témoin de sa présence en Alsace. Lorsqu'au XIIIe siècle, Colmar, une agglomération récente, devient ville, la massue d'Hercule est placée dans ses armoiries, où elle subsiste encore. Selon Auguste Stœber, cette légende serait la plus ancienne en Alsace.

LA TERREUR (1793)

Le 29 décembre 1793 est guillotiné à Paris Frédéric de Dietrich (1748-1793), maître de forges, minéralogiste et premier maire de Strasbourg de 1790 à 1792, partisan enthousiaste de la Révolution à ses débuts. Il se crée de nombreux ennemis sur sa gauche, qui l'accusent de complot. Arrêté, acquitté une première fois, il est transféré à Paris, condamné à mort par le Tribunal révolutionnaire et guillotiné.

30 décembre

SAINT-THIÉBAUT SAUVE THANN (1632)

Le 30 décembre 1632, les Suédois occupent la ville de Thann. Selon la légende, la plupart des habitants se réfugient dans l'église collégiale de Saint-Thiébaut. Les troupes l'entourent et s'apprêtent à en expulser les occupants par la force. Mais saint Thiébaut apparaît dans toute sa gloire céleste et les chevaux des Suédois perdent tous les fers de leurs sabots. Les animaux désorientés se cabrent, hennissent, se roulent à terre, désarçonnent leurs cavaliers qui ne peuvent tous s'enfuir et dont beaucoup sont massacrés. En souvenir de ce miracle, on cloue un grand nombre de fers à cheval sur les portes principales de l'église, qui subsistent jusqu'en 1833, année où les portes anciennes sont remplacées. En réalité, les Suédois sont restés six mois à Thann. Le fer à cheval était considéré, en Alsace et dans le monde germanique, comme un talisman disposant de propriétés bénéfiques.

NAISSANCE DE CHARLES-HENRI SCHATTENMANN (1785-1869)

Le 30 décembre 1785, naît à Landau (appartenant à l'Alsace de 1512 à 1815), Charles-Henri Schattenmann. Directeur des Mines de Bouxwiller, il est pendant plusieurs dizaines d'années un acteur économique important dans le Bas-Rhin. Propriétaire d'une ferme pilote de 95 hectares, il contribue à la modernisation agricole (engrais chimiques, sélection des races).

Philanthrope, il crée une salle d'asile, instaure la gratuité de l'enseignement primaire et fait un legs qui permet la construction du collège de Bouxwiller. Il milite pour le développement des transports ferroviaires et la construction du canal des Houillères. Il joue aussi un rôle actif au Conseil général de 1833 à sa mort et au Consistoire Supérieur.

31 *décembre*

LES COUTUMES DE LA SAINT-SYLVESTRE

La nuit de la Saint-Sylvestre se caractérise par une certaine analogie avec celle de Noël, à la différence près qu'elle est purement profane.

Comme la nuit de la Saint-André, celle du 31 est appropriée pour connaître, avec l'aide de quelques techniques magiques, le physique ou du moins le métier du futur mari.

Le cadeau rituel par excellence en cette nuit est le bretzel remis par le jeune homme à la jeune fille.

Dans la grande majorité des villages, le passage à l'année nouvelle est marqué par une sonnerie des cloches, des pétards et des coups de fusil devant la maison de la belle. Le bruit a pour fonction de chasser les mauvais esprits et donc de protéger la communauté contre les agressions du mal et de l'hiver.

Parfois, un cortège passait dans les rues pour souhaiter la bonne année et recevoir quelques friandises et piécettes. Selon les cas, il s'agit des servants de messe, des enfants pauvres, les adolescents ou les veilleurs de nuit.

En famille, on buvait du vin chaud et on mangeait des *Bredele*, un *Neujohrswecke* ou *Neijohrstolle*.

L'INONDATION DE 1801

Dans la nuit du 31 décembre 1801, un brusque dégel fait monter les eaux du Rhin et de ses affluents. Presque toutes les communes riveraines du Rhin sont inondées, suite à la rupture de plusieurs digues. Entre Strasbourg et Marckolsheim, on compte 29 maisons ruinées, 200 fortement endommagées, 7 personnes emportées, 118 chevaux, 345 vaches, 353 porcs, 2 131 veaux et 741 brebis noyés. Au nord de Strasbourg, aucune digue ne peut résister. Pendant 48 heures, on sonne le tocsin sur les deux rives du Rhin. À Strasbourg, les faubourgs du Neuhof, de Neudorf et de la Robertsau restent plusieurs jours isolés. De plus, un tremblement de terre le 31 au matin fait croire à beaucoup que la fin du monde est arrivée.

Dictons météorologiques

C'est l'un des rares cas où ne s'expriment que des craintes. Le vent et le soleil du matin n'annoncent rien de bon.

**Sylvester Nachtwind un Morgesonn,
Verderbt d'Hoffnung uf Win un Korn.**

*Vent de nuit et soleil du matin de Sylvestre,
Tuent l'espoir pour le vin et le blé.*

**Wind in der Sylvesternacht,
Wenig Hoffnung aufs künftige Jahr macht.**

*Vent dans la nuit de Saint-Sylvestre,
Peu d'espoir pour une bonne année.*

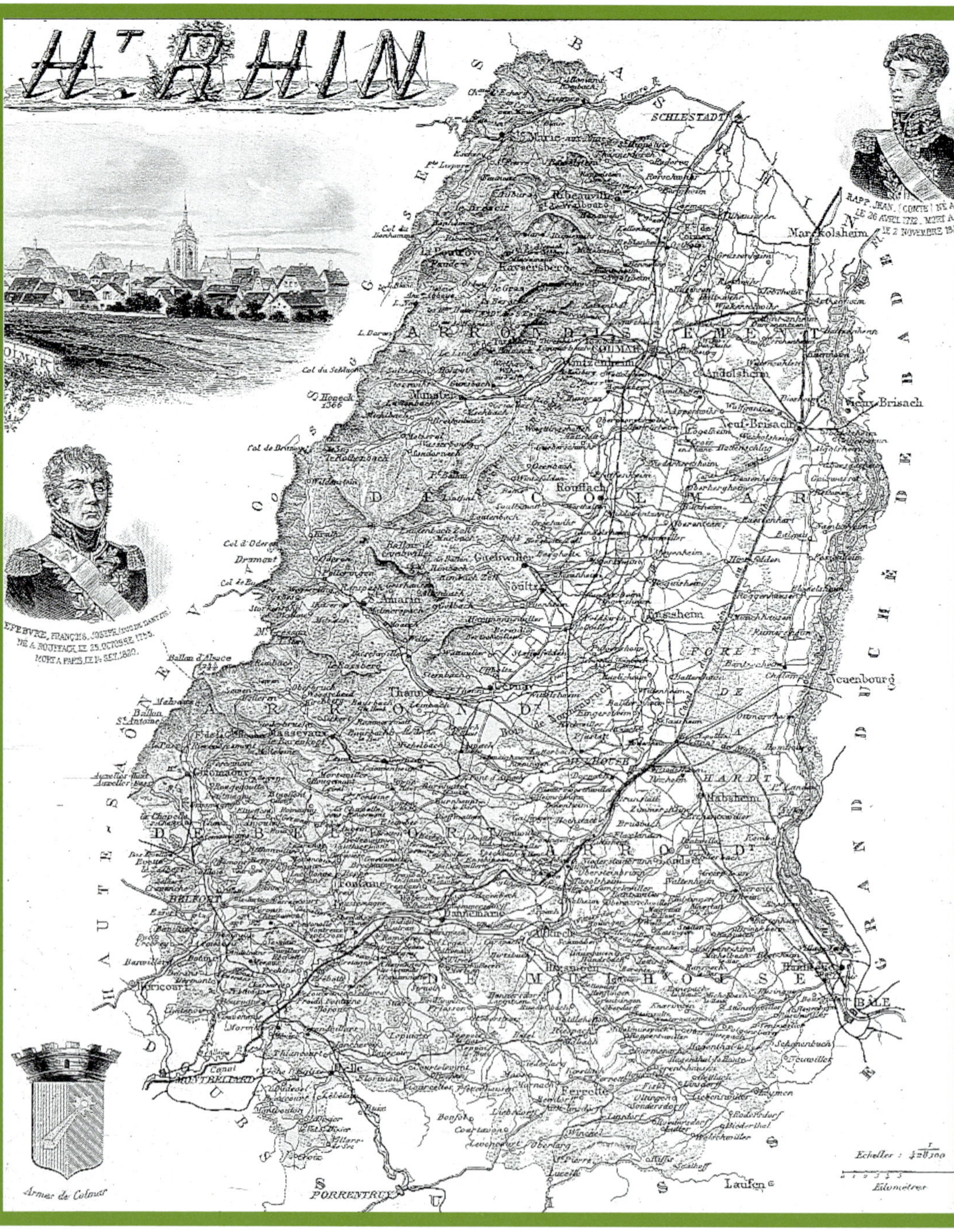
Ht RHIN
RAPP, JEAN, (COMTE) NÉ A
LE 26 AVRIL 1772, MORT A
LE 2 NOVEMBRE 182
LEFEBVRE, FRANÇOIS, JOSEPH, DUC DE DANTZIG,
NÉ A ROUFFACH, LE 25 OCTOBRE 1755,
MORT A PARIS, LE 14 SEPT. 1820.
Armes de Colmar
BAS RHIN
GRAND DUCHÉ DE BADE
HAUTE-SAÔNE
DOUBS
VOSGES
SUISSE
ARRONDISSEMENT DE COLMAR
ARROND. DE BELFORT
ARROND. DE MULHOUSE
FORÊT DE LA HARDT
SCHLESTADT
Ribeauvillé
Kaysersberg
Markolsheim
Colmar
Andolsheim
Munster
Vieux-Brisach
Neuf-Brisach
Rouffach
Guebwiller
Soultz
Ensisheim
St Amarin
Thann
Cernay
Neuenbourg
Masseveaux
Mulhouse
Habsheim
Giromagny
Belfort
Fontaine
Dannemarie
Altkirch
Landser
Huningue
BÂLE
Héricourt
MONTBÉLIARD
Delle
Ferrette
PORRENTRUY
Laufen
Honeck 1366
Ballon d'Alsace
Kilomètres

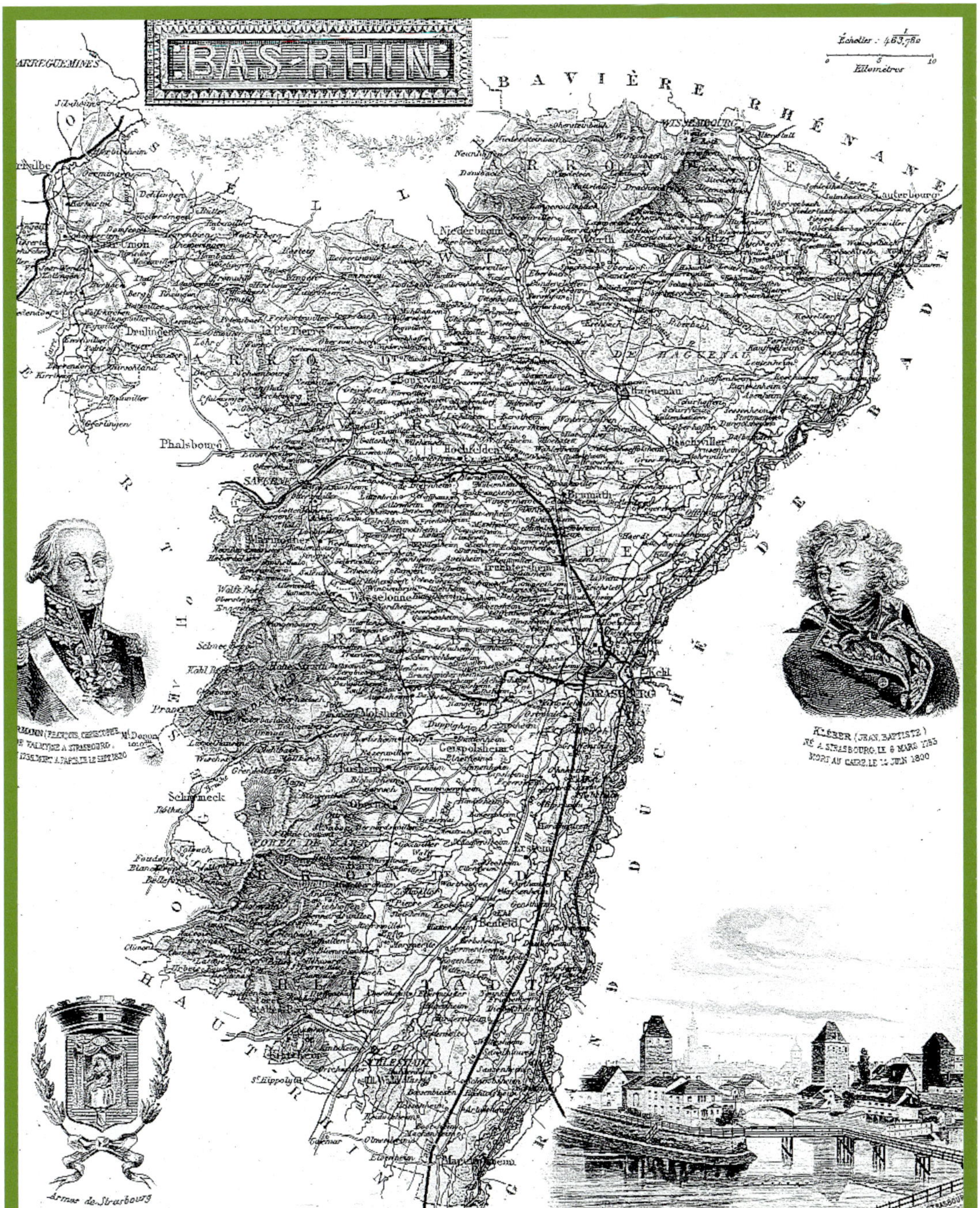
BAS-RHIN
BAVIÈRE RHÉNANE
Kilomètres
Niederbronn
Lauterbourg
Drulingen
Phalsbourg
Hochfelden
Bischwiller
Brumath
Wasselonne
Kehl
Molsheim
Schirmeck
Benfeld
KLÉBER (JEAN BAPTISTE)
Né A STRASBOURG LE 6 MARS 1753
MORT AU CAIRE LE 14 JUIN 1800
Armes de Strasbourg

BIBLIOGRAPHIE

Ouvrages généraux

Encyclopédie de l'Alsace, 12 volumes, Strasbourg, Publitotal, 1982-1986
Nouveau Dictionnaire de biographie alsacienne, 37 cahiers parus en juin 2001, A-U, Strasbourg, Fédération des sociétés d'histoire et d'archéologie d'Alsace, 1982…

Histoire de l'Alsace

Histoire de l'Alsace, sous la direction de Ph. DOLINGER, Toulouse, Privat 1970
Histoire de l'Alsace, François G. DREYFUS, Paris, Hachette, 1979
Histoire politique de l'Alsace, Bernard VOGLER, Strasbourg, La nuée bleue, 1995

Histoire des trois grandes villes

Histoire de Mulhouse des origines à nos jours, sous la direction de G. LIVET et R. OBERLÉ, Strasbourg, DNA, 1977
Histoire de Strasbourg des origines à nos jours, sous la direction de G. LIVET et F. RAPP, 4 vol., Strasbourg, DNA, 1981-1982
Histoire de Colmar, sous la direction de G. LIVET et F. RAPP, Toulouse, Privat, 1983
Histoire de Strasbourg, sous la direction de G. LIVET et F. RAPP, Toulouse-Strasbourg, Privat-DNA 1987

Les saints

Die Heiligen des Elsass, Dusseldorf, J. CLAUSS, L. Schwamm, 1935
Die Heiligen des Elsasses, J. GRUSS, Colmar, Alsatia, 1931
Guide iconographique à travers l'Alsace, R. GUIDAT, Griesheim, 1979

Les légendes

Die Sagen des Elsass, STÖBER, 1852
Légendes du Florival, ou la mythologie allemande dans une vallée d'Alsace, Ch. BRAUN, 1866
Légendes et traditions orales d'Alsace, J. VARIOT, Paris, Ed. Georges et Cie, 1919
Die Sagen des Elsasses, P. STINTZI, 1928-1940
Récits légendaires d'Alsace, R. MATZEN, 1976
Légendes d'Alsace, G. GRAVIER, 1986-1989

La gastronomie

Elsässisches Kochbüchlein, M. BRESCH, Strasbourg, 1915
Das elsässische Kochbüchlein, E. GUILLAUME-FELDEN, Strasbourg, 1928
Toute la gastronomie alsacienne, M. DOERFLINGER et G. KLEIN, T. 1, plats salés, T. 2, plats sucrés, Ingersheim, Mars et Mercure, 1979
De choux et de choucroute, J. LOESCH, Mulhouse, Éditions du Rhin 1994
Les meilleures recettes d'Alsace, S. MORGENTHALER, Strasbourg, La nuée bleue, 1999
À la table de Simone, S. MORGENTHALER, Strasbourg, 1999
La Gastronomie alsacienne, F. VOEGELING, Strasbourg, 1979

Les fêtes

Coupures de presse
Divers almanachs
2 suppléments des *DNA* en 2000; *Estivales 1*, juin-juillet, *Estivales 2*, août-septembre
Noël-Wihnachte en Alsace, G. LESER, Mulhouse, Éditions du Rhin, 1989.

Les comptines

Divers almanachs
Comptines d'Alsace par l'Équipe de recherche et d'animation pédagogique et illustrée par Roger Clad, Strasbourg, 1983
Liewe alter Kinderreimle, A. FRANCK-NEUMANN et R. GERST, Strasbourg, s.d.

Les tremblements de terre

Coupures de presse
« Les tremblements de terre en Alsace », J. VOGT, *Revue d'Alsace*, 1981, p. 189-210

INDEX

Index des noms

Index des saints

Index des recettes

CRÉDITS PHOTOGRAPHIQUES

Archives de la Brasserie Météor : p. 73.
Archives de la Sogenal : p. 298.
Bibliothèque Nationale et Universitaire de Strasbourg : pp. 19, 24, 31, 38, 39, 40, 47, 50, 51, 64, 88, 102, 111, 120, 143, 153, 166, 173, 180, 187, 196, 198, 203, 206, 214, 215, 221, 225, 253, 259, 260, 263, 268, 273, 274, 287, 295, 296, 301, 302, 309, 315, 322, 326, 330, 332, 333, 340, 347, 356, 365, 366, 374.
Cabinet des Estampes de Strasbourg : pp. 11, 13, 14, 15, 16, 18, 20, 22, 26, 29, 43, 46, 49, 53, 54, 58, 61, 63, 66, 68, 71, 74, 75, 76, 77, 80, 82, 83, 85, 87, 92, 95, 98, 100, 103, 106, 115, 116, 125, 127, 138, 141, 147, 150, 151, 157, 158, 165, 167, 169, 170, 174, 175, 176, 179, 181, 183, 186, 188, 189, 194, 195, 199, 200, 201, 202, 204, 205, 209, 212, 213, 224, 226, 227, 229, 231, 233, 234, 235, 238, 242, 244, 246, 247, 248, 249, 255, 256, 264, 265, 277, 278, 279, 280, 283, 284, 285, 288, 289,

292, 300, 303, 304, 308, 316, 317, 318, 331, 337, 338, 345, 348, 349, 351, 352, 353, 354, 357, 359, 361, 363, 364, 367, 368, 369, 370, 371, 373.

Collection particulière (Strasbourg)/© Gilles Gustine : pp. 30, 36, 41, 52, 99, 119, 124, 164, 182, 237, 254, 267, 282.

© Écomusée d'Alsace, Ungersheim : p. 184.

© Keystone/L'Illustration : pp. 21, 37, 84, 128, 129, 131, 137, 178, 191, 218, 220, 222, 232, 257, 276, 306, 314, 320, 358, 375.

Kharbine Tapabor : pp. 10, 17, 23, 27, 32, 33, 34, 44, 45, 48/© ADAGP, 55, 56, 57, 59, 60, 62, 67, 69, 70, 72, 79, 81, 89, 90, 91, 93, 94, 96, 101, 104, 107, 108, 109, 110, 113, 114, 117, 118, 121, 123, 126, 130, 132, 134, 135, 136, 139, 140, 142, 144, 145, 148, 149, 152, 154, 155, 160, 161, 162, 163, 185, 197, 208, 211, 219, 223, 230, 236, 241, 243, 245, 250, 251, 252, 258, 261/© ADAGP, 269, 270, 271, 275, 281, 290, 291, 293, 297, 299, 300, 305, 307, 319, 323, 327, 328, 334, 335, 336, 339, 342, 343, 344, 346, 350, 355, 360, 362, 372.

Leemage : pp. 12, 25, 28, 35, 42, 105, 171, 190, 192, 193, 207, 210, 228, 239, 240, 266, 272, 294, 325, 329, 341.

© Musée d'Art moderne et contemporain de Strasbourg : p. 321/ Cl. E . Rodeghiero.

© Musée du Vin d'Alsace: p. 312.

Photothèque Tallandier : pp. 168, 262, 286, 313.

© Réunion des Musées Nationaux : pp. 65/M. Beck-Coppola, 86/J. G. Berizzi, 122/J. L'hoir, 146/J. G. Berizzi, 159/J. G. Berizzi, 172/H. Lewandowski, 216/Hugo Maertens, 217/J. G. Berizzi, 311/ J. G. Berizzi.

© Rue des Archives : p. 133.

Remerciements :

Par ailleurs les Éditions Jacques Marseille tiennent à remercier Mme Haag de la brasserie Météor , les archives de la Sogenal, les musées d'Alsace cités et Mme Spéroni, responsable du service photo des musées de Strasbourg, pour son efficacité ainsi que M. Schlaeffli pour nous avoir laisser photographier sa collection.

Il en va de même pour le service de reproduction du département des alsatiques de la Bibliothèque nationale et universitaire de Strasbourg qui nous a délivré des photos dans un temps record.

Des remerciements tout particuliers vont à M. Gérard Lebold de Pfaffenhoffen bien que nous n'ayons pas pu utiliser les photos envoyées.

Enfin, nous remercions chaleureusement l'agence Kharbine Tapabor pour l'efficacité et la qualité de son travail sur ce livre.

N° de projet : 100 90914 (2) 4 (CABL 90)

Impression : EUROPE MEDIA DUPLICATION S.A.
F 53110 Lassay-les-Châteaux
N° 8952 - Dépôt légal : septembre 2001
575102-02 - novembre 2001